财务报告分析

FINANCIAL STATEMENT ANALYSIS

应用视角

A Practical Perspective

林秀香 编著

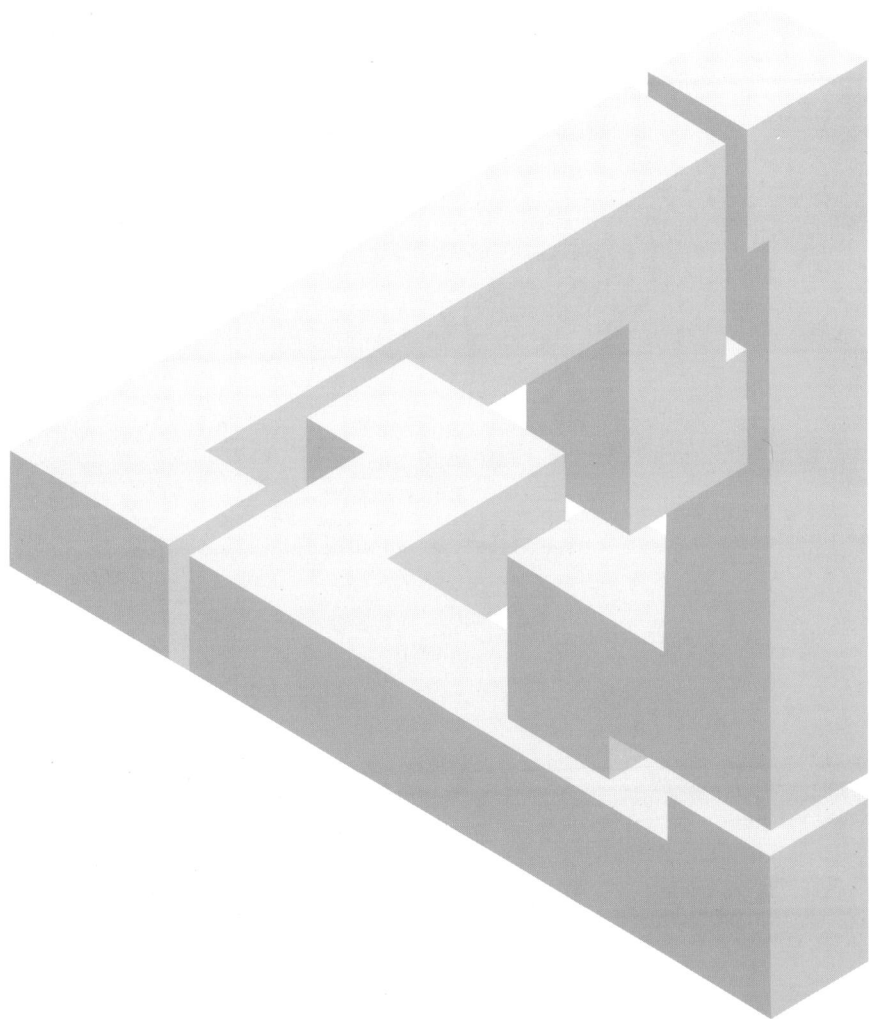

东北财经大学出版社·大连
Dongbei University of Finance & Economics Press

图书在版编目（CIP）数据

财务报告分析：应用视角 / 林秀香编著. —大连：东北财经大学出版社，2017.7（2018.1重印）

ISBN 978-7-5654-2839-5

Ⅰ.财… Ⅱ.林… Ⅲ.会计报表-会计分析 Ⅳ.F231.5

中国版本图书馆CIP数据核字（2017）第169582号

东北财经大学出版社出版

（大连市黑石礁尖山街217号　邮政编码　116025）

网　　址：http://www.dufep.cn

读者信箱：dufep@dufe.edu.cn

大连图腾彩色印刷有限公司印刷　　东北财经大学出版社发行

幅面尺寸：185mm×260mm　字数：453千字　印张：21　插页：1

2017年7月第1版　　　　　　　2018年1月第2次印刷

责任编辑：郭　洁　石建华　包利华　　责任校对：夏　天
　　　　　张晓鹏　孔利利

封面设计：沈　冰　　　　　　　　　版式设计：钟福建

定价：45.00元

教学支持　售后服务　联系电话：（0411）84710309
版权所有　侵权必究　举报电话：（0411）84710523
如有印装质量问题，请联系营销部：（0411）84710711

前　言

　　财务分析的视角因分析者的立场不同而各异：站在监管者的角度，会侧重于如何判别企业违规和监管问题；站在投资者的角度，会侧重于价值投资和风险回避；站在企业管理层的角度，会侧重于行业对标、战略调整和管理决策；站在其他报表信息使用者的角度，会侧重于入门和发现其信息价值。这就是说，同样的财务数据，研究的角度不同，就有不同的关注点和发现。

　　伴随着财务报表走进人们的投资生活，各种各样的财务分析著述也层出不穷。几十种不同版本的教材从不同角度阐述观点，为报表使用者认识和解读报表、发现价值提供了宽阔的视野。根据笔者对这些教材的分析，以为基本上可以将它们划分为以下几种类型：一是就报表本身的项目进行详细解读，并基于三张主要报表分别讲解其分析方法；二是辅之以典型案例，从故事和现象入手，解读个案背后的问题并上升到理论高度，国外和我国部分学者以资本市场特有现象进行研究写作的比较多；三是带有思想性的论述方法，如从价值或信用角度进行分析；四是将财务分析进行延展性的应用，如将财务分析应用到企业的盈利预测和估值中。总之，此类题材的教材丰富了财务报表分析的内容和应用领域。

　　人的经历不同，对问题的认识角度就有所不同。随着对教学和管理工作的深入了解，我认为在财务分析教材中应该既注重原理的说明，更须告诉学生在未来的企业管理活动中，财务分析的应用情形和关注点在哪里。基于这样的主线去从事教学时，我发现学生们能很快掌握相关内容，而且对问题充满了好奇心和研究欲。当非专业学生在分组作业中用超乎想象的研究成果回馈时，我被震撼，发现这就是我想要的结果，说明这样的教学方法和逻辑是很有效的。本书正是基于上述的思考与实践，围绕财务活动的主线，向大家展示财务分析的功能和应用价值。

　　由于财务报表只是财务报告的基础要素，有效的财务分析还应该包括对报表附注和情况说明书的分析，因此，根据教学与管理的需要，本书将"财务报告分析：应用视角"作为教材主题，并按以下思路进行写作：

　　第一章，获取分析依据。目的是为后期的财报分析以及如何查找资料提供制度规范和引导。

　　第二章，解读财务报表。主要是通过对三张主要报表的案例分析，从总体上了解财务报表能够提供的价值信息。将几张报表综合在一章讲解，能够树立分析者的全局观念，避免碎片化信息。这也是本书与其他教材的不同之处。

第三章，基本财务比率与应用。本章的主要目的是介绍财务比率及其应用，这是教材的基础和核心所在。

第四章，综合分析方法与改进。本章的目的在于介绍沃尔评分法和杜邦分析法这两种综合分析评价方法，明确其优势，探讨其改进空间，并说明其在企业管理实践中的应用。其中对杜邦分析体系的应用是本教材的亮点。

第五章至第九章，分别从战略管理、筹资、投资、营运和股利分配的视角，对各项管理活动中的财务分析情形和分析重点进行说明，最后通过案例演示的方式加深大家对相关内容的理解。这种写作方法最大的优点是将企业财务管理活动与财务分析相结合，使学生无论将来做什么工作都知道进行财务分析的路径，而且系统化的案例演示是本教材的特色之处。

第十章，造假行为及其识别。主要是针对财务造假现象，分析其理论根源和实践动因，从常用手段及识别入手，为财务造假行为的监管以及投资者的决策提供借鉴，同时也为造假企业提出经济后果警示，目的在于提高识别造假行为的能力。

第十一章和第十二章，分别从财务分析与盈利预测和企业价值关系的角度，说明如何将财务分析应用于企业盈利预测，如何将财务分析应用于企业估值。这延伸了财务分析的功能和应用领域，为学生将来从事与投行、研究业务等有关的工作提供了支持。

为了便于读者理解和轻松阅读，书中每章节的开篇都安排了引导性"读语"。本书不仅适合相关专业的本科生和研究生教学使用，也同样适合企业管理者、投资人以及其他财务分析工作者使用。在基础框架之内，教学和培训者可以自主增加案例和参考文献进行课堂教学。书中的案例主要来自我的研究和亲身实践，对案例的全方位综合性和客观分析，会让读者体验不一样的感受。

由于完稿之时，很多上市公司的2016年度报告尚未公布，因此，在财务报表解读部分主要应用了2017年3月27日万科公告的2016年度报告进行案例分析。

本书在写作过程中得到了东北财经大学出版社和我所在的学院、同事、朋友的大力支持，研究生辛佳然等同学先行阅读了初稿，对我的帮助也很大，在此一并致谢！同时我也感谢那些对财务报告的价值不断地进行探索的各位专家学者，正是因为大家的共同努力，才能将我们的专业力量发挥到极致，使企业得以成长，利益相关者得到回报，社会得以进步。

林秀香

2017年6月·中央财经大学[①]

---

① 本教材的出版得到了中央财经大学"会计类专业群"（改革试点）项目的资助。

目　录

目　录

获取分析依据

【导语】财务报告分析的基础信息是财务报告，因此进行分析活动的第一步在于获取信息。本章的目的在于让大家了解财务报告与信息披露的基本内容、相关制度规定以及约束性因素，以便为后期的财务报告分析构建坚实的制度和法律基础，同时学会如何查找分析资料。

本章内容要点

第一节　　财务报告及其信息作用

本节的目的在于了解财务报告及其构成要素、编制财务报告的目的、财务信息质量的重要性以及财务报告对利益相关者的作用。

一、财务报告及其编制目的

（一）财务报告及其构成要素

财务报告分析（简称财报分析）是以财务报告为依据，运用一定的方法，对企业财务状况及其经营成果进行分析评价，以便为企业、投资者、债权人、政府和其他报表使用者提供决策信息，最终实现企业价值增值和资源有效配置的目标。

"财务报告"是国际范围内较为通用的术语，一般的国际区域会计准则都对财务报告规定了专门的独立表述方式。目前，在我国现行的有关法律、行政法规中使用的是"财务会计报告"这一术语。为了保持法规体系的一致性，财政部颁布的基本准则仍然沿用"财务会计报告"，但同时又引入了"财务报告"之说，并指出"财务会计报告"又称"财务报告"，从而较好地解决了立足国情与国际趋同的问题。

关于什么是财务报告，我国分别从法律和行政法规的角度进行了界定，指出：财务会计报告是指企业对外提供的反映企业某一特定日期的财务状况和某一会计期间的经营成果、现金流量等会计信息的文件。财务会计报告包括会计报表及其附注和其他应当在财务会计报告中披露的相关信息与资料。会计报表至少应当包括资产负债表、利润表、现金流量表等报表。①

从财务报告分析的角度，本书定义的财务报告，是指企业对外提供的反映企业在某一特定日期财务状况和某一会计期间经营成果、现金流量的文件，包括财务报表、财务报表附注和财务情况说明书。

1.财务报表

财务报表是财务报告的主要组成部分。财务报表是对企业财务状况、经营成果和现金流量的结构性表述。财务报表至少应当包括下列组成部分：资产负债表、利润表、现金流量表以及所有者权益（或股东权益，下同）变动表。财务报表上述组成部分具有同等的重要程度。其中：

资产负债表，是反映企业在某一特定日期（月末、季末、半年末、年末）财务状况的会计报表。它表明企业在某一特定日期所拥有或可控制的、预期能为企业带来利益的经济资源、所承担的现有义务和所有者对净资产的要求权。

利润表，是反映企业一定会计期间（如月度、季度、半年度或年度）生产经营成果的会计报表。

现金流量表，是以现金和现金等价物为基础编制的，反映企业在一定时期内的现金流入量、现金流出量及其净额情况的报表。

所有者权益（或股东权益，下同）变动表，是反映所有者权益的各组成部分当期增减变动情况的报表。它解释在某一特定时间内，股东权益如何因企业经营的盈亏及现金股利的发放等而发生变化。

以上财务报表的格式将在第二章中进行讲解。

2.财务报表附注

财务报表附注是对企业在资产负债表、利润表、现金流量表和所有者权益变动表等报表中列示项目的文字描述或明细资料，以及对未能在这些报表中列示项目的说明等。附注是对财务报表的补充说明，也是财务报告的重要组成部分。附注主要包括两项内容：一是对财务报表各要素的补充说明；二是对财务报表中无法描述的其他财务信息的补充说明。财务报表附注信息详见本章第二节财务报表列报中关于财务报表附注的相关内容。

3.财务情况说明书

财务情况说明书是对企业一定会计期间内财务、成本等情况进行分析总结的书面文字报告，是年度财务报告的重要组成部分。企业应以财务指标和相关统计指标为主要依据，对报告期资产质量、财务状况、经营成果等情况进行分析说明，客观反映企业运营特点及发展趋势。财务情况说明书主要包括以下内容：企业基本情况、生产经营情况分析、企业经济效益分析、现金流情况分析、所有者权益变动情况分析、重大事项说明、

---

① 详细内容可搜索查阅"中华人民共和国国务院令第287号"以及"中华人民共和国财政部第33号令"。

风险及内控管理情况、问题整改情况、有关工作建议等①。

（二）编制财务报告的目的

关于编制财务报告的目的，在国际会计准则和我国会计准则中都有说明。

1978年，美国财务会计准则委员会（FASB）在其《财务会计概念公告》中对财务报告的目的做出了阐述：（1）财务报告应提供对投资者、债权人以及其他使用者做出合理的投资、信贷及类似决策有用的信息；（2）财务报告应提供有助于投资者、债权人以及其他使用者评估来自销售、偿付到期证券或借款等的实得收入的金额、时间分布和不确定性的信息；（3）财务报告应能提供关于企业的经济资源、对这些经济资源的要求权（企业把资源转移给其他主体的责任及业主权益）以及使资源和对这些资源要求权发生变动的交易、事项和情况影响的信息。②

2006年7月6日，国际会计准则理事会（IASB）与美国财务会计准则委员会联合发布了《财务报告概念框架：财务报告目标与决策有用的财务报告信息的质量特征（初步意见）》，并于2008年5月发布了《改进的财务报告概念框架：财务报告目标与决策有用的财务报告信息的质量特征及约束条件（征求意见稿）》。该征求意见稿第1章指出，"通用财务报告应提供关于主体的经济资源（即主体的资产）和对这些资源的要求权（即主体的负债和所有者权益）的信息"。同时，"财务报告也应当提供有关主体的交易、事项和情况对其经济资源和要求权影响后的情况下的信息"。这表明财务报告的对象是主体本身，而不是其所有者或其他利益相关者。2010年，作为与美国财务会计准则委员会联合项目的一部分，国际会计准则理事会发布了概念框架修订的两个章节。这些章节涉及通用财务报告的目标和有用财务信息的质量特征。在2012年重启概念框架项目工作时，国际会计准则理事会决定不再从根本上重新考虑这些章节。然而，征求意见稿的许多意见反馈者提出国际会计准则理事会应该重新考虑这些章节的若干方面。2015年5月18日，国际会计准则理事会发布了《财务报告概念框架（征求意见稿）》，面向全球公开征求意见。

我国《企业会计准则——基本准则》③规定，企业应当编制财务会计报告（又称财务报告，全书同）。财务会计报告的目标是向财务会计报告使用者提供与企业财务状况、经营成果和现金流量等有关的会计信息，反映企业管理层受托责任履行情况，有助于财务会计报告使用者做出经济决策。财务会计报告使用者包括投资者、债权人、政府以及有关部门和社会公众等。

二、财务信息的质量要求

财务信息是指以货币形式的数据资料为主，结合其他资料，用来表明企业资金运动的状况及其特征的经济信息。相对于财务信息而言，非财务信息是指以非财务资料形式

---

① 详细内容可搜索查阅"财资〔2015〕81号"。
② 财务会计准则委员会是美国目前负责制定财务会计和报告准则的民间性职业组织，1973年6月30日成立。该委员会既不受美国政府管辖，也不隶属于美国注册公共会计师协会或其他任何利益集团，因而具有较强的独立性和权威性。
③ 详细内容可搜索查阅"中华人民共和国财政部令第33号"。

出现的与企业生产经营活动有着直接或间接联系的各种信息资料。

（一）财务信息质量

财务信息作为一种特殊的专业性语言，决定了财务报告中各要素的确定和分配方法，因此，必然影响到企业各相关者的利益以及公平公正。随着资本市场的发展和投资主体的多元化，企业财务信息的使用者也越来越复杂，除了基于委托代理关系存在的股东、管理层人员外，还包括供应商、银行等债权人以及政府等诸多利益相关者。

财务信息质量是指财务信息服务及财务信息产品符合国家法律与会计准则等规定，满足各财务信息使用者需求的总和，是评价财务信息的重要标准。在市场经济活动中，信息不仅影响到相关者的利益，而且影响到市场资源的有效配置。在信息不对称的条件下，对信息了解并有充分准确的一方往往在决策中处于有利地位。高质量的财务信息能够准确恰当地满足信息使用者的要求，引导资源高效配置，提高资本市场运行效率。相反，低质量的财务信息导致资源浪费，降低资本市场运行效率。

（二）关于财务信息质量要求的理论

1.受托责任观

受托责任[①]是一种普遍的经济关系，也是一种普遍的、动态的社会关系。委托人将资财的经营管理权授予受托人，受托人接受托付后即应承担所托付的责任，这种责任就是受托责任。受托责任观可以追溯到会计产生之初，作为一种比较流行的学派则得益于公司制的产生和发展。从会计发展的历史看，随着工业革命的完成，以公司制为代表的企业形式开始出现并广泛流行，随之而来的便是企业所有权与经营权相分离，委托代理关系也得到了进一步发展，从而形成了以受托责任为目标取向的受托责任观。

受托责任观的主要理论观点有：（1）会计目标在于反映受托责任履行情况，强调对委托方的忠实性；（2）受托责任实际上是一种产权责任，产权必须如实反映、不偏不倚并可以验证，以维护产权主体的权益，因此更加强调可靠性；（3）在计量属性和计量模式的选择上，主张采用历史成本。（4）为了客观、有效地反映受托责任，会计信息应尽可能精确。

在受托责任观下，信息的使用者主要是财产的委托人、投资者、债权人以及其他需要了解和评价受托责任履行情况的利害关系人，并且这些使用者是现存的，而不是潜在的。由于是对受托责任的履行结果的评价，使用者所需的信息侧重于历史的、已发生的信息，因此，要求提供尽可能客观可靠的会计信息，资产计价倾向于采用历史成本计量方式。企业采用受托责任观，有助于外部投资者和债权人评价企业的经营管理责任和资源使用的有效性。

2.决策有用观

决策有用观认为会计是为企业各利害关系人进行决策提供有用信息的。财务信息的最终目标是向财务信息使用者提供用以进行投资、借贷等决策有用的信息，财务信息应

---

① 根据 MBA 智库百科的资料整理。

当有助于信息使用者评价企业目前和未来的资源使用情况和发展情况。因此，提供高质量的财务信息是非常必要的。

1953年，斯多波斯（G.J.Staubus）率先提出了财务会计的目标是决策有用性的观点。20世纪70年代，美国注册会计师协会出资成立的特鲁彼拉特委员会（Trueblood）经过对会计信息使用者进行的大量的实证调查，在1973年提出的研究报告中，明确提出了十二项财务报表的目标，其基本目标是"提供据以进行经济决策所需的信息"。FASB在其发布的第1号会计概念公告——《企业财务报告的目标》中正式表达了这一观点。

受托责任观和决策有用观两种理论的区别在于：第一，会计目标不同。受托责任观的会计目标是向资源委托者提供信息；决策有用观的会计目标是向信息使用者提供有用的信息，不仅向资源委托者，而且还向债权人、政府等与企业有密切关系的信息使用者提供决策有用的信息。第二，两者侧重的角度不同。受托责任观是从监督角度考虑，主要是为了监督受托者的受托责任；决策有用观侧重于信号角度，即会计信息能够传递信号，能向信息使用者提供决策有用的信息。

三、财务信息对企业利益相关者的作用

（一）对投资者的作用

财务信息对投资者的作用，可以通过对上市公司信息披露的影响加以说明。近年来，国内外学者从不同角度对信息披露质量的市场影响进行了许多实证研究。研究发现：（1）信息披露水平越高的公司，其股票价格就越公平，也因此提高了公司股票的流动性。（2）有效的信息披露有助于提高公司的透明度，减轻信息不对称对中小投资者的利益掠夺。（3）有助于监管部门及时发现并遏制企业内部人员的掠夺行为。

上市公司信息披露质量高低，直接关系到证券市场效率、投资者保护等重要问题。财务信息对投资者的具体作用体现在：

1.降低代理成本，增强对管理层的约束

所有权和经营权的关系是最基本的企业财务关系。由于现代企业所有权与经营权分离，股东和管理层通常不是同一方，从而引发非对称信息带来的委托代理问题。财务信息是外部股东监管企业管理层的重要依据。高质量的财务信息有助于外部股东通过阅读披露的财务信息了解公司经营情况，分析公司的盈利能力、股利支付能力和风险状况，降低代理问题导致的信息不对称和代理成本，提高对管理层的约束。

2.正确进行投资决策

财务信息也是投资者进行投资决策的重要依据。在有效市场假说下，财务信息的质量越高，投资者越倾向于利用财务信息进行决策，对会计盈余的反映越大。对于投资者而言，高质量的财务信息能够降低信息不对称程度，减少股价与公司价值的偏离，从信息有用性的角度提高投资者决策的准确性。但是，相较于企业内部人员，投资者获取企业真实信息判断企业价值的途径较少，往往导致投资者受到舆论或从众效应的影响做出错误决策。

（二）对债权人的作用

目前，债权债务关系是企业经常性的财务关系。财务信息是债权人评判企业信用风险和偿债能力的依据。为降低信用风险，债权人在与企业建立债权债务关系之前，需要借助于财务信息分析了解企业的盈利能力、经营现金流以及偿债能力等情况。债权人比潜在投资者更关注企业经营的稳健性，在借贷决策时既希望企业维持较低的财务杠杆又希望企业能够维持持续盈利。但是，企业虚构收入、利润和资产的行为所构造的低财务风险假象，增加了债权人的财务风险，并促使惜贷现象的产生。

（三）对企业管理者的作用

财务信息既是企业财务活动的结果，也是企业预测未来发展前景的依据。作为企业重要的决策支持信息，财务信息对企业的日常经营、战略制定和战略实施等具有至关重要的作用。企业通过对财务和非财务信息的综合应用，可以在政策环境分析、行业发展前景分析、竞争对手分析和自我分析的基础上，秉持社会责任理念，正确处理社会责任与企业局部利益的关系，正确进行市场预测和企业发展战略制定。财务信息在战略目标确定、战略实施和原因查找方面，都具有重要的作用。高质量的财务信息有助于企业正确分析自身的偿债能力、营运能力、盈利能力和成长性，同时也有助于提高企业的资信等级，降低融资成本，提升企业价值。

少数企业造假行为产生的财务信息，虽然粉饰了财务报表，但无助于企业的战略制定和经营决策，也会因此产生不利的经济后果，从而降低企业信誉，增加后续矫正成本，并最终为此付出代价。

（四）对政府监管部门的作用

财务信息是政府监管部门维护证券市场稳定、执行监管工作的依据。虽然我国证券市场发展迅速，但是投资者的非理性投机行为并未得到明显改观。我国的投资者构成中个人投资者占多数，实证研究发现我国股票市场存在羊群效应、处置效应和过度自信问题，这些非理性行为问题扩大了股票价格与真实价值之间的偏离程度。为维护我国证券市场的稳定和良性运行，除加强投资者教育外，政府监管部门应当为投资者提供更加详细更具价值的信息，提高财务信息的有用性，以减少非理性行为带来的市场异常波动。此外，定时报送给监管机构或向公众披露财务信息也是监管机构执行监管的信息来源。通过分析企业的财务信息，有助于监管部门履行监管职责。

第二节　　财务报表列报及其要求

根据目前的部门职责分工，我国财务报表的列报由财政部统一规定，而上市公司及其信息披露由证监会负责。我国财务报表的列报格式历经多次修订。为了规范财务报表的列报，保证同一企业不同期间和同一期间不同企业的财务报表相互可比，2014年1月26日，财政部发布了修订版的《企业会计准则第30号——财务报表列报》，并规定自2014年7月1日起在所有执行企业会计准则的企业范围内施行，鼓励在境外上市的企业提前执行。学习此部分内容的目的在于清楚财务报表应该列报哪些信息，每部分信息的列报目的是什么。①

一、财务报表列报的基本要求

2014年修订的《企业会计准则第30号——财务报表列报》对财务报表的列报做了如下规定：

1.企业应当以持续经营为基础，根据实际发生的交易和事项，按照《企业会计准则——基本准则》和其他各项会计准则的规定进行确认和计量，在此基础上编制财务报表。企业不应以附注披露代替确认和计量，不恰当的确认和计量也不能通过充分披露相关会计政策而纠正。

如果按照各项会计准则规定披露的信息不足以让报表使用者了解特定交易或事项对企业财务状况和经营成果的影响时，企业还应当披露其他的必要信息。

2.在编制财务报表的过程中，企业管理层应当利用所有可获得信息来评价企业自报告期末起至少12个月的持续经营能力。评价时需要考虑宏观政策风险、市场经营风险、企业目前或长期的盈利能力、偿债能力、财务弹性以及企业管理层改变经营政策的意向等因素。评价结果表明对持续经营能力产生重大怀疑的，企业应当在附注中披露导致对持续经营能力产生重大怀疑的因素以及企业拟采取的改善措施。

3.企业如有近期获利经营的历史且有财务资源支持，则通常表明以持续经营为基础编制财务报表是合理的。企业正式决定或被迫在当期或将在下一个会计期间进行清算或停止营业的，则表明以持续经营为基础编制财务报表不再合理。在这种情况下，企业应当采用其他基础编制财务报表，并在附注中声明财务报表未以持续经营为基础编制的事实、披露未以持续经营为基础编制的原因和财务报表的编制基础。

4.除现金流量表按照收付实现制原则编制外，企业应当按照权责发生制原则编制财务报表。

5.财务报表项目的列报应当在各个会计期间保持一致，不得随意变更，但下列情况除外：

（1）会计准则要求改变财务报表项目的列报。

（2）企业经营业务的性质发生重大变化或对企业经营影响较大的交易或事项发生后，变更财务报表项目的列报能够提供更可靠、更相关的会计信息。

6.性质或功能不同的项目，应当在财务报表中单独列报，但不具有重要性的项目除外。性质或功能类似的项目，其所属类别具有重要性的，应当按其类别在财务报表中单独列报。某些项目的重要性程度不足以在资产负债表、利润表、现金流量表或所有者权益变动表中单独列示，但对附注却具有重要性，则应当在附注中单独披露。

7.重要性，是指在合理预期下，财务报表某项目的省略或错报会影响使用者据此做出经济决策的，该项目就具有重要性。重要性应当根据企业所处的具体环境，从项目的

---

① 详细内容可搜索查阅"财会〔2014〕7号"。

性质和金额两方面予以判断，且对各项目重要性的判断标准一经确定，不得随意变更。判断项目性质的重要性，应当考虑该项目在性质上是否属于企业日常活动，是否显著影响企业的财务状况、经营成果和现金流量等因素；判断项目金额大小的重要性，应当考虑该项目金额占资产总额、负债总额、所有者权益总额、营业收入总额、营业成本总额、净利润、综合收益总额等直接相关项目金额的比重或所属报表单列项目金额的比重。

8.财务报表中的资产项目和负债项目的金额、收入项目和费用项目的金额、直接计入当期利润的利得项目和损失项目的金额不得相互抵销，但其他会计准则另有规定的除外。一组类似交易形成的利得和损失应当以净额列示，但具有重要性的除外。资产或负债项目按扣除备抵项目后的净额列示，不属于抵销。非日常活动产生的利得和损失，以同一交易形成的收益扣减相关费用后的净额列示更能反映交易实质的，不属于抵销。

9.当期财务报表的列报，至少应当提供所有列报项目上一个可比会计期间的比较数据，以及与理解当期财务报表相关的说明，但其他会计准则另有规定的除外。

根据准则规定，财务报表的列报项目发生变更的，应当至少对可比期间的数据按照当期的列报要求进行调整，并在附注中披露调整的原因和性质，以及调整的各项目金额。对可比数据进行调整不切实可行的，应当在附注中披露不能调整的原因。不切实可行，是指企业在做出所有合理努力后仍然无法采用某项会计准则规定。

10.企业应当在财务报表的显著位置至少披露下列各项：

（1）编报企业的名称。

（2）资产负债表日或财务报表涵盖的会计期间。

（3）人民币金额单位。

（4）财务报表是合并财务报表的，应当予以标明。

11.企业至少应当按年编制财务报表。年度财务报表涵盖的期间短于一年的，应当披露年度财务报表的涵盖期间短于一年的原因以及报表数据不具可比性的事实。

12.本准则规定在财务报表中单独列报的项目，应当单独列报。其他会计准则规定单独列报的项目，应当增加单独列报项目。

二、具体报表列报要求

（一）对资产负债表的列报要求

1.资产和负债应当分别流动资产和非流动资产、流动负债和非流动负债列示。

金融企业等销售产品或提供服务不具有明显可识别营业周期的企业，其各项资产或负债按照流动性列示能够提供可靠且更相关信息的，可以按照其流动性顺序列示。从事多种经营的企业，其部分资产或负债按照流动和非流动列报，其他部分资产或负债按照流动性列示能够提供可靠且更相关信息的，可以采用混合的列报方式。

对于同时包含资产负债表日后一年内（含一年，下同）和一年之后预期将收回或清偿金额的资产和负债单列项目，企业应当披露超过一年后预期收回或清偿的金额。

2.资产满足下列条件之一的，应当归类为流动资产：

（1）预计在一个正常营业周期中变现、出售或耗用。

（2）主要为交易目的而持有。

（3）预计在资产负债表日起一年内变现。

（4）自资产负债表日起一年内，交换其他资产或清偿负债的能力不受限制的现金或现金等价物。

正常营业周期，是指企业从购买用于加工的资产起至实现现金或现金等价物的期间。正常营业周期通常短于一年。因生产周期较长等导致正常营业周期长于一年的，尽管相关资产往往超过一年才变现、出售或耗用，仍应当划为流动资产。正常营业周期不能确定的，应当以一年（12个月）作为正常营业周期。

3.流动资产以外的资产应当归类为非流动资产，并应按其性质分类列示。被划分为持有待售的非流动资产应当归类为流动资产。

4.负债满足下列条件之一的，应当归类为流动负债：

（1）预计在一个正常营业周期中清偿。

（2）主要为交易目的而持有。

（3）自资产负债表日起一年内到期应予以清偿。

（4）企业无权自主地将清偿推迟至资产负债表日后一年以上。负债在其对手方选择的情况下可通过发行权益进行清偿的条款与负债的流动性划分无关。

企业对资产和负债进行流动性分类时，应当采用相同的正常营业周期。企业正常营业周期中的经营性负债项目即使在资产负债表日后超过一年才予清偿的，仍应当划为流动负债。经营性负债项目包括应付账款、应付职工薪酬等，这些项目属于企业正常营业周期中使用的营运资金的一部分。

5.流动负债以外的负债应当归类为非流动负债，并应当按其性质分类列示。被划为持有待售的非流动负债应当归类为流动负债。

6.对于自资产负债表日起一年内到期的负债，企业有意图且有能力自主地将清偿义务展期至资产负债表日后一年以上的，应当归类为非流动负债；不能自主地将清偿义务展期的，即使在资产负债表日后、财务报告批准报出日前签订了重新安排清偿计划的协议，该项负债仍应当归类为流动负债。

7.企业在资产负债表日或之前违反了长期借款协议，导致贷款人可随时要求清偿的负债，应当归类为流动负债。贷款人在资产负债表日或之前同意提供在资产负债表日后一年以上的宽限期，在此期限内企业能够改正违约行为，且贷款人不能要求随时清偿的，该项负债应当归类为非流动负债。

8.资产负债表中的资产类至少应当单独列示反映下列信息的项目：（1）货币资金；（2）以公允价值计量且其变动计入当期损益的金融资产；（3）应收款项；（4）预付款项；（5）存货；（6）被划分为持有待售的非流动资产及被划分为持有待售的处置组中的资产；（7）可供出售金融资产；（8）持有至到期投资；（9）长期股权投资；（10）投资

性房地产;(11)固定资产;(12)生物资产;(13)无形资产;(14)递延所得税资产。

9.资产负债表中的资产类至少应当包括流动资产和非流动资产的合计项目,按照企业的经营性质不切实可行的除外。

10.资产负债表中的负债类至少应当单独列示反映下列信息的项目:(1)短期借款;(2)以公允价值计量且其变动计入当期损益的金融负债;(3)应付款项;(4)预收款项;(5)应付职工薪酬;(6)应交税费;(7)被划分为持有待售的处置组中的负债;(8)长期借款;(9)应付债券;(10)长期应付款;(11)预计负债;(12)递延所得税负债。

11.资产负债表中的负债类至少应当包括流动负债、非流动负债和负债的合计项目,按照企业的经营性质不切实可行的除外。

12.资产负债表中的所有者权益类至少应当单独列示反映下列信息的项目:(1)实收资本(或股本,下同);(2)资本公积;(3)盈余公积;(4)未分配利润。

在合并资产负债表中,应当在所有者权益类单独列示少数股东权益。

13.资产负债表中的所有者权益类应当包括所有者权益的合计项目。

14.资产负债表应当列示资产总计项目,负债和所有者权益总计项目。

（二）对利润表的列报要求

1.企业在利润表中应当对费用按照功能分类,分为从事经营业务发生的成本、管理费用、销售费用和财务费用等。

2.利润表至少应当单独列示反映下列信息的项目,但其他会计准则另有规定的除外:(1)营业收入;(2)营业成本;(3)营业税金及附加①;(4)管理费用;(5)销售费用;(6)财务费用;(7)投资收益;(8)公允价值变动损益;(9)资产减值损失;(10)非流动资产处置损益;(11)所得税费用;(12)净利润;(13)其他综合收益各项目分别扣除所得税影响后的净额;(14)综合收益总额。金融企业可以根据其特殊性列示利润表项目。

其中,综合收益是指企业在某一期间除与所有者以其所有者身份进行的交易之外的其他交易或事项所引起的所有者权益变动。综合收益总额项目反映净利润和其他综合收益扣除所得税影响后的净额相加后的合计金额。

其他综合收益,是指企业根据其他会计准则规定未在当期损益中确认的各项利得和损失。其他综合收益项目应当根据其他相关会计准则的规定分为下列两类列报:

（1）以后会计期间不能重新分类进损益的其他综合收益项目,主要包括重新计量设定受益计划净负债或净资产导致的变动、按照权益法核算的在被投资单位以后会计期间不能重新分类进损益的其他综合收益中所享有的份额等。

（2）以后会计期间在满足规定条件时将重分类进损益的其他综合收益项目,主要包括按照权益法核算的在被投资单位以后会计期间在满足规定条件时将重分类进损益的其

---

① 依据财会〔2016〕22号文规定,全面试行"营业税改征增值税"后,"营业税金及附加"科目名称调整为"税金及附加"科目。书中因分析的缘故多用"营业税金及附加"的说法,请注意其含义的变化。

他综合收益中所享有的份额、可供出售金融资产公允价值变动形成的利得或损失、持有至到期投资重分类为可供出售金融资产形成的利得或损失、现金流量套期工具产生的利得或损失中属于有效套期的部分、外币财务报表折算差额等。

3.在合并利润表中，企业应当在净利润项目之下单独列示归属于母公司所有者的损益和归属于少数股东的损益，在综合收益总额项目之下单独列示归属于母公司所有者的综合收益总额和归属于少数股东的综合收益总额。

（三）对现金流量表的列报要求[①]

现金流量表，是指反映企业在一定会计期间现金和现金等价物流入和流出的报表。现金，是指企业库存现金以及可以随时用于支付的存款。现金等价物，是指企业持有的期限短、流动性强、易于转换为已知金额现金、价值变动风险很小的投资。

企业会计准则第31号对现金流量表的基本要求如下：

1.现金流量表应当分别经营活动、投资活动和筹资活动列报现金流量。现金流量应当分别按照现金流入和现金流出总额列报。但是，下列各项可以按照净额列报：

（1）代客户收取或支付的现金。

（2）周转快、金额大、期限短项目的现金流入和现金流出。

（3）金融企业的有关项目，包括短期贷款发放与收回的贷款本金、活期存款的吸收与支付、同业存款和存放同业款项的存取、向其他金融企业拆借资金，以及证券的买入与卖出等。

2.自然灾害损失、保险索赔等特殊项目，应当根据其性质分别归并到经营活动、投资活动和筹资活动现金流量类别中单独列报。

3.外币现金流量以及境外子公司的现金流量，应当采用现金流量发生日的即期汇率或按照系统合理的方法确定的、与现金流量发生日即期汇率近似的汇率折算。汇率变动对现金的影响额应当作为调节项目，在现金流量表中单独列报。

（四）对所有者权益变动表的列报要求

1.所有者权益变动表应当反映构成所有者权益的各组成部分当期的增减变动情况。综合收益和与所有者（或股东，下同）的资本交易导致的所有者权益的变动，应当分别列示。

与所有者的资本交易，是指企业与所有者以其所有者身份进行的、导致企业所有者权益变动的交易。

2.所有者权益变动表至少应当单独列示反映下列信息的项目：

（1）综合收益总额，在合并所有者权益变动表中还应单独列示归属于母公司所有者的综合收益总额和归属于少数股东的综合收益总额。

（2）会计政策变更和前期差错更正的累积影响金额。

（3）所有者投入资本和向所有者分配利润等。

---

① 　详细内容可搜索查阅《企业会计准则第31号——现金流量表》。

（4）按照规定提取的盈余公积。

（5）所有者权益各组成部分的期初和期末余额及其调节情况。

三、对财务报表附注的列报要求

第一，附注应当披露财务报表的编制基础，相关信息应当与资产负债表、利润表、现金流量表和所有者权益变动表等报表中列示的项目相互参照。

第二，附注一般应当按照下列顺序至少披露：

1.企业的基本情况。

（1）企业注册地、组织形式和总部地址。

（2）企业的业务性质和主要经营活动。

（3）母公司以及集团最终母公司的名称。

（4）财务报告的批准报出者和财务报告批准报出日，或者以签字人及其签字日期为准。

（5）营业期限有限的企业，还应当披露有关其营业期限的信息。

2.财务报表的编制基础。

3.遵循企业会计准则的声明。

企业应当声明编制的财务报表符合企业会计准则的要求，真实、完整地反映了企业的财务状况、经营成果和现金流量等有关信息。

4.重要会计政策和会计估计。

重要会计政策的说明，包括财务报表项目的计量基础和在运用会计政策过程中所做的重要判断等。重要会计估计的说明，包括可能导致下一个会计期间内资产、负债账面价值重大调整的会计估计的确定依据等。企业应当披露采用的重要会计政策和会计估计，并结合企业的具体实际披露其重要会计政策的确定依据和财务报表项目的计量基础，及其会计估计所采用的关键假设和不确定因素。

5.会计政策和会计估计变更以及差错更正的说明。

企业应当按照《会计政策、会计估计变更和差错更正》（企业会计准则第28号）的规定，披露会计政策和会计估计变更以及差错更正的情况。

6.报表重要项目的说明。

企业应当按照资产负债表、利润表、现金流量表、所有者权益变动表及其项目列示的顺序，对报表重要项目的说明采用文字和数字描述相结合的方式进行披露。报表重要项目的明细金额合计，应当与报表项目金额相衔接。企业应当在附注中披露费用按照性质分类的利润表补充资料，可将费用分为耗用的原材料、职工薪酬费用、折旧费用、摊销费用等。

7.或有和承诺事项、资产负债表日后非调整事项、关联方关系及其交易等需要说明的事项。

8.有助于财务报表使用者评价企业管理资本的目标、政策及程序的信息。

9.企业应当在附注中披露下列关于其他综合收益各项目的信息：

（1）其他综合收益各项目及其所得税影响。

（2）其他综合收益各项目原计入其他综合收益、当期转出计入当期损益的金额。

（3）其他综合收益各项目的期初和期末余额及其调节情况。

10.企业应当在附注中披露终止经营的收入、费用、利润总额、所得税费用和净利润，以及归属于母公司所有者的终止经营利润。

11.终止经营，是指满足下列条件之一的已被企业处置或被企业划归为持有待售的、在经营和编制财务报表时能够单独区分的组成部分：

（1）该组成部分代表一项独立的主要业务或一个主要经营地区。

（2）该组成部分是拟对一项独立的主要业务或一个主要经营地区进行处置计划的一部分。

（3）该组成部分是仅仅为了再出售而取得的子公司。

同时满足下列条件的企业组成部分（或非流动资产，下同）应当确认为持有待售：该组成部分必须在其当前状况下仅根据出售此类组成部分的惯常条款即可立即出售；企业已经就处置该组成部分做出决议，如按规定需得到股东批准的，应当已经取得股东大会或相应权力机构的批准；企业已经与受让方签订了不可撤销的转让协议；该项转让将在一年内完成。

12.企业应当在附注中披露在资产负债表日后、财务报告批准报出日前提议或宣布发放的股利总额和每股股利金额（或向投资者分配的利润总额）。

第三节　信息披露制度及其基本内容

从财务报告使用者的角度来说，希望信息越详细越好，但由于信息披露成本的存在会约束披露方尽量减少信息披露，这就导致信息供求失衡。自英美两国信息披露制度产生以来，从便于报告使用者进行经济决策的角度，其他国家在完善信息披露制度方面也做出了不懈的努力。本部分的内容在于了解信息披露制度的内涵、目的、特征、原则，并以我国为例说明信息披露制度的基本内容和披露成本及其影响因素。

一、信息披露制度的目的、特征与基本原则

（一）信息披露制度及其目的

信息披露制度也称公开披露制度或公示制度，是上市公司为保障投资者利益、接受社会公众的监督而依照法律规定必须将其自身的财务变化、经营状况等信息和资料向证券管理部门和证券交易所报告，并向社会公开或公告，以便使投资者充分了解情况的制度。

上市公司信息披露制度是证券市场发展到一定阶段，相互联系、相互作用的证券市场特性与上市公司特性在证券法律制度上的反映。世界各国的证券立法无不将上市公司的各种信息披露作为法律法规的重要内容。

信息披露制度源于英国和美国。在英国，"南海泡沫事件"（South Sea Bubble）直

接促使1720年《诈欺防止法案》（Bubble Act of 1720）的出台；1844年，《英国合股公司法》（The Joint Stock Companies Act 1844）中关于"招股说明书"（Prospectus）的规定，首次确立了强制性信息披露原则（The Principle of Compulsory Disclosure）。在美国，关于信息披露的要求最初源于1911年堪萨斯州的《蓝天法》（Blue Sky Law）；1929年华尔街证券市场的大阵痛，以及阵痛前的非法投机、欺诈与操纵行为，促使美国联邦政府1933年的《证券法》和1934年的《证券交易法》的颁布，而1933年的《证券法》中美国首次规定实行财务公开制度，这被认为是世界上最早的信息披露制度。

信息披露制度是世界各国证券法确立的一项重要制度，作为证券监管的基石，它要求发行证券的上市公司依法将自己的财务、经营等情况向证券监管机构报告，并向社会公众和广大投资者公告。信息披露制度的目的在于：一是提高市场透明度和市场效率；二是保护投资者的利益；三是提高资源配置效率。其最根本、最直接的目的是保障投资者的合法利益。因此，对于所披露的信息必须做到真实、完整、准确、及时和公平。然而，在现实中上市公司违规披露的现象屡见不鲜，严重扰乱了证券市场的正常秩序，侵害了广大投资者的利益。

（二）信息披露制度的特征

上市公司的信息披露制度具有以下特征：

1.信息披露制度具有强制性。有关市场主体在一定的条件下披露信息是一项法定义务，披露者没有丝毫变更的余地。

2.信息披露制度的权利义务具有单向性。即信息披露人只承担信息披露的义务和责任，投资者只享有获得信息的权利。

（三）信息披露制度的基本原则

1.真实、准确、完整原则

真实性是信息披露的首要原则，真实性要求发行人披露的信息必须是客观真实的，而且披露的信息必须与客观发生的事实相一致，发行人要确保所披露的重要事件和财务会计资料有充分的依据。

准确性要求发行人披露信息必须准确表达其含义，所引用的财务报告、盈利预测报告应由具有证券期货相关业务资格的会计师事务所审计或审核，引用的数据应当提供资料来源，事实应充分、客观、公正，信息披露文件不得刊载任何有祝贺性、广告性和恭维性的词句。

完整性又称充分性，要求所披露的信息在数量上和性质上能够保证投资者形成足够的投资判断意识。

2.及时原则

及时原则又称时效性原则，包括两个方面：一是定期报告的法定期间不能超越；二是重要事实的及时报告制度。当原有信息发生实质性变化时，信息披露责任主体应及时更改和补充，使投资者获得当前真实有效的信息。任何信息都存在时效性问题，不同的信息披露遵循不同的时间规则。

3.风险揭示原则

发行人在公开招股说明书、债券募集办法、上市公告书、持续信息披露过程中，对有关部分简要披露发行人及其所属行业、市场竞争和盈利等方面的现状及前景，并向投资者简述相关的风险。

4.保护商业秘密原则

这是指不为公众所知悉、能为权利人带来经济利益、具有实用性并经权利人采取保密措施的技术信息和经验信息。由于商业秘密等特殊原因致使某些信息确实不便披露的，发行人可向中国证监会申请豁免。内幕信息在公开披露前属于商业秘密，也应受到保护，发行人信息公开前，任何当事人不得违反规定泄露有关的信息，或利用这些信息谋取不正当利益。商业秘密不受信息披露真实性、准确性、完整性和及时性原则的约束。

二、我国上市公司信息披露制度的内容

财务信息由于其受到政策和准则等因素的制约，相关性和及时性有所欠缺，某些重要信息无法通过传统的财报传达给使用者。同时，随着利益相关者理论影响范围的扩张，信息需求者范围也逐渐加大，单纯的财务信息已经越来越难以满足需要，因此，越来越多的学者鼓励企业在披露财务信息时披露非财务信息。有研究发现，非财务信息有助于信息使用者理解财务信息，披露非财务信息的公司的财务指标的解释能力远高于未披露非财务信息的公司。

按照我国上市公司信息披露制度的规定，有关信息披露制度的内容包括财务信息和非财务信息两个方面，如表1-1所示。

表1-1　　　　　　　　　　　　　**信息披露制度的内容**

财务信息	1.初次信息披露（招股说明书或募集说明书、上市公告书等）
	2.持续信息披露（年度报告、中期报告、季度报告或临时公告）
非财务信息	1.背景信息
	2.经营业绩说明
	3.经营情况讨论与分析
	4.前瞻性信息（机会、风险、影响成功的关键因素）
	5.社会责任（环境责任、人力资源信息等）
	6.核心竞争力及可持续发展

注：后面将对信息披露制度的主要内容加以说明。

三、财务信息披露成本及其影响因素

影响企业财务信息披露的因素是多方面的，其中一个重要因素是信息披露可能引发的成本。

（一）财务信息披露成本

财务信息披露成本是指企业为进行财务信息披露而发生的一切支出。

1.获取与加工成本。是指从建立财务信息系统到输出财务信息所发生的一系列支出。财务信息的获取与加工成本有两个特征：首先，初始成本一般高于维持成本。其次，维持成本不稳定。在财务会计制度发生变化时，对财会人员进行培训要发生相应的支出，这时的维持成本相对较高。

2.竞争劣势成本。是指竞争对手或合作单位利用企业披露的财务信息，调整经营策略或谈判策略，从而使企业在竞争中处于不利地位所带来的成本。这种成本可以用企业市场份额的减少作为衡量标准。它所涉及的敏感性财务信息主要有研究与开发费用、市场开拓费用与营销预算、产品成本结构、人力资源开发开支等。在信息披露中，如何做到既能满足投资者分析决策信息的需要，同时又使企业不因此而泄露其商业秘密，这是企业财务信息披露所面临的难题之一。

3.行为管束成本。是指由于对未来财务状况的预测性披露而使管理者的行为在一定程度上受到限制。因企业未能实现预测目标而造成投资者及其他财务信息使用者对企业不信任，从而产生的失信成本，这可以用企业股票价格的下跌、企业债券信用评级下降等来衡量。

4.诉讼成本。是指由于财务信息的披露给企业管理当局带来法律诉讼所产生的成本。由于诉讼成本的存在，企业管理当局在进行财务信息披露时会采取谨慎的态度，尽量较少披露企业的经营管理情况，这就会使得企业管理当局在财务信息的披露上采用一种消极的态度。

5.政治成本。企业在会计报表上显示出其利润水平高于其他企业，政府往往会考虑其利润水平是否合理。如若政府认为该企业存在"超额利润"，通常就会采用一些行政手段（例如税收征管）来将利润超额的部分进行平均化，使超额利润在不同主体间进行分享。这样，企业会因为财务信息的披露而承受"超额"的社会负担（如税收负担），这种负担可称之为政治成本。政治成本的存在显然会使企业在披露财务信息时采取较为谨慎的态度。

（二）影响财务信息披露成本的因素

1.市场运作效率。如果市场运作的效率很高，企业经营的任何信息都能及时地从股市的变化中反映出来，则对财务信息的披露要求可能不会太高。反之，如果市场的效率较低，为了减少财务信息在管理层和投资者之间的不均衡分布，以消除无效代理，则需要加大财务信息的披露。这样一来，披露成本自然也会提高。

2.企业角色转变。在传统微观经济学理论中，企业的唯一职能就是创造尽可能多的利润。但是，在现代产权经济学中，企业是一个社会组织，它的职能是在不破坏他人产权的条件下寻求其利益的最大化。因此，有些非经济事项也需要在财务报告中予以揭示，如环保信息、社会责任信息等。这些信息看似与企业的业务无关，但对政府和其他社会组织却大有用处。

3.新兴经济业务。随着世界经济一体化的加强和知识经济的飞速发展，企业的经济业务也日趋复杂。目前，像衍生金融工具信息、知识产权信息等都受到了前所未有的关注。这样，信息披露量的加大相应地也提高了信息披露成本。

第四节　　　定期报告及其信息关注点

定期报告包括年度报告、中期报告和季度报告。本节将就定期报告的基本内容和关注点进行说明，以帮助学习者了解相关内容，并为未来的信息查找打下基础。由于我国的现行制度一直在不断完善中，在学习中要随时了解证监会网站的相关信息发布和制度规定。

一、年度报告

（一）年度报告的重要性

年度报告是上市公司一年一度对其报告期内的生产经营概况、财务状况等信息进行披露的报告，是上市公司信息披露制度的核心。年度报告是进行财务分析最重要的资料，通过年度报告不仅可以评价企业过去的经营业绩及其成因，而且可以预估企业未来的可持续发展状况。

年报披露的内容是投资者完整了解公司所必要的、有用的信息。投资者对年报披露的信息进行认真阅读和分析，有利于捕捉年报所包含的重大线索与信息，发掘年报信息中所隐含的投资机会。

根据笔者的经验，要快速提高财务分析能力，大家最好事先下载自己感兴趣行业的上市公司年报，并全面了解年度报告中披露的信息内容，这将有助于对财务报表的深度解读和分析。

（二）年度报告的主要内容

一般而言，上市公司年报披露的基本内容是相同的，格式也有统一的规定。上市公司年报及其摘要的编制必须以证券市场监管当局制定的有关规范为依据。在我国证监会发布的《公开发行证券的公司信息披露内容与格式准则第2号——年度报告的内容与格式（2016年修订）》中，对上市公司年报披露的内容和年度报告摘要格式做了说明。

2017年3月27日，万科企业股份有限公司（万科A，股票代码000002）发布了2016年度报告，下面就以此为例说明年度报告的主要内容。

万科2016年度报告的目录全文如下：

第一节　重要提示、目录和释义

第二节　致股东

第三节　公司简介和主要财务指标

第四节　董事会报告

第五节　重要事项

第六节　股本变动及股东情况

第七节　董事、监事、高级管理人员和员工情况

第八节　公司治理报告暨企业管制报告

第九节　监事会报告

第十节　内部控制情况

第十一节　公司债券情况

第十二节　财务报告

第十三节　备查文件目录

（三）年度报告信息的主要关注点

年度报告的各部分都提供了有价值的信息，根据年报中披露的信息可以对上市公司进行不同角度的研究。在阅读上市公司年报和应用相关信息时，需要重点关注下列方面：

1.对重要提示、目录和释义部分的关注点

（1）关注审计报告的类型对财务分析的影响，对出具的非标准审计报告应加以特别关注。

（2）关注公司提示的需要投资者特别关注的重大风险，以便进行公司风险分析。

（3）关注公司经董事会审议的报告期利润分配预案或公积金转增股本预案情况。

2.对公司简介和主要财务指标的关注点

（1）关注保荐机构或财务顾问的信息，并通过网上查阅资料分析其执业能力与风险状况。

（2）关注公司近三年的主要会计数据和财务指标，以便从总体上了解企业的基本业绩状况。

（3）关注公司会计政策变更及会计差错更正等追溯调整或重述对以前年度会计数据的影响。

3.对公司业务概要的关注点

（1）关注报告期内公司所从事的主要业务、主要产品及其用途、经营模式、主要的业绩驱动因素等及其报告期内发生的重大变化。

（2）关注报告期内公司所属行业的发展阶段、周期性特点以及公司所处的行业地位等。

（3）关注公司报告期内主要资产发生的重大变化，包括但不限于股权资产、固定资产、无形资产、在建工程等。若境外资产占比较高，应当披露境外资产的形成原因、资产规模、运营模式、收益状况等。

（4）关注公司报告期内核心竞争力（包括核心管理团队、关键技术人员、专有设备、专利、非专利技术、特许经营权、土地使用权、水面养殖权、探矿权、采矿权、独特经营方式和盈利模式、允许他人使用自己所有的资源要素或作为被许可方使用他人资源要素等）的重要变化及其对公司所产生的影响。

4.经营情况讨论与分析的关注点

经营情况讨论与分析是修订后的叫法，原来被称作管理层讨论与分析。按新规定，公司在经营情况讨论与分析中应当对财务报告数据与其他必要的统计数据，以及报告期内发生和未来将要发生的重大事项，进行讨论与分析，以有助于投资者了解其经营成果、财务状况及未来可能的变化。公司可以运用逐年比较、数据列表或其他方式对相关事项进行列示，以增进投资者的理解。对此部分的分析与关注点如下：

（1）关注公司披露的内容是否具有充分的可靠性。公司引用的数据、资料是否有充分的依据，如果引用第三方的数据、资料作为讨论与分析的依据，应当注明来源，并判断第三方的数据、资料是否具有足够的权威性。

（2）关注公司披露的内容是否具有充分的相关性。公司是否充分考虑并尊重投资者的投资需要，披露的内容应当能够帮助投资者更加充分地理解公司未来变化的趋势。公司是否重点讨论和分析了重大的投资项目、资产购买、兼并重组、在建工程、研发项目、人才培养和储备等方面在报告期内的执行情况和未来的计划。

（3）关注公司披露的内容是否具有充分的关联性。分析与讨论公司的外部环境、市场格局、风险因素等内容时，要注意所述内容是否与公司的经营成果、财务状况具有足够的关联度，是否充分考虑了公司的外部经营环境（包括但不限于经济环境、行业环境等）和内部资源条件（包括但不限于资产、技术、人员、经营权等），结合公司的战略和营销等管理政策，以及公司所从事的业务特征，进行有针对性的讨论与分析，并且保持逻辑的连贯性。

（4）关注公司披露的管理层在经营管理活动中使用的关键业绩指标。关键业绩指标由公司根据行业、自身特点，选择对业绩敏感度较高且公司有一定控制能力的要素确定。在分析中，需要关注披露指标的假定条件和计算方法以及公司选择这些指标的依据，重点讨论与分析指标变化的原因和趋势。

（5）关注公司是否从业务层面充分解释了导致财务数据变动的根本原因及其反映的可能趋势，而不能只是重复财务报告的内容。

（6）关注公司在报告期内的主要经营情况。内容包括但不限于：主要经营业务、公司利润构成或利润来源的重大变化源自非主要经营业务涉及的金额、形成原因、是否具有可持续性。关注公司的资产及负债状况、投资状况、重大资产和股权出售、主要控股参股公司以及控制权的变化情况。

（7）关注公司对未来发展进行的展望。包括行业格局和趋势、公司发展战略、经营计划、可能面对的风险。

5.重要事项的关注点

（1）关注公司披露的报告期内普通股利润分配政策，特别是现金分红政策的制定、执行或调整情况，便于在进行股利分配政策分析中，探讨利润分配政策是否符合公司章程及审议程序的规定，是否充分保护中小投资者的合法权益，是否由独立董事发表意见，是否有明确的分红标准和分红比例；利润分配政策调整或变更的条件和程序是否合规、透明。

（2）关注公司是否披露报告期内履行完毕的，以及截至报告期末尚未履行完毕的，由公司实际控制人、股东、关联方、收购人以及公司等承诺相关方做出的承诺事项。如公司资产或项目存在盈利预测，且报告期仍处在盈利预测期间内，公司董事会、相关股东和负责持续督导的中介机构是否就资产或项目达到该盈利预测及其原因做出说明。同时，关注公司是否提供原盈利预测的相关披露查询索引。

（3）关注公司发生的控股股东及其关联方非经营性占用资金情况，以便分析控股股东及其关联方对公司的操纵程度。

（4）关注公司年度财务报告被会计师事务所出具非标准意见审计报告的，公司是否就所涉及事项做出说明。

（5）关注公司披露的年度财务报告审计聘任、解聘会计师事务所、财务顾问或保荐人的情况，以便分析更换原因及对公司财务报告的影响。

（6）关注年度报告披露后面临暂停上市情形的公司，关注公司披露的导致暂停上市的原因以及公司拟采取的应对措施。

（7）关注公司披露的报告期内发生的破产重整相关事项，以便分析原因。

（8）关注公司披露的报告期内重大诉讼、仲裁事项，以便提高财务分析的警戒度。

（9）关注公司披露的违法违规事件，便于分析公司出现上述问题的原因，考察其对内部控制和财务报告的影响。

（10）关注公司披露的报告期内公司及其控股股东、实际控制人的诚信状况，以便分析财务报告数据的可信度。

（11）关注公司披露的股权激励计划、员工持股计划或其他员工激励措施在本报告期的具体实施情况，以便分析其对公司业绩状况、股票价格和人力资源管理的影响。

（12）关注公司披露的报告期内发生的重大关联交易事项，以便进行关联交易分析。

（13）关注公司披露的重大合同及其履行情况，以便分析其对公司经营业绩的影响。

（14）关注公司披露的积极履行社会责任的工作情况，以便分析企业的社会责任承担与履行对客户满意度、公司业绩和股价的影响。

（15）关注公司披露的其他在报告期内发生的《证券法》、《上市公司信息披露管理办法》所规定的重大事件，以及公司董事会判断为重大事件的事项，目的在于分析原因及其对财务状况、经营成果和现金流的影响。

6.股份变动及股东情况的关注点

（1）关注公司股东数量及持股情况，以便分析战略投资者和财务投资者对公司经营的影响。

（2）关注公司控股股东情况，以便分析控股股东的背景对上市公司的影响。

（3）关注公司实际控制人情况，以便分析公司与实际控制人之间的产权和控制关系，论述控制权对上市公司经营战略和财务成果的影响。

7.优先股相关情况的关注点

（1）关注公司披露的截至报告期末近三年优先股的发行与上市情况，以便分析优先股筹资的优缺点及其对利益相关者的影响。

（2）关注公司披露的报告期内优先股的利润分配情况、利润分配政策调整或变更情况。

（3）关注报告期内公司进行优先股回购或商业银行发行的优先股转换成普通股的情况及其原因。

（4）关注报告期内存在优先股表决权恢复的情况。

（5）关注公司披露的对优先股采取的会计政策及理由。

8.董事、监事、高级管理人员和员工情况的分析关注点

（1）关注公司披露的董事、监事和高级管理人员的情况，包括基本情况、现任董事、监事、高级管理人员专业背景、主要工作经历以及目前在公司的主要职责、年度报酬情况。目的是分析公司高管的政治背景、高管学历、高管薪酬与公司业绩的相关性，并进行行业比较。

（2）关注公司披露的母公司与主要子公司的员工情况，以便分析公司的研发能力、员工满意度，员工薪酬对公司业绩的影响，并进行行业对比。

9.公司治理的关注点

（1）关注公司治理的实际状况与中国证监会发布的有关上市公司治理的规范性文件是否存在重大差异，分析差异的原因及其影响。

（2）关注公司与控股股东在业务、人员、资产、机构、财务等方面存在的不能保证独立性、不能保持自主经营能力的情况及其原因。

（3）关注公司披露的报告期内召开的年度股东大会、临时股东大会的有关情况，以便分析高管的履职情况。

（4）关注公司披露的报告期内每位独立董事履行职责的情况，分析独立董事的责任履行及其对公司经营、风险管控以及财务信息披露的影响。

（5）关注公司披露的董事会下设专门委员会在报告期内提出的重要意见和建议，分析其履职情况和对公司的贡献。

（6）关注公司监事会在报告期内的监督活动中发现的公司存在的风险及其意见，以便评价公司的内部控制制度。

（7）关注公司是否披露报告期内对高级管理人员的考评机制，以及激励机制的建立、实施情况。目的在于分析该考评机制对公司的激励与约束作用。

（8）关注报告期内公司披露的内部控制方面存在的重大缺陷问题及其成因和影响。

（9）关注会计师事务所出具的非标准意见的内部控制审计报告与董事会的自我评价报告意见不一致的原因及其影响。

10.公司债券相关情况的关注点

对于公司债券，应关注公司披露的所有公开发行并在证券交易所上市，且在年度报告批准报出日未到期或到期未能全额兑付的公司债券情况，目的在于分析债券筹资的优缺点、债券筹资对公司资本结构、偿债能力和偿债风险的影响。

11.财务报告的关注点

对于财务报告的分析将在后面的章节中进行介绍，此处不加说明。

二、中期报告

（一）编制中期报告的目的

中期报告是公司在每个会计年度的前6个月结束后60日内编制完成的财务报告。它是上市公司每年应当定期披露的法律公告，是反映公司半年度经营业绩和财务状况的重要文件。

对于中期财务报告的主要目的人们有着不同的认识。

一种观点认为，中期报告的目的与年报一样，是为了提供一个特定期间内企业的财务状况和经营成果。在这种认识下，中期财务报告信息着眼于过去，着重如何真实反映企业过去的财务状况和经营成果，强调的是客观性、可靠性和反映经济现实。另外一种观点认为，中期财务报告的目的主要是为报表使用者提供决策有用的信息，帮助其预测企业年度内未来期间的财务状况和经营成果，因此中期财务报告信息应着眼于未来，着重如何有助于投资者、债权人对企业的未来做出正确的分析，强调的是相关性和提供预测信息。

不管人们以什么样的观点来认识中期报告，至少说明中期报告可以向信息使用者提供企业较为完整的会计信息，帮助他们较为全面地评价企业的经营业绩，预测企业的发展前景，做出正确的经济决策。

国际会计准则委员会（IASC）于1998年2月发布了第34号国际会计准则（IAS）中期财务报告，这是IASC首次就中期财务报告问题发布准则。该准则是IASC与证券业国际组织为各国企业跨国上市会计信息披露的协调而进行的合作项目所设定的核心准则之一。

我国上市公司中期财务报告制度始自1994年证监会发布的《公开发行股票公司信息披露的内容与格式准则第三号（中期财务报告的内容与格式）（试行）》，此后该准则于1996年和1998进行了两次修改。2001年底，我国将中期财务报告写入《企业会计准则》，并且采用国际上广泛使用的"独立观"约束中期报告的内容：上市公司在编制中期财务报告时采用的会计政策应当与年报相一致，避免出现操纵损益的情况。这标志着中期财务报告开始进入规范化阶段。

（二）中期报告的要求

1.为规范上市公司中期报告的编制及其信息披露行为，保护投资者合法权益，证监会发布了《公开发行证券的公司信息披露内容与格式准则第3号——半年度报告的内容与格式（2016年修订）》，对中期报告的内容与格式做了说明。证监会鼓励公司结合自身特点，以简明易懂的方式披露对投资者特别是中小投资者决策有用的信息，但披露的信息应当保持持续性，不得选择性披露。

2.公司中期报告中的财务报告可以不经审计，但中国证监会和证券交易所另有规定的除外。主板（含中小企业板）公司应当在每个会计年度上半年度结束之日起2个月内将半年度报告全文刊登在中国证监会指定网站上；同时将中期报告摘要刊登在至少一种中国证监会指定报纸上，刊登篇幅原则上不超过报纸的1/4版面，也可以发布在中国证监会指定网站上。

3.公司董事会、监事会及董事、监事、高级管理人员应当保证中期报告内容的真实、准确、完整，不存在虚假记载、误导性陈述或重大遗漏，并承担个别和连带的法律责任。

（三）中期报告的主要内容

中期报告的内容与年度报告披露的项目一致，也是包括12个部分的内容，只是中期报告披露的内容相对简单。

（四）中期报告的信息关注点

中期报告的信息关注点可比照年度报告。

三、季度报告

（一）季度报告的要求

1.为规范上市公司季度报告的编制及信息披露行为，保护投资者合法权益，证监会发布了《公开发行证券的公司信息披露编报规则第13号——季度报告的内容与格式（2016年修订）》，要求在我国境内公开发行股票并在证券交易所上市的股份有限公司（以下简称公司）按照规则的要求编制和披露季度报告。

2.主板（含中小企业板）公司应当在会计年度前3个月、9个月结束后的1个月内将季度报告正文刊登于至少一种中国证监会指定的报纸上，并将季度报告全文（包括正文及附录）发布在中国证监会指定网站上。季度报告正文应当按照本规则第二章的要求编制，并按照附件的格式披露。

创业板公司应在会计年度前3个月以及前9个月结束后的1个月内编制季度报告（包括正文及附录）并发布在中国证监会指定的网站和公司网站上；同时在至少一种中国证监会指定的报纸上刊登"本公司×年第×季度报告已于×年×月×日在中国证监会指定的创业板信息披露网站上披露，请投资者注意查阅"的提示性公告。

3.第一季度报告的披露时间不得早于上一年度的年度报告。公司可以将季度报告刊登在其他媒体上，但不得早于在中国证监会指定媒体披露的时间。

由于我国的现行制度一直在不断的完善中，在学习中要随时了解证监会网站的相关发布和制度规定。

（二）季度报告的作用

季度报告对于规范信息披露和保护投资者合法权益具有重要意义。对上市公司而言，虽然季度报告增加了其信息披露成本，但是却有利于提高公司投资、筹资经营以及资产重组等重要信息的透明度，规范上市公司的合法经营，抑制违规违法行为的发生，降低违规成本。

对于投资者而言，季度报告披露增加了投资者了解上市公司生产经营情况及重大信息的渠道，有利于有效地规避风险、保护投资利益。同时，季度报告规定的出台将引导投资者更加关注公司的基本面分析，进行理性投资，对于培养投资者的成熟投资理念具有积极意义。

（三）季度报告的主要内容

季度报告正文的内容包括重要提示、公司基本情况、重要事项三部分内容。

（四）季度报告的信息关注点

季度报告可以进行公司或行业的季度比较，因此主要应关注公司发布的季度信息变化情况，并分析其变化趋势和变化原因。

第五节　临时报告及其信息关注点

临时报告发生于上市公司发生重大事件的情形，该临时报告对上市公司未来的股票价格走势、投资者以及其他相关者利益保护都具有重要意义。从财务分析的角度，临时报告可能隐含着公司发展正常或不正常的重要信息。当后期进行财务分析时，要寻找影响公司财务成果的成因，也需要查看重大事件对公司财务报告及其结果的影响，从而得出正确的分析结论。

一、临时报告及其公告目的

临时报告是指上市公司按有关法律法规及规则规定，在发生重大事项时向投资者和社会公众披露的信息，是上市公司持续信息披露义务的重要组成部分。由于定期报告存在信息滞后的缺陷，不能及时满足公司信息公开的最新性与迅速性需要，特别是在公司发生对证券投资判断有影响的特别事项时，定期报告书难以适应证券市场变动，不利于进行投资判断，因此，临时报告就有其存在的必要性。

美国《证券交易法》规定，在发生对证券投资判断有特殊影响的事项时，应将临时报告书提交给美国证券交易委员会。

我国《证券法》第67条规定，发生可能对上市公司股票交易价格产生较大影响的重大事件，投资者未得知时，上市公司应当立即将有关该重大事件的情况向国务院证券监督管理机构和证券交易所报送临时报告，并予以公告，说明事件的起因、目前的状态和可能产生的法律后果。

2007年1月30日，中国证监会发布的《上市公司信息披露管理办法》第30条规定，发生可能对上市公司证券及其衍生品种交易价格产生较大影响的重大事件，投资者尚未得知时，上市公司应当立即披露，说明事件的起因、目前的状态和可能产生的影响[①]。

二、临时报告的披露标准

临时报告的披露标准主要有两个，一个是重要性标准，另一个是及时性标准。前者衡量的是上市公司在发生什么样的事项时须进行披露，后者解决的是上市公司在发生重大事项时应在什么时间进行披露。

---

① 详细内容可搜索查阅"中国证券监督管理委员会令第40号"。

第一章 获取分析依据

（一）重要性标准

1.确定重要性标准的两种观点

确定适宜并明确的重要性标准一直是各国或地区证券立法的理想，但是这一工作绝非易事。一方面，信息是否重要本身即具有相对性，一件具体事项的发生对于不同的主体，因其规模、利润、资产、商业运营性质及其他因素的不同，重要性的意义并不等同；另一方面，确定重要性标准还存在一个平衡问题，即重要性标准既要使上市公司披露一切投资者做出合理投资决策所需的信息，又不能使使市场充斥过多的噪音。从实践中看，海外主要证券市场确定重要性的标准有两个：一是影响投资者决策的标准，根据该标准，一件事项是否重要取决于其是否对投资者做出决策产生影响；二是股价敏感标准，根据该标准，一件事项是否重要取决于其是否会影响到上市证券价格。

美国对重要性标准采用比较宽泛的双重标准制，即同时将"影响投资者决策"和"影响上市证券市场价格"并列作为判定信息重要性的标准，只要符合二者之一便构成重大事项，信息披露的义务即告产生。日本采用投资者决策标准来界定重要性，将重要信息定义为"上市公司任何关于管理、营运、财产的严惩影响投资者决策的事实"。英国、德国、法国、中国的香港和台湾对于重要性采用的是股价敏感标准。

2.我国对重要性标准的界定

我国《证券法》第67条规定，下列情况为所称重大事件：

（1）公司的经营方针和经营范围的重大变化。

（2）公司的重大投资行为和重大的购置财产的决定。

（3）公司订立重要合同，可能对公司的资产、负债、权益和经营成果产生重要影响。

（4）公司发生重大债务和未能清偿到期重大债务的违约情况。

（5）公司发生重大亏损或者重大损失。

（6）公司生产经营的外部条件发生重大变化。

（7）公司的董事、1/3以上监事或者经理发生变动。

（8）持有公司5%以上股份的股东或实际控制人，其持有股份或者控制公司的情况发生重大变化。

（9）公司减资、合并、分立、解散及申请破产决定。

（10）涉及公司的重大诉讼，股东大会、董事会决议被依法撤销或者宣告无效。

（11）公司涉嫌犯罪被司法机关立案调查，公司董事、监事、高级管理人员涉嫌犯罪被司法机关采取强制措施。

（12）国务院证券监督管理机构规定的其他事项。

《上市公司信息披露管理办法》第30条规定所称重大事件包括：

（1）公司的经营方针和经营范围的重大变化。

（2）公司的重大投资行为和重大的购置财产的决定。

（3）公司订立重要合同，可能对公司的资产、负债、权益和经营成果产生重要影响。

（4）公司发生重大债务和未能清偿到期重大债务的违约情况，或者发生大额赔偿责任。

（5）公司发生重大亏损或者重大损失。

（6）公司生产经营的外部条件发生重大变化。

（7）公司的董事、1/3以上监事或者经理发生变动；董事长或者经理无法履行职责。

（8）持有公司5%以上股份的股东或者实际控制人，其持有股份或者控制公司的情况发生较大变化。

（9）公司减资、合并、分立、解散及申请破产的决定；或者依法进入破产程序、被责令关闭。

（10）涉及公司的重大诉讼、仲裁，股东大会、董事会决议被依法撤销或者宣告无效。

（11）公司涉嫌违法违规被有权机关调查，或者受到刑事处罚、重大行政处罚；公司董事、监事、高级管理人员涉嫌违法违纪被有权机关调查或者采取强制措施。

（12）新公布的法律、法规、规章、行业政策可能对公司产生重大影响。

（13）董事会就发行新股或者其他再融资方案、股权激励方案形成相关决议。

（14）法院裁决禁止控股股东转让其所持股份；任一股东所持公司5%以上股份被质押、冻结、司法拍卖、托管、设定信托或者被依法限制表决权。

（15）主要资产被查封、扣押、冻结或者被抵押、质押。

（16）主要或者全部业务陷入停顿。

（17）对外提供重大担保。

（18）获得大额政府补贴等可能对公司资产、负债、权益或者经营成果产生重大影响的额外收益。

（19）变更会计政策、会计估计。

（20）因前期已披露的信息存在差错、未按规定披露或者虚假记载，被有关机关责令改正或者经董事会决定进行更正。

（21）中国证监会规定的其他情形。

（二）及时性标准

及时性是指上市公司应毫不迟疑地依法披露有关重要信息。从上市公司的角度来看，及时披露重要信息，可使公司发生的重大事项和变化及时被市场知晓，使公司股价及时依据新的信息做出调整，以保证证券市场的连续和有效；从投资者来看，及时披露可使投资者依据最新信息做出理性投资决策，避免因信息不灵而遭受损失；从社会监管的角度来看，及时披露可缩短信息处于未公开阶段的时间，缩短内幕人士可能进行内幕交易的时间，减少监管的难度和成本。

关于上市公司在发生重大事项时应在什么时间进行披露，我国《上市公司信息披露管理办法》第31条规定，上市公司应当在最先发生的以下任一时点，及时履行重大事件的信息披露义务：

1. 董事会或者监事会就该重大事件形成决议时。

2. 有关各方就该重大事件签署意向书或者协议时。

3. 董事、监事或者高级管理人员知悉该重大事件发生并报告时。

三、临时报告财务分析的关注点

（一）关注发生了什么重大事件以及交易双方发布的信息

例如，停牌近3个月的宝钢股份（600019）、武钢股份（600005），2016年9月20日晚间分别发布公告称，本次重大资产重组初步交易方案拟为宝钢股份向武钢股份全体换股股东发行A股股票，换股吸收合并武钢股份，其中，宝钢股份为合并方暨存续方，武钢股份为被合并方暨非存续方，预计不会导致公司最终控制权发生变更，也不会构成借壳上市。

2016年9月21日，武钢股份发布了收购报告书，指出本次收购系宝钢集团和武钢集团实施联合重组，宝钢集团拟更名为"中国宝武钢铁集团有限公司"，国务院国资委将持有的武钢集团全部国有权益无偿划转至中国宝武集团，从而导致中国宝武集团间接取得武钢集团持有的52.76%的武钢股份并对武钢股份实施控制。

9月22日下午，国资委发布公告表示，经国务院批准，同意宝钢和武钢重组，重组之后公司更名为中国宝武钢铁集团有限公司。随后，宝钢股份发布《宝钢股份换股吸收合并武汉钢铁股份有限公司暨关联交易报告书》宣布，宝钢股份通过向武钢股份全体换股股东发行A股股票，换股吸收合并武钢股份；武钢股份现有的全部资产、负债、业务、人员、合同、资质及其他一切权利与义务由武钢有限承接与承继，自交割日起，武钢有限的100%股权由宝钢股份控制。这也是继南北车合并、中冶与五矿合并之后最大的央企重组案例。

（二）对重大事件的真实性及充分性进行评价

主要是根据上市公司发布的临时报告对有关内容进行分析。

以武钢股份发布的收购报告书为例，其收购报告书的目录摘要如下：

第一节　释义

第二节　收购人介绍

第三节　收购决定及收购目的

第四节　收购方式

第五节　资金来源

第六节　后续计划

第七节　对上市公司的影响分析

第八节　与上市公司之间的重大交易

第九节　前6个月内买卖上市交易股份的情况

第十节　收购人的财务资料

第十一节　其他重大事项

第十二节　备查文件

从收购报告书可见，其包含的信息主要有 12 项内容。临时报告使用者，可以根据其披露的内容分析其真实性与披露的充分程度。

（三）分析重大事件对交易双方的意义

综述各家观点，分析宝钢和武钢的资产重组案例，可以总结出此次重组的意义在于：

1.得到交易双方股东的认可和支持

根据《上市公司重大资产重组管理办法》第 24 条规定，上市公司股东大会就重大资产重组事项做出决议，必须经出席会议的股东所持表决权的 2/3 以上通过，"上市公司重大资产重组事宜与本公司股东或者其关联人存在关联关系的，股东大会就重大资产重组事项进行表决时，关联股东应当回避表决"。宝钢集团和武钢集团是吸收合并的利益相关股东，在宝钢股份和武钢股份股东大会审议重组事项投票中不能参加。因此，两家公司股份无偿划转，说明得到交易双方的中小股东认可，具有重大意义。

2.有利于化解钢铁产能过剩，进行一次真正意义上的供给侧改革

国务院发展研究中心企业研究所副研究员周健奇表示，宝钢与武钢的合并具有落实去产能计划和巩固去产能效果的重要意义。现阶段，钢铁行业去产能工作正在强化推进，宝钢与武钢的正式合并体现了我国政府化解钢铁产能过剩矛盾的决心，是一项重要的政策举措。宝钢与武钢的合并是我国钢铁产业去产能背景下的一次重大结构性调整，合并后的宝武钢铁集团将进行一次真正意义上的供给侧改革。宝钢与武钢的合并，将对国有企业改革产生示范效应。

（四）分析重大事件对股价的可能影响

在上市公司收购过程中，由于收购人为控制上市公司的股权必然通过证券市场集中大规模收购股权，由此势必会对上市公司的股票交易及其价格发生重大影响，为了使广大中小投资者能够及时了解这种大规模股权收购的信息，防止虚假陈述、操纵市场等违法行为，上市公司收购过程中的信息披露对于投资者了解相关影响具有重大意义。

随着合并公告的发布，宝钢和武钢的股票价格出现了同步上扬的趋势，2016 年 10 月份左右两家公司各出现了一字板的股价表现，说明该合并在二级市场产生了积极反应。图 1-1 显示了合并方案对宝钢股份股票价格的影响，从中可见市场认为该合并方案是利好。

（五）关注重大事件对公司财务状况、经营成果和现金流量的影响

在 2016 年的最后一个工作日，宝钢股份和武钢股份联合发布换股吸收合并暨关联交易报告书，宝武集团旗下两家上市公司的合并先后获得证监会及商务部反垄断局批准，标志武钢股份和宝钢股份合并完成，宝武钢铁重组落幕。宝钢股份作为存续方，武钢股份为非存续方，发布的关联交易报告书披露了一些交易细节。合并带来的直接利好为上市公司资产负债率迅速降低。高企的资产负债率，曾是重组前武钢集团最大的财务

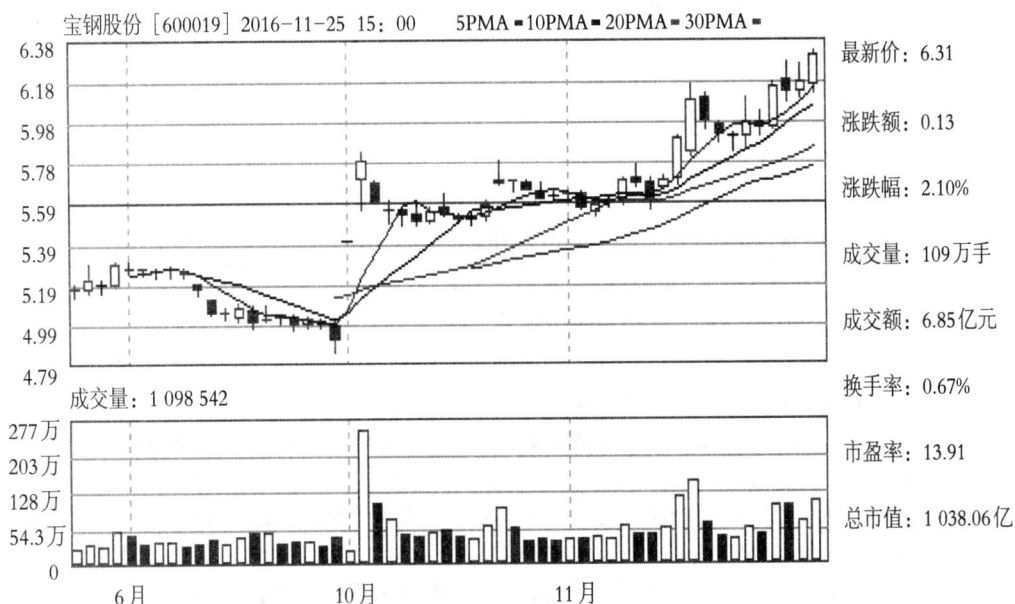

宝钢股份 ［600019］ 2016-11-25 15：00　　5PMA ■ 10PMA ■ 20PMA ■ 30PMA ■

| | 最新价: 6.31 |
| 涨跌额: 0.13 |
| 涨跌幅: 2.10% |
| 成交量: 109万手 |
| 成交额: 6.85亿元 |
| 换手率: 0.67% |
| 市盈率: 13.91 |
| 总市值: 1 038.06亿 |

成交量: 1 098 542

图1-1　合并方案对宝钢股份股票价格的影响

困扰，一度达到71.34%。两家上市公司合并后，资产负债率降至55%以下。

（六）分析发生的重大事件的潜在风险

根据宝钢股份2016年12月30日发布的《宝钢股份换股吸收合并武汉钢铁股份有限公司暨关联交易报告书（修订稿）》，本次重组可能存在下列风险：重组被暂停、中止或取消的风险，与现金选择权相关的风险，强制转股的风险，本次交易摊薄即期回报的风险，债权债务转移风险，同业竞争风险，关联交易风险，对上市公司持续经营影响的风险，内部整合风险以及股价波动风险。

以上信息说明，无论是招股说明书还是定期报告和临时报告，都会向外界传递公司信号。基于信息披露的准确性以及信息价值应用的角度，大家在学习中需要及时了解财政部、证监会以及其他监管部门的相关规定，以便在后期的财务分析中快速地通过各种途径获得信息资料。

重要概念

财务报告　会计报表附注　财务情况说明书　财务信息披露　信息披露制度　年度报告

复习思考

1.财务报告及其构成要素有哪些？
2.财务报告的目标是什么？

3.按照受托责任和决策有用的观点，财务报告应分别披露哪些信息？

4.什么是财务报告信息披露成本？有哪些影响因素？

5.什么是招股说明书？它有什么作用？

6.年度报告需要披露哪些内容？

7.临时公告一般需要公告哪些内容？

操作练习

1.查看任何一家上市公司的年度报告和临时报告，了解其信息披露的内容。

2.目的：进行要约收购案例分析。

资料：2016年10月31日，万通地产（600246）公布了要约收购报告书摘要（修订稿），指出要约收购报告书摘要的目的仅为向社会公众投资者提供本次要约收购的简要情况，投资者在做出是否预受要约的决定之前，应当仔细阅读要约收购报告书全文，并以此作为投资决定的依据。

本次要约收购系因上市公司控股股东嘉华控股与耐基特签订《股权转让协议》，受让耐基特持有的万通御风51%股权（万通御风持有上市公司法人股东万通控股20.07%的股权，万通控股直接持有上市公司30.30%的股权）而触发。本次要约收购前，嘉华控股直接持有上市公司5.66%的股份，根据收购办法，嘉华控股拟继续增持，应当采取要约方式增持。

2016年10月18日，万通地产披露了《北京万通地产股份有限公司要约收购报告书》，其中原要约价格为4.30元/股。经综合考虑，收购人拟将本次要约收购的要约价格由4.30元/股调整为5.49元/股。

经中国证监会核准，嘉华控股认购万通地产2015年度非公开发行项目中的732 558 141股股票，该次发行完成后，嘉华控股直接持有上市公司35.66%的股份，嘉华控股成为公司控股股东，公司实际控制人变更为王忆会……

要求：（1）说明什么是要约收购？

（2）要约收购的披露时间有哪些规定？

（3）要约收购应披露哪些基本内容？

（4）投资者是如何看待此次要约收购的？请综述各家观点。

解读财务报表

【导语】利特尔顿（1953）在《会计理论结构》中提出，"正是因为财务报表能够以通俗易懂的方式反映企业的大量经济活动，所以人们通过财务报表就可能了解企业经营活动的基本情况……"[①]。本章将在综述财务报表分析目的与一般方法的基础上，借助万科案例说明三张主要财务报表的解读方法。

本章内容要点

第一节　财务报表分析的目的与方法

作为财务报表分析的开篇，本节主要是在了解财务报表分析发展历程的基础上，明确财务报表分析的目的，知晓财务报表分析的依据和方法。

一、财务报表分析及其发展

分析是把事物分解成各个部分加以考察的方法。随着资本市场的建立、企业组织形式的改变和内部管理的需要，财务报表分析的用途、内容、方法也在不断地发展和完善。

一般认为，财务报表分析产生于19世纪末20世纪初期。早期财务报表分析的目的是为银行信贷提供服务，这是由于当时的企业融资渠道主要是银行信贷。随着借贷资本在企业资本总额中的比重不断上升，银行需要对借款人的信用状况进行评价，以判断借款人的资信和偿债能力，减少贷款风险。这一时期的财务报表分析主要侧重于偿债能力的分析。

资本市场的形成与发展，对财务报表分析产生了新的需求。此时财务报表不仅要为债权人提供信息服务，而且要为投资人提供投资服务。投资风险的客观存在，使投资人

---

① 葛家澍，刘峰. 会计理论：关于财务会计概念结构的研究 [M]. 北京：中国财政经济出版社，2003.

产生了对信息的更广泛需求。除了对偿债能力进行分析外，投资人更关心的是被投资方的资产管理能力、盈利能力和股利支付能力。出于服务目的的需要，此时财务报表分析的范围和内容更加广泛，分析体系更趋完善。

随着企业组织形式的变化、公司制的产生，投资人对公司产生了更高的获利要求。为提高公司的盈利能力和偿债能力，满足公司筹资需求，公司的管理层需要利用内部信息获取分析数据，为管理决策服务。因此，财务报表分析成为企业加强内部管理的重要依据，并使财务报表分析由外部分析发展到内部分析。

能否根据分析资料做出正确的投资、筹资和管理决策，取决于财务报表及其他相关资料的真实性，财务报表的失真将影响报表分析的结果。在现代公司制度下，财产的所有权和使用权实现了分离，两权分离不可避免地带来了信息的不对称问题。为了消除股东和经营者的信息不对称，便产生了现代公司财务报告制度，即公司管理者定期向股东提交反映公司财务状况、经营成果、现金流量状况的财务会计报告及其文字说明。即便如此，公司管理者与股东之间的信息不对称问题依然存在，因为财务报表是由公司管理层编制的，管理层相对于外部投资者而言，具有信息知情上的优势，而且管理层为了自身利益有可能向投资者提供虚假的财务信息。因此，财务报表分析还包括对财务报表真实性的分析。

从微观意义上说，财务报表数据是一个企业财务状况的反映，但是微观意义上的财务报表数据却是处理国家与企业之间的财务关系、分析国民经济走向、制定宏观经济政策的重要依据。因此，政府也依赖于财务报表分析。

从财务报表产生和发展的历史看，财务报表的分析不仅包括外部分析，也包括内部分析；财务报表分析的内容不仅包括偿债能力分析，也包括资产管理能力分析和盈利能力分析等；财务报表分析的主体不仅包括企业自身，也包括企业的投资者、债权人、政府以及其他利益相关者。

二、财务报表分析的目的

古希腊物理学家阿基米德说："给我一个支点，我可以撬起地球。"虽然财务报表分析不具有撬动地球的力量，但却可以给报告使用者提供不同的价值信息。财务报表分析的目的，因报表使用者需要了解信息的不同而存异。概括来说，财务报表分析的目的如下：

（一）解读财务报表

从财务报表信息使用者的角度，了解财务报表的基本结构和内容，分析财务报表中所体现的企业管理思想、管理政策、战略动因及其实施效果。

（二）分析评价企业的财务状况和经营业绩

对企业财务状况的评价包括偿债能力、营运能力、盈利能力、成长能力等方面的评价。企业的经营业绩体现为一定期间的利润、现金净流量以及资产增值额。良好的经营业绩反映了企业的资产管理水平高、偿债能力和股利支付能力强。对企业经营业绩的评价，可以通过企业实际数与预算数或历史资料的对比进行。

（三）分析企业财务状况和经营成果产生的原因和隐含的风险

企业的财务状况和经营成果受到多种因素的影响。这种影响可能是由于收入方面的原因，也可能是由于成本费用管控方面的原因，还有可能是由于资产结构和资本结构不合理或者是由于会计方法改变等原因形成的。只有对影响因素进行客观分析，才能总结企业管理方面的好经验，发现经营管理中存在的问题，并在新的会计年度采取相应的管理对策。当然通过财务报表分析，也可以发现企业面临的经营风险、财务风险与税收风险，以便加强风险管控。

（四）预测企业未来的发展趋势，并为预算管理服务

企业要在历史资料的基础上进行财务预测，并在财务预测的基础上进行财务决策和编制全面预算。财务报表分析结果是企业进行财务预测、编制全面预算的重要依据。如果没有对财务资料的分析利用，企业的预测就会缺乏客观依据，就不能通过有效的管理手段和方法实现预期的管理目标。

（五）通过财务分析进行企业盈利预测和价值评估

财务分析的目的不仅在于客观地评价过去，更要面向未来。利用财务数据及其变化规律，也可以进行企业盈利预测和企业估值等工作，为投资决策提供客观依据，从而延伸财务报表的应用领域和活动空间。本教材的第十一章和第十二章将对此进行探讨。

三、财务报表分析的依据

财务报表分析的主要依据是资产负债表、利润表以及现金流量表。除了财务报表之外，下列资料也构成了财务报表分析的依据，主要有：

（一）财务报表附注

财务报表附注是对财务报表信息的补充说明，目的是使财务报表信息对财务信息使用者的决策更加相关、有用。

（二）所采用的会计方法

会计方法是对收入、费用的确认，对资产、负债和所有者权益的计量所采用的处理依据。事实上，会计方法的变动是影响企业财务状况和经营成果变动的重要原因。如固定资产折旧方法的改变、权责发生制原则和收付实现制原则的交替使用等，都会因会计方法的变动引起财务状况和经营成果的变动。因此，在财务分析中要考虑会计方法的影响。如果不能排除会计方法的影响，不仅不能客观地评价企业的经营业绩，而且也不利于利用财务报表进行分析预测工作。因此，要对企业的财务状况和经营成果进行客观评价，必须在报表之外列明会计方法是否发生变化，如有变化，变化的原因是什么，会计方法的变更对企业财务状况和经营成果的影响有多大等。

（三）经营情况讨论与分析

通常，企业的高层管理者对自身的经营情况比较了解，因此，其对企业经营情况的把握与判断应是具有说服力的。企业管理者对财务成果的讨论和分析意见，反映了管理者对企业未来发展趋势的判断，而这种判断影响着企业未来的走向。因此，对财务报表的分析不能不借助于管理者对自身情况的分析。

（四）审计报告

应该说，企业自身编制的财务报表受到人为因素的影响，从而可能使财务报表失真。相对于企业自身编制的财务报表而言，审计报告能够比较客观真实地反映企业的财务状况和经营结果。但需要注意的是，由于审计抽样及其他因素的影响，审计报告的公正性也是有局限性的，不能认为审计报告就一定会准确无误。但在财务报表分析中，审计报告还是具有重要的参考价值的。

上市公司在年报中披露的财务报表，由上市公司自己编制，其真实性、准确性与完整性，还需要会计师事务所作为独立方进行审计。审计后，事务所要出具审计报告。报告分为两大类：一种是标准无保留意见审计报告；另一种是非标准意见审计报告。前者表明，会计师认为财务报表质量合格。后者表示会计师认为财务报表质量不合格。其分为四种：（1）带强调事项段的无保留意见审计报告。（2）保留意见的审计报告。（3）否定意见的审计报告。（4）无法表示意见的审计报告。通俗地讲，第一种报告，意味着会计师认为报表存在瑕疵；第二种，认为报表存在错误；第三种、第四种，说明会计师认为报表问题严重。

有一点要注意，在特别提示中，注册会计师只会列示审计报告的类型，而审计报告的具体内容则出现在年报"财务会计报告"的开始部分。标准意见审计报告的内容几乎完全一致，而非标准意见审计报告则会因为各公司不同的情况，区别很大，注册会计师会在其中明确阐述出具非标准意见审计报告的原因。

上市公司年报被出具非标准意见审计报告，可能会出现一系列连锁后果。

第一，再融资可能受阻。按照《上市公司证券发行管理办法》的规定，如果上市公司最近三年及最近一期的财务报表，被注册会计师出具保留意见、否定意见或无法表示意见的审计报告，就会失去公开增发、配股、发行可转换债券的资格。由此可见，一旦上市公司财务报表被出具非标准意见审计报告，其再融资（定向增发除外）的能力至少三年内将不复存在。这对上市公司健康、快速地发展肯定要造成较大的影响，对此，投资者要有充分的估计。

第二，被从成分股中剔除。在沪深交易所推出的一系列指数里，其指数成分股的选择标准中，不少就将上市公司财务报表未被出具非标准意见审计报告作为前提条件，比较典型的如上证治理指数就是如此。由于一些投资基金将选股范围与指数成分股挂钩，因此，一旦上市公司从成分股中剔除，必将导致机构投资者大规模地抛售股票，从而造成股价大跌。对此，投资者也要保持清醒认识。

投资者在阅读年报时，要注意上市公司是否更换了出具审计报告的会计师事务所。年报"重大事项"部分，对此有详细说明。其原因在于，如果事务所要出具非标准意见审计报告，而上市公司对此无法接受，当这种矛盾极端激化无法调和时，上市公司就有可能采取更换会计师事务所的方式，以得到其希望的审计报告。因此，上市公司更换会计师事务所，特别是更换理由不充分时，投资者需要高度警惕。现实中的案例说明，进行财务造假的上市公司中，很多公司出现过更换会计师事务所的行为。

按照规定，上市公司解聘会计师事务所或者会计师事务所辞聘，上市公司与会计师事务所均应报告中国证监会和交易所且公开披露其原因，并对所披露信息的真实性负责。被解聘的会计师事务所对被解聘的理由如有异议，有权向上市公司股东大会申诉，同时可以要求公司进行披露，公司也有义务对此予以披露。

（五）若干年份的比较财务数据

要对企业未来的发展趋势有总体把握，需要借助于若干年份的财务资料，以便进行趋势分析和结构分析。因此，若干年份的比较财务数据也是进行财务报表分析不可缺少的因素。

（六）其他资料

报表之外的其他资料是对报表有关信息的验证和详细说明，它对于了解报表中有关资产、负债和所有者权益及其利润状况是非常有用的。这些资料应该包括公司的投资与被投资关系、税收优惠政策差异、业务往来、资金借贷等关系，主要是分析关联交易以及关联方关系对企业财务成果的影响。

四、财务报表分析的一般方法

了解财务报表的分析方法与步骤，是进行财务报表分析的基础环节。财务报表分析包括定量分析与定性分析，用于衡量企业之间、不同行业之间相对的财务状况。定量分析主要是依据客观数据从量的角度所进行的分析；定性分析主要是根据主观判断所进行的分析。

在财务报表分析中，最主要的分析方法是定量分析法。定量分析法主要有以下几种：

（一）趋势分析法

这是将不同时期和空间的同质财务指标进行对比，直接观察其增减变动情况及变动幅度，考察其发展趋势，预测其发展前景的一种方法。各个时期的财务状况及经营成果处于不断变化之中，这种变化的结果，表现为同一指标在不同时期具有不同的结果。通过对同一指标不同时期的对比分析，就可以分析评价该项指标的变化趋势，而这种变化趋势对预测未来是非常有用的。如将不同时期的营业收入进行列示和对比，可以分析了解营业收入的发展趋势，为进行收入预测提供相关依据。在实际工作中，这种分析方法往往要收集若干年度的财务资料，然后将某个年度的该项经济指标数据作为基数，其他各年度的数据与基数进行比较，分析该项经济指标的发展变化情况。趋势分析可以通过编制不同时期的对比分析表来进行。

（二）结构分析法

在财务报表分析中，要了解某项经济指标对总体指标的影响程度，可以通过个别指标占总体指标比重的大小，分析个体对总体的影响程度，并根据影响程度采取不同的对策。以对收入的分析为例，企业的收入来源较多，通过对各项收入占全部营业收入比重的分析就可以了解企业收入管理的侧重点。同样道理，企业的成本费用也是由多个项目组成的，通过对各成本费用项目占总成本费用比重的分析，也可以找出成本费用控制的重点。将不同时期各项指标占总体指标的比重进行对比分析，可以了解工作重点的转向及变化情况，及时分析原因，采取相应的对策。

（三）比率分析法

财务报表中某些财务数据之间存在着某种联系。比率分析法就是将不同的相关经济指标进行比较，分析其相关关系，用以分析和评价企业的经营活动以及不同期间状况的一种方法。如将负债总额与资产总额进行对比，可以分析企业的资产负债比例；将流动资产与流动负债进行对比，可以分析企业的短期偿债能力；将营业收入与总资产均值进行比较，可以分析企业的总资产营运能力；将净利润与股东权益均值进行比较，可以衡量企业的股东回报率等。

在进行财务比率分析时，下列比率可用作比较对象：（1）前期比率；（2）竞争者的比率；（3）行业比率；（4）预定标准；（5）比率的变动趋势与变动性。

比率分析法是企业财务报表分析中应用最多的一种方法，它在分析企业的偿债能力、资产营运能力、资产盈利能力等方面具有广泛的用途。比率分析法也是财务分析方法的核心部分。在不同版本的财务报表分析教材中，关于财务比率的计算在个别项目的界定上存在着差异。

（四）因素分析法

因素分析法是依据分析指标与其影响因素的关系，从数量上确定各因素对分析指标影响方向和影响程度的一种方法。它在财务分析中应用颇为广泛。在企业的经营管理中，影响财务状况和经营成果的因素是多方面的，当某种经济指标的实际数与预算数或历史数据产生差异时，需要分析造成这种差异的原因。如企业产品销售收入的变化，就受到单价、销售量、经济条件变化、消费者购买力、企业竞争力等多种因素的影响。运用因素分析法，就是要分析各种因素的影响程度，以便在新的年度采取措施消除不利影响。

第二节　　资产负债表的作用与信息解读

歌德说："你若要喜爱你自己的价值，你就得给世界创造价值。"在市场经济条件下，信息已经成为一种极其重要的商品。但信息必须经过汇总、整合、分析才能产生价值。本节主要以万科为例说明资产负债表的作用及其信息解读方法。

一、资产负债表的基本格式

资产负债表是依据"资产=负债+所有者权益"的原理编制的反映企业在一定期末的资产、负债和所有者权益变动情况的报表。资产负债表的格式一般有两种：报告式资产负债表和账户式资产负债表。报告式资产负债表是上下结构，上半部列示资产，下半部列示负债和所有者权益。账户式资产负债表是左右结构，左边列示资产，右边列示负债和所有者权益。不管采取什么格式，资产各项目的合计等于负债和所有者权益各项目的合计这一等式不变。

第二章　解读财务报表

表2-1反映了万科截止到2016年12月31日的资产负债表及其基本格式（账户式）。万科企业股份有限公司（简称万科或万科集团）成立于1984年5月，1988年进入房地产行业，主营业务包括房地产开发和物业服务，1991年在深交所上市（股票代码000002.SZ），持续增长的业绩以及规范透明的公司治理结构，使公司赢得了投资者的广泛认可。经过30余年的发展，万科成为全国首个年销售额超千亿的房地产公司、中国最大的专业住宅开发企业。

表2-1　　　　　　　　　　　　**万科合并资产负债表**

2016年12月31日　　　　　　　　　　　　　金额单位：元

资产	2016年12月31日	2015年12月31日	负债及股东权益	2016年12月31日	2015年12月31日
流动资产：			流动负债：		
货币资金	87 032 118 210.63	53 180 381 016.34	短期借款	16 576 589 202.38	1 900 087 965.52
衍生金融资产	458 671 184.10	122 195 279.19	应付票据	3 603 839 089.85	16 744 732 907.08
应收账款	2 075 256 823.79	2 510 653 269.96	应付账款	138 047 562 476.06	91 446 458 420.61
预付款项	50 262 540 606.60	39 646 972 826.29	预收款项	274 645 554 496.88	212 625 705 637.30
其他应收款	105 435 004 894.59	75 485 642 961.23	应付职工薪酬	3 839 926 643.43	2 642 657 169.63
存货	467 361 336 133.57	368 121 930 513.33	应交税费	9 553 084 094.38	7 373 980 494.99
其他流动资产	8 670 500 000.00	7 956 600 000.00	应付利息	378 374 906.63	231 575 884.69
流动资产合计	721 295 427 853.28	547 024 375 866.34	其他应付款	106 580 257 219.71	62 350 224 343.79
非流动资产：			一年内到期的非流动性负债	26 773 297 333.75	24 746 404 056.97
可供出售金融资产	1 328 014 343.92	1 138 812 728.09	流动负债合计	579 998 485 463.07	420 061 826 880.58
长期股权投资	61 701 988 409.62	33 503 423 488.02	非流动负债：		
投资性房地产	21 874 424 322.70	10 765 051 108.38	长期借款	56 406 061 283.42	33 828 584 225.36
固定资产	6 810 793 073.58	4 917 479 160.88	应付债券	29 108 375 807.96	19 015 812 338.88
在建工程	765 312 561.26	598 358 905.88	预计负债	118 672 382.72	143 220 557.94
无形资产	1 260 363 652.26	1 044 991 088.26	其他非流动性负债	2 861 999 502.12	1 378 075 550.63
商誉	201 689 835.80	201 689 835.80	递延所得税负债	504 048 203.85	558 430 814.88
长期待摊费用	960 226 293.11	447 883 429.64	非流动性负债合计	88 999 157 180.07	54 924 123 487.69
递延所得税资产	7 198 532 974.16	5 166 540 813.69	负债合计	668 997 642 643.14	474 985 950 368.27

续表

资产	2016年12月31日	2015年12月31日	负债及股东权益	2016年12月31日	2015年12月31日
其他非流动资产	7 277 440 604.45	6 486 961 264.31	股东权益：		
非流动资产合计	109 378 786 070.86	64 271 191 822.95	股本	11 039 152 001.00	11 051 612 300.00
			资本公积	8 268 267 782.15	8 174 812 609.65
			减：库存股		160 163 103.04
			其他综合收益	396 309 302.16	450 635 194.22
			盈余公积	32 540 767 833.97	28 068 766 725.61
			未分配利润	61 200 269 803.37	52 597 854 095.89
			归属于母公司所有者权益合计	113 444 766 722.65	100 183 517 822.33
			少数股东权益	48 231 804 558.35	36 126 099 498.69
			股东权益合计	161 676 571 281.00	136 309 617 321.02
资产总计	830 674 213 924.14	611 295 567 689.29	负债及所有者权益总计	830 674 213 924.14	611 295 567 689.29

二、资产负债表的作用与主要项目解释

（一）资产负债表的作用

从分析的角度，财务报告信息使用者所关心的是企业的资产规模有多大，其中有多少是负债形成的，有多少是所有者权益（股东权益）形成的，资产内部结构如何，资金来源结构如何等。

资产负债表的作用主要体现在以下几个方面：

（1）了解某一时点上企业各类资产、负债和所有者权益的规模、结构及其数量对应关系。

（2）明确企业的责任和义务。

（3）做出优化资产结构、降低风险和提高运营效率的判断和决策。

（4）与利润表和现金流量表结合分析公司的偿债能力、营运能力和盈利能力。

（二）资产负债表中主要项目解释

为了便于大家理解资产负债表中的项目信息，现将资产负债表中主要项目解释如下：

1.主要资产项目解释

（1）"货币资金"项目，反映企业库存现金、银行结算户存款、外埠存款、银行汇票存款、银行本票存款、信用卡存款、信用证保证金存款等的合计数。

（2）"交易性金融资产"项目，反映企业持有的以公允价值计量且其变动计入当期损益的为交易目的所持有的债券投资、股票投资、基金投资、权证投资等金融资产。其特点是：①企业持有的目的是短期性的，即在初次确认时即确定其持有目的是短期获利；②该资产具有活跃市场，公允价值能够通过活跃市场获取。③交易性金融资产持有期间不计提资产减值损失（万科无此项）。

（3）"衍生金融资产"项目，也叫金融衍生工具，是与基础金融产品相对应的一个概念，指建立在基础产品或基础变量之上，其价格随基础金融产品的价格（或数值）变动的派生金融产品。目前最主要的金融衍生工具有：远期合同、金融期货、期权和互换等。

（4）"应收票据"项目，反映企业因销售商品、提供劳务等而收到的商业汇票，包括银行承兑汇票和商业承兑汇票（万科无此项）。

（5）"应收账款"项目，反映企业因销售商品、提供劳务等经营活动应收取的款项。

（6）"预付款项"项目，反映企业按照购货合同规定预付给供应单位的款项等。

（7）"应收利息"项目，反映企业应收取的债券投资等的利息（万科无此项）。

（8）"应收股利"项目，反映企业应收取的现金股利和应收取其他单位分配的利润（万科无此项）。

（9）"其他应收款"项目，反映企业除应收票据、应收账款、预付款项、应收股利、应收利息等经营活动以外的其他各种应收、暂付的款项。

（10）"存货"项目，反映企业在日常活动中持有以备出售的产成品或商品、处在生产过程中的在产品、在生产过程或提供劳务过程中耗用的材料和物料等。

（11）"其他非流动资产"项目，反映企业将于一年内到期的非流动资产项目金额。

（12）"可供出售金融资产"项目，反映可供企业出售的权益工具，如股票，和可供出售的债权工具，如公司、国家债券等。

（13）"长期股权投资"项目，反映企业持有的对子公司、联营企业和合营企业的长期股权投资。

（14）"投资性房地产"项目，反映企业为赚取租金或实现资本增值，或两者兼有而持有的房地产。主要包括：已出租的土地使用权、持有并准备增值后转让的土地使用权和已出租的建筑物。

（15）"固定资产"项目，反映企业各种固定资产原价减去累计折旧和减值准备后的净值。

（16）"在建工程"项目，反映企业期末各项未完工程的实际支出，包括交付安装的设备价值、未完建筑安装工程已经耗用的材料、工资和费用支出、预付出包工程的价款等项目的可收回金额。

（17）"无形资产"项目，反映企业持有的无形资产，包括专利权、非专利技术、商标权、著作权、土地使用权等。

（18）"商誉"项目，反映企业购买的投资成本超过被合并企业净资产公允价值的差额。商誉本身是企业在合并的时候才产生的，不需要按期摊销，但它需要计提减值损失。

（19）"长期待摊费用"项目，反映企业已经发生但应由本期和以后各期负担的分摊期限在1年以上的各项费用。

（20）"递延所得税资产"项目，反映递延到以后缴纳的税款，递延所得税是时间性差异对所得税的影响，在纳税影响会计法下才会产生递延税款。

（21）"其他非流动资产"项目，反映企业除长期股权投资、固定资产、在建工程、工程物资、无形资产等以外的其他非流动资产。

2.主要负债项目解释

（1）"短期借款"项目，反映企业向银行或其他金融机构等借入的期限在1年以下（含1年）的各种借款。

（2）"应付票据"项目，反映企业购买材料、商品和接受劳务供应等而开出、承兑的商业汇票，包括银行承兑汇票和商业承兑汇票。

（3）"应付账款"项目，反映企业因购买材料、商品和接受劳务供应等经营活动应支付的款项。

（4）"预收款项"项目，反映企业按照销货合同规定预收供应单位的款项。

（5）"应付职工薪酬"项目，反映企业根据有关规定应付给职工的工资、福利、社会保险费、住房公积金、工会经费、教育经费、非货币性福利、辞退福利等各种薪酬。外商投资企业按规定从净利润中提取的职工奖励及福利基金，也在本项目列示。

（6）"应交税费"项目，反映企业按照税法规定计算应交纳的各种税费，包括增值税、消费税、所得税、资源税、土地增值税、城市维护建设税、房产税、土地使用税、车船税、教育费附加、矿产资源补偿费等。

（7）"应付利息"项目，反映企业按照规定应当支付的利息，包括分期付息到期还本的长期借款应支付的利息、企业发行的企业债券应支付的利息等。

（8）"应付股利"项目，反映企业应付的现金股利或利润（万科无此项目）。

（9）"其他应付款"项目，反映企业除应付票据、应付账款、预收款项、应付职工薪酬、应付股利、应付利息、应交税费等经营活动以外的其他各项应付、暂收的款项。

（10）"一年内到期的非流动负债"项目，反映企业非流动负债中将于资产负债表日后一年内到期部分的金额，如将于一年内偿还的长期借款。

（11）"长期借款"项目，反映企业向银行或其他金融机构借入的期限在1年以上（不含1年）的各项借款。

（12）"应付债券"项目，反映企业为筹集长期资金而发行的债券本金（和利息）。

（13）"预计负债"项目，反映企业计提的各种预计负债。预计负债是因或有事项可能产生的负债。根据或有事项准则的规定，与或有事项相关的义务同时符合以下三个条件的，企业应将其确认为负债：一是该义务是企业承担的现时义务；二是该义务的履行很可能导致经济利益流出企业，这里的"很可能"指发生的可能性为"大于50%，但小于或等于95%"；三是该义务的金额能够可靠地计量。此项目包括对外提供担保、未决诉讼、产品质量保证、重组义务、亏损性合同等。

（14）"其他非流动负债"项目，反映企业除长期借款、应付债券等项目以外的其他非流动负债。

（15）"递延所得税负债"项目，反映根据应纳税暂时性差异计算的未来期间应付所得税的金额。

3.股东权益（所有者权益）项目解释

（1）"股本（或实收资本）"项目，反映企业各投资者实际投入的股本（或资本）总额。股本指股东在公司中所占的权益，股本＝股票面值×股份总额。

（2）"资本公积"项目，反映企业资本公积的期末余额，是指企业在经营过程中由于接受捐赠、股本溢价以及法定财产重估增值等原因所形成的公积金。

（3）"库藏股"（即库存股）项目，反映由公司购回但尚未注销的股票。库藏股必须同时具备三个重要要素：①必须是本公司自己的股票；②必须是已经发行的股票；③库藏股必须是没有办理注销的股票。库藏股具有以下特性：①库藏股不是公司的一项资产，而是股东权益的减项；②由于库藏股不是公司的一项资产，故而再次发行库藏股所产生的收入与取得时的账面价值之间的差额不会引起公司损益的变化，而是引起公司股东权益的增加或减少；③库藏股的权力会受到一定的限制，如，它不具有表决权、优先认购权、分派剩余财产权等。

（4）"盈余公积"项目，反映企业盈余公积的期末余额。

（5）"未分配利润"项目，反映企业尚未分配的利润。它在以后年度可继续进行分配，在未进行分配之前，属于所有者权益的组成部分。

（6）"归属于母公司的股东权益"项目，反映集团公司所有者权益中归属于母公司的部分。

（7）"少数股东权益"项目，简称少数股权，反映除母公司以外的其他投资者在子公司中的权益，表示其他投资者在子公司所有者权益中所拥有的份额。

三、对资产负债表的信息解读

从万科的合并资产负债表中可以看到，截止到2016年年末，公司的资产总额为8 306.74亿元，负债总额6 689.98亿元，股东权益总额1 616.76亿元。这意味着万科资产总额的80.54%来自负债，19.46%来自股东权益。

（一）资产构成结构及其变动趋势分析

进行资产结构和变动趋势分析的目的，一是为了了解万科的资产分布结构及其面临的风险；二是通过资产的对比分析，了解资产的增减变动趋势；三是利用资产结合其他报表分析公司的偿债能力、营运能力、盈利能力和成长能力等。表2-2反映了万科的资产价值构成、比例关系及其变动趋势。

财务报告分析

表2-2 万科的资产结构及其变动趋势表

2016年12月31日   金额单位：元

资产	2016年12月31日	占总资产的比例	2015年12月31日	占总资产的比例	绝对数增减幅度
流动资产：					
货币资金	87 032 118 210.63	10.48%	53 180 381 016.34	8.70%	63.65%
衍生金融资产	458 671 184.10	0.06%	122 195 279.19	0.02%	275.36%
应收账款	2 075 256 823.79	0.25%	2 510 653 269.96	0.41%	−17.34%
预付款项	50 262 540 606.60	6.05%	39 646 972 826.29	6.49%	26.78%
其他应收款	105 435 004 894.59	12.69%	75 485 642 961.23	12.35%	39.68%
存货	467 361 336 133.57	56.26%	368 121 930 513.33	60.22%	26.96%
其他流动资产	8 670 500 000.00	1.04%	7 956 600 000.00	1.30%	8.97%
流动资产合计	721 295 427 853.28	86.83%	547 024 375 866.34	89.49%	31.86%
非流动资产：					
可供出售金融资产	1 328 014 343.92	0.16%	1 138 812 728.09	0.19%	16.61%
长期股权投资	61 701 988 409.62	7.43%	33 503 423 488.02	5.48%	84.17%
投资性房地产	21 874 424 322.70	2.63%	10 765 051 108.38	1.76%	103.20%
固定资产	6 810 793 073.58	0.82%	4 917 479 160.88	0.80%	38.50%
在建工程	765 312 561.26	0.09%	598 358 905.88	0.10%	27.90%
商誉	1 260 363 652.26	0.15%	1 044 991 088.26	0.17%	20.61%
无形资产	201 689 835.80	0.02%	201 689 835.80	0.03%	0.00%
长期待摊费用	960 226 293.11	0.12%	447 883 429.64	0.07%	114.39%
递延所得税资产	7 198 532 974.16	0.87%	5 166 540 813.69	0.85%	39.33%
其他非流动资产	7 277 440 604.45	0.88%	6 486 961 264.31	1.06%	12.19%
非流动资产合计	109 378 786 070.86	13.17%	64 271 191 822.95	10.51%	70.18%
资产总计	830 674 213 924.14	100.00%	611 295 567 689.29	100.00%	35.89%

结合万科的资产构成结构与变动趋势表，需要重点关注以下问题：

（1）2016年度万科的资产主要分布在哪几项资产中？

（2）2016年度万科哪些资产项目变动幅度比较大？

我们可以看到，2016年年末，在万科8 306.74亿元总资产中，占比重较大的前三项资产是存货、其他应收款和货币资金，分别为56.26%、12.69%和10.48%，2015年的资产结构同样显示前三类资产占比较大。存货占比高是由房地产行业的特点所决定的，该行业主要依赖于存货的周转和销售产生收入和利润；其他应收款占比高是因为其是企业日常经营活动中经常发生的应收款项；货币资金相对较高在于公司的经营活动、筹资活动以及投资活动都可能带来现金的流入和流出，并产生结余。结合后面的万科资金来源结构和变动趋势分析表，可以发现该公司的预收账款占比较高，说明房地产行业的交易方式是导致经营活动货币资金流量较高的重要原因。

关于2016年度万科哪些资产项目变动幅度比较大，需要从两个方面来分析回答：一是不考虑资产的占比，仅从单一项目增减变化的幅度大小去考虑，看看哪些资产项目发生了较大变化。表2-2显示资产中增减变动幅度较大的前三项分别为衍生金融资产、长期待摊费用以及投资性房地产，变动幅度分别为275.36%、114.39%和103.20%。二是从为管理者提供价值信息的角度看主要项目的变动幅度。由于万科主要的资产为存货、其他应收款和货币资金，因此，这三个项目的变化对公司至关重要。其中，2016年较2015年存货增长了26.96%，其他应收款增长了39.68%，货币资金增长了63.65%。公司需要分析引起这种资产变化的原因，并根据形势的变化做出管理决策判断。

（二）资金来源结构与变动趋势分析

进行资金来源结构分析的目的，一是为了通过负债、权益结构分析，了解公司的资金来源分布及其利用情况；二是通过资本结构分析，了解企业资本成本的高低以及公司面临的偿债风险；三是进行主要财务比率的计算。表2-3反映了万科资金来源的价值构成、比例关系及其变动趋势。

结合万科的资金来源结构与变动趋势表，需要重点关注以下问题：

（1）2016年度万科来自负债和股东权益的资金比例分别是多少？

（2）2016年度万科主要采用了哪几种负债筹资方式？

（3）2016年度万科来自银行信用和商业信用的资金比例分别是多少？

（4）2016年度万科来自留存收益的资金占全部资金来源的比例是多少？

（5）2016年度万科是否发生了股本调整事项？

（6）2016年度万科哪些负债项目变化比较大？

对于上述问题解读如下：

（1）在2016年度万科8 306.74亿元资金中，来自负债和股东权益的资金比例分别为80.54%和19.46%，反映了房地产企业高负债的特点。

（2）按照资金结构分析，在负债内部，2016年度万科主要采用了以下几种负债筹资方式：预收款项、应付账款、其他应付款，占比分别为33.06%、16.62%和12.83%。

（3）2016年度万科来自银行信用的资金（包括短期借款和长期借款）比例为8.79%（2%+6.79%），来自商业信用的资金（包括应付票据、应付账款和预收款项）比例为50.11%（0.43%+16.62%+33.06%）。

财务报告分析

表2-3   **万科的资金来源结构及其变动趋势表**

2016年12月31日   金额单位：元

负债及股东权益	2016年12月31日	占全部资金来源的比例	2015年12月31日	占全部资金来源的比例	绝对数增减幅度
流动负债：					
短期借款	16 576 589 202.38	2.00%	1 900 087 965.52	0.31%	772.41%
应付票据	3 603 839 089.85	0.43%	16 744 732 907.08	2.74%	−78.48%
应付账款	138 047 562 476.06	16.62%	91 446 458 420.61	14.96%	50.96%
预收款项	274 645 554 496.88	33.06%	212 625 705 637.30	34.78%	29.17%
应付职工薪酬	3 839 926 643.43	0.46%	2 642 657 169.63	0.43%	45.31%
应交税费	9 553 084 094.38	1.15%	7 373 980 494.99	1.21%	29.55%
应付利息	378 374 906.63	0.05%	231 575 884.69	0.04%	63.39%
其他应付款	106 580 257 219.71	12.83%	62 350 224 343.79	10.20%	70.94%
一年内到期的非流动性负债	26 773 297 333.75	3.22%	24 746 404 056.97	4.05%	8.19%
流动负债合计	579 998 485 463.07	69.82%	420 061 826 880.58	68.72%	38.07%
非流动负债：					
长期借款	56 406 061 283.42	6.79%	33 828 584 225.36	5.53%	66.74%
应付债券	29 108 375 807.96	3.50%	19 015 812 338.88	3.11%	53.07%
预计负债	118 672 382.72	0.01%	143 220 557.94	0.02%	−17.14%
其他非流动性负债	2 861 999 502.12	0.34%	1 378 075 550.63	0.23%	107.68%
递延所得税负债	504 048 203.85	0.06%	558 430 814.88	0.09%	−9.74%
非流动性负债合计	88 999 157 180.07	10.71%	54 924 123 487.69	8.98%	62.04%
负债合计	668 997 642 643.14	80.54%	474 985 950 368.27	77.70%	40.85%
所有者权益：					
股本	11 039 152 001.00	1.33%	11 051 612 300.00	1.81%	−0.11%
资本公积	8 268 267 782.15	1.00%	8 174 812 609.65	1.34%	1.14%
减：库存股		0.00%	160 163 103.04	0.03%	−100.00%
其他综合收益	396 309 302.16		450 635 194.22		
盈余公积	32 540 767 833.97	3.92%	28 068 766 725.61	4.59%	
未分配利润	61 200 269 803.37	7.37%	52 597 854 095.89	8.60%	16.36%
归属于母公司权益合计	113 444 766 722.65	13.66%	100 183 517 822.33	16.39%	13.24%
少数股东权益	48 231 804 558.35	5.81%	36 126 099 498.69	5.91%	33.51%
股东权益合计	161 676 571 281.00	19.46%	136 309 617 321.02	22.30%	18.61%
负债及所有者权益总计	830 674 213 924.14	100.00%	611 295 567 689.29	100.00%	35.89%

（4）2016年度万科来自留存收益的资金（包括盈余公积和未分配利润）占全部资金的比例为11.29%（3.92%+7.37%）。

（5）2016年度万科发生了股本调整事项，因为2016年度的股本规模比2015年度的股本规模变小。

（6）万科2016年度哪些负债项目变化比较大？对此问题也应该分别按照个别项目和占比重较大的项目进行分析。从表2-3中可以看到，资金来源中单一项目增减变动幅度较大的前三项是短期借款、其他非流动性负债和应付票据，变动幅度分别为772.41%、107.68%和-78.48%；从占比重较大的前三项资金来源来看，预收款项、应付账款和其他应付款分别增长了29.17%、50.96%和70.94%。

第三节　利润表的作用与信息解读

本节将介绍利润表的作用，进行主要项目解释，并以万科为例说明其信息解读的方法。

一、利润表的基本格式

目前通行于世界各国的利润表有两种格式：单步式利润表和多步式利润表。单步式利润表是将所有收入和所有费用分别加以汇总，用收入合计减去费用合计从而得出本期利润。我国目前的利润表，采用的是多步式结构，分以下三个步骤编制：第一步，以营业收入为基础，减去营业成本、营业税金及附加、销售费用、管理费用、财务费用、资产减值损失，加上公允价值变动收益（减去公允价值变动损失）和投资收益（减去投资损失），计算出营业利润。第二步，以营业利润为基础，加上营业外收入，减去营业外支出，计算出利润总额。第三步，以利润总额为基础，减去所得税费用，计算出净利润（或净亏损）。

2016年度，万科的合并利润表及其主要项目和内容如表2-4所示。

二、利润表的作用与主要项目解释

（一）利润表的作用

利润表也称为损益表，是反映企业一定会计期间（如月度、季度、半年度或年度）经营成果的会计报表。其遵守的原则是权责发生制。它全面揭示了企业在某一特定时期实现的各种收入，发生的各种成本费用支出，以及企业实现的利润或发生的亏损情况。利润表是根据"收入－费用=利润"的基本关系来编制的，其具体内容取决于收入、成本费用、利润等会计要素的构成。

从分析的角度，财务报告信息使用者最关心的是公司的营业总收入、净利润、成本费用管控、纳税以及每股收益等信息。

利润表的作用主要体现在以下几个方面：

（1）可以了解企业本期取得的收入、发生的成本、期间费用和纳税情况。

（2）可以了解企业的盈利总水平、利润来源及其结构。

财务报告分析

表2-4 **万科合并利润表**

2016年度 单位：元

项目	2016年度	2015年度
一、营业总收入	240 477 236 923.34	195 549 130 020.90
二、营业总成本	206 467 293 987.86	165 988 260 802.07
其中：营业成本	169 742 403 431.77	138 150 628 676.24
营业税金及附加	21 978 754 590.73	17 980 426 847.11
销售费用	5 160 715 903.60	4 138 273 594.93
管理费用	6 800 561 936.62	4 745 249 792.81
财务费用	1 592 067 967.14	477 735 809.60
资产减值损失	1 192 790 158.00	495 946 081.38
加：投资收益	5 013 835 862.38	3 561 908 083.68
其中：对联营企业和合营企业的投资收益	4 930 715 977.10	2 393 092 504.58
三、营业利润	39 023 778 797.86	33 122 777 302.51
加：营业外收入	398 311 678.19	855 431 507.24
其中：非流动资产处置利得	1 550 466.06	1 842 011.29
减：营业外支出	168 478 749.77	175 591 190.65
其中：非流动资产处置损失	3 544 743.69	1 840 489.59
四、利润总额	39 253 611 726.28	33 802 617 619.10
减：所得税费用	10 903 356 245.62	7 853 179 592.79
五、净利润	28 350 255 480.66	25 949 438 026.31
归属于母公司股东的净利润	21 022 606 256.56	18 119 406 249.27
少数股东损益	7 327 649 224.10	7 830 031 777.04
六、每股收益		
（一）基本每股收益	1.90	1.64
（二）稀释每股收益	1.90	1.64
七、其他综合收益的税后净额	（38 944 155.12）	（104 721 749.08）
归属于母公司股东的其他综合收益的税后净额	（54 325 892.06）	（111 179 778.75）
其中：以后将重分类进损益的其他综合收益		
1.权益法下在被投资单位以后将重分类进损益的其他综合收益中享有的份额		
2.可供出售金融资产公允价值变动损益	33 501 689.40	52 890 862.29
3.现金流量套期损益的有效部分	220 382 386.14	（33 289 922.99）
4.外币财务报表折算差额	（308 209 967.60）	（130 780 718.05）
归属于少数股东的其他综合收益的税后净额	15 381 736.94	6 458 029.67
八、综合收益总额	28 311 311 325.54	25 844 716 277.23
归属于母公司股东的综合收益总额	20 968 280 364.50	18 008 226 470.52
归属于少数股东的综合收益总额	7 343 030 961.04	7 836 489 806.71

（3）可以分析企业盈亏产生的原因。

（4）与资产负债表结合分析企业的偿债能力、营运能力和盈利能力，与现金流量表结合分析企业净利润的质量以及企业获取现金流量的能力。

（二）利润表主要项目解释

（1）"营业收入"项目，反映企业在生产经营活动中，因销售产品或提供劳务而取得的各项收入，由主营业务收入和其他业务收入构成。

（2）"营业成本"项目，反映企业经营主要业务和其他业务所发生的成本总额。

（3）"营业税金及附加"项目，反映企业经营业务应负担的消费税、营业税、城市维护建设税、资源税、土地增值税和教育费附加等。

（4）"销售费用"项目，反映企业在销售商品过程中发生的包装费、广告费等费用和为销售本企业商品而专设的销售机构的职工薪酬、业务费等经营费用。

（5）"管理费用"项目，反映企业行政管理部门为组织和管理生产经营活动而发生的各项费用。

（6）"财务费用"项目，反映企业筹集生产经营所需资金等而发生的筹资费用。包括企业生产经营期间发生的利息支出（减利息收入）、汇兑净损失、金融机构手续费，以及筹资发生的其他财务费用如债券印刷费、国外借款担保费等。

（7）"资产减值损失"项目，反映企业各项资产发生的减值损失。是指因资产的账面价值高于其可收回金额而造成的损失。在新会计准则下，固定资产减值准备、无形资产减值准备、在建工程减值准备均计入资产减值损失项中。

（8）"投资收益"项目，反映企业以各种方式对外投资所取得的经济利益。包括对外投资所分得的股利和收到的债券利息，以及投资到期收回或到期前转让债权得到的款项高于账面价值的差额等。

（9）"营业利润"项目，反映企业实现的营业利润。

（10）"营业外收入"项目，反映企业发生的与经营业务无直接关系的各项收入。包括固定资产盘盈、处置固定资产净收益、非货币性交易收益、出售无形资产收益、罚款净收入等。

（11）"营业外支出"项目，反映企业发生的与经营业务无直接关系的各项支出。包括非流动资产处置损失、非货币性资产交换损失、债务重组损失、公益性捐赠支出、非常损失、盘亏损失等。

（12）"利润总额"项目，反映企业实现的利润，是指企业在生产经营过程中各种收入扣除各种耗费后的盈余，反映企业在报告期内实现的盈亏总额。

（13）"所得税费用"项目，反映企业应从当期利润总额中扣除的所得税费用。

（14）"净利润"项目，反映企业实现的净利润。

（15）"每股收益"项目，包括基本每股收益和稀释每股收益两项指标，反映普通股或潜在普通股已公开交易的企业，以及正在公开发行普通股或潜在普通股过程中的企业的每股收益信息。

（16）"其他综合收益"项目，反映企业根据会计准则规定未在损益中确认的各项利得和损失扣除所得税影响后的净额。

（17）"综合收益总额"项目，反映企业净利润与其他综合收益的合计金额。

（18）"归属于母公司所有者的净利润"项目，反映在企业合并净利润中，归属于母公司股东（所有者）所有的那部分净利润。

（19）"少数股东损益"项目，是指公司合并报表的子公司其他非控股股东享有的损益，需要在利润表中予以扣除。少数股东损益是一个流量概念。

（20）"可供出售金融资产公允价值变动损益"项目，反映企业应当计入当期损益的金融资产公允价值变动收益。公允价值亦称公允市价、公允价格。熟悉市场情况的买卖双方在公平交易的条件下和自愿的情况下所确定的价格，或无关联的双方在公平交易的条件下一项资产可以被买卖或者一项负债可以被清偿的成交价格。

三、对利润表的信息解读

从万科合并利润表可以了解到，2016年度万科取得营业收入2 404.77亿元，净利润为283.50亿元。为了分析和解读万科合并利润表所提供的价值信息，此处利用万科合并利润表（表2-4）分别编制了万科的以营业收入为基础的构成结构分析表（表2-5）以及利润表项目变动趋势表（表2-6）。

（一）利润表构成结构分析

进行利润表构成结构分析的目的，是为了了解以营业总收入为基础的各种成本、费用、税金等的占比情况，以分析影响企业盈亏的原因，同时可以进行行业对比，了解万科所具有的营销、成本费用管控以及税收筹划等优势。

结合万科合并营业收入构成结构表，需要重点关注以下项目：

（1）2016年度万科的营业毛利率是多少？比2015年度的毛利率是提高了还是降低了？

（2）2016年度万科的税金及附加占营业总收入的比例是多少？

（3）2016年度万科的期间费用是否得到了控制？可能的原因是什么？

（4）2016年度万科的营业利润、利润总额和净利润占营业总收入的比例与2015年度相比发生了哪些变化？

（5）万科2016年度和2015年度的企业所得税税负分别是多少？

对于上述问题解读如下：

（1）2016年度万科的营业毛利率为29.41%（100%-70.59%），2015年度的营业毛利率为29.35%（100%-70.65%），因此比2015年度的毛利率略微上升。毛利率是影响净利润的重要因素，毛利率的上升有助于提高万科的盈利能力。

（2）2016年度万科的税金及附加占营业总收入的比例为9.14%。税负也是财务分析中公司需要关注的问题，该指标也可以分析企业各期与同业之间的差异。

（3）2016年度万科期间费用中的销售费用和管理费用占营业总收入的比例与2015年度相比略增，说明为了促销，公司不得不加大管理费用和期间费用的投入。财务费用占比略升与公司融资带来的利息支出以及较高货币资金带来的利息收入有关。

第二章　解读财务报表

表2-5　　　　　　　　　　　　　　**万科合并营业收入构成结构分析表**

2016年度　　　　　　　　　　　　　　　　　　　　金额单位：元

项目	2016年度	占营业总收入比例	2015年度	占营业总收入比例
一、营业总收入	240 477 236 923.34	100.00%	195 549 130 020.90	100.00%
二、营业总成本	206 467 293 987.86	85.86%	165 988 260 802.07	84.88%
其中：营业成本	169 742 403 431.77	70.59%	138 150 628 676.24	70.65%
营业税金及附加	21 978 754 590.73	9.14%	17 980 426 847.11	9.19%
销售费用	5 160 715 903.60	2.15%	4 138 273 594.93	2.12%
管理费用	6 800 561 936.62	2.83%	4 745 249 792.81	2.43%
财务费用	1 592 067 967.14	0.66%	477 735 809.60	0.24%
资产减值损失	1 192 790 158.00	0.50%	495 946 081.38	0.25%
加：投资收益	5 013 835 862.38	2.08%	3 561 908 083.68	1.82%
其中：对联营企业和合营企业的投资收益	4 930 715 977.10	2.05%	2 393 092 504.58	1.22%
三、营业利润	39 023 778 797.86	16.23%	33 122 777 302.51	16.94%
加：营业外收入	398 311 678.19	0.17%	855 431 507.24	0.44%
其中：非流动资产处置利得	1 550 466.06	0.00%	1 842 011.29	0.00%
减：营业外支出	168 478 749.77	0.07%	175 591 190.65	0.09%
其中：非流动资产处置损失	3 544 743.69	0.00%	1 840 489.59	0.00%
四、利润总额	39 253 611 726.28	16.32%	33 802 617 619.10	17.29%
减：所得税费用	10 903 356 245.62	4.53%	7 853 179 592.79	4.02%
五、净利润	28 350 255 480.66	11.79%	25 949 438 026.31	13.27%
归属于母公司所有者的净利润	21 022 606 256.56	8.74%	18 119 406 249.27	9.27%
少数股东损益	7 327 649 224.10	3.05%	7 830 031 777.04	4.00%

（4）2016年度万科的营业利润、利润总额和净利润占营业总收入的比例分别从2015年度的16.94%、17.29%和13.27%略降到2016年度的16.23%、16.32%和11.79%。

（5）万科2016年度和2015年度的所得税税负分别为27.78%和23.23%（所得税费用除以利润总额），企业所得税税负略有上升。

财务报告分析

表2-6   **万科合并利润表项目变动趋势表**

2016年度   金额单位：元

项目	2016年度	2015年度	绝对数增减幅度
一、营业总收入	240 477 236 923.34	195 549 130 020.90	22.98%
二、营业总成本	206 467 293 987.86	165 988 260 802.07	24.39%
其中：营业成本	169 742 403 431.77	138 150 628 676.24	22.87%
营业税金及附加	21 978 754 590.73	17 980 426 847.11	22.24%
销售费用	5 160 715 903.60	4 138 273 594.93	24.71%
管理费用	6 800 561 936.62	4 745 249 792.81	43.31%
财务费用	1 592 067 967.14	477 735 809.60	233.25%
资产减值损失	1 192 790 158.00	495 946 081.38	140.51%
加：投资收益	5 013 835 862.38	3 561 908 083.68	40.76%
其中：对联营企业和合营企业的投资收益	4 930 715 977.10	2 393 092 504.58	106.04%
三、营业利润	39 023 778 797.86	33 122 777 302.51	17.82%
加：营业外收入	398 311 678.19	855 431 507.24	−53.44%
其中：非流动资产处置利得	1 550 466.06	1 842 011.29	−15.83%
减：营业外支出	168 478 749.77	175 591 190.65	−4.05%
其中：非流动资产处置损失	3 544 743.69	1 840 489.59	92.60%
四、利润总额	39 253 611 726.28	33 802 617 619.10	16.13%
减：所得税费用	10 903 356 245.62	7 853 179 592.79	38.84%
五、净利润	28 350 255 480.66	25 949 438 026.31	9.25%
归属于母公司股东的净利润	21 022 606 256.56	18 119 406 249.27	16.02%
少数股东损益	7 327 649 224.10	7 830 031 777.04	−6.42%
六、每股收益			
（一）基本每股收益	1.90	1.64	15.85%
（二）稀释每股收益	1.90	1.64	15.85%
七、其他综合收益的税后净额	（38 944 155.12）	（104 721 749.08）	−62.81%
归属于母公司股东的其他综合收益的税后净额	（54 325 892.06）	（111 179 778.75）	−51.14%
其中：以后将重分类进损益的其他综合收益			
1.权益法下在被投资单位以后将重分类进损益的其他综合收益中享有的份额			
2.可供出售金融资产公允价值变动损益	33 501 689.40	52 890 862.29	−36.66%
3.现金流量套期损益的有效部分	220 382 386.14	（33 289 922.99）	−762.01%
4.外币财务报表折算差额	（308 209 967.60）	（130 780 718.05）	135.67%
归属于少数股东的其他综合收益的税后净额	15 381 736.94	6 458 029.67	138.18%
八、综合收益总额	28 311 311 325.54	25 844 716 277.23	9.54%
归属于母公司股东的综合收益总额	20 968 280 364.50	18 008 226 470.52	16.44%
归属于少数股东的综合收益总额	7 343 030 961.04	7 836 489 806.71	−6.30%

（二）利润表变动趋势分析

从万科的利润表中，可以了解到利润表各个项目的增减变动趋势。对利润表变动趋势的分析，需要关注以下两点：

（1）利润表中哪些项目的变动幅度比较大？

（2）2016年度有哪些对万科利润产生重大影响的项目？

对于上述问题解读如下：

（1）利润表中变动幅度比较大的项目。这主要是按照增减幅度的大小进行排序了解，主要包括现金流量套期损益的有效部分、财务费用以及资产减值损失项目，增减变动幅度分别为-762.01%、233.25%和140.51%。对变动幅度比较大的项目，应结合万科年报附注中的说明加以了解。

（2）2016年度对万科净利润产生重大影响的项目。虽然从表2-6中可以看出有些利润表项目变动幅度很大，但其占营业收入的比重较少，因此，应重点关注占比较大的对利润产生影响的项目。万科的营业收入基数很大，考虑到营业收入占比问题，对2016年度净利润影响比较大的项目应包括营业总收入、营业成本、税金、期间费用以及所得税。所以增加销量、适当提高存货的销售价格、控制营业成本、加强期间费用管控、实行合理的税收筹划仍然是万科盈利的关键所在。

第四节 现金流量表及其信息解读

本节主要介绍现金流量表的作用，进行主要项目解释，并以万科为例说明其信息解读的方法。

一、现金流量表的基本格式

现金流量表是以现金和现金等价物为基础编制的，提供企业在某一特定期间内有关现金和现金等价物的流入和流出信息的报表。其遵守的会计原则是收付实现制。这里的现金包括企业的库存现金、银行存款和其他货币资金。现金等价物是企业持有的期限短、流动性强、易于转换为已知金额的现金，价值变动风险很小的投资，一般指企业购买的期限为3个月以内的国库券。

目前，我国现行的现金流量表主要是按直接法编制的反映企业经营活动、投资活动和筹资活动的现金流量以及汇率变动所产生的现金流量的财务报表。其中：投资活动所产生的现金流量是企业购建长期资产以及不包括在现金等价物范围内的投资及其处置活动所产生的现金流量；筹资活动所产生的现金流量是导致企业的资本、债务规模及构成和结构发生变化的活动所产生的现金流量；经营活动所产生的现金流量是指除了投资活动和筹资活动以外的所有交易或事项产生的现金流量。如果想查找按间接法编制的将净利润调整为经营活动现金流量净额的信息，就需要查找万科年度报告附注部分的相关内容。

万科合并现金流量表的格式如表2-7所示。

财务报告分析

表2-7 　　　　　　　　　　　　万科合并现金流量表

2016年度 　　　　　　　　　　　　　　　　　　　　金额单位：元

项目	2016年度	2015年度
一、经营活动产生的现金流量		
销售商品、提供劳务收到的现金	286 532 938 270.71	191 908 271 754.68
收到的其他与经营活动有关的现金	26 302 677 472.79	19 156 763 021.13
经营活动现金流入小计	312 835 615 743.50	211 065 034 775.81
购买商品、接受劳务支付的现金	178 468 699 955.36	129 979 424 809.05
支付给职工以及为职工支付的现金	6 689 013 465.82	5 046 299 996.24
支付的各项税费	33 760 312 000.18	25 040 071 122.62
支付的其他与经营活动有关的现金	54 351 461 300.45	34 953 218 156.40
经营活动现金流出小计	273 269 486 721.81	195 019 014 084.31
经营活动产生的现金流量净额	39 566 129 021.69	16 046 020 691.50
二、投资活动产生的现金流量		
收回投资收到的现金	493 101 153.44	718 619 794.03
取得投资收益收到的现金	2 582 729 064.14	1 094 678 560.12
处置固定资产、无形资产、投资性房地产和其他长期资产收回的现金净额	247 376 847.50	4 275 179.71
处置子公司或其他营业单位收到的现金净额	419 725 190.03	244 528 535.31
收到的其他与投资活动有关的现金	2 821 834 610.21	1 583 563 970.96
投资活动现金流入小计	6 564 766 865.32	3 645 666 040.13
购建固定资产、无形资产和其他长期资产所支付的现金	2 146 785 574.67	2 063 001 337.52
投资支付的现金	31 771 132 896.71	11 713 434 030.00
取得子公司及其他营业单位支付的现金净额	14 646 744 872.86	5 162 583 291.46
支付的其他与投资活动有关的现金	1 389 153 665.39	5 654 128 556.32
投资活动现金流出小计	49 953 817 009.63	24 593 147 215.30
投资活动产生的现金流量净额	（43 389 050 144.31）	（20 947 481 175.17）

续表

项目	2016年度	2015年度
三、筹资活动产生的现金流量		
吸收投资收到的现金	9 735 250 248.56	4 296 046 216.01
其中：子公司吸收少数股东投资收到的现金	9 735 098 848.56	4 053 510 941.09
取得借款收到的现金	68 774 573 215.13	22 910 099 542.16
发行债券收到的现金	11 645 762 254.38	7 924 190 000.00
筹资活动现金流入小计	90 155 585 718.07	35 130 335 758.17
归还投资支付的现金	4 006 258 178.13	2 024 662 683.95
偿还债务支付的现金	38 826 219 711.44	25 028 576 387.68
分配股利、利润或偿付利息支付的现金	16 026 457 227.88	13 181 007 441.45
其中：子公司支付给少数股东的股利、利润	3 309 795 622.61	2 424 403 589.44
筹资活动现金流出小计	58 858 935 117.45	40 234 246 513.08
筹资活动产生的现金流量净额	31 296 650 600.62	−5 103 910 754.91
四、汇率变动对现金及现金等价物的影响	268 664 301.75	99 672 738.22
五、现金及现金等价物净增加（减少）额	27 742 393 779.75	−9 905 698 500.36
加：年初现金及现金等价物余额	51 747 621 165.94	61 653 319 666.30
六、年末现金及现金等价物余额	79 490 014 945.69	51 747 621 165.94

二、现金流量表的作用及主要项目解释

（一）现金流量表的作用

从分析的角度，财务报告使用者最关心的是企业创造现金流量的能力、股利支付能力和偿债能力。从现金流量表的角度，由于遵循收付实现制原则，报表的可验证性强，造假的可能性降低，但是在保持现金流量余额不变的条件下，也有的公司通过同时做大现金流入和现金流出的方式虚构现金流入和流出比较多的假象。在1998年我国初始编制现金流量表的培训会上，在尚未学会现金流量表编制方法的时候，就有学员询问如何做假的现金流量表，而旁边的学员快速地告诉他上述做假方法，这说明再好的制度也需要人去遵守，再好的制度也要加强监管。

现金流量表的作用主要体现在以下几个方面：

（1）了解企业净利润的质量。

（2）了解企业取得和运用现金的能力。

（3）了解企业偿还债务本息和支付股利的能力。

（4）预测企业未来的现金流量。

（5）与资产负债表结合分析企业的偿债能力，与利润表结合分析企业净利润的质量。

（二）现金流量表主要项目解释

1.经营活动产生的现金流量

（1）"销售商品、提供劳务收到的现金"项目，反映企业销售商品、提供劳务实际收到的现金（含销售收入和应向购买者收取的增值税额）。主要包括：本期销售商品和提供劳务本期收到的现金，前期销售商品和提供劳务本期收到的现金，本期预收的商品款和劳务款等，本期发生销货退回而支付的现金应从销售商品或提供劳务收入款项中扣除。

（2）"收到的其他与经营活动有关的现金"项目，反映企业收到的"除了销售商品、提供劳务收到的现金"项目以外的现金。

（3）"购买商品、接受劳务支付的现金"项目，反映企业购买材料、商品、接受劳务实际支付的现金。

（4）"支付给职工以及为职工支付的现金"项目，反映企业实际支付给职工，以及为职工支付的现金，包括本期实际支付给职工的工资、奖金、各种津贴和补贴等，以及为职工支付的其他费用。

（5）"支付的各项税费"项目，反映企业按规定支付的各种税费，包括本期发生并支付的税费，以及本期支付以前发生的税费和预交的税金。不包括本期退回的增值税、所得税。

（6）"支付的其他与经营活动有关的现金"项目，反映企业除上述各项目外支付的其他与经营活动有关的现金流出，如罚款支出，支付的差旅费、业务招待费、保险费等。

2.投资活动产生的现金流量

（1）"收回投资收到的现金"项目，反映企业出售、转让或到期收回除现金等价物以外的短期投资、长期股权投资而收到的现金，以及收回长期债权投资资本金而收到的现金。不包括长期债权投资收回的利息，以及收回的非现金资产。

（2）"取得投资收益收到的现金"项目，反映企业因股权性投资和债权性投资而取得的现金股利、利息以及从子公司、联营企业和合营企业分回利润所取得的现金。不包括股票股利。

（3）"处置固定资产、无形资产、投资性房地产和其他长期资产收回的现金净额"项目，反映企业处置固定资产、无形资产、投资性房地产和其他长期资产所取得的现金，减去为处置这些资产而支付的有关费用后的净额。

（4）"收到的其他与投资活动有关的现金"项目，反映企业除上述各项以外，收到的其他与投资活动有关的现金流入。

（5）"购建固定资产、无形资产和其他长期资产所支付的现金"项目，反映企业购买、建造固定资产，取得无形资产和其他长期资产所支付的现金。

（6）"投资支付的现金"项目，反映企业进行权益性投资和债权性投资支付的现金，包括企业取得的除现金等价物以外的短期股票投资、短期债券投资、长期股权投资、长期债权投资支付的现金，以及支付的佣金、手续费等附加费用。

（7）"支付的其他与投资活动有关的现金"项目，反映企业除了上述各项以外，支付的其他与投资活动有关的现金流出。

3.筹资活动产生的现金流量

（1）"吸收投资收到的现金"项目，反映企业收到的投资者投入的现金，包括以发行股票、债券等方式筹集的资金实际收到款项净额。

（2）"取得借款收到的现金"项目，反映企业举借各种短期、长期借款所收到的现金。

（3）"发行公司债券收到的现金"项目，反映企业发行债券所收到的现金。

（4）"收到的其他与筹资活动有关的现金"项目①，反映企业除了上述各项外，收到的其他与筹资活动有关的现金流入。

（5）"偿还债务支付的现金"项目，反映企业以现金偿还债务的本金。

（6）"分配股利、利润或偿付利息支付的现金"项目，反映企业实际支付的现金股利，支付给其他投资单位的利润以及支付的借款利息、债券利息等。

（7）"支付的其他与筹资活动有关的现金"项目，反映企业除了上述各项外，支付的其他与筹资活动有关的现金流出，如捐赠现金支出、融资租入固定资产支付的租赁费等。

三、现金流量表的信息解读

从现金流量表可以了解如下信息：一是了解企业的现金流入和流出项目的变动趋势；二是了解企业的现金流入和流出结构；三是分析企业的现金偿债能力、股利支付能力和纳税能力。

（一）现金流量表项目增减变动趋势分析

为了分析万科的合并现金流量表项目的增减变动趋势，编制了万科合并现金流量表项目增减变动趋势表（表2-8）。

针对万科合并现金流量表项目变动趋势，需要关注以下问题：

（1）2016年度万科影响现金流量的项目中哪些因素变化比较大？

（2）2016年度万科经营活动产生的现金流量是否能够满足对外投资或偿债的需要？

对于上述问题解读如下：

（1）可以在现金流量表中观察绝对值变动幅度比较大的项目，从中可见变动幅度比较大的前三项主要是处置固定资产、无形资产、投资性房地产和其他长期资产收回的现金净额、取得借款收到的现金以及取得子公司及其他营业单位支付的现金净额，其增长幅度分别为5 686.35%、200.19%和183.71%。

---

① （4）（7）两项万科年报中未列，因国家标准格式的报表中含有此两项，故做一介绍。全书同理。

财务报告分析

表2-8   **万科合并现金流量表项目增减变动趋势表**

2016年度   金额单位：元

项目	2016年	2015年	绝对数增减变动趋势
一、经营活动产生的现金流量			
销售商品、提供劳务收到的现金	286 532 938 270.71	191 908 271 754.68	49.31%
收到的其他与经营活动有关的现金	26 302 677 472.79	19 156 763 021.13	37.30%
经营活动现金流入小计	312 835 615 743.50	211 065 034 775.81	48.22%
购买商品、接受劳务支付的现金	178 468 699 955.36	129 979 424 809.05	37.31%
支付给职工以及为职工支付的现金	6 689 013 465.82	5 046 299 996.24	32.55%
支付的各项税费	33 760 312 000.18	25 040 071 122.62	34.83%
支付的其他与经营活动有关的现金	54 351 461 300.45	34 953 218 156.40	55.50%
经营活动现金流出小计	273 269 486 721.81	195 019 014 084.31	40.12%
经营活动产生的现金流量净额	39 566 129 021.69	16 046 020 691.50	146.58%
二、投资活动产生的现金流量			
收回投资收到的现金	493 101 153.44	718 619 794.03	−31.38%
取得投资收益收到的现金	2 582 729 064.14	1 094 678 560.12	135.93%
处置固定资产、无形资产、投资性房地产和其他长期资产收回的现金净额	247 376 847.50	4 275 179.71	5 686.35%
处置子公司或其他营业单位收到的现金净额	419 725 190.03	244 528 535.31	71.65%
收到的其他与投资活动有关的现金	2 821 834 610.21	1 583 563 970.96	78.20%
投资活动现金流入小计	6 564 766 865.32	3 645 666 040.13	80.07%
购建固定资产、无形资产和其他长期资产所支付的现金	2 146 785 574.67	2 063 001 337.52	4.06%
投资支付的现金	31 771 132 896.71	11 713 434 030.00	171.24%
取得子公司及其他营业单位支付的现金净额	14 646 744 872.86	5 162 583 291.46	183.71%
支付的其他与投资活动有关的现金	1 389 153 665.39	5 654 128 556.32	−75.43%
投资活动现金流出小计	49 953 817 009.63	24 593 147 215.30	103.12%

续表

项目	2016年	2015年	绝对数增减变动趋势
投资活动产生的现金流量净额	−43 389 050 144.31	−20 947 481 175.17	107.13%
三、筹资活动产生的现金流量			
吸收投资收到的现金	9 735 250 248.56	4 296 046 216.01	126.61%
其中：子公司吸收少数股东投资收到的现金	9 735 098 848.56	4 053 510 941.09	140.16%
取得借款收到的现金	68 774 573 215.13	22 910 099 542.16	200.19%
发行债券收到的现金	11 645 762 254.38	7 924 190 000.00	46.96%
筹资活动现金流入小计	90 155 585 718.07	35 130 335 758.17	156.63%
归还投资支付的现金	4 006 258 178.13	2 024 662 683.95	97.87%
偿还债务支付的现金	38 826 219 711.44	25 028 576 387.68	55.13%
分配股利、利润或偿付利息支付的现金	16 026 457 227.88	13 181 007 441.45	21.59%
其中：子公司支付给少数股东的股利、利润	3 309 795 622.61	2 424 403 589.44	36.52%
筹资活动现金流出小计	58 858 935 117.45	40 234 246 513.08	46.29%
筹资活动产生的现金流量净额	31 296 650 600.62	−5 103 910 754.91	−713.19%
四、汇率变动对现金及现金等价物的影响	268 664 301.75	99 672 738.22	169.55%
五、现金及现金等价物净增加（减少）额	27 742 393 779.75	−9 905 698 500.36	−380.06%
加：年初现金及现金等价物余额	51 747 621 165.94	61 653 319 666.30	−16.07%
六、年末现金及现金等价物余额	79 490 014 945.69	51 747 621 165.94	53.61%

（2）从2016年度万科合并现金流量表中可以看出，该公司经营活动产生的现金流量净额为395.66亿元是正数，说明公司经营活动有多余的资金可用于对外投资和偿债需要。

（二）现金流入和流出结构分析

为了进一步了解现金流入和流出的信息，依据上面万科的合并现金流量表，分别编制了万科合并现金流入结构表（表2-9）和现金流出结构表（表2-10）。

对于合并现金流入结构表，需要关注以下问题：

（1）2016年度万科的现金流入来自经营活动、投资活动、筹资活动和汇率变动对现金及现金等价物的影响的比例分别为多少？

表2-9 **万科合并现金流入结构表**

2016年度

金额单位：元

项目	2016年1—12月	2015年1—12月	2016年结构	2015年结构
一、经营活动产生的现金流量				
销售商品、提供劳务收到的现金	286 532 938 270.71	191 908 271 754.68	69.92%	76.78%
收到的其他与经营活动有关的现金	26 302 677 472.79	19 156 763 021.13	6.42%	7.66%
经营活动现金流入小计	312 835 615 743.50	211 065 034 775.81	76.34%	84.44%
二、投资活动产生的现金流量				
收回投资收到的现金	493 101 153.44	718 619 794.03	0.12%	0.29%
取得投资收益收到的现金	2 582 729 064.14	1 094 678 560.12	0.63%	0.44%
处置固定资产、无形资产、投资性房地产和其他长期资产收回的现金净额	247 376 847.50	4 275 179.71	0.06%	0.00%
处置子公司或其他营业单位收到的现金净额	419 725 190.03	244 528 535.31	0.10%	0.10%
收到的其他与投资活动有关的现金	2 821 834 610.21	1 583 563 970.96	0.69%	0.63%
投资活动现金流入小计	6 564 766 865.32	3 645 666 040.13	1.60%	1.46%
三、筹资活动产生的现金流量				
吸收投资收到的现金	9 735 250 248.56	4 296 046 216.01	2.38%	1.72%
其中：子公司吸收少数股东投资收到的现金	9 735 098 848.56	4 053 510 941.09	2.38%	1.62%
取得借款收到的现金	68 774 573 215.13	22 910 099 542.16	16.78%	9.17%
发行债券收到的现金	11 645 762 254.38	7 924 190 000.00	2.84%	3.17%
筹资活动现金流入小计	90 155 585 718.07	35 130 335 758.17	22.00%	14.06%
四、汇率变动对现金流入的影响	268 664 301.75	99 672 738.22	0.06%	0.04%
现金流入合计	409 824 632 628.64	249 940 709 312.33	100.00%	100.00%

（2）2016年度万科的现金流入主要来自哪些具体项目？

（3）2016年度万科的投资活动是否给公司带来了较大比重的现金流入？可能的原因是什么？

对于合并现金流出结构表，需要关注以下问题：

（1）2016年度万科的现金主要用于经营活动、投资活动还是筹资活动？

（2）2016年度万科的现金流出主要用于哪些具体项目？

第二章 解读财务报表

表2-10

万科合并现金流出结构表

2016年度

金额单位：元

项目	2016年1—12月	2015年1—12月	2016年结构	2015年结构
一、经营活动产生的现金流量				
购买商品、接受劳务支付的现金	178 468 699 955.36	129 979 424 809.05	46.71%	50.02%
支付给职工以及为职工支付的现金	6 689 013 465.82	5 046 299 996.24	1.75%	1.94%
支付的各项税费	33 760 312 000.18	25 040 071 122.62	8.84%	9.64%
支付其他与经营活动有关的现金	54 351 461 300.45	34 953 218 156.40	14.23%	13.45%
经营活动现金流出小计	273 269 486 721.81	195 019 014 084.31	71.53%	75.05%
二、投资活动产生的现金流量				
购建固定资产、无形资产和其他长期资产所支付的现金	2 146 785 574.67	2 063 001 337.52	0.56%	0.79%
投资支付的现金	31 771 132 896.71	11 713 434 030.00	8.32%	4.51%
取得子公司及其他营业单位支付的现金净额	14 646 744 872.86	5 162 583 291.46	3.83%	1.99%
支付的其他与投资活动有关的现金	1 389 153 665.39	5 654 128 556.32	0.36%	2.18%
投资活动现金流出小计	49 953 817 009.63	24 593 147 215.30	13.07%	9.47%
三、筹资活动产生的现金流量				
归还投资支付的现金	4 006 258 178.13	2 024 662 683.95	1.05%	0.78%
偿还债务支付的现金	38 826 219 711.44	25 028 576 387.68	10.16%	9.63%
分配股利、利润或偿付利息支付的现金	16 026 457 227.88	13 181 007 441.45	4.19%	5.07%
其中：子公司支付给少数股东的股利、利润	3 309 795 622.61	2 424 403 589.44	0.87%	0.93%
筹资活动现金流出小计	58 858 935 117.45	40 234 246 513.08	15.40%	15.48%
四、汇率变动对现金及现金等价物的影响				
现金流出合计	382 082 238 848.89	259 846 407 812.69	100.00%	100.00%

对于合并现金流入结构表的解读如下：

（1）从表2-9中可见万科的经营活动、投资活动、筹资活动和汇率变动对现金及现金等价物的影响带来的现金流入占比分别为76.34%、1.60%、22%和0.06%，因此，万科的现金流入主要是来自于经营活动。

（2）万科2016年度的现金流入主要来自销售商品、提供劳务收到的现金和取得借款收到的现金，占比分别为69.92%和16.78%。

（3）2016年度万科的投资活动没有给公司带来较大比重的现金流入，主要原因在于投资活动不是公司主要的经营活动。

对于合并现金流出结构表的解读如下：

（1）从表2-10中可见万科的经营活动、投资活动和筹资活动的现金流出占比分别为71.53%、13.07%和15.40%，因此，公司的现金流出主要是用于经营活动。

（2）2016年度万科的现金流出主要用于购买商品、接受劳务支付的现金，支付其他与经营活动有关的现金以及偿还债务支付的现金方面，现金流出占比分别为46.71%、14.23%和10.16%。

上述分析表明，无论是初学者还是有一定基础的财务报告分析使用者都可以从财务报表中发现其信息价值。

重要概念

资产负债表　利润表　现金流量表　现金和现金等价物　经营活动产生的现金流量　投资活动产生的现金流量　筹资活动产生的现金流量

复习思考

1.资产负债表能提供哪些价值信息？

2.利润表能提供哪些价值信息？

3.现金流量表能提供哪些价值信息？

操作练习

目的：了解财务报表信息解读的基本方法。

要求：利用上市公司披露的2016年度报告，选取任何一家公司比照万科财务报表的分析方法解读其基本信息，说明所选定公司的资产、负债和所有者权益、营业收入、净利润以及现金流量的变化趋势和变化原因。

第三章

基本财务比率与应用

【导语】财务报表分析的过程是一个判断的过程，其主要目的就是鉴别某些趋势、数量方面的变化以及相互间的关系，并洞察引致变化的原因。本章将重点介绍基本财务比率及其应用，让大家掌握主要财务比率的含义以及计算方法，并能根据财务比率对企业的财务状况做出客观评价。

本章内容要点

第一节　偿债能力比率及其应用

偿债能力是衡量企业以资产偿还到期债务（包括本金和利息）的能力。这里的债务不仅包括短期债务，也包括长期债务。偿债能力是反映企业财务状况和经营能力的重要标志，是企业能否健康生存和发展的关键。本节仍以第二章中万科的三张基本报表为例说明主要财务比率的计算方法及其指标信息。

一、偿债能力比率

（一）短期偿债能力

短期偿债能力比率是衡量企业以流动资产偿还流动负债能力的比率。流动负债是企业将于一年内偿还的债务，而用于偿还流动负债的资产来源于流动资产。如果企业具有较好的流动资产组合，就会按期偿还债务，避免陷于财务危机。流动比率和速动比率是衡量企业短期偿债能力最重要的两个指标。

1.流动比率

流动比率反映的是企业流动资产与流动负债之间的比率关系。其计算公式如下：

$$流动比率 = \frac{流动资产}{流动负债}$$

以万科为例，2016年末该项指标计算如下：

流动比率 = $\dfrac{721\,295\,427\,853.28}{579\,998\,485\,463.07}$ = 1.2436

　　如果企业的流动比率偏低，则反映企业不能按时支付货款、发放工资、缴纳税款，不能以现金分配利润。因此，流动比率下降可能是企业财务状况出现困难的一个信号。一般来说，该比率为2∶1比较好。由于行业差异，该比率在不同的行业具有不同的特征。企业要通过对不同年份流动比率的计算、比较，发现其变化趋势。另外应将本企业与同业其他企业的流动比率进行比较，了解企业在同业中所处的水平。

　　2.速动比率

　　速动比率是企业的速动资产与流动负债的比率。速动资产是流动资产减去存货以后的余额。之所以要从流动资产中扣除存货，是基于以下几个方面的原因：①在流动资产中存货的变现速度较慢；②部分存货损失可能未做处理；③存货计价方法还存在着成本价与合理市价之间相差悬殊的问题；④部分存货可能已经抵押给债权人。其计算公式如下：

速动比率 = $\dfrac{速动资产}{流动负债}$

　　以万科为例，2016年末该项指标计算如下：

速动比率 = $\dfrac{721\,295\,427\,853.28 - 467\,361\,336\,133.57}{579\,998\,485\,463.07}$ = 0.4378

　　一般来说，该比率1∶1为好。

　　按保守的算法，企业在计算速动比率时，有的还要从流动资产中减去待摊费用、待处理流动资产损失和预付款项等。这是因为待摊费用是无实物形态的资产，是前期已经花费需要摊销的费用，不能用于偿还债务。待处理流动资产损失也不能用于偿还债务。预付款的主要目的是取得存货，因此，在计算时应将其从流动资产中扣除。

　　3.现金比率

　　现金比率是企业变现能力最强的现金资产与流动负债的比率。现金资产在资产负债表上体现为货币资金。现金比率最能反映企业直接偿付流动负债的能力。从偿债而言，该比率越高越好，但这一比率过高，也意味着企业的现金资产未能得到合理运用。由于现金资产的获利能力较低，因此其太高会导致企业增加持有现金的机会成本。其计算公式如下：

现金比率 = $\dfrac{现金}{流动负债}$

　　以万科为例，2016年末现金比率指标计算如下：

现金比率 = $\dfrac{87\,032\,118\,210.63}{579\,998\,485\,463.07}$ × 100% = 15.0056%

　　在计算现金比率时，考虑到现金等价物因素，现金比率也可以按下列公式计算：

现金比率 = $\dfrac{期末的现金及现金等价物}{流动负债}$

　　以万科为例，考虑到现金等价物后，2016年末现金比率指标计算如下：

现金比率$=\dfrac{79\,490\,014\,945.69}{579\,998\,485\,463.07}\times100\%=13.7052\%$

4.现金流量比率

现金流量比率是反映企业用经营活动产生的现金流量净额偿付流动负债能力的比率。在计算年度现金流量比率时，通常使用流动负债的年末数。该比率越大，表明公司的短期偿债能力越好，反之，则表示公司短期偿债能力越差。如果企业期末的经营活动产生的现金流量净额为负数，则意味着企业经营活动产生的现金流量净额不具有偿债能力。其计算公式如下：

现金流量比率$=\dfrac{\text{经营活动产生的现金流量净额}}{\text{流动负债}}\times100\%$

以万科为例，2016年末的现金流量比率指标计算如下：

现金流量比率$=\dfrac{39\,566\,129\,021.69}{579\,998\,485\,463.07}\times100\%=6.8218\%$

需要注意的是：

（1）企业是否具有一定的短期偿债能力对债权人和股东来说都是很重要的。在计算时点，如果一个企业不能保持一定的短期偿债能力，它也就不可能具有长期的偿债能力，也就不可能使股东满意。即使是盈利企业，如果不能按期偿还短期债务，也有可能破产。

（2）在权责发生制下，企业报表虽然反映出巨额利润，但企业却可能由于缺少可以使用的资金而无法偿还流动负债；反过来，即使企业报表呈现亏损状态，但企业仍然有可能支付短期债务。

（二）财务杠杆比率

财务杠杆反映了企业负债在资产总额中所占的比重。负债在企业全部资金中所占的比重，对企业具有双重影响：一方面，如果利用负债资金所获得的投资收益率大于负债资金成本，由于负债利息可以在所得税前列支，因此可以使企业得以低成本融资，并让投资者获得财务杠杆利益；另一方面，如果负债资金运用得不好，企业会因负债过度，陷于财务危机。反映企业财务杠杆的比率包括资产负债率和利息支付倍数。

1.资产负债率

资产负债率反映的是企业负债总额占资产总额的比率。该比率反映了债权人权益受保护的程度，以及企业将来筹措新资金的能力。如果负债比率过高，债权人权益受保护的程度就会降低。但对企业负债率较高的情形也应进行客观分析。对于一个成长型的企业而言，在引入期，可能资产负债率较高，而在进入成长期后会出现资产负债率下降的情况，对此类企业不能仅凭短期内的资产负债率高低评价企业的财务状况。

为反映企业的债务水平，还可以通过计算产权比率和权益乘数来衡量。资产负债率有关指标的计算公式如下：

资产负债率$=\dfrac{\text{负债总额}}{\text{资产总额}}$

$$产权比率=\frac{负债总额}{所有者权益（或股东权益）总额}$$

$$权益乘数=\frac{平均的总资产}{平均的所有者权益（或股东权益）}$$

以万科为例，2016年末资产负债率相关指标计算如下：

$$资产负债率=\frac{668\ 997\ 642\ 643.14}{830\ 674\ 213\ 924.14}\times100\%=80.5367\%$$

$$产权比率=\frac{668\ 997\ 642\ 643.14}{161\ 676\ 571\ 281.00}=4.1379$$

2.利息支付倍数

利息支付倍数又称利息保障倍数或已获利息倍数，它反映的是企业息税前利润与利息费用之间的比率关系。其计算公式如下：

$$利息支付倍数=\frac{息税前利润}{利息费用}\times100\%$$

公式中的"息税前利润"是指利润表中的未扣除利息和缴纳所得税之前的利润。它可以用"利润总额加财务费用"来计算。公式中的"利息费用"是指企业本期发生的全部应付利息，不仅包括财务费用中的利息，而且还包括计入固定资产价值中已经资本化的利息。虽然资本化利息不反映在利润表的财务费用中，而是通过折旧的形式计入成本费用，但这部分利息也需要偿还，因此，在计算时还要加上资本化的利息部分。

该指标反映了企业所实现的利润偿付利息费用的能力。利息是企业借债必须付出的代价。当企业有足够的现金流量时，才不会出现付息难题。

万科2016年度合并利润表中的财务费用为1 592 067 967.14元，年报附注中披露的财务费用明细项目如表3-1所示。

表3-1　　　　　　　　　　　　**万科2016年度的财务费用**　　　　　　　　　　金额单位：元

项目	2016年
利息支出	5 538 216 270.68
减：资本化利息	3 227 876 961.32
净利息支出	2 310 339 309.36
减：利息收入	1 484 201 228.15
利息收支净额	826 138 081.21
汇兑损益	573 169 900.57
其他	192 759 985.36
合计	1 592 067 967.14

万科2016年度合并利润表中的利润总额为39 253 611 726.28元，则该公司的利息支

付倍数应为：

$$利息支付倍数 = \frac{39\,253\,611\,726.28 + 1\,592\,067\,967.14}{5\,538\,216\,270.68} \times 100\% = 737.5241\%$$

在新浪网等网站，为了快速地计算利息支付倍数，在分母上直接用财务费用视同利息支出进行计算，计算结果与企业实际的付息能力存在偏差，在对企业付息能力进行评价时应加以注意。新浪网等网站的利息支付倍数计算方法如下：

$$利息支付倍数 = \frac{息税前利润}{财务费用} \times 100\%$$

以万科为例，其利息支付倍数计算方法如下：

$$利息支付倍数 = \frac{39\,253\,611\,726.28 + 1\,592\,067\,967.14}{1\,592\,067\,967.14} \times 100\% = 2\,565.5739\%$$

利息支付倍数反映了企业的息税前利润是利息的多少倍。已获利息的倍数越大，表明企业付息能力越强；否则，企业的付息能力就越差。为了分析本企业偿付利息的能力，可以与同行业该指标的平均水平进行对比，也可以将企业若干年份的该项指标进行比较，分析企业的付息能力是增强了还是减弱了。

二、对万科偿债能力的总体评价

为了对万科的偿债能力进行评价，表3-2收集了万科近5年来的偿债能力比率。

表3-2　　　　　　　　　　　**万科各期末的偿债能力比率**

项目　　　　年份	2016	2015	2014	2013	2012
流动比率（倍）	1.2436	1.3022	1.3447	1.3439	1.3962
速动比率（倍）	0.4378	0.4259	0.4255	0.3372	0.4141
现金比率（%）	15.0056	12.6601	18.1439	13.4881	20.125
现金流量比率（%）	6.8218	3.8199	12.0713	0.5849	1.4340
资产负债率（%）	80.5367	77.7015	77.2046	77.9970	78.3163
利息支付倍数（%）	2 565.5739	7 175.588	4 040.5126	2 824.0777	2 855.147

资料来源：新浪股票个股，现金流量比率由作者计算而得。

从表3-2中反映的万科短期偿债能力比率可以看出，以流动比率和速动比率表现的短期偿债能力相对较稳定，而现金比率和现金流量比率表现不稳定，波动较大。从2016年和2015年的比较看，现金比率和现金流量比率有所提高，但从财务杠杆看，2016年资产负债率上升，公司付息能力下降。

需要注意的是，在分析企业的偿债能力时，不仅要关注表内项目的影响，而且要关注表外项目对偿债能力的影响，如或有负债、担保责任、租赁活动以及可获得的银行授信额度等因素。其中前三项的存在将削弱企业的偿债能力，而后一项的存在将增强企业的偿债能力。

第二节 营运能力比率及其应用

营运能力比率，也称经营效率或者资产管理能力比率，主要用来分析企业的资产管理水平。存货的积压状况、应收账款的回收天数、固定资产和流动资产的周转，以及资产结构是否合理，都可以通过营运能力比率做出分析判断。

一、反映营运能力的比率

按照企业的资产构成，与营业收入有关的资产主要包括流动资产和固定资产，因此，在实务中，营运能力比率的计算，主要是计算应收账款周转率、存货周转率、流动资产周转率、固定资产周转率和总资产周转率五个指标。

（一）应收账款周转率

应收账款是企业因销售商品和提供劳务应向购货单位或接受劳务单位收取的款项。应收账款实际上是企业采用信用政策的结果，如果企业的信用政策比较宽松，其应收账款就会比较多。如果企业的信用政策比较趋紧，其应收账款占用就会比较少。当赊销行为发生后，企业的应收账款能否及时收回，取决于企业对应收账款的事中管理。应收账款周转率和周转天数提供了企业应收账款管理方面的信息。

应收账款周转率是赊销收入净额与会计期内平均应收账款均值的比值。用一年的总天数除以应收账款周转率即为应收账款周转天数，也就是通常所说的平均收现期。在计算应收账款周转天数时，年度按360天计算，季度按90天计算，月度按30天计算（其他营运能力指标也是如此）。

应收账款周转率的有关计算公式如下：

$$应收账款周转率 = \frac{赊销收入净额}{平均应收账款}$$

$$赊销收入净额 = 赊销收入总额 - 销售折扣与折让$$

$$平均应收账款 = \frac{期初应收账款 + 期末应收账款}{2}$$

$$应收账款周转天数 = \frac{360天}{应收账款周转率}$$

在计算应收账款周转率时，分子采用的赊销收入净额，是赊销收入总额减去赊销部分销售折扣与折让后的余额。赊销收入是企业当期的销售收入扣除现金销售以后的部分，按照现行会计制度规定，公式中的应收账款是已经扣除了坏账准备后的应收账款净额。

一般来说，应收账款周转率越高，平均收现期越短，说明企业的应收账款回收速度越快；否则，企业过多的营运资金占用在应收账款上，会影响到企业资金的正常周转，也会增加持有应收账款的机会成本、坏账成本和管理成本。

为分析判断企业的应收账款管理成效，可通过本企业相关指标与同行业其他先进企业同类指标的对比，和本企业若干年份该项指标的分析比较来进行。当我们运用该项指标对企业的应收账款管理情况进行分析评价时，要考虑到以下因素可能对该项指标结果的影响，以免做出错误的判断。这些因素是：①企业营销方式的影响。一个企业从不采用信用政策到采用信用政策，会对营业收入和赊销产生影响，并使不同年度该项指标缺少可比性。②季节性因素的影响。对于季节性经营的企业运用该项指标不一定能反映企业的实际情况。③在年末出现销售的大量增加或减少。因此，对该项指标的计算结果应进行客观分析。

需要注意的是：在计算应收账款周转率时，为了使应收账款流动性评价符合企业的管理实际，公式中分子的收入不应包括现销收入，只能是赊销收入。如果将现销也包括在内，则应收账款的流动性将被高估。由于企业外部的信息使用者很难获得企业的赊销收入数据，因此，在计算应收账款的周转率时，通常采用营业总收入和应收账款的均值去比较，如"新浪股票"中就用的是营业总收入而不是赊销收入进行计算。

万科2016年合并利润表显示的营业总收入为240 477 236 923.34元，其应收账款周转率与周转天数计算如下（因无法获取赊销额度数据，此处按营业总收入全额计算）：

$$应收账款周转率=\frac{240\ 477\ 236\ 923.34}{2\ 292\ 955\ 046.88}=104.8766（次）$$

$$平均应收账款=\frac{2\ 075\ 256\ 823.79+2\ 510\ 653\ 269.96}{2}$$

$$=2\ 292\ 955\ 046.88（元）$$

$$应收账款周转天数=\frac{360}{104.8766}=3.4326（天）$$

（二）存货周转率

存货是企业为了生产和销售而储备的各种货物。一般来说，存货在企业的流动资产中占有较大比重，存货的流动性，将直接影响到企业的资产流动比率。存货的流动性可以通过存货周转率和周转天数两个指标进行分析。

存货周转率是企业的营业成本与平均存货的比值。存货的周转天数反映了从存货的购进到销售所占用的天数。对于商业批发或零售企业来说，它被称为"库存周期"。存货周转率和周转天数的计算公式如下：

$$存货周转率=\frac{营业成本}{平均存货}$$

$$平均存货=\frac{期初存货+期末存货}{2}$$

$$存货周转天数=\frac{360天}{存货周转率}$$

以万科为例，2016年的存货周转率指标计算如下：

$$存货周转率=\frac{169\ 742\ 403\ 431.77}{417\ 741\ 633\ 323.45}=0.4063（次）$$

$$平均存货=\frac{467\ 361\ 336\ 133.57+368\ 121\ 930\ 513.33}{2}$$

$$=417\ 741\ 633\ 323.45（元）$$

$$存货周转天数=\frac{360}{0.4063}=886.0448（天）$$

一般来说，存货周转率越高，存货周转天数越短，说明企业的存货转为现金或应收账款的速度越快，否则存货的周转速度就越慢。只有提高了存货的周转率，才可能提高企业存货资产的变现能力。为分析判断企业的存货管理成效，可通过本企业该项指标与同行业其他先进企业同类指标的对比，通过本企业若干年份该项指标的分析比较来进行。

存货周转率衡量了存货的生产及销售速度，分析存货周转率的主要目的是为了加强对存货的管理，在满足生产经营对存货需要量的前提下，减少存货资金占用，降低持有存货的总成本（包括订货、采购和储存成本），加速存货的周转。需要注意的是，在运用该项指标对企业的存货管理情况进行分析评价时，要考虑到以下因素可能对该项指标的影响，以免做出错误的判断。这些主要因素是：①存货计价方法的影响。存货计价方法包括企业是否按规定结转成本，以及按什么方法结转成本。企业是否按规定结转成本，会影响到当期的营业成本总额。存货按什么方法结转成本同样会影响到当期的营业成本总额。这是因为，存货虽然是按照历史成本计价反映的，但在发出存货时可以采用先进先出法、加权平均法等多种计价方法。不同的计价方法会影响到当期结转的销售成本，进而影响到存货周转率的计算。因此，在分析时，应考虑不同的计价方法对存货周转率的影响。②不同行业的存货周转率受到产品制造技术的影响。企业的生产周期越长，存货占用的天数就越长。对于制造业而言，存货的周转涉及材料采购、材料投产加工以及产成品销售三个阶段。在这三个阶段分别表现为不同的存货占用形态，包括原材料、在产品和产成品形态。因此，在分析时还应对存货的结构以及影响存货周转速度的重要项目进行分析，如分别计算原材料周转率、在产品周转率或产成品周转率。其计算公式如下：

$$原材料周转率=\frac{耗用的原材料成本}{平均原材料存货}$$

$$在产品周转率=\frac{制造成本}{平均在产品存货}$$

$$产成品周转率=\frac{营业成本}{平均产成品存货}$$

（三）流动资产周转率

流动资产周转率是企业营业总收入与流动资产均值的比值。其计算公式如下：

$$流动资产周转率=\frac{营业总收入}{平均流动资产}$$

$$平均流动资产=\frac{期初流动资产+期末流动资产}{2}$$

$$流动资产周转天数=\frac{360天}{流动资产周转率}$$

以万科为例，2016年该项指标计算如下：

$$流动资产周转率=\frac{240\,477\,236\,923.34}{634\,159\,901\,859.81}=0.3792（次）$$

$$平均流动资产= \frac{721\ 295\ 427\ 853.28 + 547\ 024\ 375\ 866.34}{2}$$

$$= 634\ 159\ 901\ 859.81（元）$$

$$流动资产周转天数= \frac{360}{0.3792} = 949.3671 （天）$$

流动资产周转率反映了流动资产的周转速度。周转速度越快，会相对地节约流动资产，等于相对扩大资产的投入，增强企业的盈利能力；否则，因流动资产周转速度缓慢，会增加新的流动资产投入周转，从而降低企业的盈利能力。该指标可以通过对同行业和企业不同时期的对比，分析流动资产管理的成效。

（四）固定资产周转率

固定资产周转率反映的是企业营业收入总额与平均固定资产之间的比值。其计算公式如下：

$$固定资产周转率= \frac{营业收入总额}{平均固定资产}$$

$$平均固定资产= \frac{期初固定资产 + 期末固定资产}{2}$$

$$固定资产周转天数= \frac{360天}{固定资产周转率}$$

以万科为例，2016年该项指标计算如下：

$$固定资产周转率= \frac{240\ 477\ 236\ 923.34}{5\ 864\ 136\ 117.23} = 41.0081（次）$$

$$平均固定资产= \frac{6\ 810\ 793\ 073.58 + 4\ 917\ 479\ 160.88}{2}$$

$$= 5\ 864\ 136\ 117.23（元）$$

$$固定资产周转天数= \frac{360}{41.0081} = 8.7788 （天）$$

固定资产周转率反映了固定资产的周转速度。周转速度越快，表明企业同样的固定资产占用实现了更多的收入。企业可以通过同行业不同企业之间的对比，或本企业该项指标不同期间的对比，分析企业的固定资产占用是否合理，以便合理安排资产结构，提高生产用固定资产的使用效率。

（五）总资产周转率

总资产周转率是企业营业总收入与总资产均值之间的比值。其计算公式如下：

$$总资产周转率= \frac{营业总收入}{平均总资产}$$

$$平均总资产= \frac{期初资产总额 + 期末资产总额}{2}$$

$$总资产周转天数= \frac{360天}{总资产周转率}$$

以万科为例，2016年该项指标计算如下：

$$总资产周转率= \frac{240\ 477\ 236\ 923.34}{720\ 984\ 890\ 806.72} =0.3335（次）$$

$$平均总资产= \frac{830\ 674\ 213\ 924.14 + 611\ 295\ 567\ 689.29}{2}$$

$$= 720\ 984\ 890\ 806.72（元）$$

总资产周转天数 $= \dfrac{360}{0.3335} = 1\,079.4603$（天）

该项指标用来反映企业对总资产的管理是否有效。一般来说，资产周转率高，说明企业能有效地运用资产创造收入；反之，则说明企业的资产利用效率低。要提高总资产的周转率，其一是要提高营业总收入，其二是在总收入一定的条件下，降低资产占用总额。企业可以通过同行业不同企业之间的对比，或本企业该项指标不同期间的对比，分析企业的资产占用是否合理，以便合理安排资产结构，提高资产的使用效率。

当使用总资产周转率这一指标进行财务分析时，需要注意两个方面的问题。第一个问题是，在按历史成本计价的条件下，由于新资产的计价高于旧资产，企业会因较多地使用旧资产引起总资产周转率偏大。第二个问题是，资产结构会引起总资产周转率的差异。以资产总额中固定资产所占比重为例，相对来说，制造业的固定资产比重较高，而商业零售和批发企业的固定资产所占比重较少，因此，固定资产占比较高的企业相对于占比较低的企业，在同样的收入基础上，其总资产周转率更低。

二、对万科营运能力的总体评价

有关营运能力指标在企业的管理工作中具有十分重要的价值。从某种意义上讲，营运能力指标的经济含义意味着某类资产的创收能力。根据笔者的研究，在不同的行业存在着这样一种现象，行业内的企业尽管管理水平有差异，但在以下三项指标方面会有一致表现：或者固定资产周转率趋同，或者流动资产周转率趋同，或者总资产周转率趋同。我们可以运用这些指标体现的资产与收入间的关系，进行企业收入预测、盈利预测和估值工作。

为了评价万科的各种营运能力，此处收集了万科近5年来的营运能力比率，如表3-3所示。

表3-3　　　　　　　　　　　　　　　**万科各期营运能力比率**

项目＼年份	2016	2015	2014	2013	2012	5年简单平均
应收账款周转率（次）	104.8766	88.7906	58.8726	54.5437	60.6323	
应收账款周转天数	3.4326	4.0545	6.1149	6.6002	5.9374	
存货周转率（次）	0.4063	0.4029	0.3161	0.3166	0.2823	
存货周转天数	886.0448	893.522	1 138.8801	1 137.0815	1 275.2391	
流动资产周转率（次）	0.3792	0.3865	0.3228	0.3365	0.3195	0.3489
固定资产周转率（次）	41.0081	54.125	65.9685	72.3773	64.2845	59.5527
总资产周转率（次）	0.3335	0.3493	0.2964	0.3157	0.3055	0.3201

资料来源：新浪股票个股，表中的应收账款周转率按照营业收入全额计算，5年简单平均数由作者计算。

从万科近5年来的营运能力看，应收账款的周转加快，说明应收账款的管理向好；存货的管理能力在提高，周转天数变短；固定资产周转变缓，说明固定资产的创收能力在下降；流动资产和总资产周转率相对稳定。从5年的均值来看，流动资产、固定资产和总资产的周转率分别为0.3489、59.5527和0.3201。这里的次数引申的经济意义是：万科近5年平均每投入一元的流动资产能为公司带来0.3489元的营业总收入，每投入一元的固定资产能为公司带来59.5527元的营业总收入，每投入一元的总资产能为公司带来0.3201元的营业总收入。

第三节　盈利能力比率及其应用

从经济意义的角度来说，企业具有较强的盈利能力，应是企业的投资收益率大于投资者自己能够从资本市场上赚取利润的收益率。但这并不否认企业可以根据会计方法对其当期的盈利能力进行判断。

一、反映盈利能力的比率

反映盈利能力的比率主要有营业利润率、总资产报酬率以及净资产报酬率。

（一）营业利润率

营业利润率反映的是企业当期的利润与营业收入的比值，反映了百元营业收入中利润所占的比重。在实务中营业利润率有三种表现形式，包括营业毛利率、营业息税前利润率和营业净利润率。其计算公式如下：

$$营业毛利率 = \frac{毛利}{营业收入} \times 100\%$$

$$= \frac{营业收入 - 营业成本}{营业收入} \times 100\%$$

$$营业息税前利润率 = \frac{息税前利润}{营业收入} \times 100\%$$

$$营业净利润率 = \frac{净利润}{营业收入} \times 100\%$$

营业毛利率，也称销售毛利率，反映了百元营业收入中毛利所占的比重。能否获得较高的毛利，直接关系到企业当期利润的多少。该指标在商业零售和批发企业中具有重要的作用，这里的毛利意指企业当期的商品进销差价。在利润表上毛利为企业当期的营业收入与营业成本之差。

营业息税前利润率，也称销售息税前利润率，反映的是息税前利润占营业收入的比值。

营业净利润率，也称销售净利率，反映了企业以较低的成本或较高的价格提供产品和劳务的能力。企业在增加营业收入的同时，必须获得更高的净利润。要获得期望的净利润，企业只有在增加收入和降低成本两方面做好管理工作。该项指标向企业管理者提供了这样的信息：企业的营业净利润率由高变低，应从创收能力和管控成本费用两方面来查找原因。

以万科为例，2016年相关指标计算如下：

营业毛利率 = $\dfrac{240\ 477\ 236\ 923.34 - 169\ 742\ 403\ 431.77}{240\ 477\ 236\ 923.34} \times 100\% = 29.4144\%$

营业息税前利润率 = $\dfrac{39\ 253\ 611\ 726.28 + 1\ 592\ 067\ 967.14}{240\ 477\ 236\ 923.34} \times 100\% = 16.9853\%$

营业净利润率 = $\dfrac{28\ 350\ 255\ 480.66}{240\ 477\ 236\ 923.34} \times 100\% = 11.7892\%$

（二）总资产报酬率

资产报酬率反映的是企业利润与总资产均值的比值。这里的利润有息税前利润、利润总额和净利润三种形式。该指标是衡量企业总资产盈利能力的常见指标，其意义在于为不同企业提供了相同的可比基础，有助于企业提高存量资产的使用效益，有助于企业内部的业绩评价与考核。其计算公式如下：

总资产息税前利润率 = $\dfrac{\text{息税前利润}}{\text{平均总资产}} \times 100\%$

总资产利润率 = $\dfrac{\text{利润总额}}{\text{平均总资产}} \times 100\%$

总资产净利润率 = $\dfrac{\text{净利润}}{\text{平均总资产}} \times 100\%$

以万科为例，2016年相关指标计算如下：

总资产息税前利润率 = $\dfrac{39\ 253\ 611\ 726.28 + 1\ 592\ 067\ 967.14}{720\ 984\ 890\ 806.72} \times 100\% = 5.6653\%$

总资产利润率 = $\dfrac{39\ 253\ 611\ 726.28}{720\ 984\ 890\ 806.72} \times 100\% = 5.4444\%$

总资产净利润率 = $\dfrac{28\ 350\ 255\ 480.66}{720\ 984\ 890\ 806.72} \times 100\% = 3.9322\%$

将资产净利润率指标进行分解会得到以下公式：

总资产净利润率 = $\dfrac{\text{净利润}}{\text{平均总资产}} = \dfrac{\text{净利润}}{\text{营业总收入}} \times \dfrac{\text{营业总收入}}{\text{平均总资产}}$

= 营业净利润率 × 总资产周转率

总资产净利润率简称ROA（Rate of Return on Total Assets），是大家习惯性的叫法。

该指标反映的信息是：要提高企业资产的盈利能力，不仅要提高营业净利润率，而且要提高总资产的营运能力。当然，由于各种因素的影响，企业很难同时做好以上两个方面，但可以在二者之间选择其一。将总资产净利润率分解为营业净利润率和总资产周转率，有助于帮助企业制定财务策略。当企业不能提高总资产周转率时，就要想办法提高营业净利润率。杜邦财务控制系统就是根据这种分解后的指标来管理工作的，在第四章将对杜邦分析体系予以专门介绍。

（三）净资产报酬率

净资产报酬率，也称作股东回报率或权益净利率，反映的是利润与所有者权益（股东权益）之间的比值。这里的利润有利润总额和净利润两种形式。

在不考虑合并报表中少数股东权益的情况下，其计算公式如下：

$$净资产利润率=\frac{利润总额}{平均所有者权益（股东权益）}$$

$$净资产收益率=\frac{净利润}{平均所有者权益（股东权益）}$$

$$平均所有者权益=\frac{期初所有者权益+期末所有者权益}{2}$$

以万科为例，2016年该项指标计算如下：

$$净资产利润率=\frac{39\ 253\ 611\ 726.28}{148\ 993\ 094\ 301.01}\times100\%=26.3459\%$$

$$净资产收益率=\frac{28\ 350\ 255\ 480.66}{148\ 993\ 094\ 301.01}\times100\%=19.0279\%$$

$$平均所有者权益=\frac{161\ 676\ 571\ 281.00+136\ 309\ 617\ 321.02}{2}$$

$$=148\ 993\ 094\ 301.01（元）$$

净资产收益率反映了企业运用权益资本获取净利润的能力，将该指标分解后可以有以下结果：

$$净资产收益率=\frac{净利润}{平均所有者权益}$$

$$=\frac{净利润}{营业总收入}\times\frac{营业总收入}{平均总资产}\times\frac{平均总资产}{平均所有者权益}$$

$$=营业净利润率\times总资产周转率\times权益乘数$$

净资产收益率（Return on Equity），简称ROE，也是大家习惯性的叫法。

公式中的权益乘数是资产除以权益，它表示企业的负债程度，权益乘数越大，企业的负债程度越高。之所以叫权益乘数，是因为权益乘数是股东权益比（股东权益/资产）的倒数。因为通常的财务比率都是除数，除数的倒数叫乘数，所以将权益除以资产称为权益乘数。

从该指标分解的结果可以看出，净资产收益率与资产净利率的区别在于前者等于后者再乘以权益乘数。权益乘数反映了财务杠杆对权益净利率的贡献程度。这说明，要提高净资产收益率，不仅要提高营业净利润率和总资产周转率，而且还要合理安排企业的负债比例。财务杠杆对提高净资产收益率有重要作用，但只有在资产息税前利润率大于债务利率时，才能通过财务杠杆提高企业的净资产收益率。

以上分解的净资产收益率是美国杜邦公司进行杜邦分析的依据，也是其他企业进行财务分析的重要方法，其最重要的价值在于分析影响企业净资产收益率的因素，并采取相应的管理对策。

二、对万科盈利能力的总体评价

为了评价万科的盈利能力状况，此处收集了万科近5年来的几个主要盈利能力比率，如表3-4所示。

表中的净资产收益率是按照全面摊薄法仅考虑归属于母公司股东的净利润计算而得的，这一结果与万科年报中公告的数据一致（详见本章第五节）。如果按照不分归属于母公司和少数股东的损益，2016年万科总体的净资产收益率应为19.0279%。

表3-4 　　　　　　　　　**万科各期盈利能力比率** 　　　　　　　　单位：%

项目　　　　年份	2016	2015	2014	2013	2012
营业毛利率	29.4144	29.3525	29.9416	31.4736	36.5555
营业净利润率	11.7892	13.27	13.1756	13.5118	15.1893
总资产净利润率	3.9322	4.6351	3.9059	4.2651	4.6407
净资产收益率	18.53	18.09	17.86	19.66	19.66

资料来源：新浪股票个股。

从表3-4中可见，2012年以来，万科的营业毛利率和营业净利润率呈现双下降的趋势，对盈利具有不利影响，也因此导致了总资产净利润率的下降或不稳定状态。但净资产收益率相对比较稳定，2016年有所提高。

需要注意的是，我们评价一个企业的盈利能力往往是以企业赚取利润的能力来衡量的，这里的利润是按会计方法确认的利润。但按会计方法确认的利润来评价企业的盈利能力，也有其局限性，主要有两个方面的缺陷：其一，一个新建的处于成长期的企业，其前期投入的费用会较高，因此，起初没有利润或者只有少量的利润，在此情况下，当前企业的利润就不足以评价其盈利能力；其二，两个企业即使其当期利润相同，但其风险显著不同，仅依据二者当期的利润相同而得出其盈利能力相同的结论是错误的。因此，用按会计方法确认的利润来衡量缺乏可以比较的基础。

第四节　　成长能力比率及其应用

一、成长能力比率

成长能力是对企业财务状况未来发展趋势的一种判断。基于财务报表分析的角度，评价企业的成长能力一般包括以下五项指标：营业收入增长率、净利润增长率、总资产增长率、净资产增长率以及经营性现金流量增长率。

（一）营业收入增长率

营业收入增长率，是企业本期营业收入增长额与基期营业总收入的比率，反映企业营业收入的增减变动趋势。其计算公式如下：

$$营业收入增长率 = \frac{本期营业收入增长额}{基期营业总收入} \times 100\%$$

其中：

本期营业收入增长额 = 本期营业总收入 - 基期营业总收入

如果增长率大于零，表明企业本期营业收入有所增长。该指标值越高，表明企业营业收入的增速越快，企业市场前景越好。

（二）净利润增长率

净利润增长率，是企业本期净利润增长额与基期净利润的比率，反映企业净利润的增减变动趋势。其计算公式如下：

$$净利润增长率=\frac{本期净利润增长额}{基期净利润}\times100\%$$

其中：

本期净利润增长额=本期净利润-基期净利润

如果增长率大于零，表明企业本期净利润有所增加。该指标值越高，表明企业获得净利润的能力越强，竞争优势越明显。

（三）总资产增长率

总资产增长率，是企业本期总资产增长额与基期资产总额的比率，反映企业本期资产规模的增长情况。其计算公式如下：

$$总资产增长率=\frac{本期总资产增长额}{基期资产总额}\times100\%$$

其中：

本期总资产增长额=本期资产总额-基期资产总额

总资产增长率越高，表明企业一定时期内资产经营规模扩张的速度越快。但在分析时，需要关注资产规模扩张的质和量的关系，以及企业后续的发展能力，避免盲目投资下的扩张冲动。

（四）净资产增长率

净资产增长率，是企业本期所有者权益增长额与基期所有者权益的比率，反映企业当期资本的积累能力。其计算公式如下：

$$净资产增长率=\frac{本期所有者权益增长额}{基期所有者权益}\times100\%$$

其中：

本期所有者权益增长额=本期的所有者权益-基期的所有者权益

对于上市公司而言，这里的所有者权益为股东权益。

净资产增长率越高，表明企业的资本积累越多，应对风险、持续发展的能力越强。

（五）经营性现金流量增长率

经营性现金流量增长率，是企业本期经营活动产生的现金流量净额增加额与基期经营活动产生的现金流量净额的比率。通常意义上，经营性现金净流量增长，表明上市公司现金回收及存量状况良好，业绩"含金量"较高。其计算公式如下：

$$经营性现金流量增长率=\frac{本期经营活动产生的现金流量净额增加额}{基期经营活动产生的现金流量净额}\times100\%$$

其中：

$$\begin{matrix}本期经营活动产生的\\现金流量净额增加额\end{matrix}=\begin{matrix}本期经营活动产\\生的现金流量净额\end{matrix}-\begin{matrix}基期经营活动产\\生的现金流量净额\end{matrix}$$

由于成长能力指标计算比较简单，在此不再举例说明。

二、对万科成长能力的总体评价

为了说明如何对成长能力进行评价，在此仍然以万科为例加以说明，表3-5中收集了万科近5年的成长能力比率。

表3-5 　　　　　　　　　　　　**万科各期成长能力比率**

项目 ＼ 年份	2016	2015	2014	2013	2012
营业收入增长率（%）	22.9754	33.5828	8.1002	31.3263	43.6505
净利润增长率（%）	9.2519	34.54	5.4104	16.8233	35.0269
净资产增长率（%）	18.6098	17.6162	9.9149	28.3683	21.0897
总资产增长率（%）	35.8875	20.237	6.0941	26.5056	27.8835
经营性现金流量增长率（%）	146.58	−61.54	2 068.80	−48.37	9.93

资料来源：表中的前四项来自新浪股票个股信息，后一项来自万科年报中会计数据和财务指标摘要。

从表3-5中数据结果可见，2014年万科的盈利能力指标表现比较异常，2014年后除了总资产和净资产增长趋势保持不变外，营业收入和净利润都呈现下降的趋势，说明二者的速度放缓，这里既有宏观调控因素、行业因素，也有公司内部因素的影响。

从经营性现金流量增长数据看，万科该项指标波动较大，并且经营性现金流量增长率与净利润增长率出现较大的差异。在此，也利用万科的经营性现金流量与净利润编制了对比表，见表3-6。

表3-6 　　　　　　　　　**经营性现金流量与净利润对比表**

项目 ＼ 年份	2016	2015	2014	2013	2012
经营活动产生的现金流量净额占净利润比例（%）	139.56	61.84	216.33	10.51	23.79

资料来源：表中数据由作者计算。

从表3-6中可见，除了2014年和2016年以外，万科的经营活动产生的现金流量净额都低于净利润，说明2014年和2016年的公司净利润质量比较高，其他年份相对较差。

第五节　　上市公司主要财务比率

上市公司不同于一般企业，外部报表使用者要求上市公司披露更多的信息，以便投资者和债权人等借助于财务报表做出自己的分析判断。上市公司的主要财务比率可归类为反映盈利和积累能力的比率、衡量股利分配状况的比率以及衡量市场表现的比率。

一、反映盈利和积累能力的比率

对于投资者来说，从评价管理层业绩和投资回报的角度看，最重要的财务指标是每股收益和净资产收益率。证券信息机构要定期公布按以上两项指标和每股净资产排序的上市公司排行榜。由此可见，对于上市公司而言，以上财务比率引起的关注度更高。

（一）每股收益

每股收益（Earning Per Share，简称EPS）代表了普通股股东每股所实现的净利润，又称每股税后利润、每股盈余。它是综合反映公司获利能力的重要指标，也是测定股票投资价值的重要指标之一。在证券投资分析中其主要用来衡量公司的盈利能力，该数值越大，说明公司盈利能力越强。每股收益最大的一个特点是可比性较差，就是不能用于不同上市公司、不同行业上市公司间的比较。同时每股收益反映的是公司在某一特定历史时期的盈利状况，该指标的反映具有滞后性。

1.两种不同的计算每股收益方法

由于上市公司在年度中间可能发生股份增减变动事宜，因此会引起股份在年度中间的变化。在实务中，计算每股收益时有全面摊薄法和加权平均法两种计算方法。

（1）全面摊薄法

全面摊薄法就是不考虑股份在年度中间的变化，完全以年末发行在外的普通股股份总数作为计算每股收益的依据。其计算公式如下：

$$每股收益=\frac{净利润-支付给优先股的股息}{发行在外的普通股股份总数}$$

（2）加权平均法

加权平均法就是要求在计算普通股股份时，要考虑到年度中间股份变动的影响，按照股份实际持有时间进行平均后计算出总股份数，然后再计算每股收益的一种方法。其计算公式如下：

$$每股收益=\frac{净利润-支付给优先股的股息}{（股份变化前的总股本×持有时间+股份变化后的总股本×持有时间）÷12}$$

上述公式中的净利润是指在合并利润表中归属于母公司股东的净利润。

采用全面摊薄法和加权平均法计算上市公司的主要财务比率，在股本规模不发生增减变动的情形下二者是相同的，否则，则存在差异。因此，在评价时要考虑到计算方法可能产生的影响。

2.两种不同的每股收益表达方式

为规范公开发行证券的公司信息披露行为，真实反映公司的盈利能力，提高净资产收益率和每股收益指标计算的合理性和可比性，我国证监会发布了《公开发行证券的公司信息披露编报规则第9号——净资产收益率和每股收益的计算及披露》（2010年修订）文件，对每股收益的计算做出了规定。其中关于上市公司公告的每股收益，就分为基本每股收益和稀释每股收益，而且规定对股份要按照加权平均数进行计算，即选择加权平均法。

（1）基本每股收益

基本每股收益是指企业应当按照属于普通股股东的当期净利润，除以发行在外普通股的加权平均数从而计算出的每股收益。其计算公式如下：

$$基本每股收益=\frac{归属于本公司普通股股东的合并净利润}{本公司发行在外普通股的加权平均数}$$

万科年报附注中披露的基本每股收益计算过程如表3-7所示。

表3-7　　　　　　　　　　　**万科每股收益的计算过程**　　　　　　　　　　单位：元

项目　　　　　　　年份	2016	2015
归属于本公司普通股股东的合并净利润	21 022 606 256.56	18 119 406 249.27
本公司发行在外普通股的加权平均数	11 039 147 001.00	11 041 439 696.00
基本每股收益（元/股）	1.90	1.64

注：根据万科公司股东大会于2011年4月8日审议批准，公司于2011年4月25日起实行一项股票期权计划。该期权计划已经终止，上年同期因该期权计划而存在的潜在普通股于对比期间不具有稀释性。

普通股的加权平均数计算过程如表3-8所示。

表3-8　　　　　　　　　**万科普通股的加权平均数计算过程**　　　　　　　　单位：元

项目　　　　　　　年份	2016	2015
年初已发行在外普通股股数	11 039 132 001.00	11 037 507 242
已行权股份期权的影响	15 000	7 052 529
库存股加权平均数	—	（3 120 075）
年末发行在外的普通股加权平均数	11 039 147 001.00	11 041 439 696

（2）稀释每股收益

稀释每股收益是以基本每股收益为基础，假设企业所有发行在外的稀释性潜在普通股均已转换为普通股，从而分别调整归属于普通股股东的当期净利润以及发行在外普通股的加权平均数计算而得的每股收益。目前，我国企业发行的潜在普通股主要有可转换公司债券、认股权证、股份期权等。需要特别说明的是，潜在普通股是否具有稀释性的判断标准是看其对持续经营每股收益的影响，也就是说，假定潜在普通股当期转换为普通股，如果会减少持续经营每股收益或增加持续经营每股亏损，表明具有稀释性，否则，具有反稀释性。

（二）净资产收益率

按照现行披露制度的规定，上市公司的净资产收益率分为全面摊薄净资产收益率和加权平均净资产收益率。该指标可用来衡量公司对股东投入资本的利用效率，它弥补了每股收益指标的不足。例如，公司对原有股东以送股的方式分配股票股利，会引起每股收益的下降，从而让投资人产生错觉，以为公司的盈利能力下降了。事实上公司的盈利能力并没有改变，用净资产收益率指标分析就能比较合理地反映公司的盈利能力。

下面以万科为例，说明全面摊薄净资产收益率和加权平均净资产收益率的计算方法。

万科年报显示，2016年归属于母公司股东的净利润为21 022 606 256.56元，归属于母公司股东的权益合计为113 444 766 722.65元，2015年归属于母公司股东的权益合计为100 183 517 822.33元，则净资产收益率的计算如下。

1.按全面摊薄法计算

考虑到合并报表中的少数股东权益，从归属于母公司股东回报的角度，其计算公式如下：

$$全面摊薄净资产收益率=\frac{本期归属于母公司股东的净利润}{期末归属于母公司股东的权益合计}×100\%$$

万科2016年该项指标计算结果如下：

$$全面摊薄净资产收益率=\frac{21\ 022\ 606\ 256.56}{113\ 444\ 766\ 722.65}×100\%$$
$$=18.5311\%$$

2.按加权平均法计算

与全面摊薄净资产收益率计算方法不同的是，在加权平均法下，需要对归属于母公司股东的股东权益计算均值，作为分母。

$$加权平均净资产收益率=\frac{本期归属于母公司股东的净利润}{归属于母公司股东的股东权益均值}×100\%$$

$$归属于母公司股东的股东权益均值=\frac{本期归属于母公司股东的股东权益+上期归属于母公司股东的股东权益}$$

万科该项指标计算结果如下：

$$加权平均净资产收益率=\frac{21\ 022\ 606\ 256.56}{106\ 814\ 142\ 272.49}×100\%$$
$$=19.6815\%$$

其中：

$$归属于母公司股东的股东权益均值=\frac{113\ 444\ 766\ 722.65+100\ 183\ 517\ 822.33}{2}$$
$$=106\ 814\ 142\ 272.49（元）$$

上述计算结果与万科披露的数据一致，详见表3-9。

（三）每股净资产

每股净资产，是指年末股东权益与发行在外的普通股股份总数的比值，也称每股账面价值或每股权益。每股净资产反映了每股股票所代表的公司净资产价值，是支撑股票市场价格的重要基础。每股净资产越大，表明公司每股股票代表的财富越雄厚，通常创造利润的能力和抵御外来因素的能力就越强。每股净资产可以从某种程度上反映上市公司的积累能力。

因上市公司年度中间可能发生股份增减变动情况，因此，该指标也分为按全面摊薄法和加权平均法两种计算方法。

1.不考虑合并报表中的少数股东权益

（1）全面摊薄法

按全面摊薄法，每股净资产计算公式如下：

$$每股净资产 = \frac{股东权益}{发行在外的普通股股份总数}$$

在计算每股净资产时，需要对年末的股东权益进行调整，实际上是对净资产的调整。调整后的每股净资产计算公式如下：

$$调整后的每股净资产 = \frac{年度末股东权益 - 3年以上的应收款项 - 待摊费用 - 待处理（流动、固定）资产损失 - 开办费 - 长期待摊费用}{发行在外的普通股股份总数}$$

（2）加权平均法

按加权平均法，每股净资产计算公式如下：

$$每股净资产 = \frac{股东权益}{（股份变化前的总股本 \times 持有时间 + 股份变化后的总股本 \times 持有时间）÷ 12}$$

下面以加权平均法为例，说明万科每股净资产的计算。

$$每股净资产 = \frac{161\,676\,571\,281.00}{11\,039\,147\,001} = 14.6457（元）$$

每股净资产是理论上的股票最低价值。如果公司的股票价格低于净资产的成本，成本又接近于变现价值，说明公司已无存在的价值，清算是股东的最好选择。

2.考虑合并报表中的少数股东权益

如果考虑少数股东权益，则每股净资产计算公式如下：

$$每股净资产 = \frac{归属于母公司股东的权益合计}{发行在外的普通股股份数}$$

下面以万科为例，说明考虑少数股东权益后按加权平均法计算的每股净资产。

$$每股净资产 = \frac{113\,444\,766\,722.65}{11\,039\,147\,001} = 10.2766（元）$$

为了评价万科的盈利能力和积累能力，此处收集了万科5个年份的相关比率，如表3-9所示。

表3-9   **万科"三必须"公告的数据**   金额单位：元

项目　　　　年份	2016	2015	2014	2013	2012
基本每股收益	1.9	1.64	1.43	1.37	1.14
稀释每股收益	1.9	1.64	1.43	1.37	1.14
全面摊薄净资产收益率（%）	18.53	18.09	17.86	19.66	19.66
加权平均净资产收益率（%）	19.68	19.14	19.17	21.54	21.45
每股净资产	10.28	9.07	7.99	6.98	5.80

资料来源：表中除了每股净资产数据来自新浪财经外，其他数据根据万科年度报告公告整理。

第三章 基本财务比率与应用

从表3-9中可见，总体上万科近5年来无论是每股收益、每股净资产还是净资产收益率指标都呈现向好趋势，这表明万科管理层的努力为股东创造了价值，提高了股东的回报率。

二、衡量股利分配状况的比率

为了反映上市公司的股利分配状况，可通过每股股利、股利支付率以及留存收益率来衡量。

表3-10中反映了万科近5年来的现金分红状况、占净利润的比例以及年末发行在外的普通股加权平均数等信息。

表3-10 　　　　　　　　万科各期的现金分红信息 　　　　　　　金额单位：元

年份 项目	2016	2015	2014	2013	2012
现金分红金额（含税）	8 720 930 080.79	7 948 189 440.72	5 524 400 900.00	4 516 137 256.79	1 981 400 770.62
归属于母公司股东的净利润	21 022 606 256.56	18 119 406 249.27	15 745 454 144.70	15 118 549 405.78	12 551 182 392.23
占公司合并净利润的比例（%）	41.48	43.87	35.09	29.87	15.79
年末发行在外的普通股加权平均数	11 039 147 001.00	11 041 439 696.00	11 037 507 242.00	11 014 968 919.00	11 005 021 968.00

资料来源：由作者根据万科各年度报告公告的信息整理。

万科5年合计的现金分红金额（含税）占归属于母公司股东的净利润的比例达到34.75%。有了相关数据即可进行股利分配状况相关指标的计算。

（一）每股股利

每股股利是上市公司支付给普通股股东的现金股利总额与期末普通股股份总数之比。该指标反映的是每股所能分配的现金额。其计算公式如下：

$$每股股利 = \frac{现金分红金额（含税）}{发行在外的普通股加权平均数}$$

数据显示，万科2016年度现金分红金额（含税）为8 720 930 080.79元，年末发行在外的普通股加权平均数为11 039 147 001.00元，则每股股利计算如下：

$$每股股利 = \frac{8\,720\,930\,080.79}{11\,039\,147\,001.00} = 0.79（元）$$

（二）股利支付率

股利支付率反映的是上市公司支付给普通股股东的现金股利总额与归属于母公司股东的净利润的比值，或者说是每股股利与每股收益的比值，它反映了上市公司的股利分配政策和支付现金股利的能力。其计算公式如下：

$$股利支付率 = \frac{现金分红总额（含税）}{归属于母公司股东的净利润} \times 100\%$$

万科2016年的该项指标计算如下：

$$股利支付率 = \frac{8\,720\,930\,080.79}{21\,022\,606\,256.56} \times 100\%$$
$$= 41.48\%$$

或：

$$股利支付率= \frac{每股股利}{每股收益} \times 100\%$$

按万科2016年的每股收益和每股股利，计算的股利支付率如下：

$$股利支付率= \frac{0.79}{1.9044} \times 100\% = 41.48\%$$

在运用该指标进行计算时，如果公司还有优先股股东，应从每股收益中扣除支付给优先股股东的股息。

股利支付率的倒数为公司的股利保障倍数，倍数越大，表明公司支付股利的能力就越强。其计算公式如下：

$$股利保障倍数= \frac{每股收益}{每股股利}$$

按万科2016年的每股股利和每股收益计算的股利保障倍数如下：

$$股利保障倍数= \frac{1.9044}{0.79} = 2.41 （倍）$$

（三）留存收益率

留存收益率反映了上市公司的留存收益与其实现的净利润的比值。留存收益是上市公司实现的净利润扣除支付的全部现金股利后的余额。其计算公式如下：

$$留存收益率= \frac{归属于母公司股东的净利润－现金分红总额（含税）}{归属于母公司股东的净利润} \times 100\%$$

根据表3-10的信息，万科2016年度的留存收益率计算如下：

$$留存收益率= \frac{21\,022\,606\,256.56 - 8\,720\,930\,080.79}{21\,022\,606\,256.56} \times 100\% = 58.52\%$$

或：

$$留存收益率=1-股利支付率=1-41.48\%=58.52\%$$

留存收益率反映了上市公司的股利分配政策，该比率的提高意味着公司股利支付率的降低。但公司是否留存收益，以及按什么标准留存受到法律因素、债权人权益保护条例、股东因素以及公司因素的制约。如果公司按照优化资本结构的要求适当增加留存收益，就会提高留存收益比率；如果公司不需要留存较多的收益，或者股东要求得到较高的现金股利，公司就会降低留存收益比率。

为了评价万科的股利分配状况，表3-11收集了反映万科各期股利分配状况的比率。

表3-11　　　　　　　　　　**万科各期股利分配状况比率**　　　　　　　　金额单位：元

项目 \ 年份	2016	2015	2014	2013	2012
每股收益	1.9044	1.6395	1.4265	1.3725	1.1415
每股股利	0.79	0.72	0.50	0.41	0.18
股利支付率（%）	41.48	43.87	35.09	29.87	15.79
留存收益率（%）	58.52	56.13	64.91	70.13	84.21

资料来源：每股收益和每股股利来自新浪股票个股（与万科公告的数据因保留位数的关系略有尾差），股利支付率和留存收益率由作者计算。

从表3-11中可见，万科近5年来在每股收益提高的前提下，每股股利在提高，股利支付率总体呈现上升的趋势，留存收益率下降。这说明万科逐步提高了分红比例，并以此回报股东，体现了万科的可持续发展理念。

三、衡量市场表现的比率

对上市公司而言，不仅要创造价值，而且要看重其股票在资本市场的表现，寻找股价偏离其内在价值的原因。当然投资者也可以从中发掘投资机会。衡量上市公司市场表现的指标主要包括市盈率、市净率和市销率。

（一）市盈率

市盈率是反映上市公司普通股每股市价与每股收益的比率，所以它也被称为股价收益比率。其计算公式如下：

$$市盈率 = \frac{每股市价}{每股收益}$$

市盈率是衡量上市公司股价高低和公司盈利能力的一个重要指标。由于市盈率将股价与公司的盈利能力结合起来，可以了解投资者对该公司股票的预期程度。一般来说，市盈率越高，表明投资者对公司的股票越看好，但该股票的投资风险也比较大；反之，市盈率越低，表明投资者对该公司股票的预期也越低。市盈率在实务中有两个用途，其一是用来衡量二级市场中股价水平的高低，其二是在股票发行时，作为估算发行价格的重要指标。根据发行公司的每股盈利水平，参照市场的总体价格水平，确定一个合理的发行市盈率倍数，二者相乘即为股票的发行价格。从我国几年来新股的发行情况来看，新股发行市盈率基本维持在15～20倍。

市盈率有两种计算方法。一是股价同上一年每股收益的比率，二是股价同本年度每股收益的比率。前者以上年度的每股收益作为计算标准，它不能反映股票因本年度及未来每股收益的变化而使股票投资价值发生变化这一情况，因而具有一定的滞后性；后者市盈率即反映了股票现实的投资价值。

目前，几家大的证券报刊在每日股市行情报表中都附有市盈率指标，其计算方法为：

$$市盈率 = \frac{每股收市价格}{上一年每股收益}$$

为了反映不同市场和不同行业股票的价格水平，也可以计算出每个市场的整体市盈率或者不同行业上市公司的平均市盈率。具体计算方法是用全部上市公司的股票市值除以全部上市公司的税后利润，即可得出这些上市公司的平均市盈率。

（二）市净率

市净率是反映上市公司普通股每股市价与每股净资产的比率。一般认为，市价高于账面价值时企业资产的质量较好，有发展潜力；反之则质量较差，没有发展前景。市净率也反映了投资者对上市公司未来盈利能力的预期。从投资角度看，一般市净率较低的股票，投资价值较高；相反，则投资价值较低。市净率能帮助投资者发现以较少的投入获得较高产出的上市公司，对于大的投资机构，它能够帮助其辨别投资风险。其计算公式如下：

$$市净率 = \frac{每股市价}{每股净资产}$$

但需要注意的是，每股净资产是企业静态的资产概念，是股票的账面价值，是用成本来计量的；每股市价是这些资产的现时市场价值，是证券市场交易的结果，因此对市净率要动态地看，更为重要的是，净资产存在着一定的变数。

（三）市销率

市销率是反映上市公司普通股每股市价与每股营业收入的比值。其计算公式如下：

$$市销率 = \frac{每股市价}{每股营业收入}$$

该指标揭示了以下信息：（1）市销率更看重销售规模对公司价值的影响；（2）能够避免企业短期净利率波动造成净利润不稳对公司估值的影响；（3）此类公司通常不会有较高的营业净利润率。原因在于：根据"公司市值=市销率×营业收入"和"公司市值=市盈率×净利润"比较，可以得到"市销率=市盈率×营业净利润率"。

为了说明上市公司市场表现指标的计算方法，现将万科市场表现的计算依据和计算结果归纳见表3-12。

表3-12　　　　　　　　　**万科各期市场表现指标**　　　　　　　金额单位：元

项目 ＼ 年份	2016	2015	2014	2013	2012	5年简单平均
每股收盘价	20.55	24.43	13.90	8.03	10.12	
每股收益	1.90	1.64	1.43	1.37	1.14	
每股净资产	10.28	9.07	7.99	6.98	5.80	
每股营业收入	21.78	17.69	13.26	12.29	9.38	
市盈率（PE）	10.8158	14.8963	9.7203	5.8613	8.8772	10.0342
市净率（PB）	1.9990	2.6935	1.7397	1.1504	1.7448	1.8655
市销率（PS）	0.9435	1.3810	1.0483	0.6533	1.0789	1.0210

注：目前各网站没有关于市销率的统计数据，因此每股营业收入由作者自行计算，其中的每股市价根据新浪财经万科股票日K线图的收盘价获得。经上述计算后市盈率、市净率指标与凤凰网财经公告的万科的结果相同。

从表3-12的计算结果可知，受到股本规模变动、创收能力、盈利能力以及资本市场等因素的影响，万科的市场表现指标一直在波动中。5年的简单平均市盈率为10.03，平均市净率为1.87，平均市销率为1.02。

在了解了所有上述比率的计算方法后，就可以应用财务比率进行企业自身以及行业内不同企业的比较，从其他信息使用者的角度也可以了解不同行业相关指标的差异。

第三章 基本财务比率与应用

这里需要说明的是，虽然同比分析能使不同规模企业之间的比较有意义，但是在进行行业分析时要谨慎使用行业平均指标，原因在于行业内的企业可能运用不同的财务政策。在计算行业平均值时要关注以下方面：（1）资本密集型企业很可能与劳动密集型企业被归为一组；（2）有大量债务的企业与倾向于规避债务风险的企业被放在一起求平均数；（3）某些仅根据小样本得出的行业平均指标也许没有足够的代表性，因为如果出现大量亏损的企业，可能扭曲行业数据。

为了便于大家的理解和记忆，现将财务报表分析中常用的基本财务比率归纳见表3-13。

表3-13 基本财务比率

基本财务比率	计算公式	指标揭示的问题
1.反映偿债能力的指标		
流动比率	流动资产/流动负债	衡量用流动资产偿还流动负债的能力
速动比率	速动资产/流动负债	衡量用变现能力较强的速动资产偿还流动负债的能力
现金比率	年末现金余额/流动负债	衡量变现力最强的流动资产偿还流动负债的能力
现金流量比率	经营活动产生的现金流量净额/流动负债	衡量经营活动产生的现金流量净额是否有能力偿还流动负债
资产负债率	负债总额/资产总额	反映资产总额中负债筹资所占的比重
产权比率	负债总额/权益总额	反映负债受权益资本保障的程度
已获利息倍数	息税前利润/利息费用	反映偿付债务利息的能力；计算息税前利润是利息的倍数
2.反映资产营运能力的指标		
应收账款周转率	年度赊销收入净额/平均应收账款	反映年度内应收账款变为现金的次数
应收账款周转天数（平均收现期）	360/应收账款周转率*	反映应收账款从获得权利到收回款项的平均天数
存货周转率	营业成本/平均存货	衡量年度内存货周转的次数；反映存货的流动性
存货周转天数	360/存货周转率	衡量存货是否有积压的趋势；存货销售转化为应收账款或现金的平均天数
流动资产周转率	营业总收入/平均流动资产	衡量用流动资产产生营业收入的能力

续表

基本财务比率	计算公式	指标揭示的问题
固定资产周转率	营业总收入/平均固定资产	衡量用固定资产产生营业收入的能力
总资产周转率	营业总收入/平均资产总额	衡量用总资产产生营业收入的能力
3.反映资产盈利能力的指标		
营业净利润率	净利润/营业收入	衡量营业收入的盈利水平,即1元的营业收入所提供的净利润
资产净利率(投资回报率)	净利润/平均资产总额	衡量全部资产的盈利能力
权益净利率	净利润/平均所有者权益	衡量投资者账面投资资产的盈利能力
4.反映成长能力的指标		
营业收入增长率	(报告期营业收入－基期营业收入)/基期营业收入	衡量企业收入的增减变动趋势
净利润增长率	(报告期净利润－基期净利润)/基期净利润	衡量企业净利润的增减变动趋势
总资产增长率	(报告期总资产－基期总资产)/基期总资产	衡量企业总资产的增减变动趋势
净资产增长率	(报告期股东权益－基期股东权益)/基期股东权益	衡量企业股东权益的增减变动趋势
5.上市公司的主要财务比率		
每股净资产	年末所有者权益/年末普通股股份数	衡量普通股每股所代表的账面净资产价值;在理论上应是股票的最低价值
每股收益	(净利润－支付的优先股股息)/年末普通股股份数	反映普通股股东每股实现的税后利润
每股股利	现金股利/年末普通股股份数	衡量每股分配的现金股利
股利支付率	每股股利/每股税后利润	衡量公司的股利分配政策;衡量股利支付能力
市盈率	普通股每股市价/普通股每股收益	衡量股票价格是每股收益的倍数、衡量公司的资信能力、发展前景及股票的风险大小
市净率	每股市价/每股净资产	衡量市场对公司资产质量的评价
市销率	每股市价/每股营业收入	衡量市场对公司收入质量的评价
净资产收益率	净利润/平均股东权益	衡量股东投入资本实现的净利润

*表示在实际计算中,年度、季度和月度数据分别按照360天、90天和30天计算。

第三章 基本财务比率与应用

重要概念

流动比率 速动比率 资产负债率 产权比率 利息支付倍数 应收账款周转率 存货周转率 流动资产周转率 固定资产周转率 总资产周转率 营业毛利率 营业净利润率 净资产收益率 全面摊薄法 加权平均法 每股收益 每股股利 每股净资产 股利支付率 市盈率 市净率 市销率

复习思考

1.财务报表常用的分析方法有哪几种？为什么说比率分析法是财务报表分析中的重要方法？

2.为什么说存货周转天数越短越好？

3.你对资产负债率指标是怎么看的？请分别站在企业、投资者和债权人的角度谈谈你对资产负债率指标高低的认识。

4.企业为什么要重视财务报表分析工作？

5.你认为利用财务报表可以对公司经营中的哪些能力进行评价？

操作练习

1.目的：练习运用财务比率进行企业财务状况分析的方法。

资料：甲企业和乙企业的对比数据如表1、表2、表3、表4、表5和表6所示。请根据各表给予的甲企业和乙企业某年度对比数据分别回答下列问题：

（1）甲企业的资产盈利能力水平好于还是不如乙企业？

（2）甲企业的偿债能力好于还是不如乙企业？哪些指标上具有优势？

（3）甲企业和乙企业相比谁的资产管理水平更高？

（4）甲企业和乙企业相比从成本控制的角度考虑谁的毛利率更高？甲企业在哪些费用的管理方面不如乙企业？某项费用高的原因是什么？

（5）甲企业和乙企业相比谁的成长能力更好？

（6）甲企业和乙企业相比乙企业的股东资产回报率较高，请解释主要影响因素是什么？

表1　　　　　　　　　　　　　　　　**盈利能力对比分析**　　　　　　　　　　　　　　单位：%

对标企业	营业毛利率	营业利润率	资产净利润率	净资产收益率
甲企业	17.68	8.25	8.61	15.87
乙企业	23.77	17.60	12.54	22.94

表2　　　　　　　　　　　　　　　　**偿债能力对比分析**

对标企业	流动比率	速动比率	资产负债率（%）	利息保障倍数（倍）
甲企业	1.09	0.43	42.49	12.36
乙企业	0.68	0.26	48.94	11.23

财务报告分析

表3   **资产管理能力对比分析**   单位：次

对标企业	应收账款周转率	存货周转率	固定资产周转率	总资产周转率
甲企业	31.71	7.43	1.72	1.08
乙企业	87.88	8.39	2.76	1.50

表4   **成本费用构成对比分析**   单位：%

对标企业	营业成本占收入比例	营业费用占营业收入比例	管理费用占营业收入比例	财务费用占营业收入比例
甲企业	81.90	1.42	3.41	0.83
乙企业	75.55	1.76	2.80	1.65

表5   **成长能力对比分析**   单位：%

对标企业	营业总收入增长率	净利润增长率	营业利润增长率	股东权益增长率
甲企业	24.63	2.72	7.56	10.05
乙企业	106.12	229.17	245.64	163.34

表6   **净资产收益率分解对比分析**

对标企业	营业净利润率（%）	总资产周转率（次）	权益乘数	净资产收益率（%）
甲企业	8.25	1.08	1.79	17.02
乙企业	12.53	1.50	1.96	22.94

2. 目的：正确理解有关比率的含义。

要求：根据下面给出的资料选择正确的答案（单选）。

（1）与一般饮料企业相比，可口可乐公司的市净率应该（   ）。

A. 更高一些   B. 更低一些   C. 相差不大   D. 更接近于1

（2）下列业务中，能够降低短期偿债能力的是（   ）。

A. 企业采用分期付款方式购置一台大型设备   B. 企业从某国有银行取得2年期400万元的贷款

C. 企业向战略投资者定向增发   D. 企业向股东发放股票股利

（3）在计算现金流量比率时，通常使用流动负债的（   ）。

A. 年末余额   B. 年初余额和年末余额的平均值

C. 各月末余额的平均值   D. 年初余额

（4）如果流动比率过高，意味着企业不可能存在的情况是（   ）。

A. 存在闲置现金   B. 存在存货积压   C. 应收账款周转缓慢   D. 偿债能力很差

（5）在中国上市公司年度报告的（   ）部分可以找到净利润调节为经营活动现金流量的信息。

A. 利润表   B. 现金流量表   C. 股东权益变动表   D. 会计报表附注

（6）中国乳制品行业曾经发生过社会影响比较恶劣的"三聚氰胺"事件，伊利公司全年亏损为20亿元，利润表中的数据显示当年资产减值损失约3亿元，其中主要应该是（   ）。

A. 长期股权投资减值损失   B. 无形资产减值损失

C. 存货跌价损失   D. 投资性房地产减值损失

（7）某公司上年净利润为250万元，发行在外的普通股的加权平均股数为100万股，优先股为50万股，优先股股息为每股1元。如果上年末普通股的每股市价为30元，则该公司的市盈率为（   ）。

A. 12   B. 15   C. 18   D. 22.5

第四章

综合分析方法与改进

【导语】要全面客观地评价企业的财务状况和经营成果，不能只依赖于单一指标，需要对企业的各种财务指标进行系统性的综合分析。本章的目的在于介绍沃尔评分法和杜邦分析法两种综合分析评价方法，明确其优势，探讨其改进空间，并说明其在实践中的应用。

本章内容要点

第一节　　沃尔评分法及其应用

在讲述沃尔评分法之前，想起曾经看到的某地税务部门利用沃尔评分法加强企业税收征管的例子。针对管辖范围内的企业拖欠税款的现象，税务部门决定利用国际上通用的沃尔评分法进行企业信用状况评价，并依据评价结果采取不同的催款措施。由于证据可靠、论证充分，企业的税款拖欠率降低了40%，这说明沃尔评分法在实践中确实有其应用价值。

一、沃尔评分法的产生

沃尔评分法是指将选定的财务比率用线性关系结合起来，并分别给定各自的分数权重，然后通过与标准比率进行比较，确定各项指标的得分及总体指标的累计分数，从而对企业的信用水平做出评价的方法。

沃尔评分法产生的原因在于：当我们计算出反映各种偿债能力、营运能力、盈利能力和成长能力等比率后，要对企业进行综合分析时，遇到的一个主要困难就是无法判断它是偏高还是偏低。如果采用比较分析法，与本企业的历史比较，也只能看出自身的变化，却难以评价其在市场竞争中的优劣地位。为了弥补这些缺陷，美国的亚历山大·沃尔在其1928年出版的《信用晴雨表研究》和《财务报表比率分析》等著作中提出了信用能力指数概念，他将流动比率、产权比率、固定资产比率、存货周转率、应收账款周转率、固定资产周转率和净资产周转率7项财务比率用线性关系结合起来，设定总和为100分，分别给定各个比率在总评价中占的比重，然后通过与标准比率进行比较，确定各项指标的得分及总体指标的累计分数，从而对企业的信用水平做出评价。利用沃尔评分法进行的评分范例见表4-1。

表4-1　　　　　　　　　　　　沃尔评分法应用举例

选择的评价指标	分配的权重 ①	指标标准值 ②	指标实际值 ③	实际得分 ④=③÷②×①
流动比率	20	2	1.90	19
资产负债率	10	0.6	0.55	9.17
固定资产比率	10	0.5	0.40	8
存货周转率	20	6	5.80	19.33
应收账款周转率	15	10	8.50	12.75
固定资产周转率	15	3	2.5	12.50
净资产周转率	10	2	1.95	9.75
合计	100			90.50

沃尔评分法的基本步骤是：

（1）选定若干财务比率，按其重要程度给定一个分值，即重要性权数，其总和为100分。

（2）确定各个指标的标准值。财务指标的标准值，可以采用行业平均值、企业的历史先进水平、国家有关标准或国际公认的基准等。

（3）计算出各指标的实际值，并与所确定的标准值进行比较，计算出相对比率，将各项指标的相对比率与其重要性权数相乘，即可得出各项比率指标的分数。

（4）将各项比率指标的分数相加，最后得出企业的综合得分，并以此判别企业财务状况的优劣。

从表4-1举例的结果来看，上述企业的综合得分90.50分小于100分，说明企业的财务状况有进一步改进的空间。得出该分数后可以与企业以往年度的总分数进行比较，观察企业财务状况的变化趋势，也可以与同行业进行比较，了解自己的优势与不足，以便进一步改进。

沃尔评分法产生后，得到企业、政府和学术界的广泛关注。

在企业层面，很多企业开始结合自身的财务数据进行综合评价，并应用于管理实践中。

在政府层面，政府也在利用沃尔评分法的基本原理，结合国情，制定发布针对企业的综合评价方法。如我国财政部曾于1995年1月9日发布过《企业经济效益评价指标体系（试行）》，这是按照建立现代企业制度的要求，为了综合评价和反映企业经济效益状况，财政部在反复研究的基础上，制定的一套新的企业经济效益评价指标体系。这套体系包括：销售利润率、总资产报酬率、资本收益率、资本保值增值率、资产负债率、流动比率（或速动比率）、应收账款周转率、存货周转率、社会贡献率、社会积累率10项指标，见表4-2。

表4-2　　　　　　　　　　　　　财政部关于沃尔评分法权重分配表

选择的指标	分配的权重（%）
销售利润率	15.00
总资产报酬率	15.00
资本收益率	15.00
资本保值增值率	10.00
资产负债率	5.00
流动比率（或速动比率）	5.00
应收账款周转率	5.00
存货周转率	5.00
社会贡献率	10.00
社会积累率	15.00
合计	100.00

财政部颁布的这套评价指标体系中8个为正指标，另2个指标中，资产负债率为逆指标，而流动比率（或速动比率）既不是正指标，也不是逆指标。因为标准值具有约束性，即大于或小于标准值都不好，其单项指数最高为1或表示为100%。

国资委为了加强对中央企业和国有企业的监管和调控，也发布了《企业绩效评价操作细则》，通过获取的企业管理数据来确定不同行业、不同规模企业的标准值，然后通过实际得分对企业进行评价，其基本格式举例见表4-3。

由于上述企业的综合得分为124.14分，大于100分，说明其财务状况的整体水平优于评价标准。

在学术领域，一些专家学者也在尝试着应用沃尔评分法对企业进行绩效评价，同时在探索适用于不同行业的财务评价指标体系和指标权重。

由此可见，沃尔评分法应用的领域是十分广泛的，但是由于存在着不足之处，需要进行改进后才能加以应用。

二、沃尔评分法的优点与不足

（一）沃尔评分法的优点

沃尔评分法最重要的贡献就是其将互不关联的财务指标按照权重予以综合联动，改变了单从某一类指标进行评价的缺陷，使得对企业的综合评价成为可能。因此，该综合

表4-3 应用沃尔评分法对某国有企业的评价举例

评价内容	权数	基本指标		评价步骤			
		指标	权数	标准值	实际值	关系比率	实际得分
			（1）	（2）	（3）	（4）=（3）÷（2）	（5）=（4）×（1）
财务效益状况	38	净资产收益率	25	14.20%	25%	1.76	44
		总资产报酬率	13	13.10%	15.20%	1.16	15.08
资产营运状况	18	总资产周转率	9	1.5	1.12	0.75	6.75
		流动资产周转率	9	4.5	2.48	0.55	4.95
偿债能力状况	20	资产负债率	12	43.50%	52.16%	1.2	14.4
		已获利息倍数	8	7.2	4.58	0.64	5.12
发展能力状况	24	销售（营业）增长率	12	26.70%	42.05%	1.57	18.84
		资本积累率	12	23.10%	28.86%	1.25	15
合计	100		100				124.14

注：表中数据来自国资委某年度《企业绩效评价标准值》的参考数值。

评价方法在提出之后应用广泛，实务界与理论界反响较为积极。由于沃尔评分法具有较高的说服力，因此其研究结论对于投资者、债权人、管理层以及监管机构来说，其可信度都比较高。

（二）沃尔评分法的不足

原始的沃尔综合评分法在一些细节上缺乏权威说服力，具体表现在：

（1）沃尔评分法从理论上讲有一个明显的问题，就是未能证明为什么要选择流动比率、严权比率、固定资产比率、存货周转率等7项指标，而不是更多或者更少，或者为什么不选择别的财务比率，以及未能证明每个指标所占比重的合理性。这个问题至今仍然没有从理论上得到解决。

（2）在使用原始的沃尔评分法过程中，当某一个指标严重异常时，会对总评分产生不合逻辑的重大影响。原因在于：综合得分=评分值×关系比率，这就意味着当某项指标实际值大于标准值时，该项指标的得分就会越高。若财务比率提高一倍，评分增加100%；若财务比率缩小一倍，评分减少50%。在实务中，有些指标可能低于标准值才是理想值。但是，用该公式计算出来的分数却低于标准分，显然与实际不符。因此，在指标选择上，应注意评价指标的同向性，对于不同向的指标应进行同向化处理或是选择其他替代指标，例如资产负债率就可以用其倒数的值来代替。

（3）不能反映各财务比率之间的相互关系。

（4）权重设置困难，受到不同行业、企业规模等众多复杂变量的影响。

三、对沃尔评分法的改进

（一）在分析时不仅应考虑财务指标还应考虑非财务指标

就是在国内，很多学者也在尝试着对沃尔评分法进行改进应用。这是因为当今社会与沃尔所处的时代相比已发生很大变化。沃尔最初提出的7项指标已经难以完全适用当前企业评价的需要，因此在选择评价指标时，既应包括偿债能力、营运能力、盈利能力和成长能力等方面的财务指标，还应当选取一些非财务指标作为参考。

（二）如何选取指标和指标权重

选取指标和指标权重，是沃尔评分法的关键所在。针对这个问题很多学者结合不同行业和企业类型特点运用学术方法对多项指标进行相关性检验，选择适配的评价指标并赋予指标权重。

如在对石油工程企业的综合评价中，研究者采用5个方面16个指标，利用层次分析法（AHP）确定各指标的权重，并参考石油工程行业标准和案例企业财务考核标准设定财务预警标准值。在偿债能力方面，选用资产负债率、流动比率和速动比率3个指标；在获利能力方面，选用净资产收益率、营业利润率和成本费用利润率3个指标；在营运能力方面，选用存货周转率、应收账款周转率和固定资产周转率3个指标；在发展能力方面，选用营业收入增长率、外部市场收入增长率以及资本保值增值率3个指标；在非财务状况方面，选用地震仪主机效率、作业施工合格率以及科技投入比率等4个指标。[①]

（三）如何进行评分

沃尔评分法的问题在于：当某一指标严重异常时，会对总评分产生不合逻辑的重大影响。为此，可将财务比率的标准值由企业最优值调整为本行业平均值，设定评分值的上限和下限。其改进方法是，将综合得分分为评分值和调整分两部分，具体计算如下：

综合得分=评分值+调整分

$$\text{调整分}=\frac{\text{实际比率}-\text{标准比率}}{\text{每分比率}}$$

$$\text{每分比率}=\frac{\text{行业最高比率}-\text{标准比率}}{\text{最高评分}-\text{评分值}}$$

综上所述，沃尔评分法对于企业财务状况的综合评价来说是一个巨大的进步，更加全面、客观。但是也存在着诸如内部各种财务比率之间的关系不能明确阐述，指标设置会受所处行业、公司规模、特定发展阶段、宏观经济等因素的影响准确性降低等问题，此外还有技术性问题有待解决。

第二节　　传统的杜邦分析体系

稍微关注股票的人可能会注意到，当你查看该公司信息的时候，会发现这家公司不

① 窦连池.层次分析法下基于价值创造的企业财务指标评价体系的构建和分析——以某石油企业为例 [J].中国证券期货，2012（8）.

同时期的杜邦分析图，如打开新浪网股票板块，点击任何一家公司的股票就能搜索到。你可能会好奇于以下问题：杜邦分析图是做什么用的？能给我们提供哪些价值信息？该图是杜邦公司初创的吗？为什么要有这样一张图？这一切将在本节予以揭晓。

一、杜邦分析体系的内涵

杜邦公司（Dupont）于1802年由法国移民杜邦建立，以制造火药为主，现为美国第二大化工公司，在纽交所上市。随着杜邦公司的业务发展和多元化战略实施，公司管理难度加大，能否寻找到有效的管理方法，是杜邦公司一直在思考的问题。

作为上市公司，杜邦公司承担着为股东创造财富和实现企业价值增长的目标，由于该目标具有不可操作性，杜邦公司决定实施以提高净资产收益率（ROE）为核心的管理办法，并构建杜邦分析体系。这就是杜邦分析法创始的由来。

杜邦分析体系是利用各主要财务比率之间的内在联系，对企业财务状况和经营成果进行综合系统评价的方法。该体系是以净资产收益率为龙头，以资产净利率和权益乘数为核心，重点揭示相关指标间的作用关系及其对净资产收益率的影响。

之所以要构建杜邦分析体系，是因为当用净资产收益率去评价一个企业时，其数值应该越高越好。但如何提高净资产收益率，一般认为可通过提高净利润或者减少净资产两个途径来实施，但这都太过笼统，不宜付诸实践。为此，杜邦公司开创性地提出了一种全新的思路，那就是寻找影响净资产收益率的驱动因素。通过简单的因式分解，就得到了传统的杜邦公式，即净资产收益率=营业净利润率×总资产周转率×权益乘数。

上述公式可分解如下：

$$净资产收益率 = \frac{净利润}{平均所有者权益}$$

$$= \frac{净利润}{营业收入} \times \frac{营业收入}{平均总资产} \times \frac{平均总资产}{平均所有者权益}$$

$$=营业净利润率×总资产周转率×权益乘数$$

$$=资产净利率×权益乘数$$

$$=资产净利率×[1÷（1-资产负债率）]$$

其中：

"净资产收益率"是分析体系的核心比率，它有很好的可比性，可以用于不同企业之间的比较。

"营业净利润率"是对利润表的概括，可以反映公司百元营业收入获取净利润的能力。

"总资产周转率"把利润表的营业收入与资产负债表的总资产联系起来，可以反映资产的创收能力。

"权益乘数"是对资产负债表的概括，可以反映资产与股东权益的比例关系，或者体现资产负债率的信息。

根据2016年12月31日万科的财务资料绘制的杜邦分析图如图4-1所示。

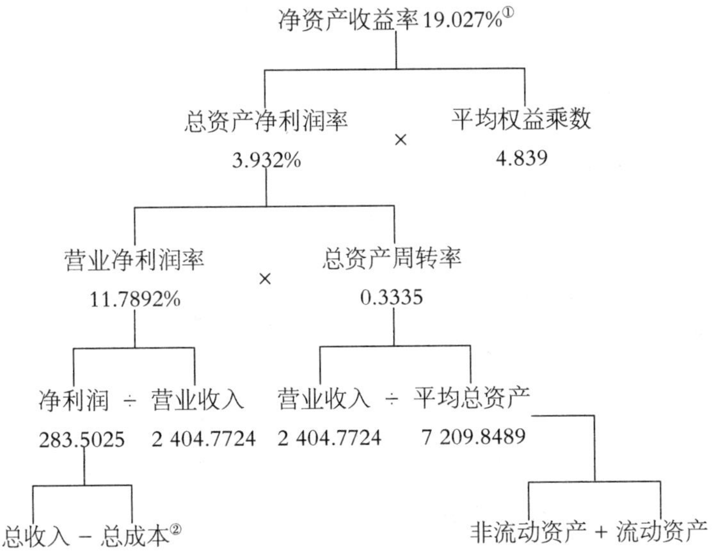

净资产收益率19.027%①

总资产净利润率 × 平均权益乘数
3.932% 4.839

营业净利润率 × 总资产周转率
11.7892% 0.3335

净利润 ÷ 营业收入 营业收入 ÷ 平均总资产
283.5025 2 404.7724 2 404.7724 7 209.8489

总收入 – 总成本② 非流动资产 + 流动资产

图4-1 万科简易的杜邦分析图③

有了杜邦分析图，不仅可以查看当年度影响净资产收益率的因素，而且可以利用该图依照杜邦分析体系进行多年度对比或行业对比，从而了解自身的优势与不足。

二、杜邦分析体系应用举例

为了说明杜邦分析图的应用价值，现以C地产公司为例加以说明。

C地产公司是一家在港交所上市的公司，在行业竞争日趋激烈、宏观调控变紧的环境下，要拟定新的发展目标。对地产上市公司而言，最重要的财务指标是净资产收益率，它反映了股东投入的利润产出水平，是衡量上市公司盈利能力的重要指标。为此公司决定以杜邦分析体系为核心，寻找提高净资产收益率的驱动因素，并依据影响房地产企业的要素进行自我分析和行业对标，最后确定适合自己发展的目标和考评机制。其具体做法如下：

第一步，将净资产收益率进行因素分解。

将净资产收益率从左到右分解为营业净利润率、总资产周转率和权益乘数三个部分，并分别寻找影响各项指标的关键因素，然后分别细化更进一步的影响因素，如图4-2所示。

尽管杜邦分析体系是从左往右显示的，但从企业实际工作的角度，对杜邦分析图应从右到左予以分析。

这就是要提高净资产收益率，公司首先要关注筹资活动，在风险可控的情况下，合理安排负债比率，通过优化资本结构实现提高权益乘数的目标。企业筹资后，要投资于资产来增加收入，因此要通过合理的资产组合，减少资产占用，提升资产创收能力，

---

① 2016年万科的平均总资产为720 984 890 806.72元，平均股东权益为148 993 094 301.01元。
② 总收入包括营业收入、投资收益、营业外收入；总成本包括营业总成本、营业外支出、所得税费用。
③ 关于详细的杜邦分析图可以从新浪股票或其他网站下载，但各网站该图的信息存在较大差异。

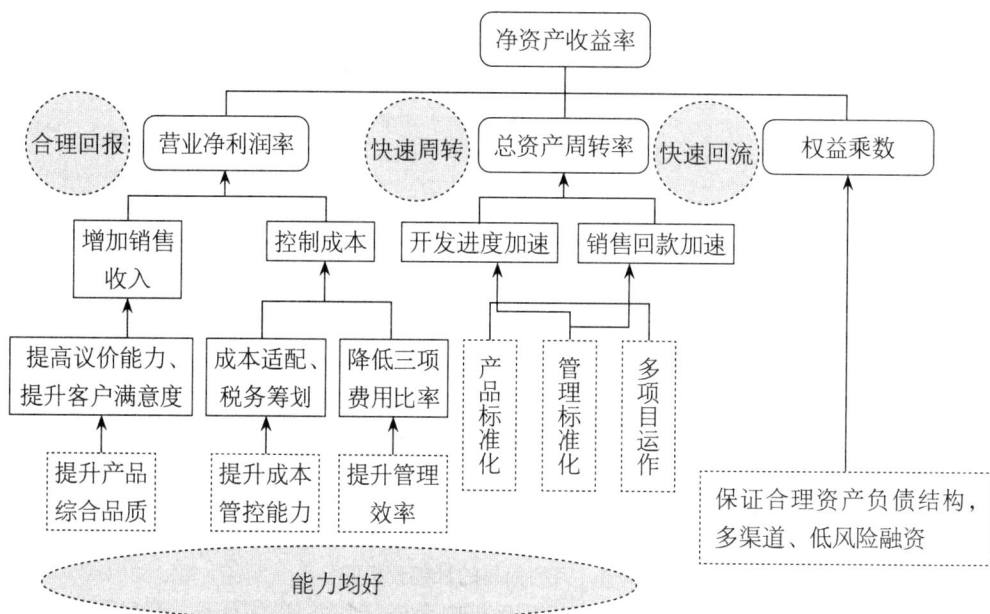

图4-2 C地产公司寻找的影响净资产收益率的驱动因素

也就是提高总资产周转率。而企业最终要实现提升营业净利润率的目标，就是要在收入一定的条件下做好成本费用管控和合理的税收筹划。

第二步，结合地产行业特点进行运营管理目标选择。

将净资产收益率的内涵分解，C地产公司认为要结合地产行业实际，按照合理回报、快速周转、快速回流的要求，将运营管理工作归纳为"十大指标"，涵盖财务、成本、进度、营销、客服类，力争体现"运营能力均好"的发展要求。这些指标见表4-4。

表4-4　　　　　　　　C地产公司确定的运营管理十大指标

一类指标	分项指标
财务类（4个）	销售毛利率
	销售净利率
	股东投入回收期
	全投资IRR（内含报酬率）
成本类（2个）	建造成本控制偏差率
	销售管理费用控制率
进度类（2个）	拿地至首期开盘
	关键节点达成率
营销类（1个）	开盘日去化率
客服类（1个）	客户满意度（从销售服务、收楼交房、小区环境和规划、房屋设计、房屋质量、维修服务、物业管理、投诉处理八个维度进行评价）

第三步，选定标杆企业。

C地产公司决定以"十大指标"为抓手，通过选取标杆企业，深入对比，助推运营

第四章　综合分析方法与改进

能力提升，推动公司发展。C地产公司是按照以下原则选取标杆企业的：（1）行业内规模领先；（2）标杆企业各项能力都很好；（3）企业发展模式具备可参考性。当选取对标企业后，则可通过对公开财务数据和其他资料的分析，借助于实地调研、问卷调查等方法获取对标企业的非财务性经营管理指标。

第四步，分析十大指标的标杆企业数据。

C地产公司经过系列对标之后选定的数据见表4-5。

表4-5　　　　　　　　**C地产公司选定的标杆企业某年度十项指标数据**

指标		标杆企业数据（此为要求数据，也可按实际数据分析）
财务类	销售毛利率	融创：30%；龙湖：30%
	销售净利率	万科：15%；龙湖：13.4%～17.9%；
	股东投入回收期	融创：12个月
	全投资IRR	融创：20%
成本类	建造成本控制偏差率	3%以内
	销售管理费用控制率	万科：销售费用1.5%、管理费用1.4%（占销售额比例）；龙湖：销售费用1.8%
进度类	拿地至首期开盘	碧桂园：6～8个月；龙湖：8个月；融创、万科：9个月；华润：10～12个月
	关键节点达成率	标杆企业全部达到100%
营销类	开盘日去化率	万科：60%
客服类	客户满意度	行业标杆：81（XXXX年分数）

第五步，对C地产公司进行现状分析。

通过深入对比，明晰C地产公司的短板和不足，以便为目标制定提供现实参考。有关分析方法与对标企业的分析相同（此处略）。

第六步，确定C地产公司的十项经营管理标准。

C地产公司标准确定原则与实例见表4-6。

表4-6　　　　　　　　**C地产公司标准确定原则与实例**

标准确定原则	实例
（1）必须与公司自身发展阶段相匹配	客户满意度指标：达到行业平均水平
（2）各城市需考虑差异性区别对标	销售管理费用控制率指标：管理费用—一线城市1.5%，其他城市2%
（3）不同产品类型、不同体量特点其标准也将有一定的差异	销售毛利率指标：一线城市府、墅系列为30%；其他类为25%；部分快周转、现金流项目为20%
（4）标准需具有挑战性，且可达成	关键节点达成率：均达100%
（5）各标准之间的内在逻辑需梳理，确保标准无重叠、不跑偏	如销售毛利率、销售净利润率之间的内在逻辑、关系与侧重点需厘清

第七步，建立跟踪与评价机制。

跟踪与评价机制的建立原则是：（1）考核标准按照重要性、与公司战略契合度及市场对标等多种因素，最终分为列入考核、鼓励标准和日常点评三种；（2）指标按重要程度和指标特点将上报周期划分为月度、季度、年度、项目开发全周期等几种维度；（3）跟踪与评价机制与现有绩效管理、运营体系、成本管控等系统有机结合，整体配合推动C地产公司综合管理能力的提升。

C地产公司运用杜邦分析图进行要素分解，并进行目标确定的例子说明，杜邦分析体系至今在企业中具有十分广泛的应用价值。各行业内的企业可依据杜邦分析图，综合考虑影响行业发展的财务与非财务因素，寻找提升净资产收益率的驱动因素，最终达到提升企业价值和回报股东的目标。

三、传统杜邦分析体系的优点与不足

（一）传统杜邦分析体系的优点

杜邦分析体系是一种用来评价公司盈利能力和股东权益回报水平，从财务角度评价企业绩效的经典方法。杜邦分析体系有助于企业管理层更加清晰地看到影响净资产收益率的决定因素，以及与营业净利润率、总资产周转率和债务比率之间的关联关系，为管理层提供了一张明晰的考察公司资产管理效率和最大化净资产收益率的路线图。

有了杜邦分析图，就能寻找影响股东回报率高低的因素，了解企业的优势和劣势，并采用相应对策。如果净资产收益率比较低，其影响因素就需要考虑营业净利润率、总资产周转率和资产负债率三个方面。要进一步分析影响营业净利润率的因素就要从营业毛利率、期间费用占营收比例、税负变化方面去考虑；要分析影响总资产周转率的因素，就要从营业收入和总资产的平均占用水平去考虑，具体要结合对应收账款周转率、存货周转率、流动资产周转率以及固定资产周转率进行深入分析；要分析影响权益乘数的原因，就要从资产负债率的适度性以及财务风险方面去分析。

（二）传统杜邦分析体系的不足

在企业管理领域，杜邦财务分析体系是一种非常优秀的管理工具。其比较突出的特点，就是从净资产收益率出发，通过分析各主要财务比率指标间的内在有机联系，从而对企业的财务状况和经营动因做出综合全面的评价。但是在金融资本运作模式不断创新的今天，市场变化迅速，传统的杜邦分析体系已经不能完全满足对企业财务状况进行准确分析的要求，需要加以改进。

1.从业绩评价的角度看

传统的杜邦分析法只包括财务方面的信息，不能全面反映企业的实力，有很大的局限性。主要表现在如下方面：（1）对短期财务结果过分重视，有可能助长公司管理层的短期行为，忽略企业长期的价值创造；（2）财务指标反映的是企业过去的经营业绩，在信息时代，顾客、供应商、雇员、技术创新、无形知识资产等因素对企业经营业绩的影响越来越大，而杜邦分析法在这些方面仅局限于财务角度看问题，不能涵盖企业的其他

驱动因素。

2.从传统杜邦分析体系自身的局限性看

传统杜邦分析体系具有其自身的局限性，表现在：（1）计算总资产净利率的"总资产"与"净利润"在时间上不匹配；（2）没有区分经营活动损益和金融活动损益对净资产收益率的影响；（3）没有区分有息负债与无息负债对净资产收益率的影响。

综上所述，杜邦分析体系至今在实践中具有广泛的应用价值，但也存在一定的局限性。随着社会进步与企业管理实践的创新，上述综合分析方法也需不断完善以增强其适用性。

第三节　对传统杜邦分析体系的改进

一、改进的目的

针对传统杜邦分析法的缺陷重新设计财务分析评价体系：

一是将企业的活动区分为经营性活动和金融性活动并对报表项目重新编排。具体做法是将企业的资产区分为经营资产和金融资产；将企业的负债区分为经营负债和金融负债；将企业的损益区分为经营活动损益和融资活动损益。

二是重新构建基于分类后的提高股东回报率的核心体系，更加准确具体地反映企业的经营效率和财务政策对企业净资产收益率的影响。

（一）重新分类的目的

财务报表是企业会计系统的产物，是进行财务分析的主要信息来源。但传统的财务报表难以划分金融资产和经营资产，提供的信息难以满足企业财务分析和公司管理的要求。因此在现行财务报表体系下对列报的信息进行改进，使其既能保证所提供的财务数据真实、准确，又有利于财务分析方法的正确使用，从而增强财务信息的决策有用性，这一直是财务报表编制者和使用者所关心的重大问题。这说明编制管理用财务报表，以适应财务分析和公司内部管理的要求是企业发展的必然。

IASB与FASB等会计准则制定机构很早就开始致力于报表列报的改进。2004年4月IASB和FASB启动了联合项目"财务报表列报"。2008年10月16日IASB和FASB联合发布《讨论稿——关于财务报表列报的初步观点》（简称《讨论稿》），对财务报表的列报进行了大胆的改革，将财务报表项目按经营活动、投资活动和融资活动进行分类。《讨论稿》中关于改进的财务报表体系不再以会计要素为基础进行列报，而是以企业的活动性质（经营性、投资性、融资性活动）为基础进行列报。报表项目按活动性质进行分类，许多学者都做过相关探讨，斯蒂芬·H.佩因曼就曾将以获取利息、股利或市价上涨为回报的投资活动和债务融资等归为金融活动，将报表项目区分为经营活动与金融活动两类。

IASB和FASB虽然在《讨论稿》中就如何改进财务报表列报问题初步达成了一致意见，但用《讨论稿》取代现行报表体系的条件还不成熟。许多学者也都多角度地论述了

《讨论稿》的利弊，大都认为 IASB 和 FASB 关于财务报表分类列报法是管理层法，赋予了管理层决定会计信息对外披露的内容和方式的权力，但这样会降低会计的稳健性，增加信息的不对称性等。

在我国，财务报表的列报问题也一直是理论界与实务界关注的焦点。中国注册会计师协会自 2007 年起在注册会计师考试用教材中引入了"改进的财务分析体系"，并从财务分析的角度将通用的财务报表按照企业活动的性质（经营性、金融性活动）调整为管理用财务报表。

（二）重新分类的方法

1. 将企业的资产区分为经营资产和金融资产

一般而言，不能产生利息的资产属于经营资产，能产生利息的资产属于金融资产。结合资产负债表项目，对经营资产与金融资产的划分见表4-7。

表4-7　　　　　　　　　　　**经营资产与金融资产的划分**

序号	类别划分
1	货币资金是否属于金融资产需要查阅企业报表附注中的说明而定
2	以市场利率计息的短期应收票据属于金融资产，无息短期应收票据属于经营资产
3	短期权益性投资属于金融资产，长期权益性投资属于经营资产
4	短期债权投资、持有至到期投资等债权性投资都属于金融资产
5	应收利息属于金融资产，短期权益投资的应收股利属于金融资产，长期权益投资的应收股利属于经营资产
6	递延所得税资产属于经营资产
7	其他资产项目，具体内容需查阅报表附注或其他披露信息，根据性质确定；如果查不到结果，通常列为经营资产

在进行资产分类时，需要注意以下几点：

（1）货币资金。企业的货币资金从报表上看是金融资产还是经营资产，企业外部人员根本无从知晓，甚至有时连企业内部人员都不能分清楚。笔者提议在列报财务报表时，编制人员应根据相关资料或具体情况分别注明货币资金中作为金融资产或经营资产的金额或比例，或在附注中详细说明。

（2）应收项目。一般来说，应收项目是由经营活动形成的，属于经营性资产。但根据形成的实质，应收利息、短期权益性投资形成的应收股利及带息的应收票据都属于与金融活动有关的资产，即金融性资产。

（3）投资项目。长期权益性投资是对其他企业经营活动的投资，所以属于经营性资产；而短期权益性投资及债券投资，如交易性金融资产、可供出售金融资产、持有至到期投资等，都属于金融性资产。

（4）其他资产。通用报表中列报的其他资产，编报时应注明其性质或在附注中予以详细说明。递延所得税资产由经营活动引起，属于经营性资产。

2.将企业的负债区分为经营负债和金融负债

一般而言，带息负债是金融负债，不带息负债为经营负债。结合资产负债表项目，对经营负债与金融负债的划分见表4-8。

表4-8　　　　　　　　　　　　　**经营负债与金融负债的划分**

序号	类别划分
1	短期借款、一年内到期的非流动负债、长期借款和应付债券属于金融负债
2	以市场利率计息的短期应付票据属于金融负债，无息短期应付票据属于经营负债
3	应付利息属于金融负债，优先股应付股利属于金融负债，普通股应付股利属于经营负债
4	递延所得税负债属于经营负债
5	融资租赁引起的长期应付款属于金融负债，经营活动引起的长期应付款属于经营负债
6	其他负债项目，具体内容需查阅报表附注或其他披露信息，根据性质确定；如果查不到结果，通常列为经营负债

在对负债项目进行分析时，需要注意以下几点：

（1）应付项目。大多数应付项目都是经营活动形成的，属于经营性资产。但应付利息、短期带息应付票据、优先股及优先股息、融资租赁形成的长期应付款等与融资活动有关的负债，属于金融性负债。

（2）其他负债。现行报表中的大部分负债是金融性的，容易识别，包括短期借款、一年内到期的非流动负债、长期借款、应付债券等。其他负债，到底是经营性负债还是金融性负债，报表编制人员要在附注中详细说明，以供报表使用者查阅。递延所得税负债由经营活动引起，应该属于经营性负债。

3.将企业的损益区分为经营活动损益和融资活动损益

对企业损益的分类思路如下：（1）区分经营活动损益和金融活动损益；（2）经营活动损益内部可进一步区分为主要经营利润、其他营业利润和营业外收支；（3）对经营利润和利息费用分别计算所得税。

在具体分类调整时应注意以下问题：

（1）财务费用。现行报表中财务费用包括利息支出（减利息收入）、汇兑损益及相关手续费等。由于与经营活动有关的部分特别少，所以可将现行报表中财务费用全部作为金融活动损益。

（2）其他损益项目。现行报表中公允价值变动损益、投资收益、资产减值损失等项目应该根据相关活动的性质区分是经营活动损益还是金融活动损益，具体来源要求报表编制者在附注中予以详细说明。

（3）所得税的分摊。改进报表中相关的所得税也要按经营性损益和金融性损益分摊。企业有特殊税率的债务应该在附注中予以说明，如国债收益免税等。其他可用简化的方法处理，即以实际负担的所得税费用除以利润总额，可以得到企业实际负担的平均所得税税率，据此再分别计算经营活动与金融活动实际负担的所得税额。

改进的财务报表区分了经营性活动和金融性活动，从而使列报的项目更具针对性，能够向报表使用者传达质量更高的财务信息，符合报表列报的决策有用性目标的要求。报表使用者可以根据这一模式对现行报表进行调整，编制出改进的财务报表；报表编制者可以有意识地区分经营性活动和金融性活动进行列报和说明，以满足报表使用者的调整要求。

（三）对报表项目进行重新排序

1.对资产负债表的调整

改进的资产负债表要求按企业经济活动的性质将企业的资产分为经营性资产和金融性资产；将企业的负债分为经营性负债和金融性负债，然后根据"净经营资产=经营资产−经营负债，净金融负债=金融负债−金融资产，净经营资产=净金融负债+股东权益"等式对现行资产负债表进行调整排序，其格式如图4-3所示。

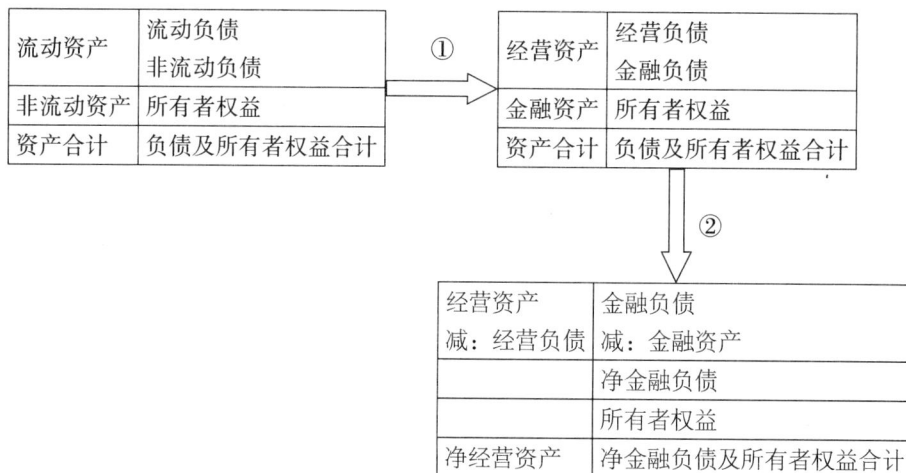

流动资产	流动负债 非流动负债	①	→	经营资产	经营负债 金融负债
非流动资产	所有者权益			金融资产	所有者权益
资产合计	负债及所有者权益合计			资产合计	负债及所有者权益合计

②

经营资产 减：经营负债	金融负债 减：金融资产
	净金融负债
	所有者权益
净经营资产	净金融负债及所有者权益合计

图4-3 资产负债表的重新列示

图4-3显示了资产负债表的一步步演变过程，重新列报的资产负债表项目能够适合改进后的杜邦分析体系要求。

2.对利润表的调整

改进的利润表也按经营活动损益和金融活动损益予以区分。经营性损益和金融性损益的划分，应该与资产负债表上经营性资产和金融性资产的划分相对应。

目前我国在中国香港和美国上市的公司利润表格式就与此类似。但从现在情况看，财务活动产生的利润一般都能够分类列示，而对投资活动产生的投资收益与经营活动产生的利润未加区分。改进后的利润表格式如图4-4所示。

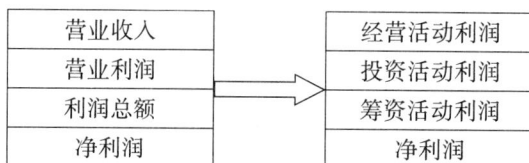

营业收入		经营活动利润
营业利润	→	投资活动利润
利润总额		筹资活动利润
净利润		净利润

图4-4 利润表的重新列示

二、对杜邦分析体系的改进

改进后的杜邦分析体系，其核心指标仍然是净资产收益率。无论是改进前还是改进后的杜邦分析体系所得到的净资产收益率都是相同的，关键是中间比率的构成体系完全不同。应用传统的杜邦体系进行分析，相对较为概括，但不便于报表使用者发现不同性质的经济活动对股权收益的影响。而应用改进的杜邦分析体系，却能够更深刻地从经营效率和财务政策两方面来分解净资产收益率，有助于报表使用者计算一些信息含量更高的财务指标。改进后的杜邦分析体系公式如下：

$$净资产收益率=\frac{净利润}{平均股东权益}$$

$$=\frac{（息税前利润-利息）\times（1-所得税税率）}{平均股东权益}$$

$$=\frac{税后经营利润-税后利息}{平均股东权益}$$

$$=\frac{税后经营利润}{平均股东权益}-\frac{税后利息}{平均股东权益}$$

$$=\frac{税后经营利润}{平均净经营资产}\times\frac{平均净经营资产}{平均股东权益}-\frac{税后利息}{平均净负债}\times\frac{平均净负债}{平均股东权益}$$

$$=\frac{税后经营利润}{平均净经营资产}\times（1+\frac{平均净负债}{平均股东权益}）-\frac{税后利息}{平均净负债}\times\frac{平均净负债}{平均股东权益}$$

=净经营资产利润率+（净经营资产利润率-净利息率）×净财务杠杆

=净经营资产利润率+经营差异率×净财务杠杆

=净经营资产利润率+杠杆贡献率

通过以上公式可以分别分析经营性资产的盈利能力、债务融资成本以及资本结构对净资产收益率的影响，对该公式的理解应用在第四节中加以说明。

第四节　改进后的杜邦分析体系在实践中的应用

一、由案例引发的思考

（一）案例简介

甲公司为了实现多元化投资战略，一直在进行并购投资活动。现在甲公司正在对目标公司A进行投资前的尽职调查和分析工作。A公司是一家酒店业服务型公司，为了进行比较，甲公司选取了B酒店作为参照对象，B酒店是行业中的领先企业。A、B两家酒店各自的资产负债表与利润表数据分别见表4-9和表4-10。要求在对A、B两家酒店财务报表分析的基础上，做出投资决策。

（二）对两家酒店进行资产结构和资金来源结构分析

1.资产结构分析

从资产规模和资产结构比较可以看出，在2016年年末，A、B两家酒店的资产规模相当，分别为313 565万元和322 196万元，但从资产结构可以明显地看出，A酒店的货币资金和金融资产总量不及B酒店，其中A酒店的货币资金和金融资产占比分别为6.82%

表4-9   两家酒店的资产负债表   单位：万元

项　目	A酒店		B酒店	
	2016年末	2015年末	2016年末	2015年末
货币资金	21 376	22 659	74 173	67 775
应收票据	0	900	2	11
应收账款	7 985	4 924	3 271	4 092
预付款项	33 373	15 237	1 765	198
应收利息	0	0	1 046	169
应收股利	0	0	277	151
其他应收款	9 190	10 617	2 657	3 210
存货	24 106	45 672	1 257	1 081
其他流动资产	38	0	0	0
流动资产合计	96 068	100 009	84 448	76 687
可供出售金融资产	0	0	90 921	395 650
长期股权投资	6 121	6 174	95 143	99 223
固定资产	164 917	93 684	25 556	27 989
在建工程	6 148	9 337	699	865
工程物资	136	0	0	0
无形资产	15 479	8 958	21 614	22 086
商誉	0	0	1 100	1 100
长期待摊费用	22 389	10 475	2 678	1 667
递延所得税资产	2 307	528	37	983
非流动资产合计	217 497	129 156	237 748	549 563
资产总计	313 565	229 165	322 196	626 250
短期借款	70 200	50 200	550	1 100
应付票据	2 000	0	0	0
应付账款	6 336	4 299	5 471	5 592
预收款项	8 089	5 101	2 286	2 428
应付职工薪酬	1 043	1 095	7 392	7 948
应交税费	5 028	5 442	1 847	4 033
应付股利	0	69	18	643
其他应付款	31 380	15 134	3 310	4 168
一年内到期的非流动负债	6 773	6 500	0	0
其他流动负债	4	0	0	0
流动负债合计	130 853	87 840	20 874	25 912
长期借款	33 784	41 564	204	204

第四章 综合分析方法与改进

续表

项 目	A 酒店		B 酒店	
	2016 年末	2015 年末	2016 年末	2015 年末
长期应付款	12 713	10 288	0	0
专项应付款	0	2 635	0	0
预计负债	0	0	221	0
递延所得税负债	1 081	1 441	18 111	95 105
其他非流动负债	6 477	8 368	0	0
非流动负债合计	54 055	64 296	18 536	95 309
负债合计	184 908	152 136	39 410	121 221
股本	36 868	34 568	60 324	60 324
资本公积	49 002	14 793	133 909	362 350
盈余公积	1 290	1 159	44 387	41 835
未分配利润	41 497	26 509	44 166	40 520
股东权益合计	128 657	77 029	282 786	505 029
负债及股东权益合计	313 565	229 165	322 196	626 250

表 4-10　　　　　　　　　　**两家酒店的利润表**　　　　　　　　　　单位：万元

项 目	A 酒店		B 酒店	
	2016 年末	2015 年末	2016 年末	2015 年末
营业收入	90 137	61 182	79 363	83 476
营业成本	42 406	23 385	24 855	25 441
营业税金及附加	4 938	3 056	3 266	3 419
销售费用	1 736	1 097	23 056	23 154
管理费用	27 586	21 355	17 504	18 648
财务费用	6 638	3 736	−1 745	−742
资产减值损失	904	172	32	−28
投资收益	−53	55	17 909	18 565
营业利润	5 876	8 436	30 304	32 149
营业外收入	8 957	11 236	1 901	341
营业外支出	134	167	82	35
利润总额	14 699	19 505	32 123	32 455
所得税费用	1 436	2 342	3 269	4 495
净利润	13 263	17 163	28 854	27 960

注：假设计算财务比率时，"货币资金"全部为金融资产；"应收票据""应收账款""其他应收款"不收取利息；"应付票据"等短期应付项目不支付利息，"长期应付款"不支付利息；财务费用全部为利息费用。

和0，而B酒店的货币资金和金融资产占比分别为23.02%和28.22%。A酒店有较高的固定资产和预付款项，占比分别为52.59%和10.64%，而B酒店固定资产和预付款项占比分别为7.93%和0.55%，说明两家酒店的资产结构具有不同特点，B酒店有更高的金融资产配置，而A酒店突出的是主业。资产配置结构的不同决定了将来两家酒店盈利模式、利息收入和金融资产投资收益等经济结果的差异。两家酒店的主要资产占比分析见表4-11。

表4-11　　　　　　　　　两家酒店主要资产占比分析　　　　　　　　单位：%

项　目	A酒店		B酒店	
	2016年末	2015年末	2016年末	2015年末
货币资金	6.82	9.89	23.02	10.82
预付款项	10.64	6.65	0.55	0.03
存货	7.69	19.93	0.39	0.17
可供出售金融资产	0	0	28.22	63.18
长期股权投资	1.95	2.69	29.53	15.84
固定资产	52.59	40.88	7.93	4.47

2.资金来源结构分析

从资金来源和资金结构可以看出，在2016年末，A、B两家酒店的资金总额分别为313 565万元和322 196万元，总体差异不大，但从资金来源结构可以明显地看出，A酒店具有较高的资产负债率和长短期银行借款，而B酒店的资产负债率和银行借款比例较低。A酒店的资产负债率和银行借款占全部资金比重分别为58.97%和33.16%，而B酒店的资产负债率和银行借款占全部资金比重分别为12.23%和0.23%，说明两家公司的融资结构和对银行负债的依赖程度不同（见表4-12），并因此影响到利润表中的利息支出。

表4-12　　　　　　　　　两家酒店主要资金来源结构分析　　　　　　　单位：%

项　目	A公司		B公司	
	2016年末	2015年末	2016年末	2015年末
短期借款	22.39	21.91	0.17	0.18
长期借款	10.77	18.14	0.06	0.03
资产负债率	58.97	66.39	12.23	19.36
股东权益占比	41.03	33.61	87.77	80.64

（三）对两家酒店进行盈利情况分析

从两家酒店的利润表可以看出，2016年度，A酒店具有较高的财务费用，说明利息支出

比较高。这是由于A酒店具有较高的银行借款，因此其利息支出也会比较高，从而对A酒店的盈利产生影响。而B酒店的财务费用为负数，说明财务费用中的利息收入大于利息支出，利息收入高与B酒店有较高的货币资金有关。从投资收益看，A酒店的投

资收益不及B酒店，这与B酒店有较高的金融资产配置有关。此外两家公司在营业成本、销售与管理费用占比、营业净利润率方面也存在很大的差异（见表4-13）。

表4-13　　　　　　　　　　　　　**两家酒店盈利结构分析**　　　　　　　　　　单位：%

项　　目	A酒店		B酒店	
	2016年末	2015年末	2016年末	2015年末
营业收入	100.00	100.00	100.00	100.00
营业成本	47.05	38.22	31.32	30.48
营业税金及附加	5.48	4.99	4.12	4.10
销售费用	1.93	1.79	29.05	27.74
管理费用	30.60	34.90	22.06	22.34
财务费用	7.36	6.11	−2.20	−0.89
投资收益	−0.06	0.09	22.57	22.24
营业利润	6.52	13.79	38.18	38.51
净利润	14.71	28.05	36.36	33.49

　　针对两家酒店资产结构的差异以及对收入和利润构成项目的影响，甲公司需要对传统报表进行调整，并编制调整后的资产负债表和利润表，然后分析两家酒店在经营资产和金融资产使用方面的营运能力、盈利能力以及对股东回报率的影响，最终做出投资决策。

二、对传统报表的重新调整

　　两家酒店调整后的资产负债表和利润表分别见表4-14和表4-15，显示了两家酒店2016年度的经营资产、经营负债、金融资产、金融负债、净经营资产、净负债、经营利润和净利润的金额。

表4-14　　　　　　　　　　　**两家酒店调整后的资产负债表**　　　　　　　　单位：万元

项　　目	A酒店		B酒店	
	2016年末	2015年末	2016年末	2015年末
经营资产：				
应收票据	0	900	2	11
应收账款	7 985	4 924	3 271	4 092
预付款项	33 373	15 237	1 765	198
应收利息	0	0	1 046	169
应收股利	0	0	277	151
其他应收款	9 190	10 617	2 657	3 210
存货	24 106	45 672	1 257	1 081
其他流动资产	38	0	0	0
长期股权投资	6 121	6 174	95 143	99 223
固定资产	164 917	93 684	25 556	27 989

续表

项　目	A酒店		B酒店	
	2016年末	2015年末	2016年末	2015年末
在建工程	6 148	9 337	699	865
工程物资	136	0	0	0
无形资产	15 479	8 958	21 614	22 086
商誉	0	0	1 100	1 100
长期待摊费用	22 389	10 475	2 678	1 667
递延所得税资产	2 307	528	37	983
经营资产合计	292 189	206 506	157 102	162 825
经营负债：				
应付票据	2 000	0	0	0
应付账款	6 336	4 299	5 471	5 592
预收款项	8 089	5 101	2 286	2 428
应付职工薪酬	1 043	1 095	7 392	7 948
应交税费	5 028	5 442	1 847	4 033
应付股利	0	69	18	643
其他应付款	31 380	15 134	3 310	4 168
一年内到期的非流动负债	6 773	6 500	0	0
其他流动负债	4	0	0	0
长期应付款	12 713	10 288	0	0
专项应付款	0	2 635	0	0
预计负债	0	0	221	0
递延所得税负债	1 081	1 441	18 111	95 105
其他非流动负债	6 477	8 368	0	0
经营负债合计	80 924	60 372	38 656	119 917
净经营资产	211 265	146 134	118 446	42 908
金融负债：				
短期借款	70 200	50 200	550	1 100
长期借款	33 784	41 564	204	204
金融负债合计	103 984	91 764	754	1 304
金融资产：				
货币资金	21 376	22 659	74 173	67 775
可供出售金融资产	0	0	90 921	395 650
金融资产合计	21 376	22 659	165 094	463 425
净负债（金融负债-金融资产）	82 608	69 105	−164 340	−462 121

续表

项　目	A酒店		B酒店	
	2016年末	2015年末	2016年末	2015年末
股东权益：				
股本	36 868	34 568	60 324	60 324
资本公积	49 002	14 793	133 909	362 350
盈余公积	1 290	1 159	44 387	41 835
未分配利润	41 497	26 509	44 166	40 520
股东权益合计	128 657	77 029	282 786	505 029
净负债及股东权益	211 265	146 134	118 446	42 908

表4-15　　　　　　　　　　**两家酒店调整后的利润表**　　　　　　　　单位：万元

项　目	A酒店		B酒店	
	2016年	2015年	2016年	2015年
经营活动：				
一、营业收入	90 137	61 182	79 363	83 476
减：营业成本	42 406	23 385	24 855	25 441
二、毛利	47 731	37 797	54 508	58 035
减：营业税金及附加	4 938	3 056	3 266	3 419
销售费用	1 736	1 097	23 056	23 154
管理费用	27 586	21 355	17 504	18 648
三、主营业务利润	13 471	12 289	10 682	12 814
减：资产减值损失	904	172	32	−28
加：投资收益	−53	55	17 909	18 565
四、税前营业利润	12 514	12 172	28 559	31 407
加：营业外收入	8 957	11 236	1 901	341
减：营业外支出	134	167	82	35
五、税前经营利润	21 337	23 241	30 378	31 713
减：经营利润所得税费用	2 084.491	2 790.588	3 091.420	4 392.233
六、经营利润	19 252.509	20 450.412	27 286.580	27 320.767
筹资活动：				
（一）税前利息费用	6 638	3 736	−1 745	−742
利息费用减少所得税	648.491	448.588	−177.580	−102.767
（二）净利息费用	5 989.509	3 287.412	−1 567.420	−639.233
七、净利润	13 263	17 163	28 854	27 960

表中所得税税率按照下列公式计算：所得税税率＝所得税费用÷利润总额

无论是用改进前的利润表还是用改进后的利润表，两种列报方法下的净利润总数是一致的。

将上述报表重新列报后，就可以分别评价两家酒店经营资产的营运管理能力和盈利能力及其对净资产收益率的影响，也可以评价融资活动对净资产收益率的影响。

三、利用改进后的杜邦分析体系对两家酒店进行评价

为了比较改进前后的杜邦分析体系对企业评价及其结论的影响，现在仍以两家酒店为例加以说明。

（一）传统杜邦分析法对两家酒店的评价

按传统杜邦分析法对两家酒店的净资产收益率和资产运营能力进行评价，有以下结果。

传统的杜邦分析体系计算公式：

净资产收益率＝营业净利润率×总资产周转率×权益乘数

对 A 酒店的分析结果：

$$净资产收益率（ROE）=13\ 263÷90\ 137×\left[90\ 137÷（313\ 565+229\ 165）÷2\right]×$$
$$\left[（313\ 565+229\ 165）÷2÷（128\ 657+77\ 029）÷2\right]$$
$$=14.714\%×0.3322×2.6386=12.897\%$$

对 B 酒店的分析结果：

$$净资产收益率（ROE）=28\ 854÷79\ 363×\left[79\ 363÷（322\ 196+626\ 250）÷2\right]×$$
$$\left[（322\ 196+626\ 250）÷2÷（282\ 786+505\ 029）÷2\right]$$
$$=36.357\%×0.1674×1.2039=7.327\%$$

两家酒店的净资产收益率差额＝12.897%－7.327%＝5.57%

通过计算可知：

A 酒店的资产运营能力体现在总资产周转率上为 0.3322 次；

B 酒店的资产运营能力体现在总资产周转率上为 0.1674 次。

对并购方来说，其更关心的是哪家酒店的资产营运能力强，主要是酒店本身的盈利能力强。如果按传统杜邦分析体系对两家酒店进行分析，甲公司会因为 A 酒店具有更高的资产管理水平而做出并购决策，但这种决策忽略了两家公司资产结构、负债结构以及盈利模式的差异性。

（二）改进后的杜邦分析体系对两家酒店的重新评价

为了用改进后的杜邦分析体系对两家酒店的资产营运能力进行评价，可利用表 4-16 中的改进杜邦分析体系公式进行计算，有关计算结果见表 4-17。

传统的杜邦分析体系计算结果意味着 A 酒店的资产运营能力高于 B 酒店，而改进的杜邦分析体系的结果则表明 A 酒店的净经营资产周转次数低于 B 酒店，即 A 酒店的资产运营能力低于 B 酒店。两种分析方法得出的结果相反。

第四章 综合分析方法与改进

表4-16 改进杜邦分析体系使用的公式

计算指标	计算公式
经营利润率（%）	经营利润÷营业收入
净经营资产周转次数	营业收入÷平均净经营资产
净经营资产利润率（%）	经营利润÷平均净经营资产
净利息率（%）	净利息÷平均净负债
经营差异率（%）	净经营资产利润率-净利息率
净财务杠杆	平均净负债÷平均股东权益
杠杆贡献率（%）	经营差异率×净财务杠杆
净资产收益率（%）	净经营资产利润率+杠杆贡献率

表4-17 改进杜邦分析体系中的相关指标计算结果

经营利润率	A酒店=19 252.509÷90 137=21.359% B酒店=27 286.580÷79 363=34.382% 指标差异：A酒店-B酒店=-13.023%
净经营资产周转次数	A酒店=90 137÷［（211 265+146 134）÷2］=0.5044 B酒店=79 363÷［（118 446+42 908）÷2］=0.9837 指标差异：A酒店-B酒店=-0.4793
净经营资产利润率	A酒店=19 252.509÷［（211 265+146 134）÷2］=10.774% B酒店=27 286.580÷［（118446+42908）÷2］=33.822% 指标差异：A酒店-B酒店=-23.048%
净利息率	A酒店=5 989.509÷［（82 608+69 105）÷2］=7.896% B酒店=-1 567.420÷［（-164 340-462 121）÷2］=0.500% 指标差异：A酒店-B酒店=7.396%
经营差异率	A酒店=10.774%-7.896%=2.878% B酒店=33.822%-0.500%=33.322% 指标差异：A酒店-B酒店=-30.444%
净财务杠杆	A酒店=（82 608+69 105）÷（128 657+77 029）=0.7376% B酒店=（-164 340-462 121）÷（282 786+505 029）=-0.7952% 指标差异：A酒店-B酒店=1.5328%
杠杆贡献率	A酒店=2.878×0.7376=2.123% B酒店=33.322×（-0.7952）=-26.498% 指标差异：A酒店-B酒店=28.621%
净资产收益率	A酒店=10.774%+2.123%=12.897% B酒店=33.822%-26.498%=7.324% 指标差异：A酒店-B酒店=5.573%

注：由于计算中小数点位数的影响，改进前后的杜邦分析体系稍有误差。

以上分析表明：

A酒店的经营利润率低于B酒店，这意味着A酒店的经营能力相对不足；

A酒店的净经营资产周转次数低于B酒店，这意味着A酒店的资产运营能力相对不高；

A酒店的净利息率高于B酒店，这意味着A酒店的债务资本成本较高。

之所以产生上述结果，是因为改进后的杜邦分析体系将企业资产分为经营资产与金融资产两类资产，净经营资产周转率能更好地反映用于企业生产经营活动的资产的运营能力。

本节的启示是：不同行业的企业可以依据管理的需要对现有报表项目进行重新排序，并分别获取基于管理需要、投资需要的信息。

重要概念

金融资产　金融负债　经营资产　经营负债　净经营资产　净金融负债　沃尔评分法　杜邦分析法

复习思考

1.沃尔评分法和杜邦分析法各有哪些优点和不足？

2.调整后的资产负债表是怎么转换来的？

3.调整后的利润表是按照什么格式排序的？

4.国际上对财务报表的重新列报争议集中在哪些方面？

操作练习

1.目的：掌握杜邦分析法的原理和进行财务综合分析的方法。

资料：某公司近3年的主要财务数据和财务比率如表1所示。假设该公司没有营业外收支和投资收益，所得税税率保持不变。

要求：（1）分析说明该公司资产盈利能力的变化及其原因。

（2）分析该公司3年来资产、负债和所有者权益的变化情况及其原因。

（3）提出2017年公司改善经营管理的建议。

第四章　综合分析方法与改进

表1　　　　　　　　　　　　**某公司近3年的主要财务数据和财务比率**

项目 \ 年份	2014	2015	2016
销售额（万元）	4 000	4 300	3 800
总资产（万元）	1 430	1 560	1 695
普通股（万元）	100	100	100
留存收益（万元）	500	550	550
所有者权益合计（万元）	600	650	650
流动比率	1.19	1.25	1.2
应收账款周转天数	18	22	27
存货周转率（次数）	8	7.5	5.5
产权比例	1.38	1.4	1.61
长期债务/所有者权益	0.5	0.46	0.46
营业毛利率	20%	16.3%	13.2%
营业净利润率	7.5%	4.7%	2.6%
总资产周转率（次数）	2.8	2.76	2.24
总资产净利率	21%	13%	6%

2.目的：了解和运用杜邦分析法的原理。

资料：某公司2016年的销售额为62 500万元，比上年提高28%，有关的财务比率如表2所示。

表2　　　　　　　　　**某公司2016年末的主要财务比率及其与同业的比较**

财务比率	2015年同业平均	2015年本公司	2016年本公司
应收账款回收期（天）	35	36	36
存货周转率	2.5	2.59	2.11
营业毛利率	38%	40%	40%
营业息税前利润率	10%	9.6%	10.63%
营业利息率	3.73%	2.4%	3.82%
营业净利润率	6.27%	7.2%	6.81%
总资产周转率	1.14	1.11	1.07
固定资产周转率	1.4	2.02	1.82
资产负债率	58%	50%	61.3%
已获利息倍数（倍）	2.68	4	2.78

注：该公司正好处于免税期。

要求：（1）运用杜邦分析原理，比较2015年公司与同业平均的净资产收益率，定性分析其差异的原因。

（2）运用杜邦分析原理，比较本公司2016年与2015年的净资产收益率，定性分析其变化的原因。

第五章

战略视角

【导语】乔尔·罗斯认为："没有战略的企业就像一艘没有舵的船，只会在原地转圈。"财务状况和经营成果是企业战略实施的结果，因此首先应基于战略视角，借助于财务分析方法，评价企业已有战略的可行性，发现同业战略的可取之处，并重新进行战略定位。本章将在对企业战略及其分析方法总结的基础上，论述财务分析与企业战略之间的关系，然后以GE公司、李宁公司以及牧原股份为例演示战略分析的路径，明晰战略决策对企业财务成果的影响以及学会战略识别的方法。

本章内容要点

第一节　　企业战略与战略分析

自从1965年美国专家伊戈尔·安索夫（Igor Ansoff）出版了《企业战略论》一书后，"战略"概念开始被引入企业领域，而在以往，人们仅局限于从军事领域来看战略。安索夫指出企业战略的核心在于弄清企业所处的位置，界定企业的目标，并且明确实现目标所需要采取的行动。什么是企业战略？有哪些构成要素？战略分析的方法有哪些？这是进行战略分析必须思考的问题。

一、企业战略及其内涵

战略涉猎的范围比较广泛。"企业战略"是企业实施的不同战略的总称，包括发展战略、竞争战略、营销战略、技术战略等。这些战略分别从不同角度阐述了决策者应具有的观念和思想。从财务分析的角度，可以分别研究不同层次和不同类别的战略对企业财务成果的影响，并反作用于企业战略的修订和调整。

（一）发展战略

特里·哈勒认为"战略不是能够在会议桌旁随随便便拼凑起来的东西"。战略的本质是要解决企业的发展问题。通常企业发展需要思考如下问题：一是企业未来的发展方向在哪里；二是以怎样的速度和质量去发展；三是如何保障期望的发展速度与质量；四是需要具备哪些能力来支撑企业的发展。

企业发展战略是关于企业如何发展的理论体系，是一定时期内对企业发展方向、发展速度与质量、发展点及发展能力的重大选择、规划及策略。其目的就是促进企业的健康、快速与可持续发展。

企业发展战略由愿景、战略目标、业务战略和职能战略四大部分组成。愿景意味着企业未来要成为一个什么样的企业；战略目标意味着企业未来要实现怎样的期望成果；业务战略意味着企业未来需要哪些发展点，需要在哪些产业、区域、客户、产品方面实现发展；职能战略意味着企业在人力资源管理、投融资、技术研发、物流采购、生产制造、市场营销等方面应采取哪些措施与策略。

在企业发展战略框架中，愿景是企业发展的起点，它引导着企业的发展方向；战略目标明确了企业的发展速度和发展质量；业务战略指明了企业的发展点；职能战略确定了企业的发展能力。四个层面之间相互影响，共同构成一个有机的发展战略系统。

（二）竞争战略

竞争战略是企业在同一使用价值竞争上采取的进攻或防守行为。1980年美国学者迈克尔·波特（Michael E.Porter）在其经典著作《竞争战略》中，提出了行业结构分析模型，即所谓的"五力模型"。他认为：行业现有的竞争状况、供应商的议价能力、客户的议价能力、替代产品或服务的威胁、新进入者的威胁这五大竞争驱动力，决定了企业的盈利能力。他指出公司战略的核心，应在于选择正确的行业，以及行业中最具有吸引力的竞争位置。

在竞争中求发展是每个企业都非常关注的问题。现实中的企业可以采用哪些竞争战略呢？企业竞争的基本战略一般有三条：一是产品差异化战略；二是客户细分战略；三是成本领先战略。其中，成本领先战略是被最广泛使用的企业竞争战略。

1.产品差异化战略

差异化是指企业在客户广泛重视的某些方面，力求在本行业中独树一帜。当前企业的市场环境发生变化，一是经济要素配置更加依赖于市场，资源配置主要通过价格、服务、品牌等手段实现；二是市场竞争更加充分。因此企业必须具有独特的产品优势或专长，从而取信于市场。

2.客户细分战略

目前的竞争环境是客户行为的变化，客户拥有更多的自主选择权、客户享受金融服务的方式更加丰富、客户对品牌更加信赖。因此企业在竞争中如何通过客户细分战略赢得竞争优势就非常重要。

3.成本领先战略

战略管理的核心即寻找企业持之以恒的竞争优势，归根结底来源于企业能够为客户创造价值，而能否实现竞争优势关键在于对成本的管理。目前中国企业已经进入高成本时代，因此实施成本领先战略非常紧迫。据美国生产力协会及管理会计协会的调查报告显示：20世纪世界各大公司是把"成长"放在第一位，而在21世纪，他们却把"成本"放在了第一位，可见企业对成本的控制和管理已经引起高度重视，它是持续成功的关键因素之一。该战略要求企业以成本为导向，按照收支配比原则，通过对营业成本和期间费用以及税费的管控，降低成本耗费，基于成本优势赢得竞争地位。

（三）营销战略

营销战略是指企业以顾客需求为目标，通过问卷调查或实践经验获得顾客的需求量、购买力信息和偏好信息，通过有效的产品策略、价格策略、渠道策略和促销策略，有计划地组织各项营销活动，为顾客提供满意的商品和服务的过程。

（四）技术战略

技术战略的核心是企业如何构建和提升其核心技术能力，挖掘其资源价值。技术战略的效果最终要体现在企业的产品或服务中。其中的技术开发战略是对企业整体性、长期性、基本性的技术规划，包括自我选择发展战略、战略联盟以及国际化战略。

二、战略分析的方法

战略分析的方法包括SWOT分析法、内部因素评价法、外部因素评价法、竞争态势评价法、波士顿矩阵法等方法。战略分析的内容不仅包括财务层面，也包括非财务层面。在财务分析中学习这种方法，目的在于利用财务分析技术，总结检验企业战略的可行性，发现企业战略的问题，重新规划和调整企业战略，使之更好地引导企业实现未来长远的发展目标。

（一）SWOT分析法

在企业发展中，作为企业的管理者必须在内外环境分析的基础上，明确自己的优势与劣势、面临的机遇与挑战，从而获得竞争优势。SWOT分析法是20世纪80年代初由旧金山大学的管理学教授提出的用来明确企业所具有的竞争优势（strength）、劣势（weakness）、机会（opportunity）和威胁（threat），从而将企业战略与其内部资源、外部环境相结合的一种分析方法。由于该方法对制定公司未来发展战略的意义深远，因此被广泛应用于企业战略研究与竞争分析中，成为战略管理和竞争情报的重要分析工具。

下面以聚美优品为例，说明SWOT分析方法的应用。

聚美优品是中国近年来发展很快的化妆品限时特卖商城，创立于2010年3月，致力于创造简单、有趣、值得信赖的化妆品购物体验。2011年聚美优品商城上线。聚美优品挑战自我，推出化妆品业界最高售后政策"拆封30天无条件退货"，打造顶级信任体验。2014年聚美优品在纽交所正式挂牌上市（股票代码为"JMEI"）。2015年聚美优品推出了母婴频道，主推跨境母婴业务。2011年以来聚美优品的主要经营业绩如表5-1和图5-1所示。

第五章 战略视角

表5-1   聚美优品主要经营业绩   单位：万美元

项目 \ 年份	2011	2012	2013	2014	2015
营业总收入	2 178.80	23 322.40	48 299.60	63 291.90	113 355.80
营业毛利润	1 900.00	8 468.30	19 967.90	25 020.00	32 685.40
净利润	−402.90	810.40	2 500.40	6 596.00	2 081.70

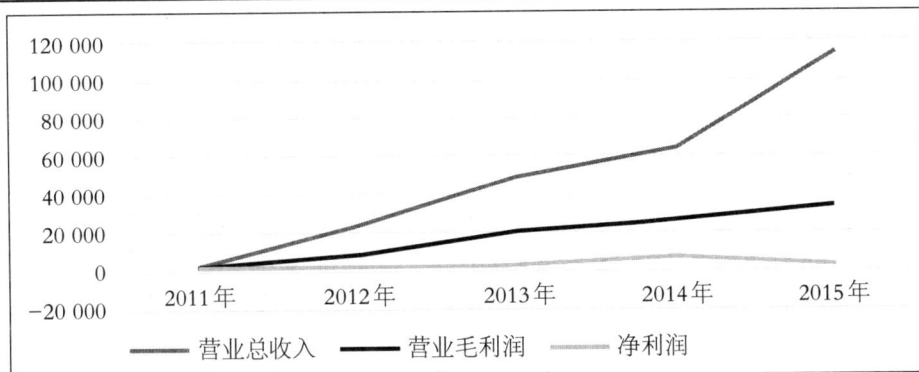

图5-1 聚美优品主要盈利数据

从表5-1和图5-1中可以看出，聚美优品2011年后营业收入呈现稳步成长的态势，2014年后营业收入增长显著。伴随着营业收入的增长，公司的营业毛利率也呈现上升的趋势。虽然公司2014年后净利润略有下降，但可以说明的是公司在营销战略方面还是很有优势。

依据聚美优品的相关资料，所做的聚美优品SWOT分析见表5-2。

表5-2   **聚美优品的SWOT分析**

优势	劣势	机会	威胁
1.官方品牌授权，保证货物质量 2.自建仓储，不让第三方发货，保证发货速度 3.完善的服务体系 4.外包精美 5.高素质管理团队 6.推广渠道多样 7.良好的品牌代言	1.起步晚 2.广告少 3.团购产品单一 4.物流体系不完善 5.网页设计不够合理	1.化妆品消费市场巨大 2.化妆品行业利润高 3.电子商务平台发展 4.团购市场发展 5.境外风险投资资金融入	1.同行业竞争激烈 2.化妆品假货众多 3.实体店冲击 4.库存积压 5.物流成本

当明确了公司四个层面的分析结果后，聚美优品就可以充分利用本企业所具有的优势，扬长补短，并制定有效的管理对策。

（二）内部因素评价法

这是一种基于对企业内部因素的优劣势分析，找出影响企业未来发展的关键因素，并根据各关键因素影响程度的大小确定权数，对关键因素进行评分，最终计算出总评分的一种战略分析方法。

内部因素评价法的分析步骤如下：

（1）列出在内部分析过程中确定的关键因素。

（2）赋予每个因素以权重，其数值范围由0（不重要）到1（非常重要）。权重标志着各因素对于企业在产业中成败影响程度的相对大小。无论关键因素表现为内部优势还是弱点，对企业绩效影响较大的因素要赋予较高的权重，所有权重之和等于1。

（3）对各因素进行评分。1分代表重要弱点；2分代表次要弱点；3分代表次要优势；4分代表重要优势。评分以公司为基准，而权重则以产业为基准。

（4）根据权重计算每个因素的加权分数。

（5）将所有因素的加权分数相加，得到企业的总加权分数。无论包含多少因素，总加权分数的范围都是从最低的1到最高的4，平均分为2.5。总加权分数大大低于2.5的企业内部状况处于弱势，而分数大大高于2.5的企业内部状况则处于强势。

例如，表5-3是利用内部因素评价法对某乳制品企业发生三聚氰胺事件所进行的战略分析。

表5-3　　　　　**某乳制品企业发生三聚氰胺事件的内部因素分析评价**

项　目	关键内部因素	权重	得分	加权数
优势	营销能力强	0.10	4	0.4
	研发能力强	0.12	4	0.48
	占据地理位置优势	0.06	4	0.24
	经销商的支持	0.08	2	0.16
	拥有大品牌效应	0.08	2	0.16
	企业凝聚力强	0.06	3	0.18
	拥有示范牧场	0.1	1	0.1
	小计	0.60		1.72
劣势	资金紧张	0.1	−3	−0.3
	员工素质不高	0.08	−2	−0.16
	关键产品受挫	0.08	−4	−0.32
	无可控制的奶源	0.14	−4	−0.56
	小计	0.40		−1.34
综合	合计	1		0.38

（三）外部因素评价法

这是一种基于对企业外部因素的优劣势分析，找出影响企业未来发展的关键因素，并根据各因素影响程度的大小确定权数，对关键因素进行评分，计算出总评分的一种战略分析方法。

外部因素评价法的分析步骤如下：

（1）列出外部因素分析中的关键因素。

（2）赋予每个因素以权重，其数值由0（不重要）到1（非常重要）。权重反映该因素对企业在产业中取得成功的作用程度大小；机会往往比威胁得到更高的权重，但当威胁因素特别严重时也可以得到较高权重；确定权重的方法是通过对成功的和不成功竞争者的比较，依据集体讨论的方式达成共识；所有因素的权重之和等于1。

（3）对影响企业战略的关键因素进行评分。分值范围为1～4，4代表反应很好；3代表反应超过平均水平；2代表反应为平均水平；1代表反应很差。

（4）计算各因素的加权分数。

（5）将各因素的加权分数相加，即可得到企业的总加权分数。

由于外部因素分析法和内部因素分析法在战略分析方法上仅仅是内外部因素的差异，此处不再举例说明。

（四）竞争态势评价法

这是一种通过本企业与竞争企业的竞争优势比较进行战略分析的一种方法。目的在于了解竞争对手的优劣势以及企业自身的竞争地位。

竞争态势评价法的分析步骤如下：

（1）确定影响行业竞争的关键因素。

（2）依据各因素在该行业的相对重要程度确定权重，权重之和为1。

（3）通过对标筛选出关键竞争对手，按各因素对企业和竞争者进行评分，分析各自的优劣势。

（4）计算本企业和竞争者各因素的加权评分值。

（5）最后通过加总得分，从总体上判断本企业的竞争能力。

表5-4是利用竞争态势评价法对企业所进行的战略分析。在本例中，财务状况被作为最为重要的关键因素进行计分。分析结果表明，竞争企业更具有优势。

表5-4   竞争态势评价法举例

评分关键因素	权重	本企业评分	本企业加权分数	竞争企业评分	竞争企业加权分数
客户服务	0.05	3	0.15	4	0.20
组织结构	0.04	2	0.08	3	0.12
价格竞争力	0.06	3	0.18	2	0.12
管理经验	0.20	1	0.20	4	0.80
市场份额	0.40	2	0.80	3	1.20
产品价值	0.05	3	0.15	2	0.10
财务状况	0.10	2	0.20	3	0.30
顾客忠诚度	0.10	3	0.30	4	0.40
合计	1		2.06		3.24

注：评分值含义：1=弱，2=次弱，3=次强，4=强。

（五）波士顿矩阵法

现在企业应将有限的资源投放到最有价值的项目和机会上，从而提高资源使用效率。波士顿矩阵法就是根据不同业务在企业中的地位来分配资源进行战略分析的一种方法，是一种著名的用于评估公司投资组合的有效模式。

波士顿矩阵法首先将公司的业务分为问题业务、明星业务、现金牛业务和瘦狗业务四种类型，如图5-2所示。

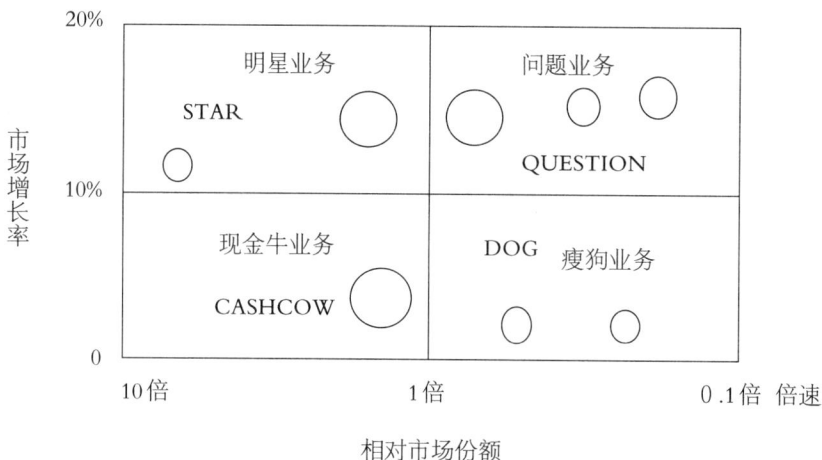

图5-2　波士顿矩阵

其中：明星业务主要是指高投入、高成长率但现在利润贡献不大的一类业务。现金牛业务是指表现为低市场成长率、高相对市场份额特征的业务。问题业务是指具有高市场成长率、低相对市场份额特征的业务。瘦狗业务是指具有低市场成长率、低相对市场份额特征的业务。

在明确了各业务单元的性质和地位的基础上，企业需要确立有针对性的战略目标。对于无利可图的瘦狗和问题业务，要通过出售或者清理，将资源转移到更有利的领域；对于处境不佳的现金牛业务及没有发展前途的问题业务和瘦狗业务，要尽可能地在短期内得到最大限度的现金收入；对于能保持业务单位现有的市场份额、强大稳定的现金牛业务要给予投资支持；对有发展前途的问题业务和明星中的恒星业务要加大投资，促进该业务的发展。

波士顿矩阵法的优点在于：树立企业管理人员的全局观念和前瞻性思维，提高其分析问题、解决问题和战略决策的能力，提高资源配置效率，提升企业经营业绩。但是该方法也有其局限性，表现在由于评分等级的宽泛性和折中性，可能会造成多项业务位于一个象限或者位于矩阵的中间区域，从而难以确定有效的战略。因此使用这种方法要克服其局限性，仔细斟酌判断，避免因方法本身的缺陷引致决策失误。

第二节　　财务报表分析与企业战略

本节内容的初衷在于：一是从绘制的财务报表分析与企业战略关系图中明确二者之间的关系；二是从 GE 公司制定战略目标到战略实施、战略评价的思路中理解财务分析的作用及其二者之间的关系。

一、财务报表分析与企业战略之间的关系

财务报表分析能发现企业经营战略上存在的问题。财务报表来自于企业的经济活动，而且必须回到企业的经济活动中去，指导企业的经济活动，才能真正体现财务报表分析的价值所在。在分析中，需要突破传统财务报表分析只分析财务报表，不能解决企业实际经营问题的缺陷，力求将财务报表分析与企业经营决策紧密结合，从财务的视角谈经营，从经营的视角读报表，将财务分析与企业经营决策两者完美结合，融会贯通。具体来说，不仅要从报表中发现企业经营管理中存在的问题，而且围绕企业融资、投资、经营和分配等活动，结合报表提出独到的决策思路与方法，使财务报表分析能真正为企业高层的决策提供有价值的服务。

图 5-3 揭示了财务报表分析与企业战略之间的关系。图的中心部分显示了企业经营管理的目标是实现企业价值的最大化。为了实现企业价值的增长目标，企业要为围绕筹资、投资、营运和股利分配活动进行日常管理工作，并在处理好股东与经营者等利益相关者关系的基础上，从战略出发进行各种管理活动。

首先，公司必须进行投资活动的管理。任何投资活动都面临着投资风险和收益的权衡，需要企业在对内、对外投资项目中做好项目的可行性研究，包括经济上的可能性以及技术上的可行性等研究。

其次，投资必然带来对融资的需求。企业筹资活动中的主要任务，就是合理选择筹资方式，正确安排负债比例，降低企业的综合资本成本，控制财务风险，增加每股收益，提升企业价值。

再次，企业的营运活动主要是围绕企业的供、产、销环节进行的资金循环与周转，要提高营运活动的效率，企业主要应关注存货、应收账款和库存现金的管理，加速资产周转，减少资产不合理占用，提高资产使用效率。

最后，企业经营活动产生的利润要通过合理的分配回报股东和实现留存收益的增长。

上述四项活动的结果都直接体现在资产负债表、利润表、现金流量表以及股东权益变动表[①]中，通过财务报表的分析能发现企业以往管理活动中的优势、存在的问题以及改进途径。

企业不仅要面对过去更要面向未来，因此，企业要在战略的指导下，正确处理利益相关者之间的关系，尤其是所有者与经营者之间的关系，并在此基础上进行新一轮的决策。

从图 5-3 中可以看出，财务报表分析既可以检验企业战略实施下的成效，同时也会

---

① 股东权益变动表的格式详见第九章表 9-17 的相关内容，此处不加以说明。

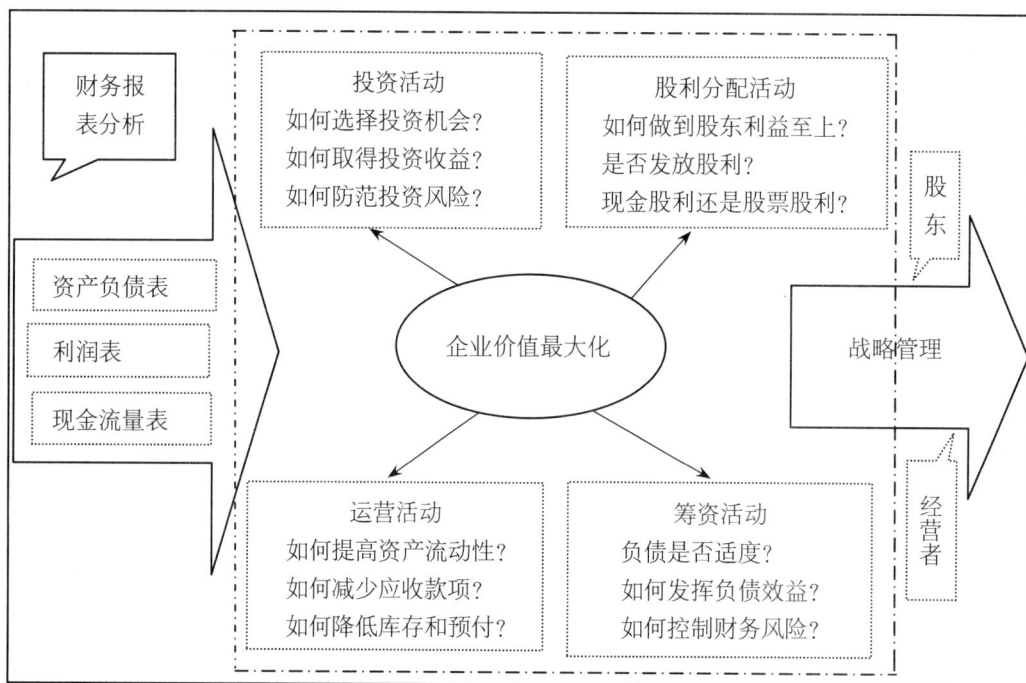

图5-3 财务报表分析与企业战略的关系

通过财务报表分析，帮助企业管理层制定新的发展战略。

二、从战略制定到财务分析的路径

为什么在财务分析中离不开对公司战略的分析？从公司战略形成到战略实施的各个阶段的管理决策流程是怎样形成的？从战略到财报分析有着怎样的关联性？为此，本节以GE公司为例，说明其相互关系，并为以后的各公司案例提供分析框架。

（一）公司简介

通用电气公司（General Electric Company，GE）是世界上最大的电器和电子设备制造以及提供技术和服务业务的跨国公司。GE公司的产品和服务范围广阔，从飞机发动机、发电设备到金融服务、医疗成像、媒体、塑料产品以及水处理技术，客户遍及全球100多个国家和地区，拥有30多万员工。GE公司的历史可追溯到托马斯·爱迪生，他于1878年创立了爱迪生电灯公司。1892年，爱迪生通用电气公司和汤姆森–休斯顿电气公司合并，成立了通用电气公司。

自1981年入主通用电气以来，杰克·韦尔奇在短短20年里，将一个弥漫着官僚主义气息的公司打造成了一个充满朝气、富有生机的企业巨人。因为他的存在，通用电气的市值由他上任时的130亿美元上升到4 500亿美元，排名也从原来的世界第十位提升至第二位。他所推行的"六西格玛"标准、"数一数二"战略①、全球化和电子商务理

---

① 在全球竞争激烈的市场中，只有领先对手才能立于不败之地，任何事业部门存在的条件就是在市场上"数一数二"，否则就要被砍掉、整顿、关闭或出售。保持市场占有率第一或是第二的原则是韦尔奇心中最具威力的经营管理理念。

念，几乎重新定义了现代企业。这位锐意改革的管理奇才还开创了一种独特的企业哲学和运营系统，该系统依靠一种"无边界"的管理模式，一种对员工的热情关注以及平等的、非正式的沟通风格，帮助多元化的商业帝国摆脱了成熟企业的痼疾——"金字塔式"的官僚体制，走上灵活主动、不拘一格的道路。

（二）GE公司从战略形成到分析的思路

1.从战略形成到实施

彼得·德鲁克认为，使企业遭受挫折的唯一最主要的原因恐怕就是人们很少充分地思考企业的任务是什么。GE公司三年战略的基本流程如图5-4所示。图中信息显示，GE公司的第一步是在环境分析的基础上形成市场战略，然后依据市场战略编制财务预算和人力资源预算。在环境分析中GE公司要进行政策分析、市场份额分析、竞争对手分析以及新技术走向分析，然后根据环境分析明确企业的产品战略、市场战略、竞争战略和扩张战略，并勾画出未来的发展方向和业绩目标。GE公司战略形成的第二步是在市场战略形成的基础上，以销售为起点，编制财务预算。GE公司战略形成的第三步是依据财务预算进行人力资源配置计划。

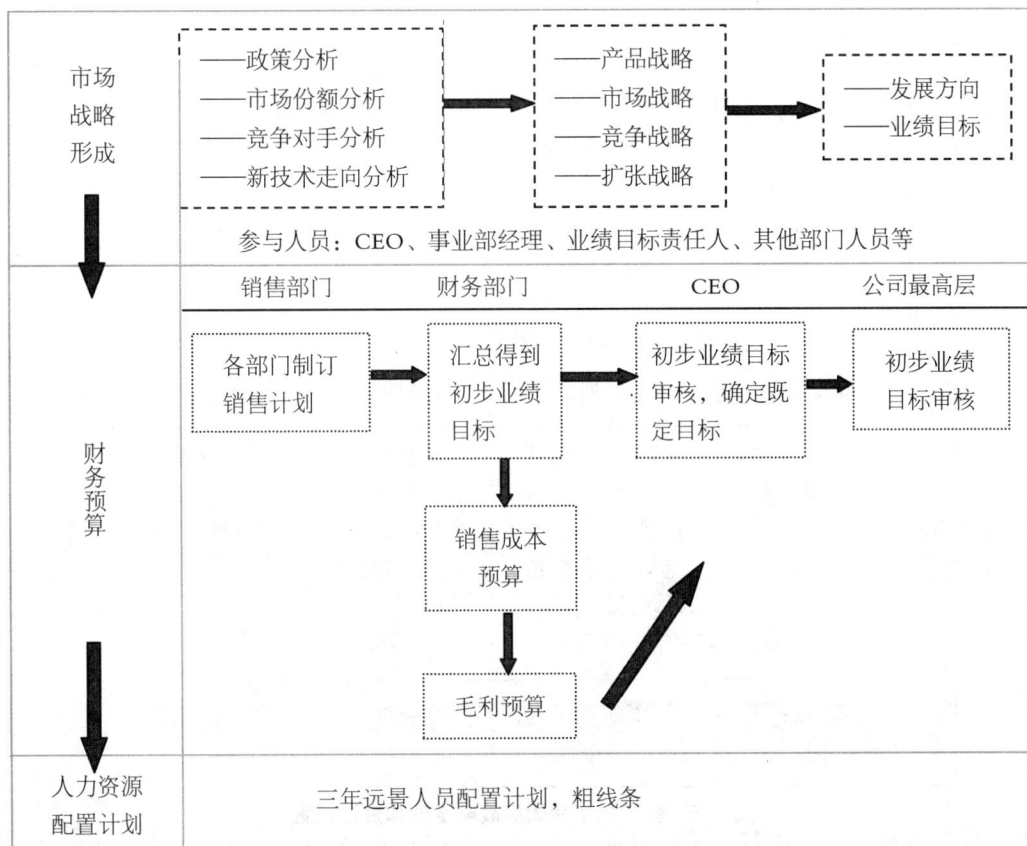

图5-4　GE公司三年战略的基本流程

在产品战略方面，GE公司对未来的规划是在环境分析的基础上围绕现有产品、新产品和新机会展开分析研究的。

对于现有产品，GE公司在战略选择和预算安排上是这样考虑的：根据企业产品的生命周期所处阶段的不同，采取不同的管理策略。当产品处于引入期时，市场处于启动阶段，该阶段企业的工作重点包括两个方面：其一是关注市场准入工作，如入围、测试、准备好产品；其二是要考虑到销售增长缓慢的情况，观察市场反应。当产品处于成长期时，企业的销售额呈现上升趋势，此时企业应集中优势资源，在资金上给予必要支持，并建立竞争优势。当产品处于成熟期时，企业的销售平稳，但不再呈现上升的态势，此时的工作重点是控制成本，因此做好成本预算管理就很重要。在产品的衰退期，企业的产品市场走向衰落，不可能通过管理使销售收入和毛利大幅度提高，因此应将各项资源转向新产品的开发。

对于新产品，除了考虑上述因素外，GE公司也有新的战略定位和资源配置（如图5-5所示）。

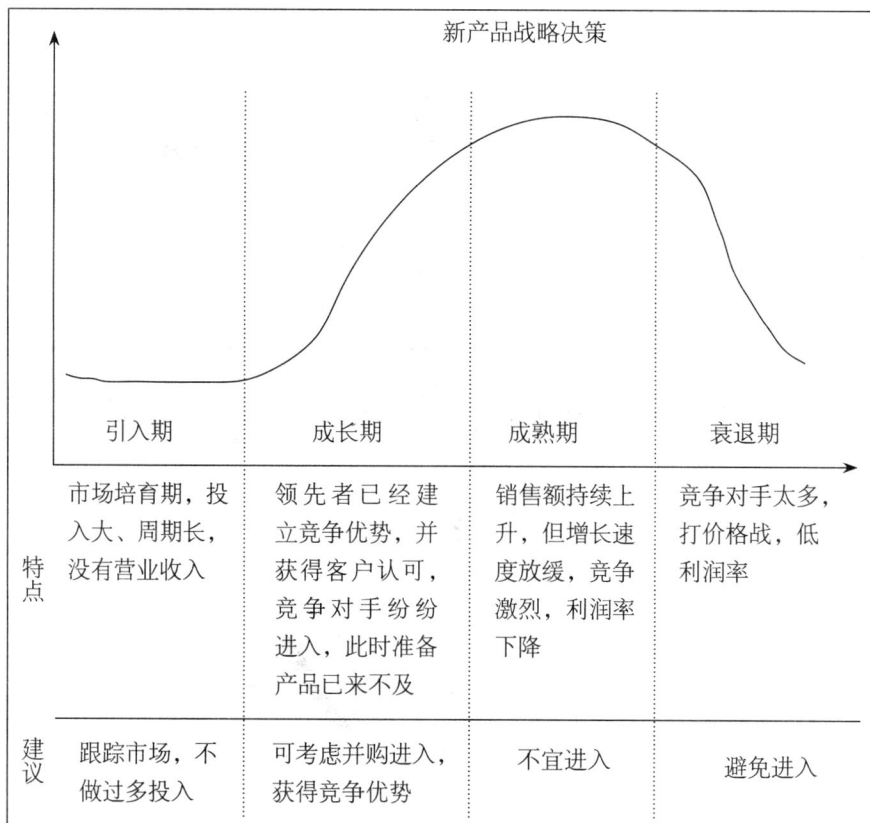

	引入期	成长期	成熟期	衰退期
特点	市场培育期，投入大、周期长，没有营业收入	领先者已经建立竞争优势，并获得客户认可，竞争对手纷纷进入，此时准备产品已来不及	销售额持续上升，但增长速度放缓，竞争激烈，利润率下降	竞争对手太多，打价格战，低利润率
建议	跟踪市场，不做过多投入	可考虑并购进入，获得竞争优势	不宜进入	避免进入

图5-5　新产品生命周期战略定位和资源配置

在引入期，由于市场处于培育期，投入大、周期长，没有营业收入，GE公司建议跟踪市场，不做过多投入。

在成长期，由于领先者已经建立竞争优势，并获得客户认可，竞争对手纷纷进入，此时准备产品已来不及，GE公司建议考虑并购进入，以获得竞争优势。

在成熟期，销售额持续上升，但增长速度放缓，竞争激烈，利润率下降，GE公司建议不宜进入。

在衰退期，竞争对手太多，多打价格战，从而造成低利润率，GE公司建议应避免进入。

2.做好行业竞争分析

通常情况下，企业看好的，竞争者也会看好。在确立了主要的竞争对手以后，就需要对竞争对手做出尽可能深入、详细的尽职调查和分析，明晰各竞争对手的长远目标、基本假设、现行战略和能力，并判断其行动的基本轮廓，特别是竞争对手对行业变化以及当其受到竞争对手威胁时可能做出的反应。GE公司在竞争分析中的关注点是：和（1）过去三年中你的竞争对手做了什么；（2）同期你在做什么；（3）今后他们可能会怎样打击你；（4）你又计划进行怎样的反击。GE公司认为，市场分析可以了解一些重要的信息，如了解市场的细分情况、明确市场定位、明确竞争对手在哪里、明确自己的市场机会等，这一步十分重要。从财务的角度来看，对行业以及竞争对手的分析中财务分析是必不可少的要素。

3.确定预算目标

我国企业在制定预算目标时，往往出现目标过高或过低，导致预算软约束和预算执行力降低等问题。GE公司的预算目标很有特点，是保证目标与奋斗目标并行的双重目标，见表5-5。保证目标是必须完成的目标，奋斗目标是相对于第一个目标有所提高的目标。这即设定了下限，同时也明确了挑战目标。当公司战略目标确定后，就形成了各事业部的实施战略和计划，同时也成为各事业部的预算以及个人考核的目标和奖惩机制。

表5-5　　　　　　　　　　　　　GE的预算管理目标分类

衡量指标	保证目标	奋斗目标	去年同期业绩	增长百分比
指标1 指标2 ⋮				

针对当前企业预算管理中存在的问题，GE认为，很多公司在预算管理中出现的常见错误导致了预算的不成功。这些常见错误包括：（1）用一个简单的增长率来确定未来的目标，缺乏市场分析和竞争分析的依据；（2）过于乐观，对资源的有限性、环境的多变性估计不足；（3）什么都想干，缺乏重点，最后能落实的很少；（4）不愿意花充分的时间来准备战略规划——只重视低头拉车，不重视抬头看路。

4.实施预算考评

预算考评是实施预算的动力所在。GE公司每季末都要进行预算考评。GE公司的预算考评与分析是按照图5-6所示的思路进行的。

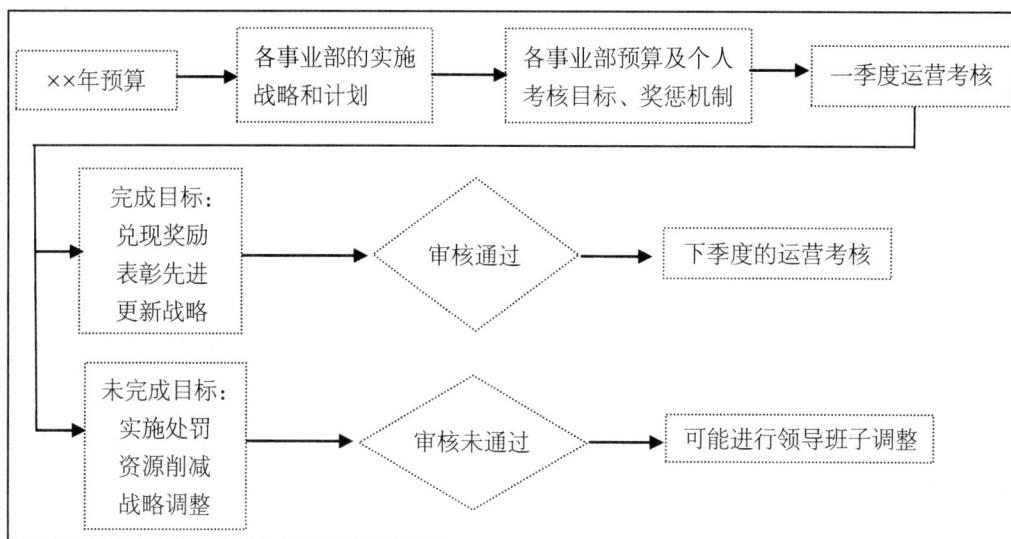

图5-6 GE公司预算考评与分析图

在预算考评过程中可能出现两种情况：一种是完成预算，另一种是没有完成预算。如果完成预算目标，GE公司就兑现奖励、表彰先进和更新战略并通过预算；如果未完成预算目标，GE公司就实施处罚、资源削减和战略调整措施，同时可能对领导班子进行调整。如果通过了考核，就开始实施下一季度的预算。

5.对战略和预算目标未达标的成因进行分析

对于完不成预算目标的情况如何处理？GE公司也有自己的一套办法，如图5-7所示。

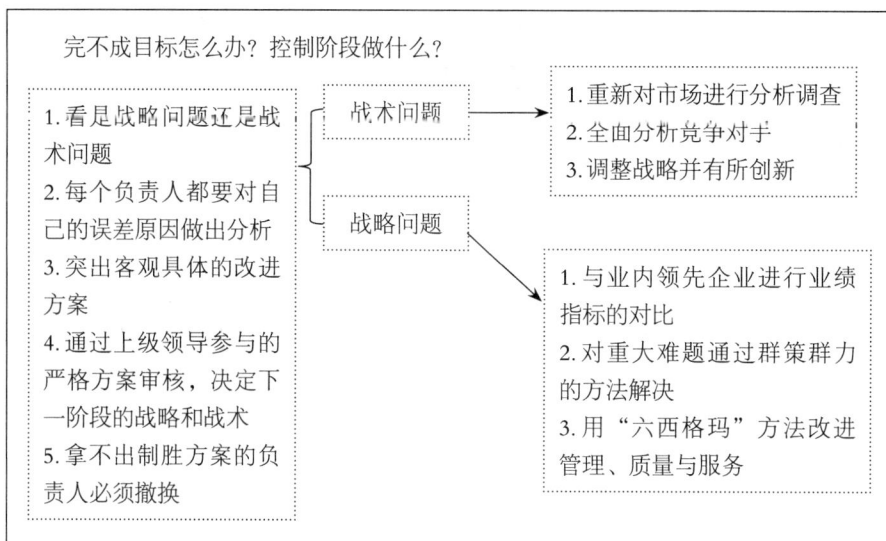

图5-7 GE公司解决预算目标差异的策略

首先GE公司所关注的是预算未完成的原因在于战略问题还是战术问题，然后基于不同的成因采取不同的应对策略。在这个过程中，每个责任人都要对自己的误差原因做出分析，提出客观具体的改进方案，通过上级领导参与的严格方案审核后，决定下一阶段的战略与战术，拿不出制胜方案的责任人都必须调整撤换。

如果是战略问题，GE公司要求做好以下三个方面的工作：

（1）重新对市场进行分析调查；

（2）全面分析竞争对手情况；

（3）调整战略并有所创新。

如果是战术问题，GE公司则要求做好以下三个方面的工作：

（1）与业内领先企业进行行业绩指标的对比；

（2）对重大难题通过群策群力方法来解决；

（3）用"六西格玛"方法改进管理、质量与服务。

从GE公司的管理案例中可以看出，GE公司依据战略进行预算安排，但预算执行结果一旦出现问题，无论是战略问题还是战术问题，至少对竞争对手以及与行业内领先企业业绩指标的对比，都脱离不了财务分析。由此可见，从公司战略的制定、实施，直至后期的评价都与财务分析密切相关。

（三）案例启示

GE公司的案例告诉了我们以下道理：

第一，要充分进行战略分析，并将企业的战略付诸经营规划，最终落实到预算。

第二，要明确财务分析的重要性，重视对公司自身以及同业竞争对手的财务分析。

第三，要关注比较本公司与同业间的发展战略。

第四，要在战略分析和财务分析的基础上制订经营决策方案。

第五，要根据预算完成情况分别进行战略和战术分析，并关注对标杆企业的分析，以做好战术管理。

第三节　战略决策对企业财务成果的影响分析

本节以李宁公司为例说明战略定位对公司财务成果的影响。选择此案例目的不在于对李宁公司战略的评判，而是分析一家优秀企业在多变的市场环境中由于行业环境、战略决策、客户消费行为改变、互联网以及团队变化对其经营成果的重大影响，而这些影响未来很多企业都会遇到同样的挑战。我们的目的在于从中获得启发性信息，并希望大家支持体育用品行业的发展和转型升级。

一、李宁公司简介

本着承担社会责任和发展体育用品事业的决心，成立于1990年的李宁公司已经成为中国领先的体育品牌企业之一，拥有品牌营销、研发、设计、制造、经销及零售能力。作为代表中国的、国际领先的运动品牌公司，李宁公司实施的是多品牌业务发展战略。自2004年6月在中国香港上市以来，李宁公司业绩连续6年保持高幅增长，2009年更是达到83.87亿元人民币。截至2009年底，李宁公司店铺总数达到8 156间，遍布中国1 800多个城市，并且在东南亚、中亚、欧洲等地区拥有多家销售网点，雇员6 000余人。2010年7月，李宁公司进行品牌重塑战略，然而导致的经济后果远超预料，公司遭遇严重危机。2011年，公司开始出现存货积压问题，进而影响到公司的运转，股价下降、门店关闭。尽管2012年后李宁公司采取多项应对策略，但依然不能止亏，2014年亏损达到7.44亿元。2015年初李宁开始回归公司，当年扭亏为盈，实现盈利6 160.50万元，2016年盈利达到7.01亿元。李宁公司从高速增长到持续下跌再到高速增长的变化过程，引起了人们对李宁公司以及体育用品行业转型的高度关注。

（一）李宁公司的盈利状况

李宁公司2008年以来的盈利状况如表5-6和图5-8所示。

表5-6 李宁公司主要盈利状况 单位：万元

年份 项目	2008	2009	2010	2011	2012	2013	2014	2015	2016
营业额	669 007.30	838 691.00	947 852.70	892 852.60	673 891.10	582 411.00	672 760.10	708 949.50	801 529.30
毛利	322 037.40	396 986.40	448 159.90	411 451.30	254 993.40	259 397.60	300 350.90	319 265.90	370 522.80
净利润	72 730.00	96 933.10	113 213.60	41 096.90	(195 539.90)	(35 939.10)	(74 350.40)	6 160.50	70 086.90

资料来源：同花顺李宁公司基本财务数据。

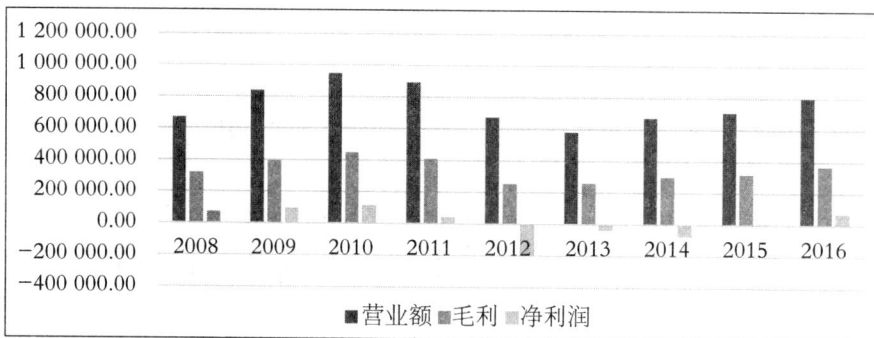

图5-8 李宁公司主要盈利状况

（二）李宁公司的股价表现

影响公司股价的因素是多方面的，但最基本的因素取决于公司的盈利能力。图5-9是李宁公司的股价走势月K线图，从图中可以清晰地看到公司股价自2010年后一路下滑，由2010年4月30日的最高价31.95元下降到2017年1月27日的4.87元。说明李宁公司的盈利情况对股价产生了重要影响，不仅影响了李宁公司的股票市值，也影响到了股东的投资回报和财富增长。

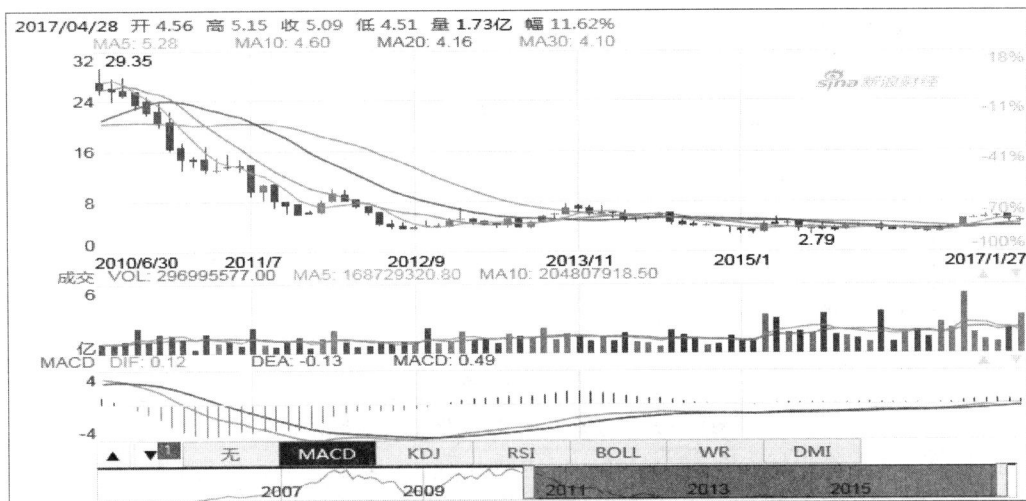

2017/04/28 开 4.56 高 5.15 收 5.09 低 4.51 量 1.73亿 幅 11.62%
MA5: 5.28　　　MA10: 4.60　　　MA20: 4.16　　　MA30: 4.10

图5-9　李宁公司股票价格走势

二、李宁公司基于品牌重塑战略的亏损原因分析

乔·图斯认为，战略不仅在于知道做什么，更重要的是，要知道停下什么。为了说明战略选择对李宁公司今日的影响，本部分重点研究和分析李宁公司在2010年至2012年的情况。因为这是公司战略失效的关键阶段。

（一）行业因素

行业因素包括行业概况、行业竞争结构如企业数量、产品的差异性、技术发展速度和行业中企业行为的影响。2008年的北京奥运会既为我国体育用品行业提供了机遇又带来了挑战。机遇在于行业迎来了百年不遇的好机遇。然而，几年的高速增长之后行业却步入发展的拐点和调整期。国内几大体育用品公司遭遇了前所未有的挑战，主要表现为库存大量积压。李宁：截至2012年6月，公司库存已达11.38亿元，而从应收账款来看，压在经销商环节的库存更高达25亿元，两项相加达到36.38亿元。361°：2011年存货高达45.12亿元，同比高出81.8%。匹克：2012年四季度订单金额同比下降20%～30%。安踏：2012年四季度订货金额同比下滑至少超过10%。

在调整过程中，收缩战略成为业内企业普遍的做法。关闭低效门店、回购分销商存货、低折扣甩卖已成运动服装品牌商的常态。

（二）公司战略的影响

美国女企业家玛丽·凯认为，不善于倾听不同的声音是管理者最大的疏忽。从品牌战略看，李宁公司也有值得思索的问题。图5-10显示，该公司主要有三个子品牌：李宁品牌自2011年后经营出现大幅度下降，2012年竟为亏损；红双喜品牌的经营一直较为稳定；乐途品牌则自2008年开始就一直处于亏损状态。可见，公司需要重新考虑品牌定位问题。

战略的相对稳定性是企业稳定成长的条件。从总体战略看，李宁公司自2008年起经历了从扩张战略到收缩战略的转变。扩张战略是指在现有产品或现有市场的基础上进

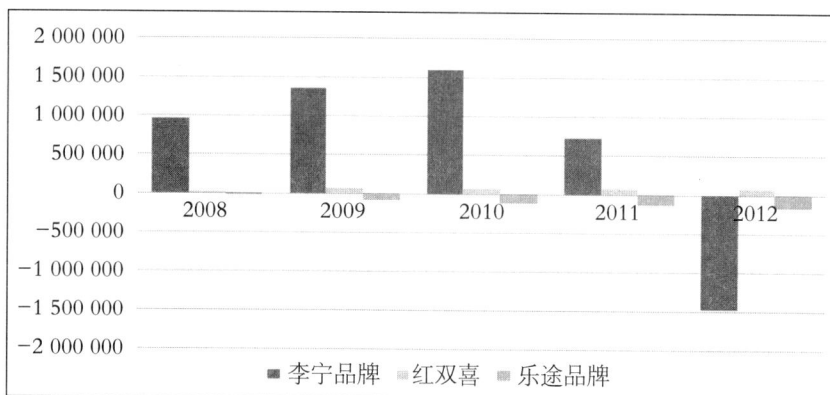

图5-10 李宁公司主要品牌产品盈利情况

行扩张，尽力提高市场占有率的策略。它包括市场渗透策略、市场开发策略和新产品开发策略。收缩战略是指企业从目前的战略经营领域和基础水平收缩和撤退，且偏离战略起点较大的一种经营战略。两种不同的战略选择意味着公司高层决策者在总体发展目标和方向选择上的重大改变，必然会影响到李宁公司的总体发展，这种转变的合理性需要时间来检验。2008年到2010年，李宁公司通过扩展分销网络、加强研发、改善供应链管理、多品牌经营、并购活动实施扩张战略。2010年后李宁公司走的是收缩战略。

（三）目标客户定位的影响

企业向特定客户提供具有特定内涵的产品或服务，这些特定客户被称为目标客户群。目标客户群要以市场定位为前提。2010年前后李宁公司的目标客户经历了从"70后"、"80后"到"90后"的转变。2010年，李宁公司将目标客户群定位于追求时尚、喜好运动的"90后"。但伴随着"90后的李宁"广告词的推进，该消费群体的消费额并没有显著上升，而作为重要客户群的"70后"与"80后"却渐行渐远。原本"70后"与"80后"消费群占李宁公司总客户的50%以上，大量为这个群体设计推出的产品也成为李宁公司的积压存货。

（四）竞争对手的影响

竞争无处不在，压力无处不存。2010年之前，李宁公司在产品价格的定位上，将自己放在仅次于耐克、阿迪达斯等高档国外品牌之后，但高于第二梯队的安踏、匹克等国内品牌。2010年之后，随着品牌的调整，李宁公司将产品价格定位于与第一梯队比肩的水准。然而，中国消费者的品牌忠诚度并不牢固。在国内，特别是二三线城市，面对李宁公司推出的高价格新品，许多消费者转而购买其竞争对手安踏、匹克等公司推出的低价格产品，导致李宁公司大量存货无法销售变现。

（五）品牌、产品、价格差异化小

品牌是产品的灵魂，产品是品牌的载体，价格是产品由使用价值转向货币价值的桥梁。而我国体育用品行业在产品和品牌差异化方面相距甚远，具体表现为：（1）各主要品牌提供的服装和鞋类在面料、设计、样式上不显著。（2）品牌差异化小。国产体育品牌自身内涵、核心竞争力难以与国际大品牌阿迪达斯、耐克相比。（3）价格差异化不明显。主要定位于中低端市场，各品牌集中形成"价格战"。

三、李宁公司再转型战略及其成效

（一）李宁公司再转型战略

在经历品牌重塑转型之痛后，2015年8月8日，成立25周年的李宁公司宣布战略方向将由体育装备提供商向"互联网+运动生活体验"提供商转变。这一战略的背后，意味着李宁公司要在产品、渠道、O2O模式、跨界合作、消费者互动方式上以及数字化生意平台的构建上发力，打造一个"数字化的生意平台"。"以数字化获取用户信息、数据，不断了解用户潜在的新需求，才可以更精准地创造产品、推送服务。"李宁公司认为"互联网+"的时代要以"运动体验"为核心重构竞争力，从产品、渠道、品牌体验等多维度全力打造"李宁运动体验"。开设体验店，很好地拉近了与"90后"之间的距离。

为解决"互联网+"引来的物流管理问题，2015年12月，李宁公司与京东达成合作，京东物流为李宁公司提供从产品到门店的整体物流解决方案，实现了京津地区866个区县门店货品"次日达"。这不仅有助于整体提升零售运营效率，也为全方面推进其O2O战略打下了基础。

表5-7反映了电子商务对李宁品牌的销售影响。从中可见，2015年之前李宁公司的产品主要依赖于国内市场，对国际市场的依赖程度较低，同时没有通过电子商务渠道实现销售，而转型后通过线上线下的营销战略，使得李宁公司2016年的电子商务渠道销售占比上升到14.3%。可见再转型战略对李宁公司的新产品促销以及旧货处理产生了积极的推动作用。

表5-7　　　　　　　　　　　　李宁品牌的销售渠道　　　　　　　　　　　　单位：%

年份 项目	2016	2015	2014	2013	2012	2011	2010	2009
中国市场：								
销售予特许经销商	51.2	55.4	61.2	64.7	75.6	79.0	83.8	86.6
直接经营销售	31.9	33.8	35.8	32.6	22	19.1	14.8	12.4
电子商务渠道销售	14.3	8.6						
国际市场：	2.6	2.2	3.0	2.7	2.4	1.9	1.4	1
合计	100	100	100	100	100	100	100	100

资料来源：根据李宁公司各年度报告披露数据整理。

（二）李宁公司再转型的业绩表现

1.2016年财报表现

在李宁本人回归一年之后，公司终于结束连续三年的亏损局面。2017年4月6日，李宁公司在港交所披露2016年业绩报告，报告期内公司实现营业额80.15亿元，同比增长13.06%；净利润7.01亿元，其中包括出售红双喜10%股权的净收益3.13亿元。

从品牌和产品种类来看，核心品牌李宁牌2016年收入79.25亿元，占集团总收入的98.9%。从存货来看，截至2016年12月31日，李宁公司计提存货拨备4.13亿元，而2015年年末的数据为1.69亿元。

从销售渠道来看，截至2016年年末，李宁品牌销售点数量为6 440个，较2015年底净增307个；经销商39家，较2015年减少了17家。

2.主要财务指标的变化

2009年以来，李宁公司各年的主要财务指标情况见表5-8。

表5-8 　　　　　　　　　　　李宁公司各年主要财务指标对比表

项目 ＼ 年份	2016	2015	2014	2013	2012	2011	2010	2009
每股盈利：								
基本（分人民币）	29.03	0.66	(49.97)	(29.91)	(187.96)	27.94	105.84	90.75
摊薄（分人民币）	28.95	0.66	(49.97)	(29.91)	(187.96)	27.79	104.39	89.61
盈利能力比率：								
毛利率（%）	46.2	45.0	44.6	44.5	37.8	47.3	47.3	47.3
权益持有人应占权益回报率（%）	17.9	0.6	(33.7)	(18.2)	(77.8)	8.6	36.7	41.3
资产效率：								
平均存货周转期（天）	82	100	109	104	90	72	52	53
平均应收贸易款项周转期（天）	64	69	71	89	97	63	52	47
平均应付贸易款项周转期（天）	87	93	84	104	112	91	71	70
资产比率：								
负债对权益比率（%）	69.7	109.7	198.3	116.4	261.5	86.7	89.1	94.1
有息负债对权益比率（%）	19.2	40.5	86.4	39.4	130.8	13.5	9.3	9.7
每股资产净值（分人民币）	200.56	180.91	151.34	211.4	172.03	350.92	339.04	273.92

资料来源：根据李宁公司当年年报公告数据（财务摘要和财务回顾）整理。

从表5-8中各种指标可以看出：

在盈利能力方面，自2011年开始，李宁公司每股收益和股东回报率都出现了下滑的态势，2012年这两项指标均为负值，同时毛利率相较于2009年下降了9.5个百分点。再转型之后，开始向好的方向转变。

在资产效率方面，自2011年开始，李宁公司的存货周转以及应收贸易款项周转经历了速度放慢再到转型后的向好趋势。同时，李宁公司的应付贸易款项的周转也几乎经历了同样的改变。这说明2010年李宁公司由于品牌重塑战略转型带来的不良反应，再重启希望之路后已经向好转变。

在资产比率方面，从2012年开始，李宁公司负债对权益比率以及有息负债对权益比率明显上升，给公司带来较大的偿债和付息压力，经过2015年的再战略转型之后，此种情况有所好转，债权人保障程度得以提升。资产管理效率的提高以及盈利能力的增强，也带动了李宁公司每股净资产的上升。

上述财务数据及其指标显示，李宁公司的再转型战略取得了积极的成效。

四、李宁公司两次转型战略的启示

（一）企业应审时度势制定发展战略

当企业经营景气时，说明企业战略是有效的，轻易改变战略也许会付出沉重的改革代价，而纠正这种转型决策失误，需要的是冷静的头脑以及有效的应对策略。

（二）运用大数据分析的力量，精准把握客户的消费需求

未来消费者的选择更趋向于对于品牌的追求，通过提供具有特色的用户体验从而打造和提升品牌价值及其影响力，将带动企业的长远发展。通过大数据分析，引领企业整体业务运营向精准、快速的方向转变是未来体育用品行业的必然选择。

（三）要考虑转型可能对企业财务成果及其价值的影响

作为体育用品企业，未来要考虑如何在政策的引领下，合理及谨慎地运用资源，通过优化销售渠道，变革以零售业务模式为重心的惯常思维，实现为股东持续创造价值的目标。

第四节　企业战略的识别方法

在同业对比中，如何借助财务分析手段，通过对同行业不同企业发展战略的分析，取得竞争优势，这就是要进行战略识别。本节选取牧原股份作为对象，通过对其一体化产业链独特经营模式的研究，分析其成本管理体系及成本管控成效。希望能对正在向规模化、标准化转型中的中国企业成本管控战略提供借鉴，也期待着通过对牧原股份成本管控战略的分析，说明战略识别的方法。

一、公司简介

牧原股份始建于1992年，历经20多年的发展，率先在国内建立了集科研、饲料加工、生猪育种、种猪扩繁、商品猪饲养为一体的完整封闭式生猪产业链，引起国内外业界的广泛关注。2014年1月28日，牧原股份在深交所上市（股票代码002714），公司持有股本516 873 109.00元，股份总数51 687.31万股。上市之后，牧原股份经历了从业绩下滑向业绩表现突出的转变。截止到2016年6月30日，其每股收益为2.02元，稳居养殖行业第一名，市值达到了262.26亿元。目前，牧原股份已经成为一家集约化养猪规模位居全国前列的农业产业化国家重点龙头企业。

二、主要经营业绩

从图5-11牧原股份2009年到2015年的财务数据看，其营业收入和净利润增幅明显。营业收入持续增加，2015年达到300 347.47万元。净利润总体呈现上升态势，但刚上市后的2014年净利润只有8 019.81万元，比2013年的净利润下降较多，其原因是养猪业是周期性产业，由于2014年市场猪肉价格下跌，导致公司利润大幅缩水。但在2015年营业收入增加的情况下，牧原股份的营业成本低于2014年，下降到249 937.59万元，这足以证明2015年牧原股份成本管控体系效用的增加，成本管控更加有力。

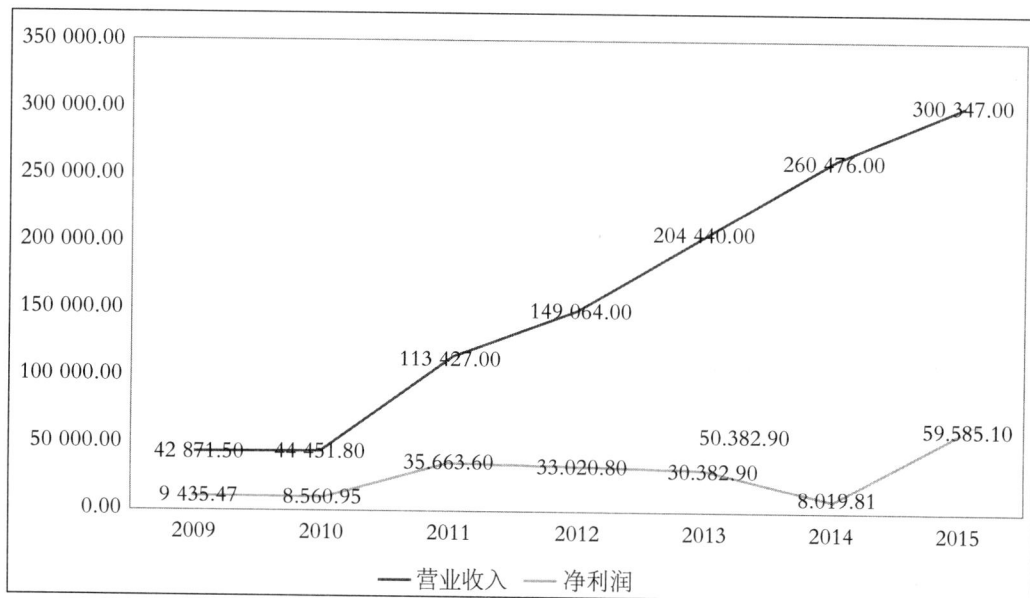

图5-11　牧原股份的营业收入和净利润趋势表

三、成本管控优势

成本控制能力强是牧原股份的核心优势。与行业内同类公司比较，牧原股份通常能够获得单头百元的超额收益。2015年牧原股份的利润表各项目增减变动趋势如表5-9所示。数据显示牧原股份的年净利润增长6.42倍，在营业收入增长15.31%的前提下，同期的营业成本却反向下降了5.80%。

表5-10反映了牧原股份营业收入的构成，作为免税企业的牧原股份，其营业毛利率从2014年12月31日的7.73%上升到2016年1季度末的46.07%，营业净利润也由同期的3.08%上升到40.34%。期间费用占比相对稳定，变化不大。这说明牧原股份营业净利润的提高主要在于营业收入和营业成本的双重影响。结合表5-9的数据可以分析出，在牧原股份营业收入增长15.31%的前提下，其营业成本不仅没有上升反而下降5.8%，说明牧原股份在营业成本方面确实具有管控优势。

表5-9　　　　　　　　　　　　牧原股份2015年利润表各项目增减变动趋势　　　　　金额单位：万元

报表日期 项目	2015	2014	增减幅度
一、营业收入	300 347.00	260 476.00	15.31%
二、营业成本	249 938.00	258 578.00	−3.34%
营业成本	226 391.00	240 329.00	−5.80%
营业税金及附加			
销售费用	620.13	529.04	17.22%
管理费用	10 174.80	7 410.09	37.31%
财务费用	12 750.00	10 309.80	23.67%
资产减值损失	1.27	−0.42	−402.38%
投资收益	133.27	198.97	−33.02%
其中：对联营企业和合营企业的投资收益	90.54	75.13	20.51%
三、营业利润	50 543.20	2 097.53	2 309.65%
营业外收入	9 157.55	6 061.92	51.07%
营业外支出	115.63	139.64	−17.19%
非流动资产处置损失	112.93	138.89	−18.69%
利润总额	59 585.10	8 019.81	642.97%
所得税费用			
四、净利润	59 585.10	8 019.81	642.97%

资料来源：根据新浪牧原股份利润表计算，由于新浪对数据进行了技术处理，数据间关系略有尾差，不影响分析结论。

表5-10　　　　　　　　　　　　　　牧原股份的营业收入构成

报表日期 项目	2016年1季度	2015	2014
营业收入	100.00%	100.00%	100.00%
营业成本	53.93%	75.38%	92.27%
营业毛利率	46.07%	24.62%	7.73%
销售费用	0.19%	0.21%	0.20%
管理费用	3.44%	3.39%	2.84%
财务费用	4.00%	4.25%	3.96%
营业利润	38.64%	16.83%	0.81%
营业净利润	40.34%	19.84%	3.08%

牧原股份是我国生猪养殖行业的标杆企业，其一体化的养殖模式使其具有独特的成本管理体系，长期将生猪养殖成本控制在行业最低的水平。与温氏股份、正邦科技、雏鹰农牧、天邦股份、罗牛山等上市生猪养殖企业相比，牧原股份一直具有低成本的绝对优势，而在控制成本方面，牧原股份独特的成本管理体系扮演着至关重要的角色。

表5-11反映了2015年度牧原股份与同业的对比情况。从中可见，无论是营业收入还是归属于上市公司股东的净利润总量，牧原股份在行业中并不具有领先地位，但却具有行业最高的净利润增长速度和营业毛利率，这说明了牧原股份的成本管控独具特色。

表5-11　　　　　　　　　　　　　**2015年度牧原股份与同业对比**　　　　　　　　金额单位：元

项目	营业收入		归属于上市公司股东的净利润		营业毛利率
	总量	同比增减幅度	总量	同比增减幅度	
罗牛山	729 998 909.71	−27.42%	60 829 607.84	19.30%	17.78%
温氏股份	48 237 369 754.91	24.57%	6 205 366 551.21	130.77%	19.57%
雏鹰农牧	3 619 021 187.48	105.43%	220 422 327.16	216.34%	15.43%
牧原股份	3 003 474 722.79	15.31%	595 850 841.56	642.97%	24.62%

资料来源：各公司2015年度报告，营业毛利率来自新浪股票。

四、成本管控实施的背景与意义

（一）企业的经营环境发生了很大变化

从经营环境观察，目前企业面临的市场竞争更加激烈，资源配置更加依赖于市场，政策因素的影响越来越不显著，企业不再完全依赖于政策的扶持，而转向主要通过合理的价格、精准的服务及优秀的品牌等手段来实现。与散户养殖不同，如今的生猪养殖行业涌现了相对成熟的大规模养殖企业，如温氏集团、正邦科技、雏鹰农牧、牧原股份、天邦股份及海大集团等，这些养猪企业不仅拥有质量上乘的产品，其品牌优势也不容小觑，市场竞争程度明显增强。在整体市场空间增加小于新进入企业数量的情况下，企业的盈利空间受到了压制，经营风险增大。因此，在风险系数日益增大、盈利空间日渐缩小的经营环境下，降低成本逐渐成为企业的不二选择。

（二）客户行为趋向多样化和自主化

随着商品经济的发展，客户的行为向多样化和自主化发展。面对琳琅满目的商品和多种服务，客户拥有更多的选择权，其享受服务的方式也更加丰富，选择的自主性也随之增加。同时，由于市场上同质产品的增加，品牌成为客户选择商品服务的主要标的，客户对品牌的信赖度随之提高。因此，对于企业来说，与客户建立良好的关系以及产品的个性化、差异化管理尤为重要。管理费用的增加可能导致产品的利润空间缩小，而降低成本正是企业应对客户行为变化的必然选择。

（三）信息技术以及互联网的挑战

随着经济的发展，互联网、信息技术等新事物的出现，企业发展面临着一系列的挑战。"互联网+"正在成为传统企业转型的趋势，对于养猪企业来说，能否有效地应对互联网的变化以及顺应"互联网+"的趋势，是其未来发展面临的必然挑战，经济不确定性增强。

（四）先进企业的经验证明了成本精细化管理的价值

近年来，一些企业相继引进 ERP 软件，实现了成本核算、控制和分析等方面的信息化管理，为我国企业实行成本精细化管理，全面提升内部管理水平，保证"质量、效益、规模"协调发展进行了积极的探索。

（五）优化养猪行业成本管控，提升企业利润空间

养猪行业是关系国计民生的重要基础性产业，猪肉价格也影响着整个食品市场的稳定，因此，成本战略是养猪行业的必然选择。在饲料价格上涨、土地使用法规和环保趋于严格、疾病控制等成本因素约束下，养猪企业的利润空间不断缩小，但牧原股份却运用有效的成本管控和先进的技术全产业链，实现了利润的快速增长。因此研究牧原股份的成本管控有助于实现示范效应，推动我国生猪养殖企业的共同成长。

五、成本管控战略的特色与经验

（一）实施全产业链管理

牧原股份凭借高效科学的成本管理体系，将养殖成本降到业界最低，并凭借着低成本的优势位居行业的领先位置，其成功的成本管理体系很大程度上来源于一体化的封闭生产链。牧原股份建立起集饲料加工、生猪育种、种猪扩繁、商品猪饲养为一体的完整封闭式生猪产业链，并通过参股40%的河南龙大牧原肉食品有限公司，介入下游的生猪屠宰行业，形成了以"自育自繁自养大规模一体化"为特色的生猪养殖模式。除此之外，自动化水平较高的猪舍和饲喂系统、强大的生猪育种技术、独特的饲料配方技术、优越的地域环境、较高的市场认可、扎实的生产管理和一支强大的技术人才队伍赋予了牧原股份强劲的发展动力，并使其在疫病防控、产品质量控制、规模化经营、生产成本控制等方面拥有明显的竞争优势。这一生产模式是值得其他养猪企业借鉴的。

（二）自养模式和一体化经营带来持久的低成本优势

影响生猪养殖成本的因素主要包括饲料成本，即小麦、玉米、豆粕等原材料的价格；仔畜成本，即种猪的价格；防疫成本、人工成本、折旧成本等。在研究过牧原股份的养殖模式及经营理念后发现，其"自育自繁自养大规模一体化"的自养模式以及一体化经营的产业集群效益是造就其独特成本管理体系的重要前提。自养模式和一体化经营带来的领先要素之间相互协同、相互增强，大大提高了其他竞争者的仿效难度，使牧原股份的低成本优势具有持久性。

1.自养模式

自养模式催生一体化的产业链，可以减少中间环节的交易成本，并在最大程度上避免了市场上饲料、种猪等需求不均衡波动对养殖成本的影响。与非完全自养模式相比，

首先，自养模式实现了产业链的闭环，有效地降低了各环节的交易成本。其次，闭环的产业链使得整个生产流程都处在牧原股份的可控范围内，公司可以通过内部管理避免不利的市场因素干扰，有效削弱了市场上饲料、种猪等需求不均衡波动对公司生产造成的影响，增强了公司抵抗市场风险的能力。较低的交易成本和对生产流程的控制力使得牧原股份可以将成本长期稳定在相对较低的水平。

2.一体化经营的产业集群效益

集饲料加工、生猪育种、种猪扩繁、商品猪饲养等多个环节于一体的完整生猪产业链，使得上游生产链可以更灵活地协调配合下游生产链的生产，一体化整合有助于整个产业链生产效率的提高，减少低效带来的成本。牧原股份拥有较强的生猪育种技术，能够在不断提升核心种猪群生产性能的前提下，自主扩大核心种猪群规模，培育出性能更为优良的曾祖代种猪，从而可避免重复大规模引进原种猪带来的成本。此外，牧原股份还具有饲料配方研发、饲料加工生产能力，从而有效减少了饲料的包装、分拆、损耗等成本。

（三）按照全产业链进行成本管控

牧原股份按照生猪养殖涉及的产业链条进行成本管控。具体来讲，生猪的养殖成本包括饲料成本、仔畜成本、人工成本、防疫成本、运输成本和折旧成本等。饲料成本、仔畜成本和人工成本占饲养总成本的大致比重见表5-12。

表5-12　　　　　　　**饲料、仔畜、人工成本占总成本比重**　　　　　　单位：%

项目 年份	饲料	仔畜	人工	合计
2011	58.48	11.24	15.73	85.45
2012	60.97	10.02	15.03	86.02
2013	61.88	15.58	11.63	89.09
2014	64.59	14.47	11.58	90.64
2015	65.89	13.53	11.26	90.68

资料来源：搜猪网。

由表5-12可以看出，饲料成本、仔畜成本和人工成本是饲养生猪的主要成本，约占总成本的85%~95%。

1.饲料成本

饲料成本是生猪养殖企业最主要的投资，占总成本的50%~70%，而小麦、玉米等原材料价格则是构成饲料成本的主要部分。在控制饲料成本的环节上，牧原股份采用了根据原料价格调整配方的管理办法，有效地避免了部分原材料价格上涨对最终饲料成本的不利影响。此外，牧原股份还制定了精细化的饲料配方，精细化的饲喂技术有效地降低了料肉比，降低了养殖成本。

以2014年为例，玉米价格上涨很多，而小麦价格则相对稳定，在此情况下，牧原股份选择以小麦为主的饲料配方。据"投资者关系活动记录表"数据显示，公司2014年上半年饲料成本与2013年同期差不多，并未受到市场波动的影响。

2. 仔畜成本

通常来讲，仔畜成本易受市场上的种猪价格和饲料价格的影响，但得益于自养模式的一体化产业链，牧原股份可以最大程度避免市场波动带来的不利影响，因此自养模式在一定程度上有效控制了仔畜成本。

3. 人工成本

人工成本主要受饲喂系统设备的自动化程度影响，自动化程度越高，人工成本就越低。因此，在控制人工成本的环节，牧原股份运用了提高饲喂系统自动化程度的方法有效控制成本，即采用自动、半自动饲喂系统，并在新建、改造猪舍时，安装高架网床，让员工少干体力活，降低每头猪的人工成本。科学的设备设施对成本控制的效果显著，例如，在育肥阶段，公司1名饲养员可同时饲养2 700～3 600头生猪（根据猪舍条件），生产效率高于国内行业平均水平。

4. 防疫成本

对于防疫成本控制而言，在猪病越发复杂、防控成本高涨的当下，预防成本远远低于治疗成本，因此牧原股份在防疫方面主要通过建立完善的消毒、防疫制度，创立外部预警、内部预警的预警防疫体系来控制疾病灾害的成本。

5. 运输成本

运输成本的控制主要体现在两个方面：一方面，一体化生产链产生的集群效应使得生产各环节间物料运输成本降低。另一方面，牧原股份饲养基地处于素有"中州粮仓"的河南省南阳市，农业基础较好，公司可以凭借地理优势降低原材料采购成本。

6. 折旧成本

与人工成本、饲料成本等相比，折旧成本间接影响生猪的养殖成本。在折旧环节，牧原股份采用自行设计、自行建设猪舍的方法有效降低了折旧成本。创始人秦英林从1992年开始养猪起，就不断对猪舍的设计和建设进行研究、创新，从而有效降低了固定资产折旧成本。

（四）良好的企业文化和成本管理理念

牧原股份的核心文化是诚实守信，勇担责任，甘于奉献，乐于分享。本着公正公平、公开透明、简单省心、高效共赢的经营准则，本着不投机、不巧取、不豪夺、绝不拿金钱做交易的行为准则，以及利而不害、为而不争的处事准则进行经营管理。这些思想和理念深刻影响着牧原股份的员工。员工持股计划的奖励调动了员工的积极性，实现了员工利益与企业利益、股东利益等利益的平衡。实施员工持股计划也彰显出控股股东和员工对公司做大做强的信心。

以"成本承包"为核心管理理念贯穿于成本管控的始终。牧原股份成本管理体系以"成本承包"为核心管理理念，公司按每头猪的生产成本（饲料、药品）等对员工进行生产承包，节约有奖励，超过有惩罚。牧原股份会根据不同的猪场、不同饲养阶段的特征，以及成活率、饲料成本、药费、品质指标等数据，制定科学、动态的模拟成本考核指标，明确监督措施，根据模拟成本考核指标对生产人员考核，并且考评结果直接与生产人员的薪酬挂钩。这种管理方法不仅使各岗位饲养员的工作强度、工作水平和工作效率具有可比性，规范了各岗位的职能行为，提高了生产人员的责任心和积极性，更激发员工自发地控制并降低每头猪养殖成本，最终达到高效成本管控的目的。

六、案例启示

牧原股份凭借高效科学的成本管理体系，将养殖成本降到业界最低，并凭借着低成本的优势位居行业的龙头位置。对于其他养猪企业来说，应结合自己的特点和优势，有选择地借鉴牧原股份的成本管理模式，实现利益的最大化。

重要概念

企业战略　战略管理　SWOT分析　波士顿矩阵法　内部因素评价法　外部因素评价法

复习思考

1.企业战略分析有哪些基本方法？

2.财务报表分析与企业战略之间是怎样的关系？

3.战略决策会对财务结果产生怎样的影响？请结合李宁公司案例进行相关分析。

4.你从哪些方面能看出牧原股份的成本管控战略带来了管理成效？

操作练习

1.请选择一家上市公司通过对财务数据及其指标的分析，研究其战略选择及其实施成效。

2.请大家研究春秋航空公司的低成本管控战略。

3.请大家研究东阿阿胶的涨价风波及其产品竞争战略。

第六章

筹资视角

【导语】筹资活动是企业最基本的财务活动，同时也是金融市场投融资双方面临的机遇与挑战。其根源在于资金如同企业的血脉，既关系着企业的生存发展，又关系着投资者的利益与风险，为此，监管者也不敢有丝毫的懈怠。本章的目的是在明确企业筹资类型和管理目标的基础上，梳理筹资中涉及财务分析的情形以及关注点，洞察企业筹资风险产生的成因，并通过案例分析，说明进行筹资分析的方法。

本章内容要点

第一节　　管理目标与分析目的

本节将在筹资归类和明确管理目标的基础上，就筹资活动中进行财务分析的情形与关注点进行描述，然后总结筹资分析的目的。

一、企业筹资的类型与管理目标

筹资分析的前提是要了解企业各类筹资方式的优缺点，明确筹资活动的管理目标，然后开始评价活动。

（一）企业筹资的类型

对企业筹资可以从不同角度来分类，按照资本属性划分，可分为权益筹资与债务筹资。

权益筹资是指企业为了取得权益资本，通过发行股票、吸收投资者直接投资以及内部收益留存等方式进行的筹资活动，它体现的是投资者与企业之间的投资与被投资关系。权益资本具有以下特点：（1）是一种永久性资本，可以在企业内长期发挥作用；（2）一般无固定的负担；（3）不能获得财务杠杆利益；（4）资本成本相对较高；（5）可能造成企业控制权的分散化。

债务筹资是指企业为了取得债务资本，通过银行借款、发行债券、商业信用等方式进行的筹资活动。它体现的是债权人与企业之间的债权债务关系。债务资本与权益资本不同，其具有以下特点：（1）是一种具有时间约束性的临时性资本，不能在企业内长期发挥作用；（2）有固定的还本付息负担和财务风险；（3）能够获得财务杠杆利益；（4）资本成本相对较低；（5）不会造成企业控制权的分散化。

在资产负债表中权益筹资和债务筹资分别表现为企业的所有者权益（股东权益）以及总负债。

（二）企业筹资活动的管理目标

在不完全市场条件下，公司价值依赖于自身的财务杠杆、投资机会和成长率等因素。一般认为，具有良好投资机会的高成长性公司应该选择权益融资，而投资机会不佳的低成长性公司主要应该选择债务融资。但是在现实中，多数公司可能同时拥有高成本的权益融资和低成本的债务融资组合。

筹资活动的管理目标是指企业在一定时期内进行筹资活动所要达到的成果或效果。企业筹资是以让渡资本成本为代价，以获取企业可持续发展和价值增值为目标的管理活动。筹资活动的管理目标就是要合理安排资本结构，在满足筹资总量需求的条件下，降低企业综合资本成本和财务风险，最终实现企业价值增值的目标。

二、筹资中涉及财务分析的情形与关注点

根据企业具体筹资方式的不同，企业筹资中涉及财务分析的情形及关注点如表6-1所示。

表6-1　　　　　　　**企业筹资中涉及财务分析的情形与关注点**

筹资中涉及财务分析的情形	关注点
股票筹资	1.发行股票要具备的条件 2.股票筹资的优缺点 3.股票发行价格及发行方式 4.投资价值与风险 5.对公司控制权的影响 6.对公司资本结构的影响
债券筹资	1.发行债券要具备的条件 2.债券筹资的优缺点 3.普通债券与可转换债券的选择 4.债券发行价格及发行方式 5.债券投资价值与风险 6.对公司资本结构的影响
银行借款筹资	1.借款筹资要具备的条件 2.借款筹资的优缺点 3.借款筹资的财务风险 4.对公司资本结构的影响
租赁融资	1.租赁筹资要具备的条件 2.租赁筹资的优缺点 3.租赁筹资的财务风险 4.对公司资本结构的影响

第六章 筹资视角

对于同样的筹资现象，观察者站立的角度不同，就会有不同的关注点。站在投资者的角度，会关注企业筹资的目的、所投资项目的价值以及对自身利益的影响；站在债权人的角度，会关注筹资对企业偿债能力与偿债风险的影响；站在企业管理者的角度，会关注不同筹资方式对其资本结构、财务风险以及企业价值的影响；站在政府监管的角度，会关注企业筹资的需求偏好及对其监管和调控的影响。

三、进行企业筹资分析的目的

（一）了解财务报表中反映的企业筹资信息

企业筹资的具体方式和结果反映在资产负债表的右方，并且具体的筹资方式决定着企业的资本价值、结构及其比例变化。利用资产负债表和利润表中的部分数据可以分析评价企业的偿债能力、财务风险以及资本结构对公司综合资本成本和价值的影响。

（二）分析企业筹资的动因

企业筹资的动因可归类为扩张性动因、调整性动因以及混合类动因。

扩张性筹资动因是企业为扩大生产经营规模或对外投资的需要而进行的筹资行为。通常那些具有良好发展前景、处于成长期的企业，往往会产生扩张性的筹资动机。扩张性筹资活动，无论在筹资的时间上还是数量上都要服从于投资战略和计划安排，以免贻误投资时机或造成资金的闲置。扩张性筹资的直接结果，表现为资产总规模的增加和资本结构的明显变化。

调整性筹资动因是指企业因调整资本结构而产生的筹资动机。资本结构调整的目的在于降低资本成本，控制财务风险，提升企业价值。调整性筹资动因大致有两个：一是优化资本结构，合理利用财务杠杆效应；二是偿还到期债务，进行债务结构内部调整。由于调整性筹资的目的是为了调整资本结构，不是为企业经营活动追加资金，因此这类筹资通常不会增加企业的资本总额。

混合类筹资动因是指同时兼具扩张性动机和调整性动机的筹资动机。在实务中，企业筹资的目的可能不是单纯和唯一的，通过追加筹资，往往是既想满足经营活动、投资活动的资金需要，又想达到调整资本结构的目的。混合性筹资动因一般是基于企业规模扩张和调整资本结构两种目的，因此，既能增加企业的资产总额和资本总额，也能带来企业资产结构和资本结构的同时变化。

在筹资活动分析中，要注意观察筹资方筹资的经常性行为，并分析这种行为本身给予的启示性信息。如某上市公司经常采用定向募资方式，就要分析其原因以及对其他投资者的潜在影响。

（三）了解不同筹资方式的优缺点

有比较才有鉴别。为了便于对企业筹资进行分析，现将不同筹资方式的优缺点及其比较列入表6-2中，目的是便于大家进行比较和记忆。表中的内容主要是基于筹资方企业角度进行的总结归纳。当我们了解了不同筹资方式的优缺点后，就会对企业筹资的动机和倾向进行深入思考，并拓宽财务分析的空间。

表6-2 **不同筹资方式的优缺点及其比较**

筹资方式	不同筹资方式的优点	不同筹资方式的缺点
普通股筹资	1.资本具有永久性 2.无固定的股利负担 3.有利于增强公司的举债能力 4.易吸收资金	1.资本成本相对较高 2.无财务杠杆效应 3.可能会分散公司的控制权 4.可能引起每股收益和每股市价的下跌
优先股筹资	1.兼具债券和权益资本属性 2.优先分配固定的股利 3.优先分配公司剩余财产 4.可由公司赎回，调整资本结构	无财务杠杆效应
长期借款筹资	1.筹资速度快 2.借款成本相对较低 3.借款弹性较大 4.可以发挥财务杠杆的作用	1.有财务风险 2.筹资数额有限
普通债券筹资	1.债券成本较低 2.可利用财务杠杆 3.能保障公司的控制权	1.财务风险高 2.限制条件较多 3.筹资数量有限（累计发行的债券总额不超过公司净资产的40%）
可转换公司债券筹资	1.有利于降低资本成本 2.有利于筹集更多资本 3.有利于调整资本结构 4.有利于避免筹资损失	1.转换后综合资本成本上升 2.面临投资者不愿转股的压力 3.股价上扬风险 4.回售条款的规定可能使公司遭受损失
租赁筹资	1.迅速获得所需要的资产 2.限制较少 3.避免设备陈旧 4.租金分期支付，财务压力少 5.租金税前支付，可获得财务杠杆利益	成本高（利息、手续费等）

（四）分析企业是否具有最佳的资本结构

资本结构是指企业各种资本的价值构成及其比例关系，包括广义的资本结构和狭义的资本结构。广义的资本结构是指企业全部资本的价值构成及其比例关系；狭义的资本结构是指企业长期资本的价值构成及其比例关系，尤其是指长期债务资本与权益资本之间的价值构成及其比例关系。政策因素、行业状况、企业的理财目标、企业的生命周期、企业的利益相关者以及经营者自身的财务状况都会影响到企业资本结构的安排。

之所以要重视研究资本结构，其意义在于：（1）合理安排资本结构，可以获得财务杠杆利益；（2）合理安排资本结构，可以降低企业的综合资本成本；（3）合理安排资本结构，可以增加企业的价值。

在企业的资本结构决策中，合理利用债务筹资，科学地安排债务资本的比例，保持适度的负债率是企业筹资的核心问题，它对企业具有十分重要的意义。从理论上讲企业存在一个最佳资本结构。最佳资本结构是指在企业适度风险的条件下，能够使企业的综合资本成本最低，同时企业价值最大的资本结构。

第二节　企业筹资风险分析

与企业筹资相关的风险表现为经营风险和财务风险。谈及融资问题，两类风险皆不可忽视。在本节需要了解两种不同类别的风险概念、风险影响因素、影响程度，掌握运用财务报表进行筹资风险分析的方法。

一、与风险分析相关的两个公式

为了分析与企业筹资相关的风险，有必要先梳理两个重要公式：

息税前利润=销售收入−变动成本总额−固定成本总额

=销售量×（单价−单位变动成本）−固定成本总额　　　　　　　　　　　（公式1）

税后利润=息税前利润−利息−所得税　　　　　　　　　　　　　　　　（公式2）

公式1，反映了影响企业息税前利润的因素，也就是导致企业产生经营风险的因素，这些因素包括销售量、单价、单位变动成本和固定成本。经营风险是指企业因经营上的原因导致息税前利润变动的风险。在固定成本一定的条件下，如果企业能够实现足够多的销售量或者销售收入，就会产生一种经营杠杆效应。

公式2，反映了影响企业税后利润的因素，也就是导致企业产生财务风险的因素，包括息税前利润、与利息相关的资本总额、负债比率、利息率等因素。财务风险是指企业全部资本中债务资本比率的变化所导致的权益资本所有者收益下降甚至可能破产的风险。在利息一定的条件下，如果企业有足够多的息税前利润，也会产生一种财务杠杆效应。

二、对企业经营杠杆及其影响程度的分析

（一）经营杠杆与经营杠杆利益

企业有无财务风险，能否获得财务杠杆利益，很大程度上受到经营杠杆作用程度的影响，因此，为了降低财务风险，获得财务杠杆利益，企业必须研究对经营杠杆的利用。

经营杠杆是指由于固定成本的存在而导致的息税前利润变动率大于营业收入变动率的一种经济现象，它反映了企业经营风险的大小。这是因为固定成本具有在一定的业务量范围内保持稳定，不随着营业收入的变动而变动的特性。企业可以通过扩大营业额降低单位营业收入分摊的固定成本，从而增加息税前利润，形成企业的经营杠杆利益。因此，企业经营杠杆的利用程度可能会给企业带来经营杠杆利益，反之也可能带来经营杠杆损失。

（二）经营风险的衡量——经营杠杆系数

企业经营风险程度的大小，可用经营杠杆系数来度量。经营杠杆系数是息税前利润

（EBIT）变动百分比与销售量（营业收入）变动百分比之间的比例关系。用公式表示如下：

$$经营杠杆系数 = \frac{息税前利润变动百分比}{销售量（或营业收入）变动百分比}$$

用符号表示如下：

$$DOL = \frac{\Delta EBIT/EBIT}{\Delta S/S}$$

或：
$$DOL = \frac{\Delta EBIT/EBIT}{\Delta Q/Q}$$

公式中：DOL 表示经营杠杆系数；

EBIT 表示息税前利润；

$\Delta EBIT$ 表示息税前利润的变动额；

S 表示营业收入；

ΔS 表示营业收入的变动额；

Q 表示销售数量；

ΔQ 表示销售量的变动额。

经过进一步推导后，经营杠杆系数也可以用如下方式表示：

$$经营杠杆系数 = \frac{销售量 \times （单价 - 单位变动成本）}{销售量 \times （单价 - 单位变动成本） - 固定成本总额}$$
$$= \frac{销售收入 - 变动成本总额}{销售收入 - 变动成本总额 - 固定成本总额}$$

即：
$$DOL = \frac{Q（P-V）}{Q（P-V）-F}$$

或：
$$DOL = \frac{S-C}{S-C-F}$$

公式中：S 表示营业收入；

Q 表示销售数量；

P 表示单价；

V 表示单位变动成本；

C 表示变动成本总额；

F 表示固定成本总额。

经营杠杆系数的含义体现在：

第一，经营杠杆系数表明了营业收入变动所引起的息税前利润变动幅度。

第二，经营杠杆系数越高，经营风险越大；反之，经营杠杆系数越低，经营风险越小。

【例6-1】假设A企业2014年至2016年的营业收入、变动成本、息税前利润等情况分别如表6-3和表6-4所示。其中表6-3显示的A企业营业收入呈现上升的趋势，表6-4显示的A企业营业收入呈现下降的趋势。

表6-3　　　　　　　　　　　　　　A企业的经营风险测量表

年份	营业收入	营业收入增长率	变动成本	固定成本	息税前利润	息税前利润增长率
2014	2 000		1 600	200	200	
2015	3 000	50%	2 400	200	400	100%
2016	5 500	83.33%	4 400	200	900	125%

表6-4　　　　　　　　　　　　　　A企业的经营风险测量表

年份	营业收入	营业收入增长率	变动成本	固定成本	息税前利润	息税前利润增长率
2014	5 500		4 400	200	900	
2015	3 000	−45.45%	2 400	200	400	−55.56%
2016	2 000	−33.33%	1600	200	200	−50%

表6-3中2015年的经营杠杆系数＝100%÷50%＝2

表6-4中2015年的经营杠杆系数＝−55.56%÷（−45.45%）＝1.22

前者表明，A公司的营业收入每上升一个百分点，将带来息税前利润2个百分点的上升；

后者表明，A公司的营业收入每下降一个百分点，将带来息税前利润1.22个百分点的下降。

三、对企业财务杠杆及其影响程度的分析

（一）财务杠杆与财务杠杆利益

财务杠杆是指由于债务利息的存在而导致的税后利润或者普通股每股收益变动率大于息税前利润变动率的一种经济现象。

企业的全部资本是由权益资本和债务资本构成的，但权益资本报酬是在缴纳企业所得税后支付的，不能抵减所得税，不具有税盾效应；而付息债务是在税前支付的，可以产生税盾效益，从而降低企业的资本成本，并产生预期收益。因此，企业财务杠杆的利用程度可能会给权益资本所有者带来一定的财务杠杆利益，也可能带来一定的财务杠杆损失。财务杠杆利益是指企业利用债务筹资给权益资本所有者带来的额外收益。

（二）财务风险的衡量——财务杠杆系数

为了了解企业财务风险的程度，衡量企业利用债务筹资这个财务杠杆可能导致的杠杆利益和损失，可以通过财务杠杆系数加以度量。

$$财务杠杆系数 = \frac{税后利润变动百分比}{息税前利润变动百分比}$$

用符号表示如下：

$$DFL = \frac{\Delta EAT/EAT}{\Delta EBIT/EBIT}$$

式中：DFL表示财务杠杆系数；

　　　EAT表示税后利润；

　　　ΔEAT表示税后利润变动额。

或者：

$$财务杠杆系数 = \frac{普通股每股收益变动百分比}{息税前利润变动百分比}$$

用公式表示如下：

$$DFL = \frac{\Delta EPS/EPS}{\Delta EBIT/EBIT}$$

式中：EPS表示普通股每股收益；

　　　ΔEPS表示普通股每股收益变动额。

进一步推导后，财务杠杆系数也可以用以下方式表示：

$$财务杠杆系数 = \frac{息税前利润}{息税前利润 - 利息}$$

财务杠杆系数的含义体现在：

第一，财务杠杆系数表明了息税前利润变动所引起的企业税后利润变动或每股收益变动幅度。

第二，在资本总额、息税前利润相同的情况下，负债比率越高，财务杠杆系数越高，财务风险越大，但预期的税后利润或每股收益也会越高。

【例6-2】假设A企业2014年至2016年的息税前利润、债务利息以及税后利润情况分别如表6-5和表6-6所示。其中表6-5显示的A企业息税前利润呈现上升的趋势，表6-6显示的A企业息税前利润呈现下降的趋势。

表6-5　　　　　　　　　　　A企业的财务风险测量表

年份	息税前利润	息税前利润增长率（%）	债务利息	所得税（25%）	税后利润	税后利润增长率（%）
2014	200		100	25	75	
2015	400	100	100	75	225	200
2016	900	125	100	200	600	166.67

表6-6　　　　　　　　　　　A企业的财务风险测量表

年份	息税前利润	息税前利润增长率（%）	债务利息	所得税（25%）	税后利润	税后利润增长率（%）
2014	900		100	200	600	
2015	400	−55.56	100	75	225	−62.5
2016	200	−50	100	25	75	−66.67

表6-5中2015年的财务杠杆系数=200%÷100%=2

表6-6中2015年的财务杠杆系数=−62.5%÷（−55.56%）=1.12

前者表明，A公司的息税前利润每上升一个百分点，将带来税后利润2个百分点的上升；后者表明，A公司的息税前利润每下降一个百分点，将带来税后利润1.12个百分点的下降。

四、利用财务报表进行企业筹资风险分析举例

以上对企业经营风险、财务风险的分析是立足于理论推导和分析，为了说明利用财务报表进行企业经营与财务风险分析的方法，现以B公司为例。

B公司2016年的资产负债表、利润表及其结构分别如表6-7和表6-8所示。

表6-7 　　　　　　　　　　　　　　　B公司资产负债表 　　　　　　　　　　　金额单位：万元

资产	2016年末	2015年末	2016年末占比（%）	2015年末占比（%）
流动资产：				
货币资金	10	7	1.94	1.62
交易性金融资产	5	9	0.97	2.09
应收票据	7	27	1.36	6.26
应收账款	100	72	19.42	16.71
其他应收款	10	0	1.94	0.00
存货	40	85	7.77	19.72
其他流动资产	28	11	5.44	2.55
流动资产合计	200	211	38.83	48.96
非流动资产：				
可供出售金融资产	0	15	0.00	3.48
长期股权投资	15	0	2.91	0.00
固定资产	270	187	52.43	43.39
在建工程	12	8	2.33	1.86
无形资产	9	0	1.75	0.00
长期待摊费用	4	6	0.78	1.39
其他非流动资产	5	4	0.97	0.93
非流动资产合计	315	220	61.17	51.04
资产总计	515	431	100.00	100.00
流动负债：				
短期借款	30	14	5.83	3.25
应付票据	2	11	0.39	2.55
应付账款	22	46	4.27	10.67
应付职工薪酬	1	1	0.19	0.23
应交税费	3	4	0.58	0.93
应付利息	5	4	0.97	0.93
应付股利	10	5	1.94	1.16
其他应付款	9	14	1.75	3.25
其他流动负债	8	0	1.55	0.00
流动负债合计	90	99	17.48	22.97
非流动负债：				
长期借款	105	69	20.39	16.01
应付债券	80	48	15.53	11.14
长期应付款	40	15	7.77	3.48
非流动负债合计	225	132	43.69	30.63
负债合计	315	231	61.17	53.60
股东权益：				
股本	30	30	5.83	6.96
资本公积	3	3	0.58	0.70
盈余公积	30	12	5.83	2.78
未分配利润	137	15	26.60	3.48
股东权益合计	200	200	38.83	46.40
负债及股东权益总计	515	431	100.00	100.00

表6-8　　　　　　　　　　　　　　　　**B公司利润表**　　　　　　　　　　金额单位：万元

项目	2016年	2015年	2016年结构（%）	2015年结构（%）	绝对额增减变动趋势（%）
一、营业收入	750	700	100.00	100.00	7.14
减：营业成本	640	585	85.33	83.57	9.40
营业税金及附加	27	25	3.60	3.57	8.00
销售费用	12	13	1.60	1.86	−7.69
管理费用	8.23	10.3	1.10	1.47	−20.10
财务费用	22.86	12.86	3.05	1.84	77.76
资产减值损失	0	5	0.00	0.71	−100.00
加：公允价值变动收益	0	0			
投资收益	1	0	0.13	0.00	
二、营业利润	40.91	48.84	5.45	6.98	−16.24
加：营业外收入	16.23	11.16	2.16	1.59	45.43
减：营业外支出	0	0			
三、利润总额	57.14	60	7.62	8.57	−4.77
减：所得税费用	17.14	18	2.29	2.57	−4.78
四、净利润	40	42	5.33	6.00	−4.76

要求根据上述资料：

（1）说明B公司2016年利用商业信用方式取得的资金占全部资金的比重。

（2）说明B公司2016年留存收益为公司提供的资金占全部资金的比重。

（3）根据利润表计算2015年和2016年的息税前利润以及2016年的息税前利润变动百分比。

（4）计算B公司2016年的经营杠杆系数、财务杠杆系数和总杠杆系数，并说明B公司是否产生了经营杠杆效应和财务杠杆效应。

我们可以根据上述资料做如下计算：

（1）2016年利用商业信用方式取得的资金占全部资金的比重

　　　=应收票据占比+应收账款占比

　　=0.39%+4.27%=4.66%

（2）2016年留存收益为公司提供的资金占全部资金的比重

　　　=盈余公积占比+未分配利润占比

　　=5.83%+26.60%=32.43%

（3）2016年的息税前利润=利润总额+财务费用中的利息支出−利息收入

　　　　　　　　　　=57.14+22.86=80（万元）

2015年的息税前利润=利润总额+财务费用中的利息支出−利息收入

　　　　　　　　　=60+12.86=72.86（万元）

2016年的息税前利润变动百分比=（2016年的息税前利润−2015年的息税前利润）÷2015年的息税前利润

$$= （80-72.86）÷72.86$$

$$=9.80\%$$

（4）2016年的经营杠杆系数=息税前利润变动百分比÷营业收入变动百分比

$$=9.80\%÷7.14\%=1.37$$

2016年的财务杠杆系数=净利润变动百分比÷息税前利润变动百分比

$$=-4.76\%÷9.80\%=-0.49$$

2016年的总杠杆系数=经营杠杆系数×财务杠杆系数

$$=1.37×（-0.49）$$

$$=-0.67$$

上述计算结果标明，B公司产生了经营杠杆效应，其营业收入每上升一个百分点，则其息税前利润上升1.37个百分点。B公司没有产生财务杠杆效应，因为没有出现倍数现象。

第三节　普通股筹资分析的关注点及其案例分析

本节将以证监会网站公布的我国上市公司"证券市场筹资统计表"为例，说明上市公司权益筹资的主要方式，然后来分析格力电器收购珠海银隆定向募资被否的原因及启示。

一、普通股筹资分析的关注点

（一）关注普通股筹资的总体趋势

表6-9是来自证监会网站公布的截至2016年10月的"证券市场筹资统计表"数据，从中可见，我国上市公司首次发行募资主要集中于A股市场和H股市场，B股没有首发募资的现象。在再筹资中可利用的公开增发、定向增发、配股和权证行权四种融资方式中，上市公司主要采用了定向增发和配股两种方式，并且以定向增发（现金）作为最主要的筹资形式。在B股和H股市场的再融资额度都比较少，说明企业更倾向于在内地资本市场融资。

表6-9　　　　　　　　　　截至2016年10月的"证券市场筹资统计表"　　　　金额单位：亿元

时间	境内外筹资合计*	境内筹资合计*	首次发行金额			再筹资金额					
						A股					
			A股	B股	H股	公开增发	定向增发（现金）	配股	权证行权	B股	H股
2016.01	4 375.08	4 301.42	1.90	0.00	1.52	0.00	1 660.18	122.58	0.00	72.13	144.36
2016.02	1 734.41	1 676.74	40.09	0.00	0.00	0.00	744.41	68.68	0.00	0.00	57.67
2016.03	4 575.05	4 419.81	70.96	0.00	155.23	0.00	490.54	0.00	0.00	0.00	0.00
2016.04	2 997.65	2 824.83	36.97	0.00	172.57	0.00	908.89	40.18	0.00	0.25	125.30
2016.05	3 183.73	3 183.73	69.03	0.00	0.00	0.00	1 009.79	17.72	0.00	0.00	0.00
2016.06	3 866.92	3 866.92	64.58	0.00	0.00	0.00	1 061.92	31.59	0.00	0.00	0.00
2016.07	4 384.86	4 264.29	55.62	0.00	119.74	0.00	1 062.00	17.76	0.00	0.00	0.83
2016.08	4 303.63	4 229.94	278.22	0.00	73.69	0.00	994.53	0.00	0.00	0.00	0.00
2016.09	5 303.08	4 807.29	150.82	0.00	495.78	0.00	1 245.09	0.00	0.00	0.00	0.00
2016.10	4 465.57	4 158.58	156.41	0.00	92.08	0.00	1 053.64	0.00	0.00	0.00	214.90
合计	39 189.97	37 733.57	924.59	0.00	1 110.62	0.00	10 230.99	298.51	0.00	72.39	543.05

* 两项合计数中均含债券筹资额。

当看到这样一种资本市场融资趋势和方式时，无论站在哪一方分析者的角度，都要思考其原因以及它说明了什么问题。

（二）关注首次发行（IPO）融资的利弊与定价方法

公司首发上市融资的有利之处在于：（1）通过资本大众化分散公司风险；（2）提高股票的流动性；（3）便于筹措新资金；（4）拓展公司的社会影响力；（5）有利于公司价值的衡量。

公司首发上市融资的不利之处在于：（1）承担较高的信息披露成本；（2）信息披露可能暴露公司的商业秘密，降低竞争力；（3）股价可能会偏离公司价值，影响公司声誉，导致错误理解公司经营状况；（4）可能会分散公司的控制权。

上市公司首次发行普通股，其定价方法通常包括市盈率法、净资产倍率法以及现金流量折现法。

（1）市盈率法

发行价格＝每股收益×发行市盈率

确定每股净收益可使用完全摊薄法和加权平均法。加权平均法比较合理，其计算公式为：

$$每股收益 = \frac{发行当年预测属于普通股净利润}{发行前普通股总股数 + 本次公开发行普通股股数 \times（12 - 发行月数）\div 12}$$

（2）净资产倍率法

发行价格＝每股净资产值×溢价倍数

（3）现金流量折现法

$$每股净现值 = \frac{\sum 每个项目未来若干年内每年的净现金流量现值}{股份数}$$

按这个公式计算出的价格并非发行价格，发行价格通常要对每股净现值进行折让处理，一般折让20%～30%。

（三）关注定向增发再融资行为的目的和驱动因素

1.定向增发筹资的优缺点

定向增发指的是向少数特定的投资者发行股票，也就是非公开发行。定向增发对于发行方来讲是一种增资扩融，对于购买方来讲是一种股权投资。

与配股、公开增发、发行可转债等再融资方式相比，定向增发的程序比较简单而且费用也较低。正是由于这种有针对性和便利性的特点，定向增发逐渐成为资本市场主流的资本运作形式，在上市公司的再融资中起着非常重要的作用。在我国，自2006年证监会推出再融资管理办法以来，定向增发越来越受上市公司的欢迎，成为上市公司再融资的主流选择。特别是在2014年，股票市场定增数目和融资规模同比均有大幅增加。

定向增发的缺点是可能造成对现有股东利益的损害，且有限售期以及存在控制权被稀释与转移的威险。低价增发被指有"利益输送"之嫌。由于定向增发一般有现金投入和项目支撑，有利于增厚公司业绩，因此定向增发可以理解为对上市公司的利好消息。

但是如果增发价格明显偏低，就会让增发对象获得低风险、高收益的投资机会，造成对原有股东利益的损害。

2.定向增发的目的

按照定向增发的目的来划分，主要分为收购资产、项目融资、借壳上市、补充流动资金、支付对价和其他。表6-10和表6-11分别反映了Wind资讯统计的一年期和三年期定增项目的增发目的、实际募集资金总额以及占比情况。

一年期定增项目按照定向增发的目的来划分，主要分为融资收购其他资产、项目融资、配套融资、壳资源重组、公司间资产置换重组、补充流动资金和实际控制人资产注入七种类别。三年期定增项目还增加了公司间资产置换重组和集团公司整体上市的内容。随着资本市场的不断完善，定向增发的目的也在不断地扩展与创新。

表6-10　　　　　　　　　　**2016年上半年一年期定增金额分布**

（定向增发目的维度）

定向增发目的	实际募集总额（亿元）	占比（%）
融资收购其他资产	1180	39.73
项目融资	1 160.99	39.09
配套融资	411.80	13.86
壳资源重组	92.77	3.12
公司间资产置换重组	68.12	2.29
补充流动资金	35.90	1.21
实际控制人资产注入	20.59	0.69
合计	2 970.17	100

资料来源：Wind资讯。

表6-11　　　　　　　　　　**2016年上半年三年期定增金额分布**

（定向增发目的维度）

定向增发目的	实际募资总额（亿元）	占比（%）
配套融资	616.46	19.07
融资收购其他资产	601.13	18.60
壳资源重组	490.13	15.16
项目融资	417.73	12.92
引入战略投资者	416.89	12.90
补充流动资金	323.11	10.00
实际控制人资产注入	165.40	5.12
公司间资产置换重组	134.82	4.17
集团公司整体上市	66.53	2.06
合计	3 232.20	100

资料来源：Wind资讯。

3.定向增发的驱动因素

定向增发的初始目的在于融资。目前，定向增发一直是国内外金融研究领域的热点，包括对定向增发的定价、折价因素、动因以及这一经济行为带来的日后影响的研究。

从定向增发动因的角度，一般认为有以下驱动因素：

（1）外部驱动因素

外部驱动因素，包括政策法规以及经济环境因素等。

从政策环境的角度，上市公司在选择再融资方式时，一般都会考虑政策、法规的影响。不同的融资方式有着不同的融资监管和融资成本。上市公司之所以更倾向于选择定向增发，原因在于其具有一系列前面所述的优点，能够帮助那些具有发展前景但暂时亏损的公司走出财务困境。

从经济环境的角度，在宏观经济向好、行业预期良好时，投资者会有较好的心理预期，定向增发能帮助企业快速获得充足的流动资金。在经济环境或者行业环境不利的情况下，定向增发也能为那些有发展前景的上市公司募集到尽可能多的需求资金。

（2）内部驱动因素

内部驱动因素，包括满足财务需求、调整公司资本结构、引进战略投资者、巩固控制权、实施员工激励、实现集团整体上市、避免退市危机以及免除信息不对称危机等因素。

从满足财务需求的角度，为免受风险因素的影响，那些目前经营亏损、资产负债率过高、现金流不充足、具有发展前景的上市公司，一般不会选择传统的公开增发或者配股融资，更倾向于选择向有判断力的投资者定向增发。这对于成长型、创新型以及规模较小的上市公司尤为重要。

从调整公司资本结构的角度，定向增发除了可以获得充足的现金流以外，还可以改善上市公司的资本结构，降低资产负债率，避免偿债压力，提高信用能力和举债融资机会。

从引进战略投资者的角度，战略投资者一般都是在资金、管理、技术等各方面具有优势的大企业、大集团，上市公司定增的目的之一在于吸收借鉴战略投资者的先进管理理念，提高核心技术，促进产业结构升级，拓展国内外市场，提高公司价值。

从巩固控制权的角度，国内外对定向增发的研究表明，控制权在选择定向增发中起到了很大的作用。定向增发对象可以是原有股东，这样可以防止由于股权分散而引起的并购，使原有大股东保持对上市公司的绝对控制权。

从实施员工激励的角度，向公司的高管或者员工定向增发股票，这种利益绑定行为类似于股权激励，但是比股权激励更具灵活性和低条件的特点，无须较长的等待期，无员工业绩要求。这有助于调动员工参与公司治理和价值创造的积极性和主动性，提高人力资源管理的效率。

从实现集团整体上市的角度，在集团上市规划中，集团公司会先将部分优质业务分拆上市，然后再设定集团公司为定向增发对象，最终实现集团公司整体上市。由于定向增发对象主要为控股股东或者其他关联方，有助于将上市公司价值与控股股东的利益相结合，防止控股股东损害中小投资者的利益。

从避免退市危机的角度，定向增发一般有两个步骤：首先，非上市公司会与上市公司原有大股东签订股权转让协议；然后，将优质资产与上市公司原有不良资产进行资产置换。这样做的结果是：借壳上市方通过并购重组，可以避免上市申请的复杂手续、长久等待以及高额成本，达到上市目标；原有的上市公司可以通过定向增发免除退市危机。

从免除信息不对称危机的角度，有关研究表明，信息不对称程度越高，上市公司越倾向于选择定向增发方式作为再融资方式。定向增发可以降低中小投资者投机因素的干扰，引导市场正确判断上市公司价值，同时可以较少地公开企业信息，防止泄露商业机密。

（四）关注配股再融资行为对企业的影响

配股是指向原普通股股东按其持股比例，以低于市价的某一特定价格配售一定数量新发行股票的融资行为。配股一般采用网上定价发行的方式，配股价格由主承销商和发行人协商确定。

配股融资对企业的影响分析如下：

1.对公司资本结构的影响

一般来说，权益资本成本高于债务资本成本，在负债适度的情况下，采用配股融资会降低企业的资产负债率和权益乘数，增大资本成本，但如果配股融资有助于企业实现目标资本结构，增强企业的财务稳健性，降低债务违约风险时，就会在一定程度上降低企业的综合资本成本，增加企业的整体价值。

2.对企业财务状况的影响

在企业盈利状况不变的情况下，采用配股融资形式筹集资金会降低企业的财务杠杆水平，表现为形成低的净资产收益率，因此会影响到股东回报。但企业如果能将配股融资募集的资金投资于具有良好发展前景的项目，获得正的投资活动净现值，或者能够改善企业的资本结构，降低综合资本成本，就有利于增加企业的价值。

3.对企业控制权的影响

就配股而言，由于全体股东都具有相同的认购权利，控股股东只要不放弃认购的权利，就不会削弱控制权。

二、普通股筹资的案例分析

为了说明普通股筹资财务分析的关注点，现以格力电器公司（格力电器，000651）定向募资被否案为例，揭示普通股筹资中的相关者利益权衡问题。

（一）格力电器定向募资被否案简介

2016年3月6日格力电器发布《关于发行股份购买资产停牌进展公告》，交易方为珠海银隆新能源有限公司（简称珠海银隆），8月18日格力电器公布了130亿元收购珠海银隆及配套募集资金的相关方案。根据定增方案，公司拟以130亿元的价格，向珠海银隆全体21位股东，按照15.57元/股的发行价格，合计发行约8.35亿股公司股份，购买他们持有的珠海银隆合计100%的股权；同时，拟向格力集团、格力电器员工持股计划等8位特定投资者以同样价格非公开发行股份募集不超过96.94亿元资金，拟全部用于珠海银隆的建设投资项目。并购后，珠海银隆将成为格力电器100%的全资子公司，并纳入格力电器合并报表范围。2016年8月23日交易双方召开了媒体见面会。

格力电器并购定向募资案一经公布，就引起了各方的高度关注和质疑。2016年8月25日，深交所发询证函就29个问题对格力电器进行质询。10月28日，格力电器临时股东大会上配套资金募集方案遭到否决。公司随后表示，拟继续推进本次发行股份购买资产事宜，积极与珠海银隆及其主要股东进行沟通协商，并结合中小投资者的意见对本次交易方案进行优化和调整；督促中介机构对调整方案进行论证，并对申请材料进行修改完善；督促珠海银隆以及各交易对方加快进度履行内部决策程序。

2016年11月16日，格力电器收到珠海银隆发出的书面告知函，被告知格力电器调整后的交易方案未能获得珠海银隆股东会的审议通过，珠海银隆基于表决结果决定终止本次交易。鉴于此，格力电器决定终止筹划发行股份购买资产事宜。经公司向深圳证券交易所申请，公司股票将于2016年11月17日开市起复牌。格力电器表示，目前公司经营状况良好，本次终止筹划发行股份购买资产事项不会对公司的发展战略及生产经营造成不利影响。公司将继续寻找新的盈利增长点，改善公司盈利能力，提升公司竞争力。

（二）格力电器定向募资方案被否原因分析

在2016年10月28日的格力电器临时股东大会上，因中小股东不满，格力收购珠海银隆的26项议案中有15项遭到否决，其中最主要的就是收购计划中的配套资金募集方案，这也使得收购工作被迫中断。股东的质疑集中于以下几个方面：

1. 每股收益将被稀释

定增价格偏低，股权购置方案稀释中小股东权益和对珠海银隆的不信任，成为中小股东反对此次配资方案的主要原因。

根据原方案，格力电器将以15.57元/股的价格，向8位特定对象（其中包括员工持股计划）募集约97亿元的配套资金，用于珠海银隆的后续发展。其中，格力电器董事长董明珠本人出资9.37亿元，通过员工持股计划增持格力电器6015万股股票。若增持成功，格力电器董事长董明珠的持股比例将从0.74%上升至1.3%，成为公司第四大股东。格力电器总股本也将从601 573.09万股增加至747 330.28万股，增加约24%。除8位定向募集的股东之外，中小股东的持股比例将由72.87%下降至58.65%。尽管珠海银隆做出了三年业绩承诺，但预期收益在短期内不足以抵消股本增长带来的摊薄影响。

中小投资者为何如此反对此次收购计划？首先，此次收购选择全股份方式支付，对中小投资者的摊薄十分严重；其次，15.57元/股的增发价过低，甚至低于很多机构的持股成本，机构认为自己的利益受到损害；另外，对于格力电器收购珠海银隆试图转型的战略，有些股东存在疑虑。

针对质疑，董明珠就股权摊薄问题进行了解释："很多人并不理解，认为自己股权被摊薄，他们只站在一个角度看问题，我们就认为珠海银隆是个未被发现的金子。从技术角度分析，珠海银隆的技术在中国是唯一的，这次收购对格力来说是如虎添翼。格力电器在空调（领域）已经占有40%份额，增长空间也不大了。是神仙也难做，必须要扩张。从利润6%到13%，对投资者来说已经非常好了，你就投那点钱，真正创造利益的是这个经营班子、这个队伍。"

董明珠随后发表了其对炒作股票的看法："我不认为股票能炒多高，我不是为投机者服务的，是为投资者服务的……投资格力应该是看这个企业能否发展100年……当然也有很多基金，你们可以去把其他股票炒高炒低，但是格力不会做这个事情……我们的股市对社会的稳定是很重要的。你知道有一天股票高了你抛掉有人接盘的时候，这部分人是怎么想的？所以我们尽量营造环境让大家长期投资。"

2.格力电器现金充足

2016年三季度的季报显示，格力电器当期经营活动产生的现金流净额虽比2015年同期减少超过六成，但也达到141.62亿元。而其当期流动资产中的货币资金则高达到972.34亿元，这意味着格力电器在现金方面并不存在问题。

（三）格力电器现金流充足却不动用的原因分析

格力电器认为，虽然自身账面现金充足，但动用有风险。

第一，空调行业的大资金运作模式导致了格力需要寻求额外资金支持来完成收购。空调行业的市场特点是瞬间爆发，需求量集中，对资金的需求很大，对流动资金的要求比较高。

第二，格力电器货币资金充足是因为既有预收下游经销商的货款，又有欠上游供应商的应付账款。动用账面现金收购，会对格力电器的经营产生影响，这与格力电器所特有的营销方式有关。

第三，格力电器要发展电池技术及扩大生产基地需要资金支持。

第四，格力电器自身的发展也需要大量的资金储备。

第五，账上的现金有很大一部分是由于政策上的原因，在市场上还需要兑现。

为此，我们分析了格力电器资产负债表的相关数据（见表6-12）。

截至2016年9月30日，格力电器的主要资产是货币资金，占总资产的比例达到53.51%，说明公司的现金充足，支付能力强，但大量的货币资产也降低了公司资产的盈利性。公司应收预付项目总量3 519 674万元，占比合计19.37%，而应付预收项目总量为4 903 736万元，占全部资金来源比重为26.98%，这说明格力电器的应付预收项目无论从总量还是从占比角度都大于应收预付项目，格力电器需要留有足够的现金满足流动性需要。公司流动比率维持在1.07左右。

表6-12 格力电器主要资产、负债项目占比分析 金额单位：万元

项　目	2016年三季末	2015年末	2014年末	2016年三季末占比（%）	2015年末占比（%）	2014年末占比（%）
货币资金	9 723 370	8 881 980	5 454 570	53.51	54.93	34.91
应收票据	2 735 520	1 487 980	5 048 060	15.05	9.20	32.31
应收账款	352 326	287 921	266 135	1.94	1.78	1.70
预付款项	431 828	84 792	159 149	2.38	0.52	1.02
存货	502 705	947 394	859 910	2.77	5.86	5.50
流动资产合计	13 945 900	12 094 900	12 014 300	76.75	74.80	76.90
资产总计	18 170 700	16 169 800	15 623 100			
应付票据	819 916	742 764	688 196	4.51	4.59	4.40
应付账款	2 909 650	2 479 430	2 678 500	16.01	15.33	17.14
预收款项	1 174 170	761 960	642 772	6.46	4.71	4.11
流动负债合计	13 044 500	11 262 500	10 838 900	71.79	69.65	69.38
负债合计	13 084 400	11 313 100	11 109 900	72.01	69.96	71.11
流动比率（%）	1.07	1.07	1.11			
资产负债率（%）	72.01	69.96	71.11			

资料来源：新浪财经。

（四）定向募资方案被否带来的启示

1.应关注控制权争夺问题

自从2015年12月爆发宝能万科之争后，控制权问题一直是资本市场的热点话题，格力电器这次的收购也不例外。

股权融资势必带来控股权的分散，这是资本市场的内在逻辑。控制权，一般是相对于所有权而言的，是指对某项资源的支配权，并不一定是对资产有所有权。资产是企业在过去的交易或事项中形成的、由企业拥有或者控制的、预期会给企业带来经济利益的资源。这里的拥有，就是一般意义上的拥有产权，对资源拥有处置的各项权利。而所谓的控制，是指在不拥有资源所有权的条件下，可以对资产所产生的主要经济利益进行支配。

大家会从不同角度和立场出发关注控制权问题。以万科控制权之争为例，一段形象的比喻可以很好地说明这种心态：万科股权之争是一个万花筒，每个人都从自己的立场出发，看到不一样的景致。全世界都面临着精英和底层在观念上的分道扬镳，转型期的中国更难独善其身。尊重资本的人，看到的是万科由内部人控制所展现的嚣张和霸道；欣赏王石的人，则看到资本的野蛮和情怀被碾压；看不惯国企的人，条件反射地将华润控制万科视为国进民退；而看轻民资的人，则将宝能系的杠杆风险放大，总觉得它不够

格；至于股民和看王石热闹的人，则是各怀心思，或投鼠忌器或幸灾乐祸。[1]

所以说，控制权不是一种简单的问题，而是直接关系到公司管理层与投资者之间、不同类型的投资者之间的利益关系。对于格力电器而言，在资本市场上始终应关注控制权对公司重大投资决策的影响。

2.应关注股东利益的平衡以及对中小投资者的保护问题

利益均衡是公司有效并购的基本推动力量。公司并购实质上是一个并购利益相关者多重利益均衡的博弈过程。定项募资不仅关系到企业外部利益相关者的利益或期望能否得到满足，涉及企业的长远目标能否实现，而且关系到一个社会的均衡发展问题。强调企业自身经济利益绝不意味着企业在追求利润最大化时，可以不负相应的社会责任。

第一，保障股东的权益，就是要平衡股权结构，增强企业的盈利能力，提升公司价值。其中尤其要处理好大股东与中小股东之间的利益关系。为了对大股东的"掠夺"进行有效的监督，增加公司的市场价值，有必要保护中小投资者的权益。

第二，保护投资者利益，就是要处理好企业可持续发展与短期投资者利益平衡的问题，强化上市公司公开信息披露制度，减少并购过程中的"暗箱"操作和并购公司违规"做庄"行为。

第四节　债券筹资及其案例分析

债务筹资包括发行债券、银行借款和商业信用等筹资方式。由于作为最普通的银行借款和商业信用在以往的知识点中学习过，本节将主要以债券为例说明债务融资的关注点，并通过广汽集团的可转债案例说明债券筹资的动因及其分析方法。

一、债券筹资分析的关注点

（一）关注债券筹资的总体变化趋势

从截至2016年10月的"证券市场筹资统计表"（表6-13）中可以看出，在债券市场上公司债是最主要的筹资方式，而通过发行可转债和可交换公司债方式筹资的数量比较少。

（二）关注一般债券筹资的优缺点与风险

1.一般债券筹资的优缺点

一般债券筹资的优点是：

（1）资本成本较低。与股票股利支付相比，债券利息允许在税前支付，公司可享受税收上的利益，故公司实际负担的债券成本一般要低于股票筹资成本。

（2）可利用财务杠杆。无论发行公司的盈利有多少，债券投资者一般只能享有固定的利息收益，若公司用资后收益丰厚，增加的收益大于支付的债息额，则会增加股东财富和公司价值。

---

[1]　韩哲.万科商战，如何让群众安心吃瓜［N］.北京商报，2016-06-29.

表6-13　　　　　　　截至2016年10月的"证券市场筹资统计表"　　　　金额单位：亿元

时间	境内外筹资合计	境内筹资合计	债券市场筹资金额			
			可转债	可分离债	公司债	可交换公司债
2016.01	4 375.08	4 301.42	129.06	0	2 243.34	0
2016.02	1 734.41	1 676.74	35.00	0	680.60	4.40
2016.03	4 575.05	4 419.81	11.80	0	3 722.28	3.00
2016.04	2 997.65	2 824.83	8.45	0	1 705.04	0
2016.05	3 183.73	3 183.73	0	0	2 013.20	0
2016.06	3 866.92	3 866.92	11.11	0	2 603.60	9.03
2016.07	4 384.86	4 264.29	0	0	3 128.91	0
2016.08	4 303.63	4 229.94	0	0	2 880.67	76.52
2016.09	5 303.08	4 807.29	0	0	3 362.08	49.30
2016.10	4 465.57	4 158.58	0	0	2 886.03	62.50
合计	39 189.97	37 733.57	195.42	0	25225.75	204.75

注：境内外筹资合计与境内筹资合计中均含股权筹资额。

（3）保障公司控制权。在债权债务关系下，债券投资者一般无权参与发行公司的管理决策，因此不会分散公司的控制权。

一般债券筹资的缺点是：

（1）财务风险较高。债券筹资将导致企业资产负债率和财务压力同步上升。在公司经营不景气时，还本付息将成为公司沉重的财务负担，甚至有可能导致公司破产。

（2）限制条件多。发行债券较长期借款、融资租赁等筹资方式限制条件多且足够严格，因而降低了公司使用债券融资方式的动力。

（3）筹资规模受限。债券筹资一般会受到筹资额度的限制，如累计债券总额不能超过公司净资产的40%就是筹资底线。

2.债券筹资的风险

筹资风险是指由于债券筹资引起的企业到期不能偿付的可能性。当企业息税前资金利润率高于借入资金利息率时，息税前利润足以支付利息，因而会提高企业的股东回报率；当企业息税前资金利润率低于借入资金利息率时，息税前利润将不足以支付利息，还需动用部分自有资金来解决，从而会降低企业的股东回报率。

在分析时，既要考虑债券筹资所能获得的财务杠杆利益，同时还要考虑企业因高负债经营可能承担的筹资风险损失。为此，企业要适度负债。负债适度与否，关键在于企业的资本结构是否合理，即负债筹资是否有助于降低企业的综合成本，同时提升企业的价值。

（三）关注可转换债券筹资的优缺点与分析关注点

1.可转换债券筹资的优缺点

可转换公司债券简称可转债，是指由公司发行并规定债券持有人在一定期限内按约定的条件可将其转换为发行公司普通股的债券。

可转换公司债券的优点在于：

（1）低息成本。公司赋予普通股期望值越高，转债利息就会越低。

（2）发行价格高（通常会溢价发行）。

（3）减少股本扩张对公司权益的稀释程度（相对于增发新股而言）。

（4）无须进行信用评级。

（5）可在条件有利时强制转换。

（6）为商业银行和不能购买股票的金融机构提供了一个分享股票增值的机会（通过转债获取股票升值的利益，而不必转换成公司股票）。

（7）属于次等信用债券。在清偿顺序上，同普通公司债券、长期负债（银行贷款）等具有同等追索权利，但其求偿权在公司债券之后，但先于可转换优先股、优先股和普通股。

（8）期限灵活性较强。

可转换公司债券的缺点在于：

（1）转股后发行公司将失去利率较低的好处。

（2）若持有人不愿转股，发行公司将承受偿债压力。

（3）若可转换债券转股时股价高于转换价格，则发行公司会遭受筹资损失。

（4）回售条款的规定可能使发行公司遭受损失。

（5）牛市时，股票融资比可转债融资更为直接、快速；熊市时，若可转债不能实施强制转换条款，公司的还债压力将会很大。

2.可转换债券筹资分析的关注点

可转换公司债券的构成要素包括标的、转换价格[①]、转换比率、转换期、赎回条款（从发行人角度）、回售条款（从投资者角度）以及强制性转换条款等，这其中最关键的要素是转股价格。转股价格关系到可转换债券发行方和投资方的利益以及对契约的执行。

按照现行制度，上市公司发行可转换公司债券的转股价格规定如下：

（1）转股价格应不低于募集说明书公告日前20个交易日该公司股票交易均价和前一交易日的均价。

（2）发行可转换公司债券后，因配股、增发、送股、派息、分立及其他原因引起上市公司股份变动的，应当同时调整转股价格。

（3）募集说明书约定转股价格向下修正条款的，应当同时约定：转股价格修正方案须提交公司股东大会表决，且须经出席会议的股东所持表决权的2／3以上同意。股东大会进行表决时，持有公司可转换债券的股东应当回避；修正后的转股价格不低于前项规定的股东大会召开日前20个交易日该公司股票交易均价和前一交易日的均价。

---

① 转换价格是指可转换公司债券转换为股票时每股所支付的价格，也称转股价格。

表6-14中列举了可转换公司债券筹资额度、转股价格、应转股数以及对发行方和投资方的影响说明。

表6-14　　　　　　　　　　　可转换公司债券筹资举例

筹资总额	转股价格（每股）	应转股数（转换比率）	对各方的影响
1 000万元	约定价格50元	20万股	
	实际价格100元	10万股	对发行方不利
	实际价格25元	40万股	对投资者不利

假定某上市公司计划发行可转债1 000万元，约定的转股价格为50元/股，按可转债条例规定将来的应转股数为20万股。但在转股前由于多因素影响，股票价格可能出现高于或低于转股价格的情况。若未来市场上股票实际交易价格为100元/股，则应转股10万股，此种情况的出现将对发行方不利；若未来股票实际交易价格为25元/股，则应转股40万股，此种情况的出现将对投资者不利，投资者不会选择转股，将因此影响到发行公司的转股计划。

为避免发生对双方不利的情况，在可转换债券合同中，交易双方会通过赎回条款（从发行方角度）、回售条款（从投资者角度）以及强制性转换条款等加以约束，投资者须仔细了解相关条款的内容。

3.可转换债券筹资对公司管理层的约束力

可转换公司债券是一种介于债券和股票之间的金融工具，兼具债权和股权及期权的特性，比单纯的筹资工具和金融衍生工具更具优势，是当今国际市场上独具魅力的融资和投资工具。可转债具有双重特征：转股前，它是一种公司债券，具备债券的特性，有规定的利率和期限，体现的是债权债务关系；转股后，它就成了股票，具备股票的特性，体现的是所有权关系。

由于可转债的转换特性，当可转换债券的债性有利于抑制管理层的过度投资行为时，转股就不会发生；而当债务过多导致公司投资不足时，转股就可以降低公司的财务杠杆程度，增强举债能力，缓解投资不足。对于风险不确定的公司来说，选择单纯性的债权融资或股权融资，可能会使公司面临较高的融资成本，但由于可转换债券的风险不敏感性，可以较好地解决不确定性风险对公司管理层和投资者的影响。

二、债务筹资案例分析

下面将以广汽集团可转债案为例，说明债券融资的动因及其风险分析的方法。

（一）广汽集团可转债募资的动因与风险分析

1.可转债发行上市概况

根据中国证监会2015年12月30日签发的《关于核准广州汽车集团股份有限公司公开发行可转换公司债券的批复》，广汽集团获准向社会公开发行面值总额410 558万元的可转换公司债券，每张面值为100元，按面值发行，期限6年。经上海证券交易所同意，公司410 558万元可转换公司债券将于2016年2月4日起在上海证券交易所挂牌交易，债券简称"广汽转债"，债券代码113009，目前该债券已成功发行。

第六章 筹资视角

本次公开发行的"广汽转债"自2016年7月22日起可转换为本公司股份，初始转股价格为21.99元/股。2016年9月3日，广汽集团发布《广汽集团关于可转债转股结果暨股份变动的公告》，指出由于2016年6月21日实施了2015年度利润分配方案，目前转股价格调整为21.87元/股。公告显示，2016年8月1日至2016年8月31日期间，累计共有35 036 000元"广汽转债"已转换成公司股票，转股数为1 602 005股，占可转债转股前公司已发行股份总额的0.024895%。截至2016年8月31日，尚未转股的可转债金额为4 070 268 000元，占可转债发行总量的99.139902%。

2.发行可转债的原因

对本次发行可转债的原因，公司本身、券商以及市场人士都提出了自己的观点：

广汽集团：本次募投项目建成达产后，将有利于公司提升资本实力，有利于公司车型更新换代，提升整车业务发展水平，增加产品的技术含量和附加值，提升公司整体竞争能力。

券商：广汽集团本次发行可转换债券是公司作为行业领先企业，在持续稳步发展过程中迈出的又一重要步伐，也是公司进一步巩固和提升竞争优势的重要战略步骤。我们相信，广汽集团一定会以本次可转换债券发行为契机，不断强化公司的核心竞争力，保证公司未来的可持续发展，使公司的经营管理水平和盈利水平再上新台阶，为广大股东带来丰厚的回报，在中国证券市场树立良好的形象。希望投资者能够更加深入、客观地了解广汽集团，更准确地把握广汽集团的投资价值和投资机会。

市场分析人士：此次可转债的发行是广汽集团A+H股上市以来的第一次涉股类的资本市场融资行为，通过发行A股可转债，一方面为保障广汽集团的正常运转提供新资金，另一方面转股后可增加公司净资产，有利于公司债券融资空间进一步扩大。

3.可转债的投资价值分析

这次广汽集团可转债的发行引起了投资者对公司经营模式、财务及营收状况、竞争优势、募资对提升集团整理实力影响诸多方面的关注。

（1）经营模式分析

广汽集团是一家A+H股上市的大型国有控股企业集团，作为国内产业链较为完整的汽车集团，广汽集团现已形成了以整车制造为中心，涵盖上游的汽车研发、零部件和下游的商贸服务、汽车金融、保险、租赁、物流、股权投资等较完整的业务体系。

从公司的主要经营模式看，广汽集团拥有：第一，汽车制造业务的经营模式，包含生产模式与采购模式；第二，汽车金融和服务业务的经营模式。

（2）财务及营收状况

从公司经营业绩看，可转债发行前，广汽集团业绩预增公告显示，2015年度预计实现归属于上市公司股东的净利润同比增长20%～45%。可转债发行后，从广汽集团主要会计数据中可以看到，2015年归属于上市公司股东的净利润比2014年同期实际增长32.48%（表6-15），每股收益和净资产收益率指标都呈现增长趋势（表6-16）。

财务报告分析

表6-15   **广汽集团主要会计数据**   金额单位：元

主要会计数据	2015年	2014年	本期比上年同期增减（%）	2013年
营业收入	29 418 222 736	22 383 423 470	31.43	18 824 198 521
归属于上市公司股东的净利润	4 232 351 906	3 194 789 681	32.48	2 668 921 930
归属于上市公司股东的扣除非经常性损益的净利润	3 969 692 972	2 773 483 964	43.13	3 085 971 801
经营活动产生的现金流量净额	5 081 828 813	1 105 432 657	359.71	978 390 727
归属于上市公司股东的净资产	38 592 624 842	35 399 769 142	9.02	33 257 808 312
总资产	67 165 802 343	62 409 300 927	7.62	57 789 896 921
期末总股本	6 435 020 097	6 435 020 097	0	6 435 020 097

资料来源：广汽集团2015年度报告。

表6-16   **广汽集团主要财务指标**   金额单位：元

主要财务指标	2015年	2014年	本期比上年同期增减（%）	2013年
基本每股收益（元／股）	0.66	0.50	32.48	0.41
稀释每股收益（元／股）	0.66	0.50	32.48	0.41
扣除非经常性损益后的基本每股收益（元／股）	0.62	0.43	43.13	0.48
加权平均净资产收益率（%）	11.43	9.27	增加2.16个百分点	8.28
扣除非经常性损益后的加权平均净资产收益率（%）	10.71	8.05	增加2.66个百分点	9.58

资料来源：广汽集团2015年度报告。

（3）竞争优势分析

从竞争优势看，广汽集团具有A、H资本运营平台，具有完整的产业链和结构优化的产业布局，竞争力强、知名度高，具有谱系完整的产品和品牌和国际知名、实力雄厚、关系紧密的合作伙伴，具有自主创新、重点跨越、支持发展的研发体系，具有管理高效、持续改善、行业领先的运营机制和覆盖面广、服务精细、贴近市场的服务网络，以及稳定扎实、经验丰富、视野开阔的管理团队。对经济发展和行业发展形势，以及行业不断加剧的市场竞争环境，广汽集团都有清楚了解并全力开拓国内外市场，延展产业链，加强技术攻关和创新，推动创新驱动战略，不断提升管理水平，促进公司持续稳健发展。

以技术研发为例，广汽集团的研发投入情况表（表6-17）显示，2015年，与行业主营业务收入排名第一的长安汽车相比，无论是研发投入总额占营业收入的比例，还是研发人员数量占公司总人数的比例，均高于长安汽车。

表6-17 　　　　　　　　　　　**广汽集团研发投入情况表** 　　　　　　　金额单位：亿元

项目	广汽集团		长安汽车	
	2015年	2014年	2015年	2014年
本期费用化研发投入	3.54	2.99	19.14	14.02
本期资本化研发投入	15.65	12.94	6.49	6.10
研发投入合计	19.19	15.93	25.63	20.12
研发投入总额占营业收入比例（%）	6.52	7.12	3.84	3.80
公司研发人员的数量	3 050	未披露	6 234	4 997
研发人员数量占公司总人数的比例（%）	17.91	未披露	11.83	11.29
研发投入资本化的比重（%）	81.55	未披露	25.32	30.32

资料来源：广汽集团和长安汽车的2014、2015年度报告。

（4）募资对提升集团整体实力的影响

本次募集资金投资项目实施对广汽集团的意义：第一，有利于增强广汽集团自主品牌技术研发能力，提升集团核心竞争力；第二，增加广汽集团的产品种类，强化公司中级车能力；第三，进一步完善拓展产业链，做大做强汽车金融服务业务。

4.可转债风险分析

（1）财务风险

此处我们分析一下广汽集团发行可转换债券前后的资产负债率、债券累计总额等信息。

从表6-18中可见，广汽集团发行前的资产负债率为41.28%，还有较大的负债融资空间，且可转债发行前后均未超过公司净资产的40%。

表6-18 　　　　　　　　　　　**广汽集团各年末的负债预警分析** 　　　　　　　金额单位：万元

项目	2015	2014	2013	2012	2011
资产总额	6 716 580	6 231 840	5 778 990	4 938 170	4 433 700
负债总额	2 772 840	2 620 310	2 372 710	1 737 010	1 420 220
发行前应付债券	655 006	456 175	455 614	727 129	725 293
股东权益总额	3 943 740	3 611 520	3 406 280	3 201 160	3 013 480
本次可转换债券额度	410 558				
资产负债率（%）	41.28	42.05	41.06	35.18	32.03
发行前债券占净资产比重（%）	16.61	12.63	13.38	22.71	24.07
发行后债券占净资产比重（%）	27.02	12.63	13.38	22.71	24.07

资料来源：根据新浪股票广汽集团的资产负债表数据计算。

从表6-19中可见，广汽集团发行前的短期偿债能力指标不稳定，但速动比率在优秀值范围内，尽管付息能力下降，但公司有足够的付息能力。公司2012年以来经营现金流量一直为正数，说明公司有够用的资金可以用于偿还债务。

表6-19 广汽集团各年末的偿债能力分析

项目	2015	2014	2013	2012	2011
流动比率	1.5004	1.3324	1.4662	2.2864	3.6662
速动比率	1.3972	1.2009	1.3536	2.1288	3.4088
现金比率	90.2912	91.7083	105.414	175.2734	287.0212
利息保障倍数	1 667.5875	1 106.7812	1 745.2125	602.9877	7 169.8719
经营活动现金流量净额（万元）	508 183.00	110 478.00	97 839.10	95 607.60	−28 715.60

资料来源：新浪股票。

（2）转换风险

2016年2月4日，新上市的广汽转债成为转债市场的一大亮点，受到投资者追捧。据悉，广汽集团此次可转债顺利上市，创造了可转债历史上从发行到上市工作时间最短的纪录。此外，广汽集团可转债发行最终的冻结资金超过1.44万亿元，超额认购超过400倍，公众中签率仅为0.25%，是近期可转债发行中申购最为踊跃的产品。这说明，可转换债券正在按照广汽集团的预期目标来实现其融资目的。

（3）行业风险

行业风险包括宏观环境波动的风险、国内汽车产能快速扩大的风险以及新能源汽车产品、技术研发对传统汽车产品带来的冲击和技术发展风险。

（4）经营风险

经营风险包括合营企业财务状况及经营业绩波动风险、生产要素成本价格波动风险以及能否持续推出受市场欢迎的产品的风险。

（5）政策风险

政策风险包括产品召回风险、安全标准日趋提高而导致企业成本增加的风险、环保节能标准更加严格而导致企业成本增加的风险、汽车消费政策及财税政策调整风险以及燃油价格波动的风险等。

上述可能存在的风险中，行业风险、经营风险以及政策风险将由时间来检验。

（二）案例启示

本节以广汽集团的可转债案例，说明了企业债券实施的过程、筹资目的，投资者关注的热点和风险问题。广汽集团可转债的成功发行告诉我们这样一些道理：

第一，从上市公司角度，必须具有清晰的发展战略、显著的竞争实力，强大的技术能力以及盈利能力。

第二，要依法就可转债发行过程中的信息进行及时公告，做好可转换债券的路演工作，引起投资者的广泛关注和响应。

第三，投资者应具有价值发现和判断的眼光，通过支持上市公司的发展，实现自身财富的最大化和企业价值增值的目标。

第六章 筹资视角

重要概念

资本成本　经营杠杆　财务杠杆　经营风险　财务风险　最佳资本结构　定向募资

复习思考

1. 企业筹资的动机有哪些?
2. 企业筹资中进行财务分析的情形有哪些?
3. 当前上市公司主要偏好哪种普通股融资方式？原因是什么?
4. 当前上市公司主要偏好哪种债券融资方式？原因是什么?
5. 你是怎么看待格力电器收购珠海银隆定向募资案被否事件的?

操作练习

目的：分析企业优先股筹资的动因及其优缺点。

资料：随着宏观经济增速放缓，金融改革逐步推进以及互联网金融业态的兴起，中国银行业的经营环境发生了巨大变化，同业竞争日趋激烈。如何适应新环境，应对新挑战，保持业务持续发展，成为各大内地银行积极探索的课题。

2016年11月12日，徽商银行（03698）欣然宣布其境外优先股（股份代码04608）的发行已于2016年11月10日完成。境外优先股于2016年11月11日在香港联交所上市。作为全国首家由城市商业银行和城市信用社联合重组设立的区域性股份制商业银行，徽商银行成功发行了8.88亿美元境外优先股，这是自2013年该行港股上市后在国际资本市场的又一佳绩，并取得多个"第一"：第一只来自中国城商行和股份制银行的境外优先股；第一只来自无国际评级中资银行的境外优先股；2016年以来第一只来自中资金融机构成功满额发行的境外优先股。

此次徽商银行境外优先股的发行可谓名利双收，不仅提升了该行的一级资本充足率和资本充足率，同时也为国内同类型城商行的未来资本补充开辟了新途径。

要求：（1）分析优先股与债券的相同与不同之处。

（2）分析徽商银行发行境外优先股的原因以及成功因素。

投资视角

【导语】巴菲特说："只有你愿意花时间学习如何分析财务报表，你才能够独立地选择投资目标。"从投资审视和价值发现的角度，投资者和分析师更关注企业有无投资价值。判断企业的投资价值可利用上市公司的招股说明书、上市后的市场表现以及收购公告等资料进行分析。本章的目的是在明确企业投资类型和管理目标的基础上，梳理投资中涉及财务分析的情形以及关注点，然后利用公开信息，分别说明判断企业投资价值的分析方法。

本章内容要点

第一节　　　　　　　　　　　管理目标与分析目的

投资活动是企业以获取收益为目标的财务活动。经济学中对投资有不同的解释：投资是以让渡其他资产而换取另一项资产；投资是一种以权利为表现形式的资产；投资是一种具有财务风险的资产。本节将在投资分类和明确管理目标的基础上，就投资活动中进行财务分析的情形与关注点进行描述，然后总结投资分析的目的。

一、企业投资的类型与管理目标

（一）企业投资的分类

为了从不同角度对企业投资进行分析研究，有必要了解企业的投资分类。企业投资可以分为以下类别：

1.按投资期限的长短分为短期投资与长期投资

短期投资是企业回收期在一年以内的投资，主要包括现金、应收款项、存货、交易性金融资产等投资。

长期投资是企业回收期在一年以上的投资，主要包括固定资产投资、无形资产投资、长期股权投资和非交易性金融资产投资等。

第七章 投资视角

短期投资和长期投资在资产负债表上分别表现为流动资产和非流动资产。

2.按投资行为的介入程度分为直接投资与间接投资

直接投资包括企业内部的直接投资和对外直接投资，前者形成企业内部直接用于生产经营的各项资产，后者形成企业持有的各种股权性资产，如持有子公司或联营公司的股份等。

间接投资是企业通过购买被投资对象发行的金融工具而将资金间接转移交付给被投资对象使用的投资，如企业购买特定投资对象发行的股票、债券、基金等。

3.按投资方向的不同分为对内投资与对外投资

对内投资是企业将资金投放于为取得供本企业生产经营使用的固定资产、无形资产、其他资产和垫支流动资金而形成的一种投资。

对外投资是企业为购买国家及其他企业发行的有价证券或其他金融产品（包括期货与期权、信托、保险），或以货币资金、实物资产、无形资产向其他企业（如联营企业、子公司等）注入资金而发生的投资。

4.按投资对象存在形式的不同分为实业投资与金融投资

实业投资是企业为获取预期收益，预先垫付货币或其他资源（有形资产或无形资产），以形成实物资产的经济行为。

金融投资是企业为获取预期收益，预先垫付货币以形成金融资产，并以此获取投资或投机收益的经济行为。

金融投资与实物投资的主要区别在于：前者以最终获得金融资产为目的，后者通过投资直接实现企业积累。

5.按投资目标的不同分为战略投资与财务投资

战略投资是对企业未来产生长期影响的投资。投资者一般为境内外的大型企业、集团；行业背景上与被投资企业从事相同的产业，或者有合作关系，或者二者所从事的业务具有一定的互补性；投资目标是产业链上的横向、纵向扩张；投资时间上表现为长期稳定持有，对公司的业绩压力较小。

财务投资是以获取中短期财务价值为目的，主要通过溢价退出实现资本增值的投资。投资者一般为风险投资基金与私募基金；行业背景上既可以与被投资企业有行业关联，也可以与被投资企业没有行业关联；投资目标是高风险下的资本增值，要求一定的投资收益率；投资时间上表现为以上市、股份转让等方式择机退出（3~5年内）。

（二）投资活动的管理目标

资本决定速度。巴菲特认为，投资并非一个智商为160的人就一定能击败智商为130的人的游戏，"如果投资理财是一个硬币，那么风险和收益就是硬币的两面"。投资的过程就是风险管理的过程。伯纳德·巴鲁克说过，股票市场波动印证的并不是事件本身，而是人们对事件的反应，是数百万人对这些事件将会如何影响他们的未来的认识。换句话说，最重要的是，股票市场是由人组成的。

投资活动的管理目标就是要加强投资项目的可行性研究，在风险与收益权衡的基础上，提高投资收益，防范投资风险。

二、投资中进行财务分析的情形与关注点

对企业投资活动的分析，既可以按照资产负债表左方的资产项目结构，分析判别资产组合对企业营业收入、盈利和成长性的影响，也可以依据各种投资类型研究其潜在的投资收益与风险（表7-1）。

表7-1 **企业投资中进行财务分析的情形与关注点**

类别	投资中进行财务分析的情形	关注点
按照资产组合分类	资产组合分析	1.行业资产组合的特点 2.资产组合的风险与收益 3.不同类别资产的营运能力和盈利能力 4.对企业盈利结构的影响
按照投资对象的不同分类	实业投资分析	1.投资动因 2.投资项目的可行性研究
	金融投资分析	1.投资动因 2.投资价值与风险
	对外股权投资分析	1.联营和参股公司投资可行性分析 2.投资风险分析 3.投资收益与分红分析

三、进行企业投资分析的目的

（一）分析资产组合对投资收益和风险的影响

按照流动性分类，企业的资产可分为流动资产与非流动资产，而根据管理的需要又可分为金融资产和经营资产。不同的资产组合不仅影响到企业的营运能力、盈利能力、成长性，而且也关系到企业的偿债风险。从资产组合的角度，主要应分析企业或行业资产组合的特点以及与优秀企业的差异，分析这样的资产组合对风险和收益的影响，分析不同类别资产的营运能力，以及对盈利结构的影响。

（二）分析企业投资项目的可行性与效益

这适用于对企业进行实业投资以及股权投资的评价。

1.投资项目可行性与效益评价的内容

从历史发展的角度，投资项目的可行性与效益评价经历了从工程技术评价发展到工程技术和经济效益评价相结合，从企业微观财务效益评价到宏微观经济效益评价相结合，从技术和经济可行性评价发展到技术、财务、宏观、经济、环保等可行性评价相结合，从应用静态和确定性评价方法到应用动态和不确定性评价方法的过程。

投资项目可行性与效益评价的内容包括：（1）技术可行性与效益；（2）市场需求可行性与效益；（3）财务可行性与效益；（4）宏观经济可行性与效益；（5）环境可行性与保护效益；（6）社会、法律、政治等可行性与效益。

2.投资项目效益评价分析的关注点

（1）要侧重于对投资项目的价值判断。了解投资目的是为了满足规模扩张战略的需要，还是为了主业转型或为了占领市场。在分析中，关注战略性投资比关注技术性投资更加重要。关注战略性投资，要注意投资项目的主要或关键目标是什么，投资项目的财务效益是否和如何影响目前企业的财务状况，投资项目与企业发展战略的关系如何，对企业发展战略是否产生重要影响。对拟投资项目，要明确是基于战略价值还是基于经济效益角度进行项目决策。

（2）要进行市场需求分析。市场需求状况直接影响到公司的营销战略决策。影响市场需求的主要因素有产品价格、消费者的收入水平、相关产品的价格、消费者的偏好、消费者对产品的价格预期等。市场需求分析的目的是为了了解谁是市场上的产品或服务购买者，销售变化的总体趋势、价格变动方向和趋势如何等。

（3）要关注《投资项目可行性研究报告》中数据的可靠性和真实性，数据不可信会直接影响评价结果并导致决策失误。要关注测算的数据来自何方，其依据是否真实、可靠，其收支配比关系是否符合行业特征。

（4）要关注筹资政策。分析项目资金主要依赖权益资本还是利用债务资本，不同来源的资金成本和综合资本成本将对项目产生哪些影响。

（5）进行投资项目的经济效益分析。明确项目的投资回收期（PBP）、净现值（NPV）和内含报酬率（IRR），确定项目有无投资价值。

（6）关注投资项目的风险分析。主要是对项目的敏感性及其影响程度进行分析。关注投资项目的"风险分析"比关注"盈利状况"更加重要。在投资项目的风险分析方面，要关注投资后将面临哪些风险，如何控制和防范投资项目的风险等。

（7）不但要关注项目的准备和评价，也要关注项目的实施和后期评价。

（三）分析企业金融资产投资的目的

金融资产是指一切代表企业未来收益或资产合法要求权的凭证。金融资产与实物资产都是企业的财富。金融资产投资的主要目的是为了获取收益。按照收益是否固定来分类，金融资产可归结为固定收益投资和非固定收益投资。固定收益投资是企业购买的事前能确定预期收益的金融资产，如债券投资、优先股投资等，投资风险相对较小；非固定收益投资是企业购买的事前不能确定其预期收益的金融资产，如普通股投资，投资风险大，收益相对较高。

企业进行金融资产投资的动因，一般有以下几种：

1.做现金的替代品。为了解决现金的流动性，避免现金短缺危机。有价证券良好的流动性决定了其可以作为现金的补充或替代物。当企业现金多余时，可进行金融资产投资；当现金不足时，可出售金融资产获取现金，解决流动性需要。

2.为了取得临时性投资收益。根据现金流入与流出在时间上的差异，企业基于提高现金资产收益的目标，当现金多余时，可进行金融资产投资，获取投资收益；在现金短缺时出售金融资产。

3.取决于战略上的需要。除上述两个目的外，企业也可能基于战略考虑进行金融资产投资。如为了获得稳定的材料供应去购买某上市公司的股票；为了向相关企业提供财务支援去购买其发行的债券等。

第二节　招股说明书与投资判断

招股说明书中包含着筹资方对其经营业绩、财务会计资料、资产评估、盈利预测、募集资金运用以及风险因素与对策等信息的说明，因此可以将其作为进行企业投资价值判断的依据。本节将以京东上市招股说明书为例加以分析。

一、案例目的

通过对京东上市招股说明书的分析，了解京东的发展战略、上市原因、靠什么上市、盈亏的原因，其与同行业比较在哪些方面具有不同的特征，反映了什么问题，为什么财务投资者愿意对一个连续15年亏损的电商企业进行战略投资，最终从中获得启发性投资信息。

二、案例资料

2014年1月30日，京东向美国证券交易委员会递交了招股说明书，有消息称计划融资15亿美元，上市地点在纽交所或纳斯达克。该消息一经发布，引起了人们对京东拟上市信息的特别关注。

我们首先来了解一下京东。

公司简介：京东大事记显示，1998年6月18日刘强东成立京东公司；2001年6月京东成为光磁产品领域最具影响力的代理商；2004年1月京东开辟电子商务领域业务，京东多媒体网正式开通；2006年6月京东以产品为主体对象的专业博客系统正式开放；2007年6月京东多媒体网正式更名为京东商城；2008年6月京东商城将空调、冰箱、电视等大家电产品线逐一扩充完毕，成为名副其实的3C网购平台；2010年6月京东商城开通全国上门取件服务；2013年3月30日京东正式启用JD.COM域名，去商城化，全面改名为京东，更换LOGO；2014年1月30日，京东向美国证券交易委员会递交了IPO招股说明书。

融资情况：2007年以来，京东共融资22亿美元左右，折合人民币约145亿元，但目前已经花掉大半（详见表7-2）。

表7-2　　　　　　　　　　京东2007年以来的主要融资情况

时间	融资额	出资人
2007年8月	3 200万美元	今日资本
2009年1月	4 300万美元	今日资本、雄牛资本以及亚洲著名投资银行家梁伯韬的私人公司
2011年4月	1亿美元	俄罗斯的DST、老虎基金等7家基金和社会知名人士
2013年2月	9亿美元	加拿大安大略教师退休基金和沙特亿万富翁阿尔瓦利德王子控股的王国控制集团以及公司一些股东跟投

资料来源：根据公开披露的信息整理。

第七章　投资视角

据京东透露，本次IPO融资将主要用于仓储、物流等基础设施的建设，以及为一些潜在的投资并购提供资金支持。

盈利情况：2013年前三季度，京东净营收为492.16亿元人民币，同比上涨70.84%，并已实现盈利6 300万元人民币。京东的利润状况以及近几年的盈利情况分别如表7-3、表7-4和图7-1所示，京东与三家电商营业收入增长情况的比较如表7-5所示，京东与三家电商毛利率的比较如表7-6所示，京东商城各项费用占营收比重和亚马逊的比较如表7-7所示。

表7-3　　　　　　　　　　　　　　京东利润表　　　　　　　　　　单位：百万元人民币

	2009	2010	2011	2012	1-3Q12	1-3Q13
直销收入	2 906	8 566	20 888	40 335	28 155	47 678
电子产品			18 388	34 012	23 852	40 371
综合百货			2 500	6 323	4 303	7 307
服务及其他收入	13	17	241	1 046	652	1 538
合计净收入	2 919	8 583	21 129	41 381	28 807	49 216
营业成本	2 779	8 169	19 977	37 898	26 473	44 413
物流费用	144	477	1 515	3 061	2 184	2 858
营销费用	43	200	479	1 097	904	1 067
技术及内容	14	47	240	636	416	688
行政及管理	42	106	322	640	403	506
费用合计	243	830	2 556	5 434	3 907	5 119
营业利润	(103)	(416)	(1 404)	(1 951)	(1 573)	0
利息收入	1	2	56	176	124	222
利息支出	0	0	0	8	4	7
其他	(1)	2	64	60	32	164
税前利润	(103)	(412)	(1 284)	(1 723)	(1 421)	63
所得税	0	0	0	6	3	3
净利润	(103)	(412)	(1 284)	(1 729)	(1 424)	60

表7-4　　　　　　　京东2009年以来的盈利和季度对比情况　　　　　　单位：百万元人民币

	2009	2010	2011	2012	1-3Q12	1-3Q13
总收入	2 920	8 585	21 185	41 557	28 931	49 438
营业利润	-103	-416	-1 404	-1 951	-1 573	-316
净利润	-103	-412	-1 284	-1 729	-1 424	60

财务报告分析

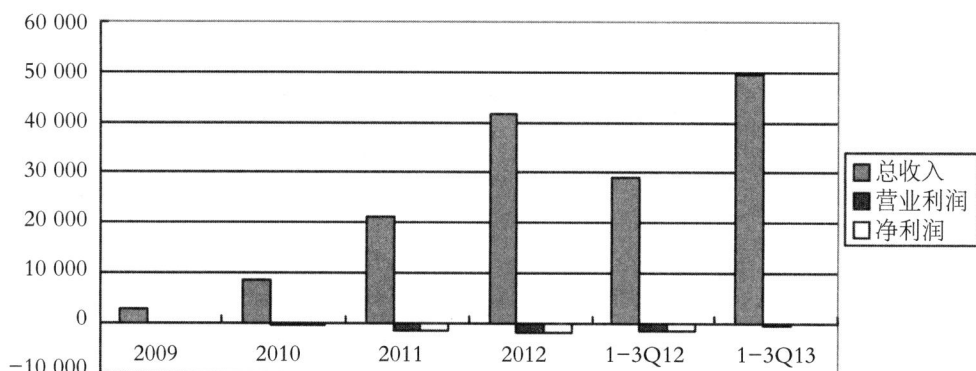

图7-1　京东2009年以来的年度/季度盈利对比图

表7-5　　　　　　　京东与三家电商营业收入增长情况比较

	2009	2010	2011	2012
京东（百万元人民币）	2 919	8 583	21 129	41 381
营收增速（%）		194.04	146.17	95.85
亚马逊（百万美元）	24 509	34 204	48 077	61 093
营收增速（%）		39.56	40.56	27.07
苏宁（百万元人民币）	58 300	75 505	93 889	98 357
营收增速（%）		29.51	24.35	4.76
阿里巴巴（百万元人民币）	4 985	8 596	14 774	25 664
营收增速（%）		72.46	71.86	73.71

表7-6　　　　　　　　京东与三家电商毛利率比较　　　　　　　　单位：%

	2009	2010	2011	2012	1-3Q13
京东	4.8	4.82	5.45	8.42	9.76
亚马逊	22.57	22.35	22.44	24.75	27.61
苏宁	17.35	17.83	18.94	17.76	15.02
阿里巴巴（2013Q3为预测值）	73.29	75.96	66.4	67.7	74.18

表7-7　　　　　　京东与亚马逊各项费用占营收比重比较　　　　　　单位：%

京东	2009	2010	2011	2012	1-3Q13
订单处理成本	4.93	5.56	7.17	7.4	5.81
市场费用	1.47	2.33	2.27	2.65	2.17
技术和内容	0.48	0.55	1.14	1.54	1.40
一般管理费用	1.44	1.23	1.52	1.55	1.03
合计	8.32	9.67	12.10	13.13	10.40
亚马逊	2009	2010	2011	2012	1-3Q13
订单处理成本	8.37	8.47	9.52	10.51	11.60
市场费用	2.77	3.01	3.39	3.94	4.09
技术和内容	5.06	5.07	6.05	7.47	9.62
一般管理费用	1.34	1.37	1.37	1.47	1.66
合计	17.54	17.92	20.33	23.39	26.97

第七章 投资视角

资产状况：京东主要资产项目变化情况及其资产结构分别如表7-8和表7-9所示。

表7-8　　　　　　　　　　　　　　　京东主要资产项目　　　　　　　　单位：百万元人民币

	2009	2010	2011	2012	1~3Q13
现金及现金等价物	124	870	6 289	7 177	8 812
限制性现金	0	265	290	1 920	999
短期投资	0	0	0	1 080	3 468
存货净值	228	1 079	2 764	4 754	6 504
总资产	438	2 540	10 579	17 886	23 849

表7-9　　　　　　　　　　　　　　　京东主要资产结构分析　　　　　　　　　　　单位：%

	2009	2010	2011	2012	1~3Q13
现金及现金等价物	28.31	34.25	59.45	40.13	36.95
限制性现金		10.43	2.74	10.73	4.19
短期投资				6.04	14.54
存货净值	52.05	42.48	26.13	26.58	27.27
其他资产	19.63	12.83	11.68	16.52	17.05
总资产	100	100	100	100	100

财务状况：京东与三家电商资产负债率情况的比较如表7-10所示。

表7-10　　　　　　　　　　　京东与三家电商资产负债率情况比较　　　　　　　　单位：%

	2009	2010	2011	2012	1~3Q13
京东	97.26	58.35	43.91	64.2	61.01
亚马逊	61.94	63.48	69.31	74.84	71.48
苏宁	59.43	58.23	62.65	62.63	65.57

现金流量情况：京东各年份的现金流量净额情况如表7-11所示。

表7-11　　　　　　　　　　　　　京东现金流量净额情况　　　　　　　单位：百万元人民币

	2009	2010	2011	2012	1~3Q13
经营活动净现金流	25	-592	-86	1 404	2 115
投资活动净现金流	-31	-107	-624	-3 369	-2 287
融资活动净现金流	109	1 460	6 237	2 854	1 855
汇率变动影响	0	-15	-108	-1	-48
现金及现金等价物净增加额	103	746	5 419	888	1 635

应付账款情况：应付账款周转天数又称平均付现期，用来衡量公司需要多长时间付清供应商的欠款，属于公司经营能力分析范畴。京东应付账款天数与同业的比较见表7-12。

表7-12　　　　　　　　　　　京东应付账款周转天数与同业的比较　　　　　　　　单位：天

	2009	2010	2011	2012	1~3Q13
京东	48.2	54.33	66.43	77.98	87.76
亚马逊	107.8	110.54	109.09	105.74	103.56
苏宁	37.9	40.24	40.89	47.19	65.71

应付账款周转率=主营业务成本净额/平均应付账款余额×100%

应付账款周转天数=360/应付账款周转率

三、需要关注的问题

基于上述资料，从投资者的角度，可专注并进行以下相关问题的分析：

1. 京东在电商企业中具有哪些竞争优势？

2. 促使京东在美国上市的原因有哪些？

3. 京东自成立之日起到发布招股说明书前近15年的时间一直处于亏损状态，为什么一些财务投资者还在持续对京东进行投资？

4. 京东盈亏的原因是什么？

英国《经济学人》杂志刊发的一篇文章——《我们承诺，没有利润》（No profits, we promise）对于京东盈亏的原因做了三个方面的分析：

其一，受公司战略的影响——京东承诺几年内不赚钱，京东追求的是"重资产"的商业模式，将规模和市场份额置于短期利润之上。

其二，京东的利润主要还是依靠非主营业务，即利息和其他收入，其主营业务依然处于亏损状态。招股说明书反映了京东2013年盈利的原因——有利息收入2.22亿元、其他收入1.64亿元，后者被认为可能是"政府财政奖励或退税收入"，盈利的持续性仍待考验。

其三，由于会计政策的改变。京东将固定资产折旧由加速折旧法改为直线折旧法，这样相对降低了折旧费用对盈利的影响。

（1）你是否赞同关于京东战略的观点？如果赞同能从哪些方面看出这种变化？

（2）政府补助对电商企业的发展有哪些推动作用？

（3）为什么京东具有相对较高的利息收入？请结合公司资产结构分析说明其原因。

5. 对京东成本管控战略进行分析：

资料中分别给出了京东与同业毛利率、期间费用占比的分析资料，请问：

（1）京东实行的是高毛利率还是低毛利率政策？近几年京东的毛利率政策发生了新的变化，这种变化对京东而言是积极的还是消极的？京东在营业收入和营业成本管控方面出现了什么新的变化？

（2）与同行业的亚马逊相比，京东在低毛利率政策下，其期间费用是不是高企？是否进行了期间费用的管控并具有领先同业的特征？

6. 对公司资产配置的分析：

截至2013年3季度末京东的现金及现金等价物和限制性现金占资产的比重高达41.14%（36.95%+4.19%）。试分析是什么原因导致了这样的资产结构，这样的资产结构对公司的流动性和盈利性都将产生哪些影响？

7. 对资产负债结构的分析：

数据显示，京东的资产负债率已经由2009年末的97.26%降低为2013年3季度末的61.01%。请问这样的资产结构是否合理？是否会引致京东产生财务风险——到期不能按期偿还本息的风险？

8. 对现金流情况的分析：

根据给出的资料，分析京东近期的经营现金流量的变化情况，并说明这种变化对京东未来投资活动以及筹资活动所产生的影响。

9.对应付账款以及偿债压力进行分析：

截至2013年3季度末京东的存货净值占总资产的比重达到27.27%。请通过同业对比以及对京东自身的分析，说明应付账款周转天数变长对京东意味着什么？

10.总结对京东招股说明书分析获得的案例启示。

11.通过上述分析，提出京东今后改善管理的建议。

四、案例分析

以下将根据对京东公司的有关资料分析，回答相应问题。

1.京东在电商企业中具有哪些竞争优势？

京东的招股说明书显示，京东的优势在于：是中国最大的线上直销公司；非同一般的消费者体验；遍布全国的物流中心；强力的货源；高度灵活的专有技术平台；高速增长的线上销售市场；具有远见的创始人、经验丰富的管理团队和强劲的公司文化。

2.关于促使京东加快赴美IPO（首发上市）的观点：

综述各家观点，有三大原因促使京东加快赴美IPO（首发上市）：

一是资金压力和高速增长的电商市场环境。这是京东选择在2014年启动IPO的主要原因。

二是企业估值的原因。从电商市场的发展来看，2003年至2011年，中国在线零售业规模每年以平均120%的速度递增，2015年将达到3 950亿美元，相当于2011年的3倍多。2014年电商上市时机相当好，如果错过了2014年的高增长，未来估值肯定会大打折扣。

三是京东已经开始扭亏为盈。2013年前三季度，京东净营收为492.16亿元人民币，同比上涨70.84%，并已实现盈利6 300万元人民币。

3.京东连续多年亏损投资者仍愿投资的原因：

京东自成立之日起到发布招股说明书之前的10多年时间里一直处于亏损状态，但一些财务投资者还在持续对京东进行投资，这是因为财务投资者和战略投资者具有不同的投资目标。财务投资者关注的不是一个公司短期的盈利，而是企业的竞争实力以及上市对未来股份变现和溢价的影响。

4.分析京东盈亏的原因：

（1）我们赞同关于京东"公司战略"的观点。从表7-4和图7-1中可以看出，京东营业额在增长，但是公司账面上却依然是亏损状态，直到2013年3季度才略有盈利。从表7-5京东与三家电商营业收入增长情况的比较中可以看出，京东追求的是"重资产"的商业模式，将规模和市场份额置于短期利润之上。

（2）政府补助对电商企业的发展有哪些推动作用？

政府补助，是指企业从政府无偿取得的货币性资产或非货币性资产，但不包括政府作为企业所有者投入的资本。我国目前主要的政府补助有财政贴息、研究开发补贴、政策性补贴。

不管是哪种形式的政府补助，都会增加电子商务企业的收益和积累能力，因此政府补助对企业有积极推动作用。

（3）京东具有相对较高的利息收入，这与其资产结构有密切的关系。从表7-8反映的京东的主要资产项目以及表7-9中反映的主要资产结构分析中可以看出，截至2013年3季度，京东的现金和现金等价物占总资产的比重为41.14%，这说明京东的货币资金占比较高，并带来利息收入的升高。

5.对京东成本管控战略进行分析：

（1）京东追求的是低毛利率政策。近几年京东的毛利率政策发生了新的变化，这种变化对京东而言是积极的变化。从表7-6京东与三家电商的毛利率比较中可以看出，京东的毛利率虽然从2009年的4.8%上升到2013年3季度的9.76%，但却低于对标的其他企业。毛利率高低受到营业收入和营业成本的双重影响，京东的营业毛利率在提高，说明了京东在营业收入和营业成本的管控方面采取了相应的对策。

（2）与同行业的亚马逊公司相比，京东在低毛利率政策下，其期间费用管控得比较好，并具有领先同业的特征。从表7-7京东与亚马逊各项费用占营收比重的比较中可以看出，京东在低毛利率战略下，为了增加盈利能力，不得不加大对期间费用的管控，如2009年到2013年3季度，亚马逊的各项费用占营收比重从17.54%上升到26.97%，而同期京东的各项费用占营收比重只从8.32%上升到了10.4%，说明京东在低毛利率政策下，加强了期间费用的管控，从而使期间费用与同业相比明显偏低，有助于盈利水平的提高。

6.对公司资产配置的分析：

京东的现金及现金等价物和限制性现金占资产的比重较高，可能的原因如下：一是由电子商务企业的交易方式决定的，其交易以现金交易为主；二是公司融资带来现金流入的增加；三是公司可能没有按最佳现金余额去管理现金。

现金较高的资产结构虽然有助于保证企业现金的流动性、增强偿债能力，但是现金资产是企业中收益最低的资产，过高的现金资产占比将会降低企业的盈利能力。

7.对资产负债结构的分析：

从表7-10京东与三家电商资产负债率情况的比较看，京东自身的资产负债率2009年至2013年3季度呈现下降的趋势，和同业水平比较接近，在行业警戒线之内，近期没有财务风险。但将来是否具有财务风险，取决于公司创造息税前利润的能力、公司的股利分配政策以及资本结构安排。

8.对现金流情况的分析：

从表7-11京东现金流量净额情况表中可以看出，京东近期的经营现金流量出现好转迹象，2012年后经营活动现金流量为正数，说明京东经营活动有额外的现金流量，可以用于偿还债务以及投资，所以这种变化对京东未来投资活动以及筹资活动会带来正向影响。

9.对应付账款以及偿债压力进行分析：

应付账款周转天数又称平均付现期，是衡量公司多长时间能付清供应商款项的时间，属于企业经营能力分析范畴。通常情况下，应付账款周转天数越长越好，说明公司可以更多地占用供货商货款来补充营运资本而无须向银行短期借款。在同行业中，该比例较高的公司通常由于具有较强的市场地位，在行业内采购量巨大且信誉良好，所以才能在货款上拥有主动权并获得商业信用。在现实中，应付账款周转天数的延长，也可能意味着公司偿债出现了问题，可能形成三角债。

从表7-12京东的应付账款天数比较中可以看出，虽然京东的应付账款周转天数不如亚马逊长，但高过苏宁。其自2009年后应付账款周转天数一直在延长，考虑到京东的现金资产状况，说明京东的偿债能力没有问题，而是随着京东实力的增强，其谈判能力在增强，可以更多地享用供货商的资金。

10.案例的启示：

以上对京东招股说明书的分析表明，财务状况是企业战略思想的反映，财务分析有助于了解公司自身的发展状况，了解公司与同业之间的差距，了解企业财务状况变动的原因，正确把握投融资机会。

11.京东今后改善管理的建议：

依据对京东资产负债表、利润表和现金流量表的分析，可以提出以下建议：

（1）从利润表可知，京东需要调整其定价策略，适当提高毛利率水平，同时继续做好期间费用的管控。

（2）做好资产组合及其管理工作，适当降低现金资产的比重，在保证现金资产流动性的前提下，提高现金资产的盈利能力。

（3）继续做好融资安排，满足企业扩张对资金的需求拉动。

（4）提升公司价值，实现股东财富最大化的目标。

第三节　市场表现与价值投资

价值投资分析是根据企业上市后的市场表现进行投资分析的一种方法。本节将在价值投资及其影响因素分析的基础上，说明价值投资的分析指标以及应重视的基本面分析内容。

一、价值投资及其影响因素

（一）价值投资

价值投资是专门寻找价格被低估的证券的一种投资方式。价值投资理论的奠基人是美国的本杰明·格雷厄姆，1934年他在其代表作《证券分析》一书中指出："投资是基于详尽的分析、本金的安全和满意回报有保证的操作。不符合这一标准的操作就是投机。"这里所说的投资就是后来人们所称的价值投资。格雷厄姆的学生沃伦·巴菲特是价值投资者成功的代表，其投资原理很简单：只做传统的长期投资。这是因为，从长期而言，股票的价格取决于企业的发展和所创造的利润，并与其保持一致，而短期价格却会受各种因素影响而大幅度波动，没有一个人可以做到始终如一地准确预测。

（二）价值投资理论

价值投资有三大基本概念，这也是价值投资的基石，即正确的态度、安全边际和内在价值。价值投资理论认为，上市公司的内在价值与股票价格会有所背离，其内在价值决定于经营管理等基本面因素，而股票价格则决定于股市资金的供需状况，在不同的决定因素下，内在价值高于股票价格的价差被称为"安全边际"，一家绩优的企业出现安全边际时，对其投资就具备所谓的价值。

价值投资理念的核心思想是利用某一标度方法测定出股票的"内在价值"，并与该股票的市价进行比较，进而决定对该股票的买卖策略。该理论认为：股票价格围绕"内在价值"的稳固基点上下波动，而内在价值可以用一定方法测定；股票价格长期来看有向"内在价值"回归的趋势；当股票价格低于（高于）内在价值即股票被低估（高估）时，就出现了投资机会。

（三）价值投资的影响因素

影响价值投资的五大因素分别是：盈利能力，分红派息比例，资产价值，市盈率以及安全边际。

二、价值投资的分析方法

如何从不同角度衡量上市公司的投资价值，控制市场风险，是所有投资者面临的共同的问题。由于价值投资理念的不同，投资者的投资判断方法包括价值型、成长型和二者之间的平衡型。格雷厄姆注重以财务报表和安全边际为核心的量化分析；投资大师菲利普·费雪重视对企业业务类型和管理能力的质化分析，强调以增长为导向进行投资分析；而巴菲特作为投资家中的集大成者，将量化分析和质化分析有机地结合起来，形成了价值增长投资法，将价值投资引入新阶段。巴菲特说："我现在要比20年前更愿意为好的行业和好的管理多支付一些钱。基本倾向于单独地看统计数据。而我越来越看重的，是那些无形的东西。"

三、价值投资的常用财务指标与改进

（一）价值投资的常用财务指标与注意事项

1.价值投资的常用财务指标

价值型和成长型的投资理念就是依据企业的盈利能力、盈利的可持续性及增长幅度进行价值判断，因此以下几个指标是目前最常用的指标。参见表7-13。

表7-13   **最常用的价值投资指标**

指标	计算公式
市盈率	每股市价/每股收益
市净率	每股市价/每股净资产
市销率	每股市价/每股销售收入

（1）市盈率

市盈率指标是投资者最为熟悉的指标，它反映了每股市价与每股收益之间的关系。投资者视市盈率为衡量企业未来盈利能力大小的尺度。发展前景好的企业通常市盈率较高，反之，发展前景不好的企业通常市盈率较低。每股收益是净利润的派生指标，而净利润受到上市公司不同会计政策、会计估计等方法的影响，导致每股收益的可比性减弱。不健全的上市公司法人治理结构以及其他影响利润的因素可能导致净利润和每股收益指标失真。如果企业的资产报酬率异常低或发生亏损，则市盈率不再有任何意义，因为这个市盈率会异常高或为负数，所以市盈率在国内的适用性受到局限。

表7-14反映了中证指数有限公司基于中证行业分类的A股全市场行业静态市盈率。表7-15反映了中证指数有限公司以中国证监会《上市公司行业分类指引》为划分标准的A股全市场行业市盈率。

从表7-14中可见，按最新静态市盈率考察，创业板最高为71.39，中小板为49.58，最低的为上海A股，只有15.74。

从表7-15中可见，按最新静态市盈率考察，市盈率最高的为卫生和社会工作业97.45，最低的为金融业，只有8.22。在分析判断时需要注意的是，高市盈率可能反映该行业的每股收益较低，盈利能力较差；低市盈率则可能反映该行业的每股收益较高，但市场低估了其价值。在具体分析时，可以根据表7-15查询更详细的细分行业市盈率情况，从市盈率中判断行业或相关行业内的公司是否具有投资价值。

表7-14　　　　　　**A股全市场行业静态市盈率（中证行业分类）**

截至2016年12月30日

板块名称	最新静态市盈率	股票家数	其中未分红家数	最近1个月平均静态市盈率	最近3个月平均静态市盈率	最近6个月平均静态市盈率	最近1年平均静态市盈率
上海A股	15.74	1 173	133	15.94	15.85	15.39	14.94
深圳A股	41.04	1 856	187	41.87	42.69	41.94	41.76
沪深A股	21.48	3 029	320	21.8	21.92	21.4	20.83
深市主板	25.86	465	83	26.39	26.64	25.97	25.71
中小板	49.58	822	75	50.41	51.44	50.71	50.95
创业板	71.39	569	29	73.56	76.32	75.88	77.52

资料来源：中证指数有限公司。

（2）市净率

市净率反映了每股市价与每股净资产之间的关系。一般来说，市净率较低的股票投资价值较高，风险较低；相反，则投资价值较低，风险较高。该项指标代表股票的价格与其账面价值的背离程度，市净率过高则反映公司的价值可能被市场过高估计，所以该项指标常被用来控制投资风险。

表7-15   **A股全市场行业市盈率**

以中国证监会《上市公司行业分类指引》为行业划分标准

截至2016年11月11日

行业代码	行业名称	最新市盈率	股票家数	其中亏损家数	最近一个月平均市盈率	最近三个月平均市盈率	最近六个月平均市盈率	最近一年平均市盈率
A	农、林、牧、渔业	46.08	44	10	45.64	45.47	44.89	60.58
B	采矿业	36.23	73	21	34.75	34.37	33.75	25.38
C	制造业	44.43	1 854	221	43.36	42.39	41.02	41.46
D	电力、热力、燃气及水的生产和供应业	16.64	96	4	16.44	16.27	15.76	17.28
E	建筑业	19.68	85	4	18.59	17.58	16.32	17.09
F	批发和零售业	42.68	154	15	41.84	41.02	39.17	39.56
G	交通运输、仓储和邮政业	21.56	87	3	21.08	20.9	20.49	21.78
H	住宿和餐饮业	72.7	10	2	71.15	70	65.65	73.19
I	信息传输、软件和信息技术服务业	75.38	195	9	74.06	73.73	71.48	79.81
J	金融业	8.22	62	0	7.99	7.97	7.76	8.25
K	房地产业	21.97	126	17	21.62	21.54	20.7	22.71
L	租赁和商务服务业	55.59	41	2	53.57	52.27	51.32	53.59
M	科学研究和技术服务业	62.17	26	0	61.31	61.11	58.4	57.86
N	水利、环境和公共设施管理业	32.72	31	3	32.57	32.3	33.3	35.27
O	居民服务、修理和其他服务业	—	0	0	—	—	—	—
P	教育	—	3	1	—	—	—	—
Q	卫生和社会工作业	97.45	6	0	99.34	100.16	96.03	115.09
R	文化、体育和娱乐业	51.1	44	1	49.57	49.05	47.46	52.68
S	综合	86.09	25	7	83.12	80.26	75.92	74.09

资料来源：中证指数有限公司。

之所以选择市净率指标，是因为对于那些周期性行业而言，由于受周期性波动的影响，市盈率会伴随着行业景气度的变化而有较大波动。但市净率是一个比市盈率更为可靠的指标，无论行业景气与否，上市公司的每股净资产一般不会出现大幅波动，盈利多则每股净资产增加较多，盈利少则每股净资产增加较少，亏损则每股净资产也不过是小幅下降。正因为每股净资产波动不大，所以市净率波动也会相对较小，在估值上更具参考价值。

表7-16反映了中证指数有限公司截至2016年12月30日基于中证行业分类的A股全市场行业静态市净率。

第七章 投资视角

表7-16 **A股全市场行业静态市净率（中证行业分类）**

截至2016年12月30日

板块 名称	最新 市净率	上市公司 家数	其中 负资产家数	最近1个月 平均市净率	最近3个月 平均市净率	最近6个月 平均市净率	最近1年 平均市净率
上海A股	1.7	1 173	9	1.72	1.72	1.70	1.68
深圳A股	3.6	1 856	5	3.67	3.78	3.82	3.83
沪深A股	2.21	3 029	14	2.24	2.27	2.26	2.24
深市主板	2.47	465	4	2.52	2.57	2.55	2.52
中小板	4.23	822	1	4.28	4.43	4.53	4.58
创业板	5.51	569	0	5.67	5.93	6.16	6.38

资料来源：中证指数有限公司。

表7-17反映了中证指数有限公司截至2016年11月11日以中国证监会《上市公司行业分类指引》为划分标准的A股全市场行业市净率。

表7-17 **A股全市场行业市净率**

以中国证监会《上市公司行业分类指引》为行业划分标准

截至2016年11月11日

行业 代码	行业 名称	最新 市净率	上市公司 家数	其中净资产 为负家数	最近1个月 平均市净率	最近3个月 平均市净率	最近6个月 平均市净率	最近1年 平均市净率
A	农、林、牧、渔业	4.53	44	1	4.58	4.66	4.69	5.1
B	采矿业	1.41	73	1	1.35	1.33	1.3	1.31
C	制造业	3.64	1 854	8	3.63	3.59	3.51	3.6
D	电力、热力、燃气及水的生产和供应业	2.01	96	0	2.02	2.02	1.96	2.07
E	建筑业	1.95	85	0	1.9	1.83	1.72	1.81
F	批发和零售业	2.82	154	1	2.86	2.92	2.91	3.12
G	交通运输、仓储和邮政业	1.87	87	0	1.89	1.89	1.86	1.99
H	住宿和餐饮业	3.95	10	0	4.56	4.69	4.43	5.01
I	信息传输、软件和信息技术服务业	5.5	195	0	5.57	5.67	5.65	6.35
J	金融业	1.12	62	0	1.12	1.13	1.1	1.15
K	房地产业	2.33	126	1	2.35	2.38	2.32	2.59
L	租赁和商务服务业	4.87	41	0	4.87	4.85	4.82	5.05
M	科学研究和技术服务业	5.52	26	0	5.54	5.72	5.65	5.77
N	水利、环境和公共设施管理业	3.26	31	0	3.3	3.33	3.51	3.83
O	居民服务、修理和其他服务业	—	0	0	—	—	—	—
P	教育	—	3	0	—	—	—	—
Q	卫生和社会工作业	9.56	6	0	9.82	10	10.52	12.31
R	文化、体育和娱乐业	4.26	44	1	4.42	4.5	4.44	4.87
S	综合	4.06	25	1	3.98	4.07	4.15	4.48

资料来源：中证指数有限公司。

从表7-16中可见，按最新市净率考察，创业板最高为5.51，中小板为4.23，最低的为上海A股，只有1.7。

从表7-17中可见，按最新市净率考察，市净率最高的为卫生和社会工作业9.56，最低的为金融业，只有1.12。同样，在分析判断时需要注意的是，高市净率可能反映该行业的每股净资产较低，市场高估其价值；低市净率可能反映该行业的每股净资产较高，但市场低估其价值。在具体分析时，可以根据表7-17查询更详细的细分行业市净率情况，从市净率中判断该行业或行业内的公司是否具有投资价值。

（3）市销率

市销率反映的是每股市价与每股销售收入的比值。在固定成本一定的条件下，无销售收入就无法产生经营杠杆效应，反而可能产生经营杠杆损失。因此，对任何企业来说，收入都是其盈利的基础。

市销率是近些年在国际资本市场新兴的市场比率，主要用于评判创业板企业或高新技术企业的价值。由于在NASDAQ市场上市的公司不要求有盈利业绩，因此无法用市盈率对股票投资的价值或风险进行判断。在国内证券市场，利用市销率指标选股，可以剔除那些市盈率很低、主营业务没有核心竞争力，而主要依靠非经常性损益增加利润的上市公司股票。该项指标最适用于一些毛利率比较稳定的行业，如公用事业、商品零售业。运用该指标既有助于考察公司收益基础的稳定性和可靠性，又能有效把握其收益的质量水平。同净利润比较，主营业务收入的形成比较直接，避免了净利润形成过程的多步性，提高了可比性。

依据市销率判断上市公司股票的投资价值，标准普尔500给出的平均值为1.7左右。这一比率随着行业的不同而不同，国外大多数价值导向型的基金经理选择的范围都是市销率<1之类的股票。若这一比例超过10时，就被认为风险过大。但市销率的缺点是只能用于同行业对比，不同行业的市销率对比没有意义。当存在关联交易时，该指标也不能剔除关联销售的影响。

由于中证指数有限公司尚未对市盈率指标做出统计，此处不做数据分析说明。

2.价值型投资指标应用要注意的问题

（1）财务指标只是投资的参考指标

财务报表是了解公司价值的基础，有效的财务报表分析是非常有价值的。但财务报表反映的价值不等同于公司价值。公司价值可以是未来现金流的折现价值，还可以是公司股票和债券的现值。财务报表无法涵盖公司全部经营信息，因此，要将财务报表分析与其他分析相结合。

（2）单一指标不一定能反映企业真实的投资价值

在信息不对称和存在利润操纵的情况下，运用单一指标无法有效验证企业的投资价值，还需要借助其他指标进行比较。例如，有的上市公司利用非经常损益操纵利润就会造成市盈率很低，表面上投资价值很高，但是从每股市价/每股营业利润中就会发现其实际投资价值降低；有的上市公司市销率指标很好看，但有可能是关联交易带来的虚假销售，而借助于每股市价/每股销售商品、提供劳务所收到的现金指标就可以找出问题。同样，将市盈率的排序与市价/每股经营活动现金净流量的排序相对比也很有意义；通过市盈率与市价/每股主营业务利润的对比也可以找出一些潜在的成长股。

（3）常用指标存在固有的缺陷

由于我国证券市场流通股与非流通股并存，非流通股内部分为国有股、国有法人股、法人股等，流通股内部有A股、B股，各种市场的存在造成了同股不同价的局面。而在上述财务指标的计算公式中也存在需要调整的问题，如公式的分子是A股的市场价格，而分母是基于总股本的财务数据，这就会造成分子分母口径的不一致，使得价格的财务数据之比只适用于相类似股本结构的公司。这也是导致小流通盘价位高、大流通盘价位低的原因所在。为此，有人建议，可以把非流通股的价格以每股净资产折算，然后再把非流通股总价格加上流通股的总价格除以总股本，得出一个平均价格，再除以有关财务数据，解决口径不一致的问题。

（二）对价值投资财务指标的创新与改进

为了更真实、客观地评判上市公司的投资价值，可以在上述指标的基础上，对价值投资财务指标进行创新与改进。表7-18列示了改进后的价值投资指标。

表7-18 对价值投资财务指标的创新与改进

序号	指 标
1	每股市价/每股经营活动净现金流量
2	每股市价/每股销售商品、提供劳务所收到的现金
3	每股市价/每股营业利润
4	每股市价/每股可供投资者分配利润
5	每股市价/调整后每股净资产
6	每股市价/每股EVA

1.每股市价/每股经营活动净现金流量

利润是根据权责发生制、配比原则等确认和计量的，人为估计性较强。而现金流量表是根据收付实现制原则编制的，更能反映企业的实际情况，投资者可根据经营活动产生的现金净流量与净利润的比率来衡量利润的含金量。该比率可以较为真实地评判股票的投资价值，其比值越小，表明股票的价值越高。对该比率进行大小排序，更能揭示出潜在的投资机会。同时，要剔除一些市盈率较低但该比值却很高甚至为负的个股，避免因公司业绩虚假带来投资风险。

2.每股市价/每股销售商品、提供劳务所收到的现金

销售商品、提供劳务所收到的现金占主营业务收入的比重称为现销率。该比率从现金角度出发，反映企业的产品适销对路以及收入质量情况。运用该指标可以较好地验证关联购销交易中销售较高却无对应的现金流入的状况。该指标比市销率更加谨慎，可用于挖掘潜力股。将该指标排序并与市销率、市盈率排序进行对比，往往可以发现一些股价被低估的潜力股。

3.每股市价/每股营业利润

营业利润代表着一家公司的主营业务盈利能力和盈利成果。分析利润表，首先要看营业利润是正还是负，假如为负，说明主营业务亏损，假如营业利润为负或很低但净利润却为正或较高，说明公司有靠投资收益、营业外收支或补贴收入操纵利润的可能性。用每股市价/每股营业利润指标，可以剔除一些非经常性损益的成分，较为真实地反映公司的盈利情况。用每股市价/每股扣除非经常性损益的净利润来代替市盈率也许意义更大。但扣除非经常性损益的净利润一般是公司自己披露的，有可能存在着隐而不报的情况。

4.每股市价/每股可供投资者分配利润

假设每股盈利都归股东所有，并全部用于分红，市盈率指标的实质就是一个投资回收期的概念。可供投资者分配的利润=当年的净利润+年初未分配利润−提取金额，该项指标可衡量上市公司历年来的利润积累情况，若从分红的角度衡量公司投资价值，该项指标可作参考。随着我国资本市场的发展与完善，投资者从长期角度出发，会更加关注该项指标。

5.每股市价/调整后每股净资产

调整后的每股净资产=（年末股东权益−3年以上的应收款项−长短期待摊费用）/年末普通股股份总数。该项指标比市净率更谨慎。

6.每股市价/每股EVA

自从1990年斯特恩·斯图尔特咨询公司首次提出EVA（经济增加值）的概念后，EVA指标在企业中得到了广泛应用。该指标可用于判断管理层是为股东创造财富还是毁灭财富。在投资中除了要关注上市公司的EVA排名外，还要注意其股价是否已经透支，用"每股市价/每股EVA"可以解决该项问题，并基于股东价值最大化角度选择股票。

四、价值投资的基本面分析

基本面分析包括对宏观经济面、主营业务所属行业、竞争能力以及公司管理能力等方面的分析。且不说财务信息存在的失真问题，仅凭财务报告数据判断企业的投资价值是不够的。在对企业的评价中，非财务数据也起着非常重要的作用。

例如，2015年6月初，乐视公司的实际控制人两次大幅减持其持有的乐视网股票，从A股市场套现达25亿元。这一减持行为遭到了学术界人士的质疑，认为乐视网的财务和经营状况存在问题，信息披露不充分。而乐视公司则针对质疑提出，用传统古老落后的研究方法来分析研究互联网企业是不恰当的。互联网公司更要关注长期利益，前期通常要承受亏损，在中后阶段才应该考虑盈利能力，如果乐视过早、过分关注公司盈利和短期利益，会损害用户利益，造成用户流失，而互联网公司的核心就是用户。对于创新企业，应该更关注商业模式、盈利模式和对各类资源的经营。该争议事件告诫我们，在进行企业基本面分析时，财务和非财务数据都很重要，在财务数据之外还要注意考察不同行业影响其投资价值的主要因素。

第四节　　　　　　收购公告与价值分析

伴随着企业扩张战略的进行，投资者需要根据上市公司发布的收购公告或者资产重组报告分析企业有无投资价值。本教材在第六章中曾借格力电器收购珠海银隆定向募资被否的案例了解其收购事项的基本概况，本节仍将以格力电器收购珠海银隆为例，说明扩张战略下收购类项目投资价值可信度的分析方法。

一、分析的关注点

对于收购类投资项目，要关注以下几个方面：收购动因、目标企业的选择、目标企业的估值、收购方式、资金来源以及收购风险等。

二、收购引起的质疑

2016年8月19日格力电器公布了收购珠海银隆的方案，该收购方案引起各方的广泛关注。先是中小股东对这一跨界高价收购将导致的股权稀释颇为不满，接着是监管层对格力电器发出问询函，结局是收购方案终止。

（一）对收购动因的质疑

目前，格力电器的业务广泛，空调、冰箱、生活电器、手机、智能装备、精密模具、新能源汽车、储能设备等业务打造了格力电器的多产业链条。大家聚焦的是格力电器为什么要进入新能源汽车领域？格力电器为什么要实施收购战略？甚至有人判断收购珠海银隆可能是为解决格力电器的收入下滑问题。

表7-19反映了格力电器2015年的经营业绩，从中可见，2015年度格力电器的营业总收入确实是下降了28.2%，这可能成为"凑业绩"说法的理由。

表7-19　　　　　　　　**格力电器2015年经营业绩情况**

2015年	数据	同比下降或上升
营业总收入	1 006亿元	下降28.2%
实现归属于上市公司股东的净利润	125亿元	同比下降11.5%
基本每股收益	2.08元	下降55.84%
年度利润分配方案	每10股派现15元（含税）	
股利支付率	72%	
按目前股价分红收益率	高达7.8%	

资料来源：主要来自2015年度格力电器年度报告。

（二）对目标企业选择的质疑

目标收购对象为何是珠海银隆？质疑的关键在于珠海银隆业绩的真实性以及对其资产评估结果的认定。

（三）对目标企业投资价值的质疑

1.对经营业绩的真实性及可持续性的质疑

审计报告披露，珠海银隆2014年、2015年年度报告和2016年半年报显示，2015年

财务报告分析

珠海银隆营业收入由2014年的3.48亿元增加至38.625亿元，一举扭亏为盈，净利润由−0.225亿元增加至4.57亿元。而承诺的2016年、2017年和2018年净利润分别为7.2亿元、10亿元和14亿元（表7−20）。

表7−20　　　　　　　　　　**珠海银隆的营业收入和承诺的净利润**　　　　　金额单位：亿元

年份	2014年	2015年	2016年1—6月
实际营业总收入	3.48	38.625	24.8
实际净利润	−0.225	4.57	
年份	2016年	2017年	2018年
承诺的净利润	7.2	10	14

有关人士指出，珠海银隆的核心技术并非不可替代。珠海银隆承诺的年利润仅有10亿元左右，130亿元换10亿元值不值？股东的利益是否受损？

珠海银隆的主营业务是新能源汽车的生产及销售，审计报告披露的相关信息显示其营业收入主要来源于新能源汽车的销售。2015年珠海银隆纯电动客车销售收入37.10亿元，占当年营业总收入的96.24%，2016年上半年纯电动客车销售收入22.15亿元，占当年营业总收入的89.39%。由此可见，新能源客车的销售收入是珠海银隆的主要收入来源（表7−21）。

表7−21　　　　　　　　　　**珠海银隆主营业务（分产品）情况**　　　　　　单位：亿元

项　　目	2016年1—6月		2015年度		2014年度	
产品名称	收入	成本	收入	成本	收入	成本
纯电动客车	22.15	14.48	37.10	22.73	1.83	1.06
动力电池	2.04	1.48				
充电站等	0.24	0.16	0.56	0.33	0.29	0.15
储能系统	0.09	0.13	0.56	0.53	0.67	0.60
材料及其他	0.26	0.24	0.33	0.29	0.32	0.31
合计	24.78	16.49	38.55	24.88	3.11	2.12

表7−22反映了珠海银隆2014年以来的补贴收入及应收补贴情况。格力电器发布的珠海银隆审计报告没有按产品列示政府补贴金额及其占销售收入的比例，在披露的"公司前五名客户的营业收入情况表"中出现了"新能源汽车应用推广补助资金"项目。2014年、2015年和2016年1—6月该项金额分别为0.503亿元、13.042亿元和6.042亿元，占营业收入的比例分别为14.55%、33.77%和24.32%。

表7−22　　　　　**珠海银隆2014年以来的补贴收入及应收补贴情况**　　　金额单位：亿元

项　　目	2016年1—6月	2015年度	2014年度
新能源汽车应用推广补助资金	6.042	13.042	0.503
占营业收入比例（%）	24.32	33.77	14.45
应收账款——新能源补贴	20.334	11.84	0.352

为判断珠海银隆业绩的真实性，可利用同行业对标公司宇通客车进行数据分析。

表7-23反映了宇通客车补贴收入占新能源汽车营业收入的比例情况。2015年宇通客车纯电动车销售额为92.62亿元，新能源汽车补贴金额高达52.35亿元，补贴占收入的比例高达56.52%；插电式汽车销售收入47.13亿元，新能源汽车补贴金额高达16.22亿元，补贴占收入的比例高达34.42%。两项合计获得新能源补贴139.76亿元，补贴占收入的比例高达49.06%。由此可见，政府补贴对新能源汽车销售推广具有拉动效应。

表7-23　　　　　宇通客车补贴收入占新能源汽车营业收入比例　　　　金额单位：万元

车型类别	营业收入	新能源汽车补贴金额	补贴占比（%）
纯电动	926 211	523 450	56.52
插电式	471 342	162 200	34.42
合计	1 397 553	685 650	49.06

再观察珠海银隆，其营业收入主要来源于纯电动客车的销售，但财报披露的所获补贴收入占营业收入比例显著低于宇通客车纯电动客车56.52%的比例，为此有专业人士判断珠海银隆的业绩可能不实。

2.对珠海银隆资产评估结果的认定问题

根据格力电器董事会公告，截至评估基准日2015年12月31日，珠海银隆100%股权的评估值为129.66亿元。资产评估报告显示，北京中同华资产评估有限公司分别采用收益法和市场法对其进行了评估，收益法评估的结果为129.66亿元，比审计后的账面净资产增值90.88亿元，增值率234.37%。评估报告将收益法评估结果129.66亿元作为最终评估结果。

但原评估报告中，对折现率如何确定、最终实际使用的折现率、评估标的珠海银隆未来各年度的预期自由现金流情况，并没有披露任何相关信息，这引起了人们对资产评估报告透明度的质疑。

针对各方的质疑，2016年8月25日，深交所披露了对格力电器的重组问询函，该问询函从交易方案、交易对方和交易标的等三方面提出29个问题，涉及到公司的钛酸锂电池技术、财政补贴、行业地位等，并要求公司在9月1日前将有关说明材料报送交易所。29个问题中20个问题集中在交易标的珠海银隆身上，关键点就在于珠海银隆是否"这么具有价值"。

针对各方的质疑和深交所问询函，格力电器、中同华资产评估有限公司分别予以了回答和解释，但还是不能让投资者释怀。

（四）案例启示

1.收购案直接关系到各方的利益均衡与博弈。格力电器收购珠海银隆事件，引起媒体、投资人、监管机构以及各方的普遍关注，是一个非常好的案例，它贯穿了投融资并购的各个环节，提出了投资价值分析中的关键点。

2.实现价值增值是企业扩张战略的一个重要衡量标准。对目标企业的价值评估是影响企业战略成功与否的关键环节。对于收购企业来说，目标对象的估值是否合理，第三方中间机构的审计报告以及资产评估报告是否可信，都应进行审慎性分析。因此，在收购过程中要加强价值增值的前端分析审核工作，扩大价值发现功能，实现价值增值目标，这对于提高企业收购成功，规范我国的产权市场具有重要的指导作用。

3.中介机构在资产重组活动中扮演着重要的角色，应本着专业负责、诚实勤勉的精神进行审计以及资产评估工作。

重要概念

直接投资与间接投资　短期投资与长期投资　对内投资与对外投资　实物投资与金融投资　战略投资与财务投资

复习思考

1.在投资中哪些方面要应用到财务报表分析技术？

2.投资项目的可行性研究一般包括哪些内容？

3.企业投资信息是如何在财务报表中体现的？

4.招股说明书以及资产重组报告对判断企业投资价值有哪些作用？

操作练习

查看格力电器收购珠海银隆的案例资料，分析下列问题：

（1）格力电器收购珠海银隆的动因是什么？

（2）为什么格力电器对资产评估报告质疑的回复仍不能让投资者满意？

（3）总结企业收购中为什么要关注相关者的利益保护问题？

第八章

营运视角

【导语】营运活动是企业投资活动、筹资活动和股利分配活动以外的所有交易和事项。本章的目的是在明确企业营运活动特点和管理目标的基础上，梳理营运活动中涉及财务分析的情形以及关注点，从报表中了解企业的营运管理信息，并重点分析企业营运活动的三大主要项目存货、应收账款以及现金的管理状况，最后通过案例演示的方式说明营运活动分析的方法，并提出 **本章内容要点** 改进对策。

第一节　　　　　管理目标与分析目的

本节将在简介营运活动特点和明确管理目标的基础上，梳理营运活动中进行财务分析的情形与关注点，然后阐述营运活动中需要重点分析的项目。

一、营运活动的特点及管理目标

（一）营运活动的特点

企业的营运活动包括如下内容：（1）采购材料或商品，从事生产和销售活动，同时支付工资和其他费用；（2）销售商品，取得收入，收回资金；（3）在资金不能满足需要的条件下筹措短期资金。

企业营运活动中形成的资金为营运资金。在企业的营运活动中，流动资产被称作广义的营运资金；流动资产与流动负债的差额被称作狭义的营运资金。流动资产相对于长期资产来说具有以下特点：（1）变现能力强；（2）财务风险小；（3）盈利性差。

以制造业为例，企业营运资金的循环周转如图8-1所示。

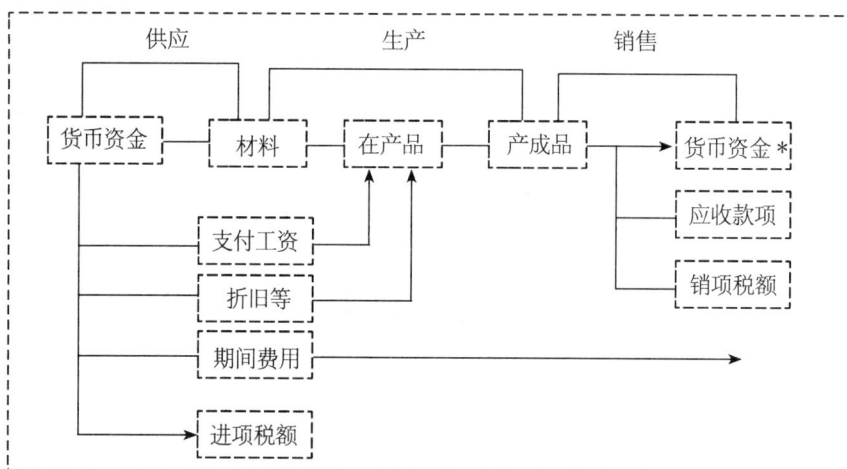

图8-1　企业营运资金循环周转图

（二）营运活动的管理目标

从宽泛的角度，营运资金管理可归结为存货管理、应收账款管理、现金管理；从狭义的角度，还要加上对流动负债的管理。

营运活动的管理目标是：既要满足企业日常生产经营对各种流动资产的需求，加速流动资产周转，减少流动资产占用，提高流动资产使用效率，又要保证企业能按时偿还各种到期债务。

二、营运活动中进行财务分析的情形与关注点

营运活动中进行财务分析的情形包括营运资金匹配关系分析、存货管理分析、应收账款管理分析以及现金管理分析等。表8-1反映了企业营运活动中进行财务分析的情形与关注点，下面将分别加以论述。

表8-1　　　　　　　　　　**企业营运活动中进行财务分析的情形与关注点**

营运活动中进行财务分析的情形	关注点
营运资金匹配关系分析	1.流动资产与长期资产的比例结构 2.流动负债与长期负债的比例结构 3.流动资产与流动负债的匹配关系 4.流动资产内部各项目的匹配关系
存货管理分析	1.管理目标 2.存货的构成 3.存货的计价 4.存货的周转情况 5.存货跌价准备的处理
应收账款管理分析	1.产生动因 2.管理目标 3.信用政策分析 4.周转情况分析 5.坏账准备的计提
现金管理分析	1.管理目标 2.现金流及其配比关系分析

对企业营运活动，需要重点分析如下内容：

（一）分析流动资产与长期资产的比例结构是否合理

流动资产与非流动资产相比，盈利能力较低、财务风险较小。在企业的总资产中，流动资产占全部资产的比例越大，则企业的盈利能力越低，财务风险越小。反之，流动资产占全部资产的比例越小，则企业的盈利能力越高，财务风险越大。定夺二者之间的比例结构，不仅要研究其对企业盈利能力和财务风险的影响，而且要考虑企业所处的行业对不同形式资产的需要。企业应根据其具体情况和风险偏好，慎重选择能使股东财富最大化的、适合企业需要的流动资产与长期资产配比结构。

（二）分析流动负债与长期负债的比例结构是否合理

负债结构关系到企业的资金成本、财务杠杆利益以及财务风险的大小，最终影响到企业的盈利和价值增长。流动负债具有低资金成本、高财务风险、短期偿债压力大的特点；长期负债具有高资金成本、低财务风险、短期偿债压力小的特点。企业应根据流动资产和现金周转状况、本身的信用水平和市场筹资能力、金融市场状况等，充分估计和测算企业一定时期所能承受的流动负债规模，并结合企业期望的总负债规模，确定企业流动负债与长期负债的比例结构。

（三）分析流动资产与流动负债的匹配关系是否合理

依照传统的净营运资金理论，企业一定时期的流动资产规模应略大于企业当期流动负债的规模，这不仅可以降低流动资产的持有成本，而且还可以使企业的短期财务风险保持一个较为稳健的状况。分析流动资产与流动负债的匹配关系是否合理，实质就是要理顺流动资产与流动负债的匹配关系。流动比率的经验数值为"2"，但由于各种环境因素的影响企业实际的流动比率值可能高于或低于这一公认标准。因此，采用流动比率的经验数值来衡量流动资产与流动负债比例结构有一定的局限性，具体分析时应结合行业特点以及本公司与同业的差异性进行分析。

（四）分析流动资产内部结构是否合理

在企业确定一定时期的流动资产占比之后，要保证流动资产的有效运作，就要求流动资产各项目之间保持数量上和时间上的匹配关系。分析中要关注以下方面：（1）流动资产内部各项资产占流动资产或总资产的比重；（2）流动资产内部各项目与营业收入之间的敏感性关系，便于未来按照销售百分比法进行融资需求预测；（3）分析存货、应收账款以及流动资产的周转能力。

第二节　　存货管理分析

本节将在了解企业存货管理目标的基础上，点明衡量存货管理状况的指标，梳理存货管理财务分析的关注点，并进行例举。

一、存货的管理目标

存货，是指企业在日常活动中持有以备出售的产成品或商品、处在生产过程中的在产品、在生产过程或提供劳务过程中耗用的材料和物料等。存货的持有量应当保持一个适当的水平，过多，会降低资金使用效率，增加储存成本；过低，会使企业面临缺货风险，造成缺货成本。

因此，存货的管理目标是：既要满足生产经营对存货的需求，又要使持有存货的总成本最低。与持有存货相关的成本包括订货成本、采购成本、储存成本和缺货成本。存货管理的重点包括如何确定最优的经济订货量、如何建立存货的保险储备量、如何建立存货内部控制制度等方面。[①]

二、衡量存货管理状况的指标

衡量存货管理状况的评价指标主要有两个：存货周转率和存货周转天数。这两个指标是企业存货管理中非常关键的指标。

（一）存货周转率

存货周转率是企业在单位时间内（如一年）存货周转的次数，反映了存货周转的速度。存货周转速度越快，企业营运能力越强；存货周转速度越慢，企业营运能力越弱。因此，存货周转率与企业营运能力密切相关。

一般来说，企业只要维持正常生产经营，就必须要有存货。同样，企业也会因季节性原因导致存货时高时低。存货周转率作为衡量和评价企业供、产、销环节存货管理效率的综合性指标，反映了企业销售成本与存货平均余额之间的关系以及存货的周转速度。

（二）存货周转天数

存货周转天数很容易被人理解。存货周转天数是指企业从购入材料、进行产品加工到售出的天数，受到企业原材料周转天数、生产周期和产成品库存的影响。

为了实现存货的精细化管理，有些企业将存货周转天数细化为原材料周转天数，在产品周转天数和产成品周转天数，然后将计算结果与企业历史水平及同行业平均水平相比较，反映企业的存货管理能力。

存货周转天数要考虑行业的特点和产品差异。不同行业和产品的存货周转天数有不同的标准。例如，像云南白药、同仁堂这样的以中药为主的企业，其存货周转天数比较长，因为这些企业的原材料多是中药，有很强的季节性，一次性采购的数量要保证全年的正常生产；而像娃哈哈这样的快销行业，企业的存货周转天数就会比较短。从产品角度，像贵州茅台生产的茅台酒，其产品具有期限越长价值越高的特点，因此它存货周转天数就高于白酒行业的其他企业，但这并不意味着贵州茅台的存货管理不如其他白酒企业，在分析存货时必须考虑产品特性对其周转的影响。

三、存货管理财务分析的关注点

对存货管理的财务分析，包括对存货构成、存货计价方法、存货周转、存货的可变现净值与账面金额之间的差异处理、存货虚假对企业盈利和资产状况的影响分析，也包

---

① 经济订货量是指既能满足生产经营对存货的需求，又能使持有存货的总成本最低的订货量。最优的保险储备量是指能够使企业的储存成本和缺货成本最低的保险储备量。

括存货管理的同业对标分析。

（一）关注存货的构成

企业存货种类繁多，各类存货的营运能力及其周转情况千差万别。对于生产销售多种商品的企业，分析人员应判断每种产品的市场状况和营运能力，以及对外部环境的敏感程度，明确企业的盈利来源，关注企业的资源配置是否布局在日后有发展潜力的产品上。当今社会技术发展迅速，产品更新换代很快，不同技术层次的存货价值会有较大的差异，同时在生产成本上也有差异。所以应当仔细分析企业存货的技术竞争力，判断存货的市场寿命。

（二）关注存货的计价方法

我国《企业会计准则》规定："各种存货发出时，企业可以根据实际情况，选择使用先进先出法、加权平均法、移动平均法、个别计价法、后进先出法等方法确定其实际成本。"存货计价方法是企业会计政策选择的一项重要内容，不同的存货企业计价方法将会导致企业不同的报告利润和存货资产，并对企业的税收负担、现金流量以及偿债能力产生影响。

假设企业处于通货膨胀期，则可得出以下结论：

（1）一般情况下，根据后进先出法计算的利润低于根据先进先出法计算的利润，因为后进先出法计算的销售成本较高。

（2）一般情况下，根据后进先出法计算的利润更接近于实际，因为后进先出法计算的销售成本更接近于重置成本。

（3）后进先出法下的现金流量大于先进先出法下的现金流量，因为两种方法的税负不同。这也是企业为什么愿意选择后进先出法的重要原因。

（4）对于存货周转率很高的存货也可能不使用后进先出法，因为使用先进先出法和使用后进先出法得出的结果差别不大。

（5）存货的计价方法会影响到企业的流动比率，如存货被低估，则企业的流动比率也会被低估。

（三）关注存货的周转情况

判断存货质量的一个标准是明确存货能否在短期内变现，亦即存货的周转速度。通常使用存货周转率和周转天数来衡量。

在分析判断时应当注意：

第一，销售具有季节性，应使用各月平均存货量。

第二，关注存货发出的计价方式，不同的计价方式导致的差异与经济实质无关，应当对其进行调整。

第三，对导致周转率变动较大的存货应重点分析，以便客观判断企业未来存货周转的走势。

（四）关注存货的可变现净值与账面金额之间的差异处理

从财务分析的角度，应当关注存货在未来期间能够为企业带来的经济资源流入。按照准则定义，可变现净值是指企业在正常生产经营过程中，以存货的估计售价减去至完工时估计将要发生的成本、估计的销售费用以及相关税金后的金额。存货准则特别强调，企业在实际确定存货的可变现净值时，应当以取得的可靠证据为基础，并且考虑持有存货的目的、资产负债表日后事项的影响等因素。

正常情况下，存货的账面价值与可变现价值相比较，大多数存货的可变现净值较高，但当出现下列情况时，则应当关注是否存在存货可变现净值低于账面价值的情况：

（1）市价持续下跌，并且在可预见的未来无回升希望。

（2）企业使用该项原材料生产的产品成本大于产品销售的价格。

（3）因产品更新换代，原有的库存存货已不适应新产品的需要，而该项存货的市场价格又低于其账面成本。

（4）企业所提供的商品或劳务过时，或消费者偏好改变使市场需求发生变化，导致产品市场价格逐渐下跌。

当存在以上情况时，应遵循谨慎性原则，观察企业是否已经计提了相应的存货跌价准备。

要关注公司计提存货跌价准备是否符合公司资产的实际情况及相关政策的要求。公司计提存货跌价准备后，能否更加公允地反映公司的资产状况，关乎能否提供更加真实可靠的财务信息。

例如，2016年8月27日，栖霞建设（股票代码600533）发布了关于计提存货跌价准备的公告。公告指出，根据《企业会计准则》和公司会计政策有关资产减值准备的相关规定，公司存货跌价准备的计提方法为：资产负债表日，存货采用成本与可变现净值孰低计量，按照单个存货成本高于可变现净值的差额计提存货跌价准备。为了更加真实、准确地反映公司截至2016年6月30日的资产状况和财务状况，公司及子公司对资产进行了全面清查。因计提存货跌价准备，影响本期利润总额−22 338 902.74元，影响归属于上市公司股东的净利润−22 338 902.74元。公司2016年上半年计提存货跌价准备事项符合《企业会计准则》和公司相关会计政策的规定，计提存货跌价准备的依据充分，符合公司的经营现状。公司本次计提存货跌价准备基于谨慎性原则，有助于更加公允地反映公司截至2016年6月30日的合并财务状况、资产价值及经营成果，使公司的会计信息更具合理性。

（五）关注存货虚假对企业盈利和资产状况的影响

根据国家财会制度的规定，有关存货的账簿记录必须与实物保持一致。但现实中，存货账实不符问题依然很突出，并直接影响到企业的盈利和资产状况。

2017年3月20日，*ST昆机（600806）发布公告称，在2016年度报告审计过程中，审计人员发现在2016年度公司存在费用少计、存货不实、销售收入确认违规、控股子公司存在"多账套"及票据涂改等问题。鉴于问题重大、涉及期限较长，公司是否能如期披露年报存在不确定性。

*ST昆机3月21日公司收到上交所来函，上交所要求公司补充披露涉嫌财务违规相关事项的发现过程，审慎判断并充分披露涉嫌财务违规事项对公司的影响，以及引致的

各种风险，并及时披露相关事项进展。上交所要求公司严格按照法律法规要求，在规定时间内披露2016年度报告；请公司在审慎评估可能涉嫌财务违规事项对投资者影响的基础上，说明公司在保护投资者合法权益方面拟采取的措施。

　　*ST昆机3月22日回复上交所问询称，由于2016年度报告审计过程中发现以往年度涉嫌财务违规，可能导致2012年到2016年连续五年亏损，可能被行政处罚，从而触发重大违法强制退市条件，导致公司A股股票强制退市，请投资者注意投资风险。

　　据此，证监会可能会对*ST昆机涉嫌财务造假事宜做出行政处罚。根据我国《证券法》相关规定，发行人、上市公司或者其他信息披露义务人未按照规定披露信息，或者所披露的信息有虚假记载、误导性陈述或者重大遗漏的，证券监管部门有权采取的惩处措施是：责令改正，给予警告，并处以30万元以上60万元以下的罚款；对直接负责的主管人员和其他直接责任人员给予警告，并处以3万元以上30万元以下的罚款。

　　（六）做好存货管理的同业比较分析

　　同业比较分析，是指将企业存货管理指标的实际值与同行业的平均标准值进行的比较分析。

　　存货难清、高库存成行业之痛。以服装行业为例，在纺织服装业上市公司陆续出现存货高企的情况下，有部分公司开始大力控制库存，但是，仍有部分公司至今还面临着去库存的难题。同花顺统计数据显示，截至2016年4月5日，32家纺织服装业上市公司有28家公司的存货过亿元，占比近九成。

　　七匹狼年报显示，公司存货2015年期末账面余额合计为13.25亿元，计提跌价准备合计为4.82亿元，账面价值为8.43亿元。其中，在巨额的存货中，占比最高的是七匹狼的库存商品，其期末账面余额为9.36亿元，计提跌价准备近4亿元。

　　统计数据还显示，七匹狼的库存连续4年增长。自2012年至2015年，公司存货分别为5.66亿元、6.57亿元、7.43亿元和8.43亿元。公司2015年比2012年的存货增长了49%。

　　对于存货占比较大的原因，七匹狼表示，2015年，公司在面临疲软的外部经济环境的同时，也面临零售消费形势的快速变化，要求公司不断进行转型改革，在调整中寻求突破，然而，尽管公司主业的商业模式亟待变革，但无法一蹴而就。而业内人士认为，造成七匹狼资产减值的最大原因是存货的滞销，七匹狼之所以出现商品滞销，一方面是线下渠道受到了电商品牌的冲击，另一方面则是产品屡屡被检出不合格。

第三节　　应收账款管理分析

　　本节将在了解应收账款管理目标的基础上，说明衡量应收账款管理状况的指标，综述应收账款管理财务分析的关注点，并进行例举。

一、应收账款及其管理目标

（一）应收账款产生的原因

应收账款是指企业因销售商品、提供劳务等经营活动，应向购货单位或接受劳务单位收取的款项。应收账款产生的原因，一是取决于竞争的需要，二是为减少存货。

从竞争的角度，企业采用赊销方式销售（直接导致应收账款增加）的目的，在于争取客户，提高市场占有率。

从减少存货的角度，体现在以下两个方面：

1.应收账款和存货都属于流动资产，但两者的性质不同。正常情况下，应收账款是一种可以确认为收入的债权，而存货除占用一部分资金外，其持有成本相对较高，诸如储存费用、保险费用、管理费用等。

2.从资信评级的角度看，存货的流动性要比应收账款差得多，虽然财务人员在计算流动比率时将存货和应收账款一视同仁，但在计算速动比率时要将存货予以扣除。只有存货不是过时产品，而且与应收账款相比更易于抵押或典当来换取现金时，持有存货才比持有应收账款更具有优势。

（二）应收账款的管理目标

应收账款管理要经过信用标准确定、目标客户选择、赊销期限考量、现金折扣政策制定、账龄分析以及敲定后期的收账策略等一系列环节。

应收账款的管理目标是：既要通过赊销扩大企业的销售，又要使持有应收账款的总成本最低。持有应收账款的总成本包括机会成本、坏账成本和管理成本。

二、衡量应收账款管理状况的指标

（一）应收账款周转率

应收账款周转率是指企业在一定时期内（通常为一年）应收账款转化为现金的平均次数。它是用于衡量企业应收账款流动程度的指标。应收账款周转速度越快，表明企业营运能力越强；应收账款周转速度越慢，表明企业营运能力越弱。因此，应收账款周转率与企业营运能力密切相关。

（二）应收账款周转天数

用时间表示的应收账款周转速度为应收账款周转天数，也称平均收现期。它反映了企业从取得应收账款的权利到收回款项、转换为现金所需要的时间，是应收账款周转率的一个辅助性指标。应收账款周转天数越短，说明企业流动资金使用效率越好；应收账款周转天数越长，说明企业流动资金使用效率越差。

在进行应收账款周转情况分析时，需要掌握如下基本原理：

1.在与竞争对手比较时，有大量分期应收账款的零售公司与没有分期应收账款的零售公司不具有可比性。

2.在考虑应收账款质量时，客户集中度是一个重要因素，如果大部分应收账款都来自于几个客户，则公司可能对这几个客户存在高度依赖性。

3.应收账款未收回的时间长度反映了收账的可能性。假设应收账款与日销售额之比没有因为季节性经营或者使用自然营业年度被歪曲，则应收账款与日销售额之比偏高的原因可能是：

（1）年末销售数量剧增。

（2）企业季节性的签发账单（如9月份装船发货，而应收账款日在12月底）。

（3）应收账款未收回并且应该被冲销。

（4）大部分应收账款是分期应收账款。

4.假设应收账款与日销售额之比没有因为季节性经营或者使用自然营业年度引起，则应收账款与日销售额之比偏低的原因可能是：

（1）年末销售数量剧减。

（2）大量采用现销方式。

（3）企业签订了保理协议，出售了大部分应收账款。

5.在计算应收账款周转率时，为了使应收账款流动性符合实际需要，销售净额只能包括赊销。如果将现销也包括在内，则应收账款的流动性将被高估。

6.值得注意的是，对于应收账款规模较大的公司来说，应收账款坏账准备计提比例的小幅变动，将会对公司盈利状况带来较大影响。

三、应收账款管理财务分析的关注点

（一）应收账款总量及其发展趋势

应收账款作为企业的一项重要流动资产，其金额多少与企业的周转资金密切相关。应收账款过多，企业的营运资金会减少，严重的会导致资金链断裂。而应收账款过少，可能会影响企业的销售额和毛利。

Choice数据的统计显示，截至2016年11月1日A股的2 958家上市公司中，2 883家都有应收账款，总额合计3.72万亿元，而2015年同期该金额为3.26万元，同比增长了14%。其中，应收账款金额超过千亿元的公司有3家，它们分别是中国中铁、中国建筑和中国铁建，在报告期内，其应收账款分别为1 604.35亿元、1 572.13亿元、1 339.86亿元。应收账款金额超过百亿元的公司有52家，而应收账款金额超过10亿元的公司有548家，1亿元～10亿元之间的公司有1 704家，千万元级别的公司有470家。

上市公司应收账款过高存在一个很大的风险。过高也反映出上市公司急于扩张营收规模的心态，这在当前经济下行期间属于无奈之举。但这种情形并不值得提倡，因为应收账款过高所蕴藏的潜在风险一旦爆发，对于上市公司的财务健康和股东权益会有很大伤害。

（二）充分认识应收账款的副作用

1.增加企业的持有成本。应收账款是一把双刃剑，它在为企业带来收益的同时也带来持有成本，包括机会成本、管理成本和坏账成本。机会成本可以用应收账款平均占用额和机会成本率来衡量；管理成本包括事前的客户调查、事中的账龄分析和事后的收账成本；坏账成本可以根据赊销额度和坏账损失率来计量。

2.增加现金流出。赊销并未真正使企业现金流入增加，反而使企业不得不运用有限的流动资金来垫付各种税金和费用以及分红，加速了企业的现金流出。

3.影响资金循环。营业周期的长短取决于存货周转天数和应收账款周转天数，不合理的应收账款的存在，将延长营业周期，影响企业的资金循环与周转。

为此，需要加强应收账款信用风险管理，包括设置专管部门、制定信用政策、控制

赊销额度、加强日常管理、关注事后管理、实行严格的内审和适当利用应收账款融资等。上述方面管理不当，就会引起账面上应收账款一直居高不下。其中，控制赊销额是加强应收账款日常管理的重要手段。企业可根据客户的信用等级确定赊销额度，必须将总额度严格控制在企业所能接受的风险范围之内。为了便于日常控制，企业要把已经确定的赊销额度记录在每个客户应收账款的明细账上，作为金额余额控制的警戒点。

（三）从营业周期角度关注应收账款问题

在进行应收账款分析时，应将应收账款与存货的周转相结合，从营业周期的角度分析应收账款的管理状况。表8-2反映了服装行业的报喜鸟（公司）营业周期与同业的比较数据。通过数据比较可以发现，2016年3季度，七匹狼的存货周转速度最快，九牧王公司的应收账款周转天数最短，而报喜鸟各项指标都落后于同业，总的营业周期也远超同业。为此，报喜鸟需要分析借鉴同行业应收账款和存货管理的经验，寻找应收账款和存货管理的差距与问题，有针对性地提出改善管理的建议。

表8-2　　　　　　　　**报喜鸟与同业各年末或季末应收账款管理比较**

项目	时间	2016.9.30	2015	2014	2013	2012	2011
存货周转天数	报喜鸟	630.25	420.51	429.44	465.18	273.14	188.01
	九牧王	360.43	223.48	242.42	212.41	225.01	210.50
	七匹狼	308.72	200.86	190.73	149.79	114.70	108.76
应收账款周转天数	报喜鸟	130.48	83.70	82.31	121.03	123.38	87.00
	九牧王	34.76	26.98	31.20	30.69	25.12	15.68
	七匹狼	53.60	40.17	55.37	68.33	49.44	40.71
营业周期	报喜鸟	760.73	504.21	511.75	586.21	396.52	275.01
	九牧王	395.19	250.46	273.62	243.10	250.13	226.18
	七匹狼	362.32	241.03	246.10	218.12	164.14	149.47

资料来源：根据新浪股票中的个股数据汇总计算。

（四）应收账款坏账准备的计提问题

坏账计提比例要从多方面考虑。首先从通过上市审核的角度看，公司应倾向于采取谨慎的会计政策，不会给人以粉饰业绩的印象；另外一方面，坏账准备的计提直接影响到企业的利润水平以及应收账款的资产质量，采取过于保守的坏账政策对企业真实的业绩也是一种打压。企业应该结合自身业务情况、历史坏账情况和可比上市公司综合考量，制定坏账政策。

例如，正忙于筹划创业板上市的武汉理工光科，最近再度递交了IPO申报稿。武汉理工光科主要从事光纤传感器与智能仪器仪表、光纤传感系统、物联网应用的研究、开发、生产、销售以及技术服务。与两年前的申报稿一样，公司应收账款账龄确定的坏账准备计提比例，仍然在同类型公司中处于较低水平。

根据武汉理工光科最新披露的财务数据，公司应收账款净额的信息如表8-3所示。

表8-3 武汉理工光科应收账款等基本信息

项目 \ 时间	2013 年末	2014 年末	2015 年末
应收账款净额（万元）	8 923.36	11 566.54	12 502.27
占总资产的比例（%）	27.79	31.71	34.89

针对增长较快的应收账款问题，武汉理工光科采用账龄分析法计提坏账准备。其计提方法是：账龄在 2～3 年，计提坏账比例 20%，但 A 股市场上，属于制造业（涉及仪器仪表制造、电子设备、仪器和元件等）的赛摩电气、雪迪龙、诚益通和聚光科技，它们在账龄 2～3 年的应收账款上提取的坏账比例分别为 50%、40%、30% 和 30%，均高于武汉理工光科 20% 的计提比例。在账龄 3～4 年的应收账款上，聚光科技、诚益通、雪迪龙和赛摩电气的坏账计提比例分别为 50%、50%、60% 和 80%，大大高于武汉理工光科 30% 的计提比例。而在账龄 4～5 年的应收账款上，诚益通、赛摩电气、新天科技和雪迪龙的坏账计提比例分别为 60%、80%、80% 和 80%，同样高于武汉理工光科 50% 的计提比例。

武汉理工光科公司应收账款账龄构成及坏账计提情况如表8-4所示，账龄分析如表8-5所示，与其他同类型上市公司坏账计提情况的比较如表8-6所示。

表8-4 武汉理工光科应收账款账龄构成及坏账计提情况 金额单位：万元

账龄	余额	占应收账款余额的比例（%）	坏账准备	账面价值
1 年以内（含 1 年）	9 305.21	63.67	465.26	8 839.95
1 至 2 年（含 2 年）	2 690.87	18.41	269.09	2 421.79
2 至 3 年（含 3 年）	1 247.43	8.53	249.49	997.95
3 至 4 年（含 4 年）	276.18	1.89	82.85	193.33
4 至 5 年（含 5 年）	98.51	0.67	49.26	49.26
5 年以上	540.77	3.70	540.77	
单项金额重大并单项计提坏账准备的应收账款	162.00	1.11	162.00	
单项金额虽不重大但单项计提坏账准备的应收账款	294.57	2.02	294.57	
合计	14 615.56	100	2 113.29	12 502.27

表8-5 武汉理工光科账龄分析法 单位：%

账龄	应收账款计提比例	其他应收款计提比例
1 年以内（含 1 年）	5	5
1 至 2 年（含 2 年）	10	10
2 至 3 年（含 3 年）	20	20
3 至 4 年（含 4 年）	30	30
4 至 5 年（含 4 年）	50	50
5 年以上	100	100

表8-6 与其他同类型上市公司坏账计提情况比较

证券代码	名称	账龄	应收账款（万元）	坏账计提比例（%）	武汉理工光科坏账计提比例（%）
300430	诚益通	2～3年	1 058.81	30	20
300203	聚光科技	2～3年	9 851.80	30	20
002658	雪迪龙	2～3年	2 566.92	40	20
300466	赛摩电气	2～3年	1 562.81	50	20
300203	聚光科技	3～4年	11 980.90	50	30
300430	诚益通	3～4年	203.38	50	30
002658	雪迪龙	3～4年	981.78	60	30
300466	赛摩电气	3～4年	341.49	80	30
300430	诚益通	4～5年	36.00	60	50
300466	赛摩电气	4～5年	180.15	80	50
300259	新天科技	4～5年	706.88	80	50
002658	雪迪龙	4～5年	529.07	80	50

本例说明，无论企业采用什么样的应收账款政策，通过应收账款占比、应收账款的账龄结构、坏账准备的计提比例以及同业比较，都能分析出企业应收账款管理是否符合谨慎性原则的要求；企业应降低应收账款坏账准备计提方面的负面影响，避免妨碍上市进程。

第四节　现金管理分析

本节将在了解现金管理目标的基础上，说明衡量现金管理状况的指标，梳理现金管理财务分析的关注点，并进行例举。

一、现金管理的目标

现金是企业资产中流动性最强、获利能力最弱的资产。适配的现金持有量既是企业开展正常生产活动，避免支付危机的必要条件；又可以降低现金持有成本，提高资产获利能力。现金管理要与企业持有现金的动机相关联，企业持有现金的动机为：

（一）交易性动机

所谓交易性动机，是指为满足企业日常经营、投资和偿债等交易活动的需要，企业必须持有一定数量的现金。

（二）预防性动机

预防性动机，是指为了降低现金短缺危机，应付各种不时之需，企业需要准备一定的预防性现金。

（三）投机性动机

为提高现金资产使用效益，同时做现金的替代品，企业可根据市场机会进行临时性的投资活动，这样就产生了投机性现金需求。

现金管理的目标是：（1）要在满足生产经营对现金需求的基础上，减少现金持有量，使持有现金的总成本最低。持有现金的总成本包括机会成本、管理成本和短缺成本。（2）提高现金的周转速度。

二、衡量现金管理状况的指标

企业的现金表现为资产负债表的货币资金以及在现金流量表中各种形态的现金流量。

对企业现金管理状况的分析，可以依据现金偿债能力、现金支付能力和现金盈利能力质量来分析。现金偿债能力一般是基于债权人角度的分析，现金支付能力一般是基于投资者角度的分析，现金盈利能力质量是从对企业净利润信息质量可信度角度的度量。

现金流分析的主要财务比率如表8-7所示。

表8-7　　　　　　　　　　　现金流分析的主要财务比率

分析内容	比率	计算公式
现金 偿债能力	现金比率	现金及现金等价物期末余额/流动负债
	现金流量比率	经营活动产生的现金流量净额/流动负债
	长期负债偿还率	经营活动产生的现金流量净额/长期负债
	债务保障比率	负债总额/经营活动产生的现金流量净额
现金 支付能力	强制性现金支付的比率	现金流入总额/ 经营现金流出量及偿付债务本息之和
	每股经营活动现金流量	(经营活动产生的现金流量净额－优先股股利)/ 流通在外的普通股股数
现金盈利 能力质量	净利润现金比率	经营活动产生的现金流量净额/净利润
	销售净现率	经营活动产生的现金流量净额/销售收入

三、现金管理分析的关注点

企业的现金流量由经营活动产生的现金流量、投资活动产生的现金流量和筹资活动产生的现金流量三部分构成。分析现金流量及其结构，可以了解企业现金的来龙去脉和现金收支构成，评价企业经营状况、创现能力、筹资能力和资金实力。

（一）对现金流量状况进行趋势分析

对于现金流量表的比较分析，可以选取最近两期或数期的数据进行比较，分析企业现金流量的变动趋势。具体分析时，可以采用横向比较分析或纵向比较分析方法进行。

横向比较分析是对现金流量表内每个项目的本期与基期的金额进行比较，揭示差距，观察和分析企业现金流量的变化趋势。纵向比较分析是将各期会计报表换算成结构百分比形式，再逐项比较分析各项目所占整体比重的变化发展趋势。对现金流量表进行分析，应分别对各项现金流入量和现金流出量进行结构分析。

（二）对现金流量状况进行结构分析

首先，分别计算经营活动现金流入、投资活动现金流入和筹资活动现金流入占现金总流入的比重，了解现金流入的主要来源。一般来说，经营活动现金流入占现金总流入比重大的企业，经营状况较好，财务风险较低，现金流入结构较为合理。其次，分别计算经营活动现金流出、投资活动现金流出和筹资活动现金流出占现金总流出的比重，它能具体反映企业的现金用于哪些方面。一般来说，经营活动现金支出比重大的企业，其生产经营状况正常，现金支出结构较为合理。

经营活动是公司的主营业务，这种活动提供的现金流量可以不断用于投资，再生出新的现金来，来自主营业务的现金流量越多，表明公司发展的稳定性也就越强。公司的投资活动是为闲置资金寻找投资场所，筹资活动则是为经营活动筹集资金，这两种活动所发生的现金流量，都是辅助性的服务于主营业务的现金流量。这一部分的现金流量过大，表明公司财务缺乏稳定性。

（三）进行同业对比分析

同业对比分析是将本企业的现金流量指标与同行业其他企业的同一指标平均值进行对比分析，以识别本企业指标有无异常现象。同业现金流量分析是在企业内部现金流量分析的基础上从另一个维度进行的分析，通过与同行业其他企业同一指标的平均水平进行比较，有助于进一步揭示企业现金流量变化的经济实质。

例如，千禧之星珠宝股份有限公司成立于2000年4月，2010年3月变更为股份制企业。公司总部位于深圳市罗湖区水贝珠宝工业园，注册资本2.5679亿元，是国内珠宝首席行业集黄铂金珠宝首席研发设计、生产加工、批发零售、品牌连锁经营、进出口业务为一体的大中型中外合资企业。千禧之星经营活动的现金流量与净利润的对比如表8-8所示，同一报告期内，同业上市公司的现金流量状况如表8-9所示。

表8-8　　　　　　**千禧之星经营活动现金流量净额与净利润的对比**　　　　单位：万元

项目	2011年1—6月	2010年度	2009年度	2008年度
经营活动现金流量净额	2 748.89	6 808.91	−33 170.63	−7 989.88
净利润	5 764.91	10 022.13	7 152.86	6 892.38

表8-9　　　　　　**千禧之星经营活动现金流量与同业的对比**　　　　单位：万元

经营活动现金流量净额	2011年1—6月	2010年度	2009年度	2008年度
老凤祥	32 831.36	−20 679.11	−10 380.65	31 562.08
东方金钰	1 303.22	−34 244.65	−31 608.27	5 724.22
潮宏基	−4 840.83	−24 189.23	3 966.48	4 767.82
明牌珠宝	−7 245.36	−8 796.16	8 875.33	−782.82

千禧之星在上市环节未能通过证监会的审查实现其过会的目标，主要原因在于，千禧之星经营活动的净现金流量远低于同期净利润水平，净利润质量不高，分红能力受到质疑。

与同业上市公司相比，千禧之星的经营现金流量明显好转，其现金流向与行业差异较大，不符合行业普遍的现金流量变化趋势。

（四）从现金流量的方向分析企业财务状况

对于企业而言，由于每种活动产生的现金净流量的正负方向构成不同，所以会产生不同的现金流量结果，进而会对企业的财务状况产生重要的影响。从现金流量的方向分析企业财务状况的方法如表8-10所示。

表8-10　　　　　　　　　　　　从现金流量的方向分析企业财务状况

经营活动	投资活动	筹资活动	说明问题
流入＜流出	流入＞流出	流入＞流出	说明企业经营活动现金流入不足，主要靠借贷维持经营；如果投资活动现金流入量净额是依靠收回投资或处置长期资产所得，财务状况较为严峻
流入＜流出	流入＜流出	流入＞流出	说明企业经营活动和投资活动均不能产生足够的现金流入，各项活动完全依赖筹资借债维系，一旦融资困难，财务状况将十分危险
流入＜流出	流入＞流出	流入＜流出	说明企业经营活动产生的现金流入不足，筹资困难。可能主要依靠收回投资或处置长期资产所得维持运营，说明企业财务状况已陷入困境
流入＜流出	流入＜流出	流入＜流出	企业三项活动均不能产生现金净流入，说明企业财务状况深陷危机，面临着破产或被兼并的危险
流入＞流出	流入＞流出	流入＞流出	说明企业财务状况良好。但要注意加强投资项目的可行性研究，降低投资风险
流入＞流出	流入＜流出	流入＞流出	说明企业经营活动和筹资活动都能产生现金净流入，财务状况较稳定；扩大投资出现投资活动负向净流入也属正常，但应注意适度的投资规模
流入＞流出	流入＞流出	流入＜流出	说明企业经营活动和投资活动均产生现金净流入；但筹资活动为现金净流出，说明有大量债务到期需现金偿还；如果净流入量大于净出量，说明财务状况较稳定，否则财务状况不佳
流入＞流出	流入＜流出	流入＜流出	说明企业主要依靠经营活动的现金流入运营，一旦经营状况陷入危机，财务状况将会恶化

在具体分析时，可以使用以下三段分析法：

1.对经营活动产生的现金流量进行分析

将销售商品、提供劳务收到的现金与购进商品、接受劳务付出的现金进行比较，在企业经营正常、购销平衡的情况下，二者比较是有意义的。比率大，说明企业的销售利润大，销售回款良好，创现能力强；将销售商品、提供劳务收到的现金与经营活动流入的现金总额比较，可大致说明企业产品销售现款占经营活动流入的现金的比重有多大，比重大，说明企业主营业务突出，营销状况良好；将本期经营活动现金净流量与上期比较，增长率越高，说明企业成长性越好。

2.对投资活动产生的现金流量进行分析

当企业扩大规模或开发新的利润增长点时，需要大量的现金投入，投资活动产生的现金流入量不足以补偿流出量，投资活动现金流量净额为负数；但如果企业投资有效，将会在未来创造收益，产生现金净流入用于偿还债务，不会有偿债困难。因此，分析投资活动现金流量，应结合企业目前的投资项目进行，不能简单地以现金净流入还是净流出来论优劣。在分析投资活动时，一定要注意分析是对内投资还是对外投资。对内投资的现金流出量增加，意味着固定资产、无形资产等长期资产的增加，说明公司正在扩张，这样的公司成长性较好；如果对外投资的现金流量大幅增加，意味着公司正常的经营活动没有能够充分吸纳现有的资金，资金利用效率有待提高；如果对外投资的现金流入量大幅增加，说明公司正在通过非主营业务活动获取利润。

3.对筹资活动产生的现金流量进行分析

一般来说，筹资活动产生的现金净流量越大，企业面临的偿债压力也越大，但如果现金净流入量主要来自于企业吸收的权益性资本，则不仅不会面临偿债压力，资金实力反而会增强。因此，在分析时，可将吸收权益性资本收到的现金与筹资活动现金总流入比较，所占比重大，说明企业资金实力增强，财务风险降低。

第五节　　企业营运状况的案例分析

为了发现企业营运管理中存在的问题，提高管理的有效性，首先要对企业以往的财务状况进行分析，然后及时进行战略调整和制度完善。本节将通过对C集团总体财务数据的分析，为其他企业提供有益的启示性信息。

一、C集团及其财务状况分析

资料：C集团是一家集研发、生产与销售为一体的医药集团公司，其中的研发、生产和销售公司均为独立的法人公司，并且三家公司中两家享受减免所得税优惠政策。集团某年度总体的利润状况以及享有的税收政策如表8-11所示。三家公司各自的利润状况分别如图8-2、图8-3和图8-4所示。三家公司各自的资产负债表分别如表8-12、表8-13和表8-14所示。

要求：根据集团总部以及三家公司各自的报表分别回答相应问题，并指出该集团在营运活动中存在的问题。

表8-11　　　　　　　　　　**C集团利润和税收政策说明**　　　　　　　　单位：万元

公司名称	利润状况	税收政策
研发公司	−110	15%税率
制药公司	−405	15%税率
销售公司	1 089	25%税率
合计	574	

从表8-11中可见，C集团的利润总额为574万元，在税收政策上研发公司和制药公司作为高新技术企业享有15%的所得税优惠税率，销售公司实行的是25%的企业所得税税率。这说明作为上下游关系的三家独立企业，集团公司将更多的利润体现在税负较高的销售公司，损害了集团的整体税收利益，该公司的税收筹划和价值链分割不够合理。

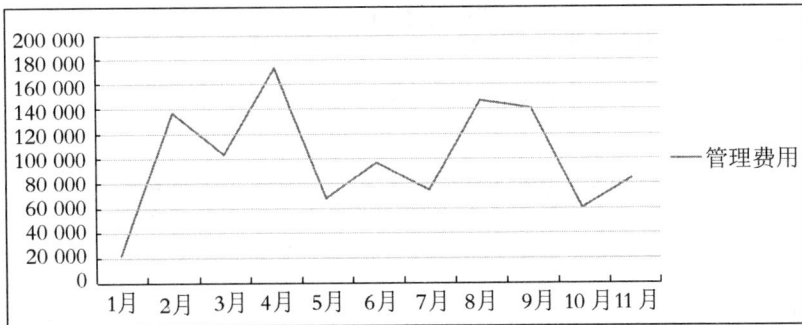

图8-2　研发公司利润表信息

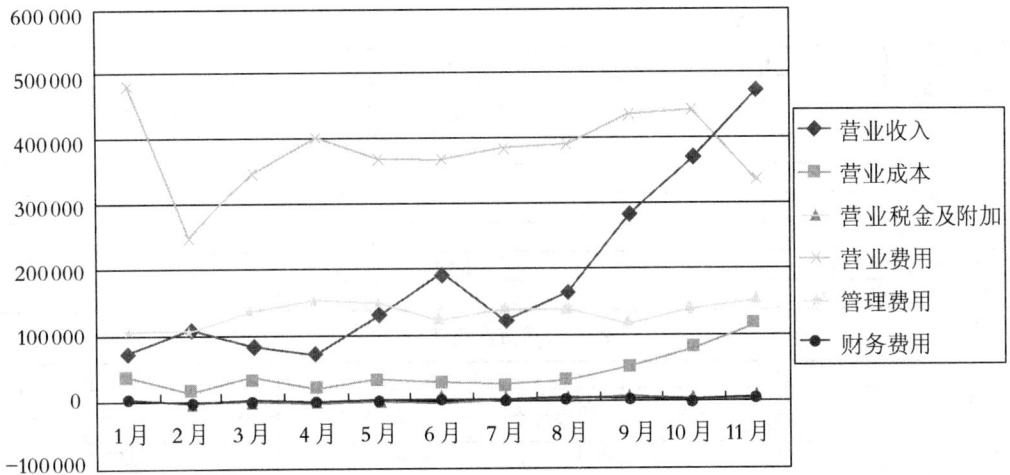

图8-3　制药公司利润表信息

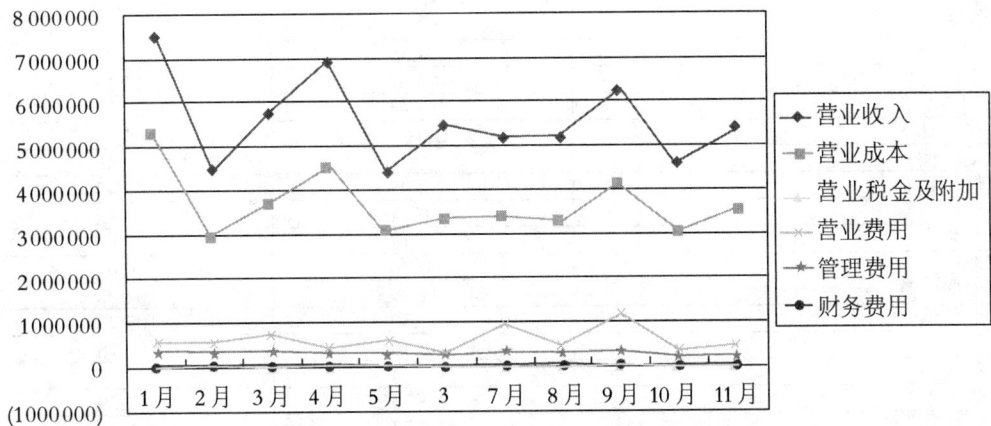

图8-4　销售公司利润表信息

财务报告分析

表8-12   **研发公司资产负债表**   单位：%

项目	1月末结构	11月末结构
流动资产：		
货币资金	3.39	1.38
其他应收款	63.30	64.62
预付账款	2.06	2.10
流动资产合计	68.75	68.10
非流动资产：		
长期股权投资	30.95	31.44
固定资产	0.30	0.46
长期资产合计	31.25	31.90
资产总计	100	100
流动负债：		
应付福利费	1.33	1.75
应交税金	1.02	0.00
其他应付款	39.48	62.21
流动负债合计	41.83	63.96
负债合计：	41.83	63.96
股东权益：		
实收资本	20.63	20.96
盈余公积	5.63	5.72
未分配利润	31.91	9.36
股东权益合计	58.17	36.04
负债及股东权益总计	100	100

表8-13   **制药公司资产负债表**   单位：%

项目	1月末结构	11月末结构
流动资产：		
货币资金	13.02	4.82
应收账款	5.64	22.77
其他应收款	39.74	31.16
预付账款	8.37	8.14
存货	1.44	4.84
待摊费用	12.36	7.06
流动资产合计	80.57	78.79
非流动资产：		
固定资产	4.36	6.03
长期待摊费用	15.07	15.18
长期资产合计	19.43	21.21
资产总计	100	100
流动负债：		
应付账款	0.05	0.42
应付福利费	0.44	2.12
应交税金	0.12	0.89
其他应交款	0.00	0.02
其他应付款	41.89	104.33
流动负债合计	42.50	107.78
负债合计	42.50	107.78
股东权益：		
实收资本净额	83.73	62.39
未分配利润	−26.23	−70.17
股东权益合计	57.50	−7.78
负债及股东权益总计	100	100

表8-14　　　　　　　　　　　　销售公司资产负债表　　　　　　　　　　单位：%

项 目	1月末结构	11月末结构
流动资产：		
货币资金	19.12	12.22
应收账款	35.63	34.24
其他应收款	37.78	52.85
预付账款	−23.46	−19.00
存货	10.49	5.02
流动资产合计	79.56	85.33
非流动资产：		
长期股权投资	11.26	8.20
固定资产	1.98	1.36
无形资产	0.00	0.62
长期待摊费用	7.20	4.49
非流动资产合计	20.44	14.67
资产总计	100	100
流动负债：		
应付票据	2.05	4.50
应付账款	3.61	1.98
预收账款	1.02	1.42
应付福利费	1.71	1.95
应交税金	2.25	0.82
其他应交款	0.06	0.02
其他应付款	3.42	1.24
流动负债合计	14.12	11.93
负债合计	14.12	11.93
股东权益：		
实收资本	16.08	11.71
盈余公积	10.47	7.63
未分配利润	59.33	68.73
股东权益合计	85.88	88.07
负债及股东权益总计	100	100

（一）问题与提示

1.关于研发公司

（1）根据对研发公司资产负债结构的分析，你认为该公司主要应重视哪些资产负债项目的管理？

（2）根据对研发公司利润情况以及管理费用曲线图的分析，你认为该公司在利润方面应重点关注什么问题？

（3）该公司利润表中主要费用为管理费用，请根据该公司所享有的税收政策以及进行的研发项目，说明该公司账务处理能否体现税后利润最大化的要求？应如何处理更好？

（4）据集团公司财务主管反映，该公司费用支出一直比较大，但研发部门一直强调研发费用的不可预见性，因而出现费用失控的局面。你认为应该用什么手段控制该公司的研发费用？从税收检查的角度应该重点关注什么问题？

2.关于制药公司

（1）根据对制药公司资产负债结构的分析，你认为该公司主要应重视哪些资产负债项目的管理？

（2）根据对制药公司资产负债率的分析，说明该公司资产负债率偏高的主要原因。

（3）根据绘制的利润情况曲线图，你认为该公司亏损的主要原因是什么？

（4）制药公司费用占的比重较大，该公司总经理认为这是药品行业在开拓市场过程中的必然现象，你赞同这种观点吗？如不同意，你认为以开拓市场为由不控制费用的危害是什么？

（5）该公司制度规定,公司的董事长、总经理发生的各项费用可以全额报销，你认为这样做可能带来哪些税收问题？

3.关于销售公司

（1）根据对销售公司资产负债结构的分析，你认为该公司主要应重视哪些资产负债项目的管理？

（2）根据对销售公司资产负债率的分析，说明该公司资产负债率指标相对较低的原因。

（3）根据对销售公司损益状况及其结构的分析，你认为销售公司的账务处理是否正常？

（4）销售公司采用的是基本工资加业绩奖励的薪酬办法，业绩奖励为按销售收入一定比例提成。请结合对资产负债表的分析以及对赊销政策的分析，说明销售公司是否需要改进其业绩奖励方法，如果要改进，采用什么奖励办法更好？

4.关于集团公司

（1）根据你的估算，该集团公司某年度1~11月份三家公司合计的利润总额大致在什么范围内？请说明理由。

（2）该公司目前正计划招聘内审、财务总监和销售总监，根据你对C集团公司财务状况的分析，目前该集团是否应引进人才？如需引进,说明引进人才的顺序。

（3）该药业公司在财务管理方面存在的主要问题是什么？在下一步的管理中应注意什么问题？

5.提示

（1）要了解该集团内三家公司之间的关系。经初步了解，三家公司之间存在着上下游关系，研发公司研发出产品，交由制药公司进行生产加工，制药公司的完工产品通过销售公司进行销售。

（2）要了解集团内三家公司各自的税收政策。目前研发公司和制药公司都处于免税期，不缴纳企业所得税，免税期过后享受高新技术企业待遇。

（3）要了解该集团的经营管理水平。该集团公司的产品在业界具有一定的影响力，但财务管理水平相对较弱。

（4）在正式分析之前，要对三家公司的基本财务数据进行分析，以便发现企业管理中存在的需要改进的问题以及对税收筹划的影响。

（二）分析与点评

在完成上述基本工作之后，即可展开对整个集团的全方位分析。

1.关于研发公司

（1）根据对研发公司资产负债表的分析，该公司在资产方面，主要应重视其他应收款和长期股权投资的管理，因为二者占研发公司总资产的比例分别达到64.62%和31.44%。该公司在负债方面主要应重视其他应付款的管理，因为该比例已经占全部资金来源的62.21%，是公司资产负债率较高的重要原因。

●点评：通过对资产负债表的分析可以确信，研发公司应注重往来款项的管理。

（2）根据对研发公司利润信息以及管理费用曲线图的分析，发现该公司应重点关注两个问题：一是主要由一个管理费用科目反映公司的全部成本费用的问题；二是管理费用的忽高忽低变化比较大的问题。

●点评：该公司的利润问题值得重视。

（3）该公司的账务处理不能体现税后利润最大化的要求，因为该公司作为独立法人既没有反映收入来源，也没有按制度规定将可以递延的费用进行递延处理。为了享受免税期税收优惠政策的好处，正确的做法是，在收入方面，公司应按规定计量和反映收入。在费用核算上将费用分为两部分：一是将属于研发性质的费用单独核算，待未来视研发项目的成功与否决定研发费用的处理方法；二是将属于管理性质的费用作为期间费用处理，这样做的好处是将费用递延到未来，有利于享受税收优惠政策下的最大利益。

●点评：该公司在会计处理和税收筹划方面需要进一步改进。

（4）该公司费用失控，既有研发过程中费用不可预见因素的影响，也与公司费用控制管理制度的不健全有关。根据对该公司总体管理制度和费用情况的分析，该公司主要的问题是没有对研发项目落实项目预算管理制度，从而使费用管理失去控制。

为加强费用控制和管理，建议研发公司做好以下两方面的工作：

一是实行预算管理。具体做法是：①做好研发项目的市场调研工作，以了解市场对药品的需求情况；②做好销售预测以及相关的成本、费用、税金、利润预测工作；③分别测算项目的营业现金流量以及与之相关的固定资产、流动资产投资需要量；④利用可行性研究方法进行项目投资决策。如果比较后认为自己的研发力量不够，也可以采用委托外部研发的方式，实现项目盈利目标。

二是建立费用管理控制制度，加强发票管理，严格费用核算，防止出现偷逃税问题。

●点评：该公司对项目预算没有予以重视，费用管理混乱。

2.关于制药公司

（1）根据对制药公司资产负债表的分析，从资产方面看，该公司主要应重视应收款项和长期待摊费用的管理，其中应收账款、其他应收款和预付账款的比例合计达到62.07%，长期待摊费用达到15.18%；从负债方面看，该公司的资产负债率高达107.78%，其中其他应付款是负债率过高的重要原因，比例高达104.33%。

● 点评：该公司资产负债率相当高，往来款项比例高仍是该公司的特点。

（2）根据对制药公司资产负债率的分析，可以发现该公司资产负债率偏高的主要原因。对于资产负债率过高的问题，应进行客观分析，因为影响资产负债率的因素既有负债因素，也有权益因素，因此需要从两个方面考虑问题。从负债的影响看，负债包括真实负债和收入类负债两种类型。所谓收入类负债是有些企业的负债总额中隐藏着部分应计收入。如果是收入类负债，企业可能会面临涉税风险，但其实质的资产负债率会下降。从权益的影响看，权益对资产负债率的影响在排除增资减资因素之外，主要是留存收益产生的影响，而留存收益又直接受到利润和分配政策的影响。具体到本公司，应主要寻找产生大量其他应付款的原因。

● 点评：该公司其他应付款过高。

（3）该制药公司利润曲线图表明，该公司亏损的主要原因是期间费用过高，尤其是管理费用和营业费用过高，甚至超过了主营业务收入线。这说明：一方面，公司的收入水平偏低，反映出该公司的市场营销能力不强。另一方面，期间费用过高，可能是市场推广必然发生的费用，也可能是公司的费用管理失控，存在内部控制漏洞或者税收管理漏洞，应引起高度关注。如果是第一种情况，应通过引进人才，做好市场推广工作，扩大营业额；如果是费用管理失控，必须建立健全费用预算管理制度和税收风险管控制度。

● 点评：该公司的费用管理问题突出，营销能力不强。

（4）按照公司总经理的观点，费用大是药品行业在开拓市场的过程中必然产生的现象，对这种观点不能完全赞同，因为从实现企业价值的角度考虑，企业的经营者最起码应保证收支相抵。以开拓市场为由不控制费用的危害，在于损害了其他相关者的利益。

● 点评：公司高管层的管理思想和经营理念，必然影响到公司的管理成效和员工观念。

（5）该公司制度规定，公司的董事长、总经理发生的各项费用可以全额报销，这样做可能带来费用项目的管理混乱，既不利于进行成本费用分析，为管理决策服务，也可能因高管层给该公司带来税收风险。

● 点评：公司高管层的纳税理念和公司的费用管理制度应引起高度重视。

3.关于销售公司

（1）根据对销售公司资产负债表的分析，该公司在资产方面主要应重视应收账款、其他应收款和预付账款的管理，其中前两者的比例合计高达87.09%，分别为34.24%和52.85%。预付账款应调到负债类项目中。从负债类项目看，该公司的资产负债率较低。

● 点评：该公司应收款项仍应是被关注的重点。

（2）根据对销售公司资产负债率的分析，该公司资产负债率指标相对较低的原因，主要是负债比例低、留存收益高，说明销售公司的盈利能力比较强。

• 点评：该公司盈利能力比较强，但没有发挥计息负债的财务杠杆作用。

（3）根据对销售公司利润情况及其结构的分析，该销售公司的账务处理相对比较规范，因为其各种收入、成本、费用的匹配关系较好。但要注意的是，营业费用与销售收入的配比不符合常理下的企业管理实际。

• 点评：这是一家账务处理相对比较规范的公司。

（4）销售公司采用的是基本工资加业绩奖励的薪酬办法，业绩奖励是按销售收入的一定比例提成。根据对销售公司资产负债表以及赊销政策的分析，该销售公司需要改进其业绩奖励方法。因为当前实施的基本工资加业绩奖励的办法并不是最优方案，应改为按销售收入和应收账款回收率的办法进行业绩奖励，否则大量的应收款项可能会给公司带来坏账损失。

• 点评：公司的激励办法应是既为职工带来利益也要防范坏账风险。

4. 关于集团公司

（1）如果不考虑坏账损失问题，集团公司合计的利润总额大致在574万元，其中研发公司亏损110万元，制药公司亏损405万元，销售公司盈利1 089万元。如果考虑到各公司往来款项比较多的现实，该公司实际的盈利状况应低于574万元。

• 点评：在公司的管理中不能仅看账面利润，更要重视利润背后的潜在风险。

（2）根据对该集团公司财务状况的分析，目前该集团在引进人才方面，首先，应考虑引进财务总监，由财务总监根据公司的发展战略制定财务战略，建立和完善相关制度。其次，引进内控总监，依照制度加强内部控制，查找管理漏洞。最后，如果发现确实是制药公司营销能力不够，再引进销售总监，借此提升制药公司的营销能力，扭转亏损局面。

• 点评：公司在人力资源管理上要根据需要分清轻重缓急地引进人才。

（3）该集团公司在财务管理上存在的问题主要表现在以下方面：

第一，集团公司内部对价值链的管理存在问题，三家独立法人单位虽然存在着业务上的上下游关系，但集团公司的盈利主要来自销售公司而前两家公司没有盈利，说明集团公司在产品的价值链分割方面存在问题。

第二，集团公司的成本费用管理存在问题，缺乏必要的预算规划和费用管控制度。

第三，该集团公司的税收政策没有得到有效利用，下一步要在完善相关制度的基础上，通过有效的税收筹划实现其管理目标。

第四，内部控制不严格，收支不配比。

第五，人力资源应用不当，激励机制不完善。薪酬体制不合理，未将销售与应收账款坏账挂钩。

第六，会计政策应用不当，没有在税法和会计制度约束下正确进行会计处理。

（三）案例启示

本案例说明，在集团公司的营运活动中，应该注重管理模式、管理制度、税收筹划、管理能力等对集团公司营运结果的影响。集团公司所有经济活动的问题，都可以通过财务和非财务分析加以验证和警示。集团公司要实现集团利益的最大化，平衡投资者、经营者和员工之间的利益关系，应在国家法律许可的范围内引进专业化人才，完善财务制度和内部控制制度，多角度地制订出有针对性的营运活动管理方案。

重要概念

营运活动　营运资金　存货管理目标　应收账款管理目标　现金管理目标

复习思考

1.进行企业营运活动分析的目的是什么？

2.对存货管理的财务分析应主要关注哪些方面？

3.对应收账款管理的财务分析应主要关注哪些方面？

4.对现金管理的分析应重点关注哪些方面？

操作练习

目的：了解营运活动中客户过于集中对公司业绩以及风险管控的影响。

资料：根据前瞻投资顾问公司的公开信息，2016年1到10月共有172家企业进入证监会发审会环节，其中160家顺利过会，过会率为93%；其中被否的有10家，被否率为5.8%。

从2016年1到10月的10个被否案例来看，财务会计风险、持续盈利能力、独立性缺失是与IPO擦肩而过的重要原因。同时，募集资金运用、规范运行以及信息披露不到位的问题也是要特别引起关注的。

在10家IPO被否的公司中，吉林科龙建筑节能科技股份有限公司，因客户和主营业务过于集中等被否定。招股说明书显示，2011—2013年发行人前五大客户的合计销售额分别为18 578.51万元、20 181.82万元和10 090.35万元，占当年营业收入的比例分别为83.86%、75.46%和74.19%。若公司主要客户的需求模式、需求量发生变化或者关键客户流失，将在一定程度上影响公司的经营业绩。同时，2011—2013年，公司在吉林省实现的建筑节能业务收入分别为21 375.83万元、26 746.13万元和12 523.01万元，占各年营业收入比重平均为90%以上，经营区域相对集中，未来或对公司业绩产生一定影响。

要求：（1）结合吉林科龙建筑节能科技招股说明书，分析客户和主营业务过于集中可能带来的问题。

（2）结合该公司的应收账款管理情况，分析说明应收账款不能回收风险的成因。

（3）分析该公司在内部控制方面存在的缺陷。

第九章

股利分配视角

本章内容要点

【导语】企业实现的净利润要在分配和留存之间做出选择，这种选择会影响到不同利益主体的经济利益关系。本章将在明确股利分配活动管理目标以及财务分析关注点的基础上，梳理现金分红制度的相关规定，分析我国上市公司现金分红的趋势与成因，最后以贵州茅台为例说明股利分配视角下的财务分析方法。

第一节　管理目标与分析关注点

本节将在介绍股利分配活动及其管理目标的基础上，阐述股利分配政策及其影响因素，最后说明股利分配活动的财务分析关注点。

一、股利分配活动及其管理目标

（一）股利分配活动

股利分配活动是企业对其净利润在各利益相关主体之间进行分配的活动。这种分配活动不仅影响各利益主体的经济利益，而且影响企业的流动资金周转和偿债能力，影响企业财务的稳定性和安全性，影响企业的净资产和市场价值。因此，股利分配活动必将对企业的战略实施、投资者权益保护、社会责任履行以及资本市场的健康发展产生影响。制定合理的股利分配政策，使股利发放与企业的可持续发展和股价稳步上升相适应，是企业管理中的重中之重。正因如此，股利分配与筹资、投资一起成为企业三大财务决策内容。

（二）股利分配活动的内容

股利分配活动包括确定股利支付率、股利支付形式以及股利发放日期等基本内容。

1. 股利支付率

股利支付率，也称股息发放率，是指净收益中股利所占的比重，它反映了公司的股利分配政策和股利支付能力。股利支付率政策是研究公司是否支付股利、支付多少股利以及如何确定合适的分红比例的政策。其计算公式为：

$$股利支付率=\frac{每股股利}{每股收益}\times100\%$$

$$或=\frac{股利总额}{净利润}\times100\%$$

传统的股利支付率反映的是支付股利与净利润的关系，并不能反映股利的现金来源和可靠程度。因此，公司理财理论对此指标进行了以下修改：

现金股利支付率=现金股利或分配的利润÷经营现金流量净额

此公式反映了本期经营现金流量净额与现金股利之间的比率关系。该比率越高，表明企业支付现金股利的能力越强，该比例越低，表明企业支付现金股利的能力越弱。这一指标的修改比传统股利支付率更能体现支付股利的现金来源与可靠程度。

2.股利支付形式

股利支付形式在西方国家通常包括现金股利、股票股利、财产股利和负债股利四种形式。

（1）现金股利

现金股利（cash dividend），是股份有限公司以现金的形式从公司净利润中分配给股东的投资报酬，也称红利或股息。现金股利是股利支付最常见的方式。公司选择发放现金股利除了要有足够的留存收益外，还要有足够的现金。现金保障程度往往是制约公司发放现金股利的主要因素。公司发放现金股利，会引起资产负债表中未分配利润和货币资金的减少；公司发放现金股利，也会对股票价格产生直接的影响，在除息日之后，一般来说会引起股票价格下跌。

（2）股票股利

股票股利（stock dividend），是股份有限公司以股票的形式从公司净利润中分配给股东的股利。我国实务中通常称其为"红股"。股票股利对公司来说，并没有发生实质的现金流出，不会导致公司的财产减少，只是将公司的未分配利润转化为股本和资本公积形态。但发放股票权利会增加流通在外的股票数量，同时降低股票的每股价值。虽然它不改变公司股东权益总额，但会改变股东权益的构成结构。

【例9-1】假设A公司发放股票股利前的股东权益情况见表9-1。现根据公司的股利分配方案拟增发10%的股票股利，发放前该股票的每股市价为20元；公司当年实现的净利润为44万元。甲股东发放股票股利前的持股比例为10%。

表9-1　　　　　　　　　　　　**发放股票股利前的股东权益**　　　　　　　　　　单位：万元

普通股（面值1元，已发行20万股）	20
资本公积	32
盈余公积	8
未分配利润	200
股东权益合计	260

要求：

①计算发放股票股利后的股东权益总额。

②计算发放股票股利前后的每股收益、每股市价、甲股东的持股比例及其所持有股份总价值。

③根据计算结果说明股票股利的特点。

上述问题解答如下：

①根据表9-1和其他信息资料，该公司发放股票股利后的股权权益总额见表9-2。

表9-2　　　　　　　　　　　　发放股票股利后的股权权益　　　　　　　　　　　单位：万元

普通股（面值1元，22万股）	20+2=22
资本公积	32+38=70
盈余公积	8
未分配利润	200-40=160
股东权益合计	260

注：本例按发放前的股票市价和股份数将未分配利润分别划转到股本和资本公积中，实务中另一种方式是将未分配利润按每股面值和增发股数划转到股本中。

②发放股票股利前后的每股收益、每股市价、甲股东的持股比例以及所持有股份总价值有关计算结果见表9-3。

表9-3　　　　　**发放股票股利对股东持股比例、每股收益、每股市价的影响**

项目	发放前	发放后
每股收益(元)	440 000÷200 000=2.2	440 000÷220 000=2
每股市价（元）	20	20÷（1+10%）=18.18
甲股东持股比例	20 000÷200 000×100%=10%	22 000÷220 000×100=10%
甲股东所持股份总价值（元）	20 000×20=400 000	22 000×18.18=400 000

注：每股市价是根据发放前后总市值不变的原理进行计算的。

③企业发放股票股利的特点。

分析中可见，企业发放股票股利具有以下特点：

第一，不会引起股东权益总额的变化；

第二，不会引起企业资产总额和负债总额的变化；

第三，会引起企业股东权益项目内部结构的变化；

第四，在盈利总额不变的条件下，会引起每股收益和每股市价的下降，但各股东的持股比例和持有的股票市场价值总额不变。

发放股票股利，对股东而言，其好处在于：可以扩大资本规模；心理预期稳定；享受纳税好处（资本利得税税率低于个人所得税税率）。

发放股票股利，对公司而言，其好处在于：可以减少现金支付；降低每股价值，吸引投资者；向市场传递公司稳定发展的信息。

（3）财产股利

财产股利（property dividend）是以公司所持有的其他企业的有价证券，如股票、债券作为股利支付给股东。

（4）负债股利

负债股利（liability dividend）是以负债方式支付的股利，通常以公司应付票据的形式支付给股东，有时也以发放公司债券的方式支付给股东。

财产股利和负债股利实际上是现金股利的替代品。在我国，按照法律规定，只允许上市公司发放股票股利和现金股利，不允许发放财产股利和负债股利。

3.股利发放日期[①]

股利发放日期包括宣告日、股权登记日、除权日和股利发放日等内容。

股利宣告日即公司董事会将股东大会通过的本年度利润分配方案的情况以及股利支付情况予以公告的日期。公告中将宣布每股支付的股利、股权登记期限、除权日（除息日）、股利支付日期以及派发对象等事项。

股权登记日是指上市公司在送股、派息、配股或召开股东大会时，需要定出某一天，界定哪些主体可以参加分红、参与配股或具有投票权利，定出的这一天就是股权登记日。即，在股权登记日这一天仍持有或买进该公司股票的投资者，是可以享有此次分红或参与此次配股或参加此次股东大会的股东。这部分股东由证券登记公司统计在案，届时将所应送的红股、现金红利或者配股权划到这部分股东的账上。

除权日（除息日）：股权登记日后的第一天就是除权日或除息日，这一天或以后购入该公司股票的股东，不再享有该公司此次分红配股。

股利发放日是指将股利实际支付给股东的日期，又称付息日。以登记在册的股东为准，即使股东在股利发放日前已经将其所持股票抛售，仍有权获得股利。企业从付息日起可以通过各种手段将股利支付给股东，同时注销其负债记录。

（三）股利分配活动的管理目标

对于股利分配，投资者所关心的是公司是否分配股利以及股利的支付形式；债权人所关心的是公司会否因分派股利影响其债权；企业所关心的是股利分配对公司价值以及可持续发展的影响；政府所关心的是股利分配对资本市场的影响。股利分配活动的管理目标就是要合理分配企业利润，正确处理国家、企业和个人之间的利益关系，提升企业价值。

二、股利分配政策及其影响因素

（一）股利分配政策的类型

现实中有四种不同的股利分配政策，包括剩余股利政策、固定或持续增长的股利政策、固定股利支付率政策以及低正常股利加额外股利政策。不同的股利政策会向市场传递着不同的信号。

剩余股利政策就是当公司有较好的投资机会时，首先要根据目标资本结构的要求，测算出投资所需要的权益资本，从盈余中留用，然后将剩余的盈余作为股利予以分配。其优点是能使公司保持理想的资本结构，降低资本成本，增加公司价值。

固定或持续增长的股利政策的特点是公司每年分配的股利相对稳定或呈现稳定增

---

① 为了了解相关内容，请下载格力电器2016年度利润分配实施公告。

长。其优点在于：①向外界传递公司正常发展的信息；②有利于投资者合理安排收入和支出。其缺点在于：①股利支付与公司的盈余相脱节；②不能保持理想的资本结构。

固定股利支付率政策的特点是公司每年按相同的比率支付股利。其优点在于：利多多分，利少少分，无利不分。其缺点在于：股利分配具有不稳定性，对稳定股价不利。

低正常股利加额外股利政策的特点是一般年份公司支付低而固定的股利，盈利多的年份再支付额外股利。其优点在于有较大的灵活性。

（二）股利分配政策的影响因素

上市公司股利分配受到多种因素的影响，包括外在因素和内在因素。外在因素包括法律因素、债务契约以及其他因素；内在因素是公司特有的因素。

1.法律限制

（1）资本保全的限制。从静态看，资本保全是保证投入资本的完整无缺，要求企业在生产经营过程中，成本补偿和利润分配要保持资本的完整性，保证权益不受侵蚀。规定公司不能用资本（包括股本和资本公积）发放股利。股利的支付不能减少法定资本。

（2）企业积累的限制。为了制约公司随意支付股利，并形成自我积累能力，按照法律规定，公司税后利润必须先提取法定公积金①。此外法律鼓励公司提取任意盈余公积金，只有当提取的法定公积金达到注册资本的50%时，可以不再提取。提取法定公积金后的利润净额可以用于支付股利。

（3）净利润的限制。利润是公司发放股利的基础，只有公司年度累计净利润为正数时才可发放股利。按照我国法律规定，只有当公司弥补完以前年度的亏损后还有剩余，才能用于分配股利。

（4）超额累积利润的限制。当发放现金股利所缴纳的个人所得税高于股票买卖差价的资本利得税时，股东倾向于减少发放现金股利，从而减少股利分配，增加未分配利润，增加每股净资产，并进而提升股价，从而获取资本利得收益并降低税负。对于上市公司运用税收差异超额累积利润的行为，很多国家予以限制，一旦公司的保留盈余超过法律认可的水平，将被加征额外税额。我国法律对公司累积利润尚未做出限制性的规定。

2.债务契约限制

基于对债权人利益的保护，如果一个公司已经无力偿付债务，或股利支付会导致公司失去偿债能力，则不能支付股利。公司的债务合同，特别是长期债务合同，往往有限制公司现金支付程度的条款，这使得公司只能采取低股利政策。

3.股东因素

（1）获取稳定的收入和避税。一些股东的主要收入来源是股利，其往往会要求公司支付稳定的股利。他们认为通过保留盈余引起股价上涨而获得资本利得是有风险的。若公司留存较多的利润，将受到这部分股东的反对。另外，一些股利收入较多的股东出于

---

① 我国会计实务中使用"法定盈余公积金"。

避税的考虑（股利收入的所得税高于股票交易的资本利得税），往往会反对公司发放较多的股利。

（2）担心控制权被稀释。公司支付较高的股利，就会导致留存盈余减少，这又意味着将来发行新股的可能性加大。在资金约束下，发行新股必然稀释部分股东的控制权，这是拥有控制权的股东们所不愿看到的局面。因此，若他们拿不出更多的资金购买新股，自然不会同意分配方案。

4.公司因素

（1）盈余的稳定性。公司能否获得长期稳定的盈余，是其股利决策的重要基础。盈余相对稳定的公司对于不稳定的公司而言具有较高的股利支付能力，因为盈余稳定的公司对保持较高股利支付率更有信心。盈余稳定的公司面临的经营风险和财务风险较小，筹资能力较强，这些都是其股利支付能力的保证。

（2）资产的流动性。较多地支付现金股利会减少公司的现金持有量，降低资产的流动性；而保持一定的资产流动性，是公司经营所必需的。

（3）举债能力。具有较强举债能力（与公司资产的流动性有关）的公司因为能够及时筹措到所需要的现金，有可能采取高股利分配政策；而举债能力弱的公司则不得不多保留盈余，因而往往采取低股利分配政策。

（4）投资机会。有着良好投资机会的公司，需要有强大的资金支持，因而往往会少发放股利，将大部分盈余用于投资。缺乏良好投资机会的公司，保留大量现金会造成资金的闲置，降低资金收益，于是倾向于支付较高的股利。正因为如此，处于成长中的公司多采取低股利分配政策。

（5）资本成本。与发行新股相比，保留盈余不需花费筹资费用，是一种比较经济的筹资渠道。所以，从资本成本考虑，如果公司有扩大资金的需要，也应当采取低股利分配政策。

（6）债务需要。具有较高债务偿还需要的公司，可以通过举借新债、发行新股筹集资金偿还债务，也可直接用经营积累偿还债务。如果公司认为后者适当的话（比如，前者资本成本较高或受其他限制难以进入资本市场），将会减少股利的支付。

（7）通货膨胀压力。在通货膨胀的情况下，公司的购买力水平下降，会导致没有足够的资金来源重置各种资产。因此在通货膨胀时期公司的股利分配往往偏紧。

三、股利分配活动的财务分析关注点

我国上市公司的股利政策具有以下明显特点：①股利分配形式多样化；②上市公司股利政策缺乏连续性和稳定性；③股票股利在股利分配中占有重要地位，送红股成为我国上市公司股利政策的一大特色；④股利分配往往与再融资行为相关联。

为此，在股利分配活动分析方面，其财务分析的关注点如下：

（1）关注我国上市公司总体的股利分配趋势和偏好；

（2）关注公司发放现金股利或股票股利的原因；

（3）关注发放股票股利和现金股利公司的财务特征；

（4）关注上市公司分红的可持续性、稳定性和分红态度；

（5）关注股利分配活动对公司现金流量、偿债能力的影响；

（6）关注股利分配活动对公司价值和股票价格的影响；

（7）关注股利分配活动对公司再融资的影响。

第二节　　我国关于现金分红的制度规定

本节将首先梳理证监会及上交所关于上市公司现金分红的相关文件，然后就近几年内几个主要文件进行说明，以便为本章后期的上市公司现金分红政策分析进行理论铺垫。

一、证监会及上交所关于上市公司现金分红的相关文件

为了引导和规范上市公司现金分红行为，我国证券市场的发展经历了一个由政府严格管制到尊重公司自治，再到法律管制与公司自治相结合的过程。

2004年以来，为采取切实措施改变部分上市公司重上市、重筹资、轻回报的状况，为投资者提供分享经济增长成果、增加财富的机会，以证监委为代表的国家机构不断采取措施，陆续发布了系列规定。近些年来中国证监会适时发布的关于现金分红的若干规定见表9-4。证监会要求上市公司具备现金分红条件的，应当采用现金方式进行股利分配；鼓励上市公司增加现金分红在利润分配中的占比；鼓励具备分红条件的公司实施中期分红，增加分红频率，使投资者获得更及时的回报。在相关规定的指引下，我国上市公司的现金分红情况发生了改观。

表9-4　　证监会及上交所关于上市公司现金分红的相关文件

时间	证监会发布文件	文号
2004年12月7日	《关于加强社会公众股股东权益保护的若干规定》	证监发〔2004〕118号
2006年5月6日	《上市公司证券发行管理办法》	证监会令〔2006〕第30号
2008年10月9日	《关于修改上市公司现金分红若干规定的决定》	证监会令〔2008〕第57号
2012年5月4日	《关于进一步落实上市公司现金分红有关事项的通知》	证监发〔2012〕37号
2013年1月7日	《上海证券交易所上市公司现金分红指引》	上证公字〔2013〕1号
2015年8月31日	《关于鼓励上市公司兼并重组、现金分红及回购股份的通知》	证监发〔2015〕61号

资料来源：根据证监会网站公开信息资料整理。

二、近期几个主要文件内容解释

下面主要以2012年以后的制度规定为例，加以说明。

（一）《关于进一步落实上市公司现金分红有关事项的通知》的内容

2012年5月4日，中国证监会发布的《关于进一步落实上市公司现金分红有关事项的通知》中指出，上市公司是资本市场发展的基石。随着上市公司的成长和发展，给予投资者合理的投资回报、为投资者提供分享经济增长成果的机会，是上市公司应尽的责任和义务。现金分红是实现投资回报的重要形式，更是培育资本市场长期投资理念、增强资本市场活力和吸引力的重要途径。为进一步增强上市公司现金分红的透明度，便于投资者形成稳定的回报预期，现就进一步落实上市公司现金分红有关事项通知如下：

上市公司应当进一步强化回报股东的意识，严格依照《公司法》和公司章程的规定，自主决策公司利润分配事项，制订明确的回报规划，充分维护公司股东依法享有的资产收益等权利，不断完善董事会、股东大会对公司利润分配事项的决策程序和机制。

上市公司制定利润分配政策尤其是现金分红政策时，应当履行必要的决策程序。董事会应当就股东回报事宜进行专项研究论证，详细说明规划安排的理由等情况。上市公司应当通过多种渠道充分听取独立董事以及中小股东的意见，做好现金分红事项的信息披露，并在公司章程中载明以下内容：

1. 公司董事会、股东大会对利润分配尤其是现金分红事项的决策程序和机制，对既定利润分配政策尤其是现金分红政策做出调整的具体条件、决策程序和机制，以及为充分听取独立董事和中小股东意见所采取的措施。

2. 公司的利润分配政策尤其是现金分红政策的具体内容，利润分配的形式，利润分配尤其是现金分红的时间间隔，现金分红的具体条件，发放股票股利的条件，各期现金分红最低金额或比例（如有）等。

首次公开发行股票公司应当合理制定和完善利润分配政策，并按照本通知的要求在公司章程（草案）中载明相关内容。保荐机构在从事首次公开发行股票保荐业务中，应当督促首次公开发行股票公司落实本通知的要求。

3. 上市公司在制订现金分红具体方案时，董事会应当认真研究和论证公司现金分红的时机、条件和最低比例、调整的条件及其决策程序要求等事宜，独立董事应当发表明确意见。股东大会对现金分红具体方案进行审议时，应当通过多种渠道主动与股东特别是中小股东进行沟通和交流，充分听取中小股东的意见和诉求，并及时答复中小股东关心的问题。

4. 上市公司应当严格执行公司章程确定的现金分红政策以及股东大会审议批准的现金分红具体方案。确有必要对公司章程确定的现金分红政策进行调整或者变更的，应当满足公司章程规定的条件，经过详细论证后，履行相应的决策程序，并经出席股东大会的股东所持表决权的2/3以上通过。

5. 上市公司应当在定期报告中详细披露现金分红政策的制定及执行情况，说明是否符合公司章程的规定或者股东大会决议的要求，分红标准和比例是否明确和清晰，相关的决策程序和机制是否完备，独立董事是否尽职履责并发挥了应有的作用，中小股东是否有充分表达意见和诉求的机会，中小股东的合法权益是否得到充分维护等。对现金分红政策进行调整或变更的，还要详细说明调整或变更的条件和程序是否合规和透明等。

6.首次公开发行股票公司应当在招股说明书中做好利润分配相关信息披露工作：

（1）披露公司章程（草案）中利润分配相关内容。

（2）披露董事会关于股东回报事宜的专项研究论证情况以及相应的规划安排理由等信息。

（3）披露公司利润分配政策制定时的主要考虑因素及已经履行的决策程序。利润分配政策中明确不采取现金分红或者有现金分红最低比例安排的，应当进一步披露制定相关政策或者比例时的主要考虑因素。发行人利润主要来源于控股子公司的，应当披露控股子公司的财务管理制度、章程中利润分配条款内容以及能否保证发行人未来具备现金分红能力。发行人应结合自身生产经营情况详细说明未分配利润的使用安排情况。

（4）披露公司是否有未来3年具体利润分配计划。如有，应当进一步披露计划的具体内容、制定的依据和可行性。发行人应结合自身生产经营情况详细说明未分配利润的使用安排情况。

（5）披露公司长期回报规划的具体内容，以及规划制订时主要考虑因素。分红回报规划应当着眼于公司的长远和可持续发展，在综合分析企业经营发展实际、股东要求和意愿、社会资金成本、外部融资环境等因素的基础上，充分考虑公司目前及未来盈利规模、现金流量状况、发展所处阶段、项目投资资金需求、本次发行融资、银行信贷及债权融资环境等情况，建立对投资者持续、稳定、科学的回报机制，保持利润分配政策的连续性和稳定性。

（6）在招股说明书中作"重大事项提示"，提醒投资者关注公司发行上市后的利润分配政策、现金分红的最低比例（如有）、未来3年具体利润分配计划（如有）和长期回报规划，并提示详细参阅招股说明书中的具体内容。

保荐机构应当在保荐工作报告中反映发行人利润分配政策的完善情况，对发行人利润分配的决策机制是否符合本规定，对发行人利润分配政策和未来分红规划是否注重给予投资者合理回报、是否有利于保护投资者合法权益等发表明确意见。

（7）拟发行证券的上市公司应制订对股东回报的合理规划，对经营利润用于自身发展和回报股东要合理平衡，要重视提高现金分红水平，提升对股东的回报。

上市公司应当在募集说明书或发行预案中增加披露利润分配政策尤其是现金分红政策的制定及执行情况、最近3年现金分红金额及比例、未分配利润使用安排情况，并作"重大事项提示"，提醒投资者关注上述情况。保荐机构应当在保荐工作报告中对上市公司利润分配政策的决策机制是否合规，是否建立了对投资者持续、稳定、科学的回报机制，现金分红的承诺是否履行，本通知的要求是否已经落实发表明确意见。

对于最近3年现金分红水平较低的上市公司，发行人及保荐机构应结合不同行业和不同类型公司的特点和经营模式、公司所处发展阶段、盈利水平、资金需求等因素说明公司现金分红水平较低的原因，并对公司是否充分考虑了股东要求和意愿、是否给予了投资者合理回报以及公司的现金分红政策是否符合上市公司股东利益最大化原则发表明确意见。

7.当事人进行借壳上市、重大资产重组、合并分立或者因收购导致上市公司控制权发生变更的，应当按照本通知的要求，在重大资产重组报告书、权益变动报告书或者收购报告书中详细披露重组或者控制权发生变更后上市公司的现金分红政策及相应的规划安排、董事会的情况说明等信息。

8.各证监局应当将本通知传达至辖区内各上市公司，督促其遵照执行。各证监局、上海及深圳证券交易所、会内相关部门应当加强对上市公司现金分红政策的决策过程、执行情况以及信息披露等事项的监管。

资本市场各参与主体要齐心协力，提升上市公司经营管理和规范运作水平，增强市场运行的诚信度和透明度，提高上市公司盈利能力和持续发展能力，不断提高上市公司质量，夯实分红回报的基础，共同促进资本市场健康稳定发展。

（二）《上市公司现金分红指引》的主要内容

2013年1月7日上交所发布《上市公司现金分红指引》（以下简称《指引》），可以归纳为以下内容：

1.现金分红的意义

上市公司现金分红是投资者获得回报的重要途径，是增强股票市场长期投资吸引力的必要条件，也是资本市场平稳运行的重要基石。上市公司现金分红有三大意义：一是培育价值投资理念，普及健康股权文化。二是吸引长期资金入市，增强市场稳定性。三是合理配置公司资金，保护投资者利益。

2.上交所制定《指引》考量的因素

上交所制定《指引》主要出于三大考量：

一是境外市场的经验借鉴。以美国和我国台湾为例，美国的市场已形成以长期稳定的现金分红为主、非稳定的股份回购和特别分红为辅的多种分红方式并存与补充的制度体系，并形成以获取稳定现金分红回报为主的长期投资理念。我国台湾地区在2000年发布"健全股利政策"，要求上市上柜公司若无特殊理由，必须同时发放现金股利和股票股利。受此政策影响，发放现金股利的上市上柜公司比例从2000年的49%迅速增加至2009年的81%，而送股方式的股票股利比例则显著下降。我国的资本市场总体上正处于"新兴加转轨"阶段，需要借鉴成熟市场的经验，制定出一套符合市场实际运行状况的分红指引，努力完善现金分红的各项配套制度。

二是法律依据。目前，我国有关公司股利政策的法律法规主要见于《公司法》、中国证监会发布的《关于修改上市公司现金分红若干规定的决定》、《关于进一步落实上市公司现金分红有关事项的通知》以及《上海证券交易所股票上市规则》等。

三是培育长期的投资理念。《指引》旨在细化中国证监会有关现金分红事项的相关规定，强化上市公司现金分红相关事项的披露义务，增强现金分红政策、决策制定及相

第九章 股利分配视角

关信息披露的可操作性,切实保护投资者的合法权益。

3.《指引》的主要思路

《指引》在制定的思路上体现出三大特征:

第一,非强制性。《指引》意在倡导现金分红的最佳行为规范,并非强制公司分红,这一点和证监会规定的精神是一脉相承的。严格意义上来说,利润分配事项属于上市公司自治范畴,交易所并不会对其进行强制要求。

第二,以信息披露为本。根据《证券法》第115条的规定,证券交易所应当对上市公司及相关信息披露义务人信息披露进行监管,督促其依法及时、准确地披露信息。因现金分红政策属于投资者赖以进行投资决策的重要依据,《指引》为强化上市公司对现金分红政策信息披露的深度,要求上市公司在定期报告中明确披露有关现金分红政策的明细化信息,例如可供选择的四种现金分红政策、例外情况下应披露的事项等等。

第三,重视现金分红的决策程序。上市公司分红决策是否对投资者有利很大程度上取决于其决策程序的规范性。当前我国上市公司现金分红决策随意性较大,这在公司治理不规范的上市公司中体现得尤为明显。

4.《指引》的主要内容

从内容上,《指引》包括六大方面:

一是提供备选现金分红政策,规范例外情况。《指引》在落实证监会关于在公司章程中增加有关现金分红规定的基础上,引导公司通过信息披露进一步细化现金分红的具体政策,并增加相应的约束力:包括:(1)参考国际市场常用的分红政策,提供了固定金额政策、固定比率政策、超额股利政策、剩余股利政策等四种备选分红政策。(2)对于选择剩余股利政策的公司,需披露未来投资项目基本情况。(3)例外情况下无法按照既定分红政策实施利润分配的,应在年度报告中披露具体原因以及独立董事的明确意见,并经出席股东大会的股东所持表决权的2/3以上通过。

二是引导建立中小股东参与机制。引导不进行现金分红或现金分红支付率低于平均数(30%)的公司建立与中小股东沟通交流机制:(1)在年报披露之后年度股东大会股权登记日之前通过现场、网络或其他方式召开说明会,与中小股东充分沟通交流;(2)要求网络投票,为中小股东参与现金分红决策提供便捷渠道;(3)按持股比例分段、分市值披露表决结果。分段区间为持股1%以下、1%~5%、5%以上三个区间;对持股比例在1%以下的股东,按照单一股东持股市值50万元以上和以下两类情形,进一步披露中小股东表决结果。

《指引》中的分红比例要求以合并财务报表中当年归属于上市公司股东的净利润为基础,而不是以母公司净利润为基础。上市公司合并报表中归属于上市公司股东的净利润最能反映上市公司的整体经营成果,以其为基础来计算分红比例,可以更加准确地反映股东现金回报占经营成果的比例,也能够防止上市公司通过会计手段调节母公司财务报表的净利润,进而逃避现金分红。

三是通过政策鼓励公司提高分红水平。《指引》通过政策导向来鼓励公司分红,包括：（1）对公司分红比例不低于30%且红利收益率（红利与净资产的比例）不低于3个月定期存款利率的公司编制专项指数予以集中反映；（2）对于高分红（不低于50%）且红利收益率高（红利与净资产的比例不低于1年期存款利率）的公司，交易所在涉及再融资、并购重组等市场准入情形时给予支持或"绿色通道"待遇，并在相关评奖或考核时予以优先考虑。

四是倡导持续合理分红。针对实务中存在的以股票股利来迎合投资者偏好、逃避现金分红的现象，《指引》明确现金分红相对于股票股利在利润分配方式中的优先顺序，同时对采用股票股利进行利润分配的公司提出综合考量因素。既鼓励上市公司每年度实施现金分红，又要求上市公司特别是新上市公司和刚完成再融资的已上市公司现金分红政策应保持连续性和稳定性。对于现金分红异常的情况，提请中介机构监督和证监局核查。

五是分红水平事后评价。鼓励具有专业能力且客观公允的社会第三方对公司各年度的分红能力和水平予以评价和披露，本所也将发布现金分红年度研究和评价报告，积极营造正确认识公司分红能力和水平的舆论氛围。

六是鼓励在现金股利之外采用多样化回报股东方式。鼓励上市公司通过现金回购股票的方式回报投资者。上市公司当年实施股票回购所支付的现金视同现金红利，在计算相关比例时与利润分配中的现金红利合并计算予以考量，适用相应的鼓励性措施。

上交所发布的《指引》中所谓强制分红政策出台后，在年报中推出分红的公司数量在逐年增多，但也不可避免引发一系列诟病。投资者为证券市场的发展做出了突出贡献，但却未能获得相应的回报。因此，从监管层面鼓励上市公司现金分红，督促上市公司重视回报投资者，是保护投资者利益的有效手段。从单个上市公司来说，分红对未来发展的利弊与公司发展所处的阶段有关。如果公司正处于高速增长期，那么现金分红会分流发展资金，使公司发展潜力无法完全释放，使公司盈利以至于投资者回报都不能达到最优。但对于零增长或负增长的公司，盈利再投资收益不能高于投资者机会成本的话，就应该把可分配利润以现金分红形式派发，回报股东。

当前我国正处于加快工业化和经济转型期，投资机会较多，上市公司更愿意有更多的资金用于发展，所以不能简单地将现金回报和同期上市公司的融资相比较。另外，金融市场整体收益情况，特别是长期无风险收益和市场利率的变化，也可能会影响投资者对上市公司分红的诉求。强制的、半强制性的现金分红政策有待改进。

这些规定对规范上市公司股利分配有一定指引作用，但由于这些规定法律层次较低、权威性较弱，在实践中取得的效果并不明显①。

（三）《关于鼓励上市公司兼并重组、现金分红及回购股份的通知》的内容

2015年8月31日，证监会、财政部、国资委、银监会四部委联合发布《关于鼓励

---

① 张翌.超2000家上市公司拟现金分红11家公司发百亿红包［N］. 大众证券报,2016-05-05.

上市公司兼并重组、现金分红及回购股份的通知》，指出为进一步提高上市公司质量，建立健全投资者回报机制，提升上市公司投资价值，促进结构调整和资本市场稳定健康发展，推动国有企业改革，增强国有经济活力，证监会、财政部、国资委、银监会等四部委联合发文，通过多种方式进一步深化改革、简政放权，大力推进上市公司并购重组，积极鼓励上市公司现金分红，支持上市公司回购股份，提升资本市场效率和活力。四部委积极鼓励上市公司现金分红，认为上市公司现金分红是优化投资者回报机制建设的重要内容。

为进一步优化现金分红制度，提高分红水平，要求上市公司具备现金分红条件的，应当采用现金方式进行利润分配。考虑到不同上市公司所处的行业、发展阶段和盈利水平存在较大差别，鼓励上市公司结合上述因素，增加现金分红在利润分配中的占比。鼓励具备分红条件的公司实施中期分红，增加分红频率，使投资者获得更及时的回报。同时，要完善鼓励长期持有上市公司股票的税收政策，降低上市公司现金分红成本，提高长期投资收益回报。

三、简要评述

上市公司利润分配属于公司自主决策事项，只有公司才有权决定是否分红和如何分红，监管部门不能要求上市公司该分红或者分多少红，每一个公司都有自己的发展规划，某一时期不分红，可能更有利于公司的发展。监管部门要做的事是，在充分尊重上市公司自主决策的前提下，鼓励、引导上市公司建立持续、清晰、透明的现金分红政策和决策机制，加大对未按承诺比例分红、长期不履行分红义务公司的监管约束，推动上市公司完善投资者回报机制。

第三节　上市公司现金分红的情况与成因

本节将通过对我国上市公司现金分红的总体趋势，探讨现金分红的成因。

一、我国上市公司现金分红的总体情况

现金分红是上市公司向投资者提供回报的方式之一，也是反映上市公司治理水平、投资价值与发展前景的指标。在成熟的资本市场，上市公司的分红则直接与退市制度挂钩。美国证券市场明确规定了6条退市条款，其中第6条就是"连续5年不分红利"；日本证券交易所也明确规定了6条退市条款，其中第4条就是"最近5年没有发放股息"。要深入了解和分析我国上市公司的股利分配情况，需要通过与国外上市公司的比较来观察。在此，选择美国上市公司进行比较。

（一）美国上市公司的分红情况及其成因

1.美国的上市公司分红情况

古希腊数学家、哲学家毕达哥拉斯认为，数字具有精神上的意义，可以揭露万事万物背后的真理。

据英国《金融时报》援引花旗研究的发现称，近两年来MSCI①全球指数成分股公司的分红占公司利润的比重由43%上升至51%，这一比例已经超过46%的长期中值比例。从美国的情况看，相关数据显示，美国上市公司的现金红利占公司净收入的比例，20世纪70年代约为30%～40%；到了80年代，提高到40%～50%。现在不少美国上市公司税后利润的50%~70%都用于支付红利。以美国苹果公司来说，自从2012年8月启动资本回报计划以来，公司已经向投资者反馈了超过1 630亿美元的资金，其中有1 170亿美元的资金是以股票回购的形式派发。

标普全球市场智库公布的最新报告显示，有919家美国上市公司在2016年第一季度提高了分红，与2015年同期相比下降了8%。②无论如何，标普500成分股的股票分红收益仍然比美国10年期国债的收益要高。据FactSet的数据，美国10年期国债的收益率下降至1.78%，而之前的5年间标普500指数成分股的每股平均收益率为1.96%。

当然，在经济表现疲弱之际，如果企业收益下滑继续支付分红，其存在的风险是企业分红将难以维持，削减分红也往往会被视为问题恶化的信号。但企业需要做长远的打算，应开始考虑要不要在短期内继续以分红形式取悦股东。

2.美国上市公司的分红成因

（1）价值观念已经形成。在美国，判断一家上市公司是否具有投资价值，关键之一就是看分红，股票投资俨然成为民众另外一种形式的储蓄。在美国，绝大多数的上市公司都是按季对投资者进行分红。相反，按年度或按半年度分红的上市公司则比较少见。当然，也有不分红的公司。此外，一些上市公司还有"额外"或"特别"分红，这类分红一般是有针对性的、偶尔的或一次性的，而且分红水平超高。"按季分红"的分红目标与分红政策几乎是既定的、一贯的，也是透明的。因此，投资者很容易了解各家上市公司每年、每季度的分红水平，从而做出长远投资打算。由此可见，按季分红是一种有利于理性投资的分红政策。但它也是对上市公司财务掌控能力的一种考验和挑战。特别是在过去几年里，美股上市公司现金分红对于市场留住部分投资者起到了至关重要的作用。

（2）分红环境已经形成。在美国，上市公司之所以愿意分红，是因为分红的环境已经形成，美国上市公司分红不像国内以半年或一年为分红周期，而是以一个季度为分红周期。分红政策往往被作为判断上市公司是否具有投资价值的重要参照，不仅代表着上市公司现在的盈利能力，也代表着上市公司未来的发展前景。大方的分红能让投资者对上市公司的现金流与未来的经营水平，报以更大的信心。

（二）我国上市公司现金分红的情况

从管理层的分红政策看，中国证券市场属于半强制分红市场，是保证分红底线和鼓励分红的市场；从上市公司的分红实际数据看，中国证券市场是波动中逐渐向好的市

---

① MSCI（Morgan Stanley Capital International），是一家提供全球指数及相关衍生金融产品标的的国际公司，其推出的MSCI指数广为投资人参考，全球的投资专业人士，包括投资组合经理、经纪交易商、交易所、投资顾问、学者及金融媒体均会使用MSCI指数。

② 吴家明.全球上市公司分红激增［N］.证券时报，2016-05-10.

场；从投资理念看，中国证券市场的价值投资在缓慢形成，是分红企业逐渐得到投资者青睐的市场。

从我国上市公司现金分红的总体状况看，由于历史原因，我国上市公司现金分红占净利润的比例总体上要低于市场经济发达国家，且呈现不稳定的特征。低比例分红、分红不稳定不仅不利于形成股权融资约束，也不利于形成合理预期、理性投资，影响到资本市场的发展，因此，引起社会各方关注，也引起监管方不断制定有关现金分红对策，对上市公司的现金股利分配采取引导和监管措施。

（1）从上市公司分红家数看。

近年来上市公司整体现金分红水平在不断提升。2013年，上市公司现金分红家数占比为72.4%，现金分红比例为34.5%；2014年，上市公司现金分红家数占比为73.2%，现金分红比例为33.51%。但是，同花顺统计数据显示，2015年A股共有800多家上市公司不分红，其中10年以上不分红的就有八九十家，有30家公司更是上市至今"一毛不拔"。

（2）从分红趋势看。

A股分红趋势向好。中国证券市场分红水平趋势向上，2011年至2015年，年度股息率平均值在2%以上的上市公司共118家，这些公司的股息率都高于同期1年期银行的定期存款利息1.5%，甚至有些超过银行理财产品，这表明我国已经朝国际化分红水平迈进。韩国2015年股息率为1.37%，与我国2015年累积均值1.36%很接近；巴西和智利的法定最低股利支付率为25%和30%，与我国2015年累积股利支付率的年度均值24.1%差距不大，表明中国证券市场分红水平逐渐与国外同级次市场接轨。

（3）从投资者偏好角度看。

中长线资金偏好高股息率公司。在资本市场，机构投资资金一般被认为是中长期投资资金的代表。股息暗含着隐形回报，股息越高，中长线资金的隐形回报就越大。据统计，2011年至2015年，股息率排名前十的公司机构持股占比约为70%，前118名高股息率公司机构持股占比约为62.5%，说明随着排名数量的增加，机构持股占比下降，证明股息率越高，机构投资者越偏好。

二、我国上市公司股利分配情况的成因分析

（一）股权结构的特殊性

我国相对集中的股权结构，决定了大股东控制的董事会难以真正重视对中小股东的回报。大股东控制了上市公司的决策权，决定了大股东出于谋求自身利益最大化的目的，将流动性极强的现金掌握在自身手中。因此，当前我国上市公司进行的股利分配，更多的是满足监管部门对公司现金分红的监管要求。

（二）监管机构分红政策的影响

分红政策对分红要求的逐渐提高，是导致我国证券市场分红水平提高的重要原因。证监会颁布了多份分红政策文件，目的可以总结为三点：①通过现金分红回报股东，保护投资者权益；②引导和规范上市公司分红制度；③培养市场中长期投资理念，减少市场波动，提高上市公司回报意识。

（三）税收差异的影响

红利税的征收也影响到上市公司的现金分红。目前我国对个人投资者转让股票取得的资本利得收益暂免征收个人所得税，而对个人从公开发行和转让市场取得的上市公司股息、红利所得按持股时间长短，自2013年1月1日起，实行差别化的个人所得税政策，依法计征个人所得税。持股1个月以内，税负高达20%；持股1个月至1年，税负也达到了10%；只有持股超过1年，税负才降为5%。对于股票红利所得征税，决策层本意是鼓励投资者长期持有股票，却在客观上造成了上市公司现金分红对投资者的吸引力下降，也容易成为某些上市公司拒绝现金分红的理由之一。此政策降低了上市公司分红意愿，投资者宁愿通过买卖股票赚取差价获得收益，也不愿通过红利获取收益。

（四）证券市场投机心态的影响

一方面，长期以来形成的浮躁心态，让市场上充斥着对于上市公司价值的误读和曲解。有一种市场观点认为，分红派息会导致股票的每股净资产减少，从而影响未来的经营投入，投资者因此要面临股价波动的风险。另一方面，与美国比较，我国的证券市场投机氛围浓厚，上市公司以炒作概念为荣，部分投资者追逐的是短平快收益，分红也就不再成为衡量上市公司现有经营水平和未来发展空间的重要指标。

（五）受上市公司所在行业的影响

高股息率公司大多数处于相对成熟且稳定的行业。根据高股息率个股的行业统计可以发现，新兴产业上市公司大多处于行业发展初期，不仅盈利情况不佳，甚至还需要不断募集资金进行业务扩展，所以新兴产业高股息率公司占比很低，仅约4%，说明高分红现象在不成熟行业发生的概率低。

医药生物、休闲服务、食品饮料、纺织服装、商业贸易、家用电器等都属于大消费行业，它们大多数商业模式成熟、经营现金流稳定，具有比较好的分红条件，高股息率公司占比最大，约为30%，证明稳定或者成熟行业高分红的可能性比较大。

银行和高速公路行业的公司大多属于国有垄断企业，经营模式稳定，收入来源明确。这类公司数量占A股数量比例很低，但是高股息率占比却很大。

有色金属、采掘、钢铁行业具有很强的周期性，经营稳定性差，难以提供持续、稳定的利润分红，高股息率公司占比并不高，约为7%，说明业绩波动性大的周期性行业稳定高分红比较困难。

第四节　上市公司股利分配政策案例分析

本节将以贵州茅台为例，说明股利分配视角的财务分析方法，具体包括贵州茅台公司简介、历年的分红送股情况、高现金分红的原因分析以及对公司股价的影响。

一、贵州茅台简介

贵州茅台酒股份有限公司（简称贵州茅台）是于1999年批准设立的股份有限公司，2001年7月31日首次公开上市（股票代码600519），股票发行价31.39元。经营范

第九章 股利分配视角

围包括酒类产品的生产经营；包装材料、饮料的生产销售；餐饮、住宿、旅游、运输服务；进出口贸易业务等。英国品牌评估机构 Brand Finance 发布的"2016全球烈酒品牌价值50强"排行榜（Top 50 spirits brands）中，"茅台"以57.71亿美元的品牌价值排名首位。相比2013年，其品牌价值增长143.7%，成为全球第一的最具价值烈酒品牌。

截至2015年12月31日，贵州茅台资产总额达到863.01亿元、营业收入334.47亿元、净利润164.55亿元。2015年度，贵州茅台的营业收入和利润，分别占中国18家白酒上市公司的27%和45%，茅台酒在中国国内高端白酒市场占有率超过了50%。由此可见，作为业界翘楚的贵州茅台自然实力不凡。2006年以来贵州茅台的资产负债状况、营业收入和净利润状况分别如图9-1和图9-2所示。

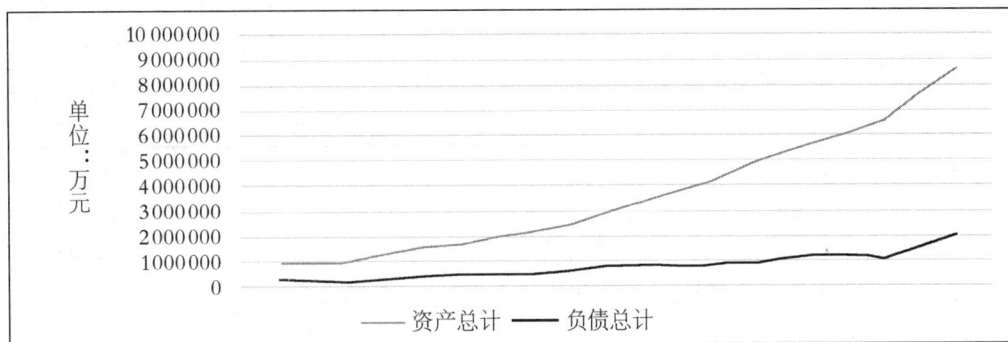

图9-1 贵州茅台2006—2015年年末的总资产和总负债趋势图

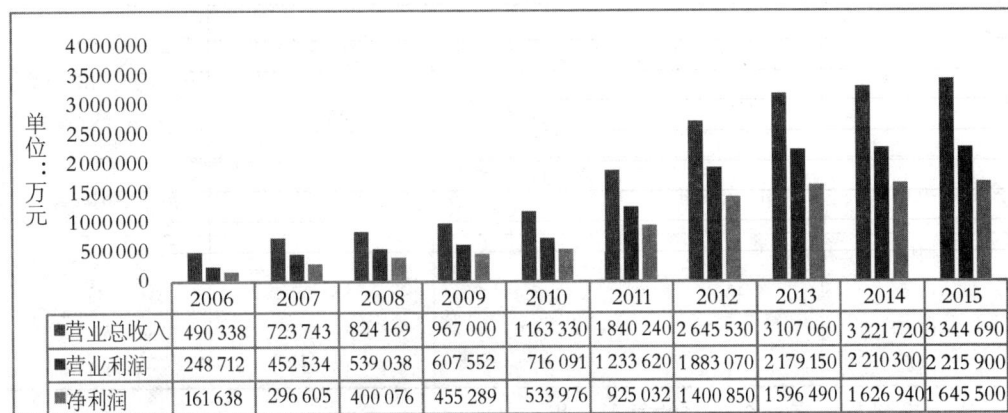

	2006	2007	2008	2009	2010	2011	2012	2013	2014	2015
■营业总收入	490 338	723 743	824 169	967 000	1 163 330	1 840 240	2 645 530	3 107 060	3 221 720	3 344 690
■营业利润	248 712	452 534	539 038	607 552	716 091	1 233 620	1 883 070	2 179 150	2 210 300	2 215 900
■净利润	161 638	296 605	400 076	455 289	533 976	925 032	1 400 850	1 596 490	1 626 940	1 645 500

图9-2 贵州茅台2006—2015年度营业收入和净利润状况

二、贵州茅台的历年分红送股情况

贵州茅台披露的2015年年报分配方案中显示，拟每10股派发现金红利61.71元（含税），现金分红总额达77.52亿元，占贵州茅台2015年净利润的50%，这也使得贵州茅台成为目前沪深两市分红"最慷慨"的公司。按最新收盘价计算，其股息率达到2.17%，已经跑赢目前多数股份制银行一年期存款利率2%。事实上，自2001年上市以来，贵州茅台已连续16年进行现金分红，且每次现金分红比例均较高。其中最关键的一个因素是公司拥有大量现金，成为绝对的"现金奶牛"，2015年年末公司持有的经营活动产生的现金流量净额达到174亿元。

表9-5反映了贵州茅台2011—2015年度的分红方案。数据显示，贵州茅台的股利支付主要采用现金股利方式，送股和转股的比例除了个别年份外都比较少。这说明随着贵州茅台的业务发展和良好业绩的形成，其分红能力越来越强。

表9-5　　　　　　　　**贵州茅台2011—2015年度股利分配情况**

公告日期	分红方案（每10股）			进度	除权除息日	股权登记日
	送股（股）	转增（股）	派息（税前）（元）			
2016/3/24	0	0	61.71	实施	2016/7/1	2016/6/30
2015/7/10	1	0	43.74	实施	2015/7/17	2015/7/16
2014/6/18	1	0	43.74	实施	2014/6/25	2014/6/24
2013/6/3	0	0	64.19	实施	2013/6/7	2013/6/6
2012/6/27	0	0	39.97	实施	2012/7/5	2012/7/4

资料来源：根据贵州茅台年报整理。

表9-6反映了贵州茅台上市以来的派现、现金分红数额以及占合并报表中归属于上市公司股东的净利润的比率情况。贵州茅台历年的分红方案显示，从2001年上市以来累计分红金额已超过350亿元。2015年现金分红含税金额为77.52亿元，占归属于上市公司股东净利润的50%。

表9-6　　　　　　　　**贵州茅台分红占净利润的比例**

分红年度	每10股派现数（元）（含税）	现金分红的数额（亿元）（含税）	分红年度合并报表中归属于上市公司股东的净利润（亿元）	占合并报表中归属于上市公司股东的净利润比率
2001年上市以来	16次分红	累进现金分红350.52	累计净利润1 043.03	33.61%
其中： 2013年	43.74	45.41	151.37	30%
2014年	43.74	49.95	153.50	32.54%
2015年	61.71	77.52	155.03	50%

三、贵州茅台高现金分红的原因分析

通常情况下，公司的现金分红政策受到政策性因素、行业因素和公司因素的影响。下面仅就公司自身因素加以分析，包括公司发展战略、股权结构、资产特征与资金来源结构、盈利能力以及现金流状况等的影响。

（一）公司发展战略的影响

贵州茅台的发展战略是：以"酿造高品位的生活"为使命，以"健康永远，国酒永恒"为愿景，以"做强茅台酒，做大系列酒"为战略定位，着力实施"133"品牌战

略，努力创新营销模式，巩固高端白酒优势地位，抢占中低端产品空间，形成品牌强势、销量增加、业绩增长的发展格局，确保国际国内市场的领先地位，巩固和提升茅台酒世界蒸馏酒第一品牌地位，打造享誉全球的国酒茅台品牌、受人尊敬的世界级企业。

贵州茅台始终坚持一元化经营，具有非常清晰的战略定位，成为中国白酒行业的领导企业和酱香型白酒行业的绝对垄断者，并有望在未来成为世界蒸馏酒第一品牌。

贵州茅台具有较强的战略执行力来实现公司的战略目标：其一，公司注重产能，这是创造公司价值的基础和关键。其二，公司非常谨慎地使用储备现金，投资资金基本不涉足其他行业，公司的资金主要投向为：收购相关白酒企业、主业经营扩张、技改项目或技术研发创新项目。其三，公司面对国内日益严峻的环境污染问题，采取"质量兴企，环境护企"战略，强化生态环境保护，为公司发展奠定良好的环境基础。其四，公司倡导多赢，重视价值分享，不断提升公司股东的现金分红收益；重视消费者的利益，适度控制价格涨幅，并把出厂价上涨对终端消费者的影响尽量降到最低。

（二）股权结构的影响

股权结构是公司治理结构的基础，公司治理结构则是股权结构的具体运行形式。不同的股权结构决定了不同的企业治理结构，最终影响着企业的行为和绩效。

股权结构是股份公司总股本中，不同性质的股份所占的比例及其相互关系。一般来讲，股权结构有两层含义：第一层含义是指股权集中度，即前五大股东的持股比例。第二层含义则是股权构成，即各不同背景的股东集团分别持有多少股份。在我国，意指国家股东、法人股东及社会公众股东的持股比例。截至2015年12月31日，贵州茅台的前十大股东持股情况见表9-7，其中第一大股东占总股本的61.99%，且性质为国家法人股，其他股东的持股比例较低，股权集中程度非常之高。

表9-7　　　　　　　**贵州茅台前十大股东持股情况**

编号	股东名称	持股数量(股)	持股比例(%)
1	中国贵州茅台酒厂（集团)有限责任公司	778 772 000	61.99
2	香港中央结算有限公司	69 451 400	5.53
3	中国证券金融股份有限公司	32 287 200	2.57
4	贵州茅台酒厂集团技术开发公司	27 812 100	2.21
5	GIC PRIVATE LIMITED	14 552 200	1.16
6	易方达资产管理（香港）有限公司—客户资金(交易所)	12 504 800	1
7	中央汇金资产管理有限责任公司	10 787 300	0.86
8	奥本海默基金公司—中国基金	7 292 580	0.58
9	全国社保基金—零—组合	5 745 500	0.46
10	泰康人寿保险股份有限公司—分红—个人分红-019L-FH002沪	5 658 800	0.45

资料来源：贵州茅台的公告。

1.从股权制衡度角度分析

所谓制衡，是指两方或以上形成一种相互制约，但保持相对平衡的状态。股权制衡是指控制权由几个大股东分享，通过内部牵制，使得任何一个大股东都无法单独决策，达到大股东相互监督的股权安排模式，既能保留股权相对集中的优势，又能有效抑制大股东对上市公司利益的侵害。股权制衡度越高，外部股东相对于控股股东的势力就越强，相应地外部股东监督的动机和能力也就越强，控股股东侵害的能力越弱，从而股权制衡对维护企业价值的积极作用的效果就越好。可以认为，在合理限度内公司价值会随着股权制衡度的提高而提高。但是股权制衡度的盲目提高，反而会对公司价值产生负面影响。这是因为股权制衡度过高，大股东之间更容易产生矛盾冲突甚至权力争斗，导致公司决策效率损失，公司价值下降。从另一个角度来讲，股权制衡度过高，意味着控股股东在上市公司中的股权比重下降，导致其积极参与公司治理的有效激励不足，降低其勤勉尽职的程度。在这种情况下更容易形成经理层对上市公司的超强控制，产生更大的代理矛盾，增加代理成本，最终导致上市公司价值的下降。

表9-8反映了贵州茅台第二、三、四、五位股东持股比例之和与第一大股东持股比例的比值，也即股权制衡度。数据显示，尽管贵州茅台的股权制衡度呈现上升趋势，但始终无法撼动第一大股东的绝对控制地位。

表9-8 **贵州茅台的股权制衡度情况**

（以截至各年末数据为基础）

项 目	2015	2014	2013	2012	2011
第二大股东持股比例（%）	5.53	3.1	2.91	2.85	2.92
第三大股东持股比例（%）	2.57	2.91	0.67	0.85	0.92
第四大股东持股比例（%）	2.21	1.01	0.61	0.62	0.56
第五大股东持股比例（%）	1.16	0.77	0.61	0.53	0.43
小计	11.47	7.79	4.8	4.85	4.83
第一大股东持股比例（%）	61.99	61.99	61.99	61.81	61.76
股权制衡度	0.1850	0.1257	0.0774	0.0785	0.0782

资料来源：根据贵州茅台分红送股情况计算。

2.从股权构成角度分析

贵州茅台的主要投资者为两大类：一类是机构投资者和企业法人，他们的资金属于长期投资，资金特征和理性的投资理念，导致他们要求投资对象具有稳定的现金流回报和持续的成长性；另一类是奉行价值投资理念的个人长期投资者，他们除了看重公司的现金流回报，更加注重公司内在价值的长期增长，很多投资者奉行终身投资的理念。同时，分红较高的蓝筹股也通过稳定的分红来展示公司的实力和长期发展潜力，以吸引理性的投资者。这两者需求的互相契合，造就了公司长远目标和投资者长远目标的高度一致，也使得公司能更加专注于行业的发展，从而创造更好的业绩和红利来回报投资者。

（三）资产特征与资金来源的影响

1.资产结构中现金资产占比高，个别年份占据半壁江山

贵州茅台各年末主要资产占总资产的比例见表9-9。2015年年末贵州茅台的货币资金总量为368亿元，相当于总资产863.01亿元的42.64%。贵州茅台的货币资金在总资产中一直占有相当高的比例，5年平均占总资产的比重达到46.29%，过高的现金比率一方面能满足流动性的需要，另一方面，高配置的现金资产也削弱了公司的盈利能力以及ROE水平。在满足投资需要的前提下，分配现金股利也是公司寻找现金出路的选择之一。

表9-9　　　　　　　　　　**贵州茅台各年末主要资产占总资产的比例**　　　　　　　　单位：%

项目	2015	2014	2013	2012	2011	5年平均
货币资金	42.64	42.07	45.42	49.03	52.30	46.29
存货	20.87	22.74	21.35	21.48	20.59	21.41
固定资产	13.23	15.75	15.37	15.13	15.55	15.01
在建工程	5.67	5.19	0.82	0.87	0.72	2.65
应收票据	9.94	2.81	0.53	0.45	0.72	2.89
应收账款	0.003	0.007	0.002	0.04	0.006	0.01

资料来源：根据贵州茅台年报披露的资产负债表数据计算。

2.积累能力强和预收账款提供了稳定的资金来源

分析茅台公司的资金来源情况，可以在一定程度上了解其货币资金占比较高的原因（见表9-10）。从表9-10中可以看出，贵州茅台的总体资产负债率不高，2015年只有23.25%，几乎没有银行负债，说明公司对计息债务的利用程度低，这一方面不会增加付息负担，另一方面也反映公司没有很好地利用财务杠杆，不能发挥计息债务的抵税效应，从提高投资者回报率角度不是最好的选择。

表9-10　　　　　　　　　　**贵州茅台各年末资金来源占比分析**　　　　　　　　单位：%

项目	2015	2014	2013	2012	2011
资产负债率	23.25	16.03	20.42	21.21	27.21
短期借款占比	0.00	0.09	0.00	0.00	0.00
长期借款占比	—	—	—	—	—
预收款项占比	9.57	2.24	5.49	11.31	20.13
留存收益资金占比 （包括盈余公积、一般风险准备和未分配利润）	71.04	77.29	72.51	70.53	64.69

资料来源：根据茅台年报披露的资产负债表数据计算。

贵州茅台之所以有着良好的现金资产，一方面取决于公司对预收款项的利用，另一方面公司积累能力强。

（1）充分利用预收款项

预收账款增加主要是经销商预付的货款增加所致，预收账款一直被认为是白酒企业调节利润的"蓄水池"。分析发现，在贵州茅台销售比较旺盛的2011年，预收款项占比

达到全部资金来源的20.13%，随着宏观调控以及市场环境的变化，预收款项占资金来源的比重呈现下降的趋势，2014年只有2.24%，2015年上升到9.57%。

（2）留存收益高，积累能力强

分析发现，贵州茅台的留存收益占比一直很高，从2011年的64.69%上升到2015年的71.04%。影响留存收益变化的主要原因是公司的净利润增加以及公司所采用的股利分配政策。按照历年贵州茅台的股利分配情况可见，贵州茅台2015年在扣除股利分配后积累能力仍然达到71.04%的高比例，说明获利为公司提供了具有保障的资金来源。

（四）盈利能力强，投资回报高

表9-11反映了贵州茅台的盈利能力状况。虽然2012年之后限制"三公消费"影响了贵州茅台的净资产收益率以及每股收益，但公司的毛利率和净利率一直维持在相对稳定的高位置水平，支撑着贵州茅台持续盈利。

表9-11　　　　　　　　　　　贵州茅台盈利能力状况

项　目	2015	2014	2013	2012	2011
营业毛利率（%）	92.24	92.59	92.9	92.27	91.57
营业净利率*（%）	49.20	50.50	51.38	52.95	50.27
加权平均净资产收益率（%）	26.23	31.96	39.43	45.00	40.39
基本每股收益（元／股）	12.34	12.22	14.58	12.82	8.44

资料来源：贵州茅台各年报中近三年主要会计数据和财务指标中的说明。

*本栏数值由本书作者依据利润表数据计算。

贵州茅台毛利率和净利率高的原因在于：

1.注重研发投入

根据公司发展战略，贵州茅台紧紧围绕食品安全、基础研究、生产工艺、产品开发、装备升级、环境保护、循环经济、原料基地及两化融合建设等对各方面继续开展技术创新工作，并努力使研发成果不断应用于公司生产经营中，达到以创新促发展的目的。贵州茅台的研发投入情况见表9-12。注重研发投入，必将提高公司的产品竞争力和盈利能力。

表9-12　　　　　　　　　贵州茅台的研发投入情况表　　　　　　　金额单位：亿元

项目	2015	2014	2013	2012	2011
本期费用化研发投入	5.11	4.88	4.53	4.67	未披露
本期资本化研发投入	1.46	1.64	1.94	1.65	未披露
研发投入合计	6.57	6.52	6.47	6.32	未披露
研发支出总额占净资产比例（%）	0.99	1.18	1.52	1.85	未披露
研发投入总额占营业收入比例（%）	2.01	2.07	2.09	2.39	未披露
公司研发人员的数量（人）	1 723	未披露	未披露	未披露	未披露
研发人员数量占公司总人数的比例（%）	8.16	未披露	未披露	未披露	未披露
研发投入资本化的比重（%）	22.22*	25.15	29.98	26.11	未披露

资料来源：贵州茅台年报中披露的研发投入情况表。

*本数值由本书作者计算得出（1.46÷6.57）。

2.加强成本费用管控

表9-13反映了贵州茅台的分产品成本情况。数据显示,在主营业务成本中,各年度的成本构成项目呈现不稳定的趋势,但在人工成本上升的总体趋势下,贵州茅台的运营成本和期间费用管控还是具有一定的成效,表现为直接材料占比下降,各年度的营业成本和期间费用没有大起大落。

表9-13 分产品成本分析表

（各成本项目占主营业务成本的比例） 单位：%

分产品	成本构成项目	2015	2014	2013	2012	2011
酒类	直接材料	61.82	62.87	66.02	64.22	68.02
	直接人工	24.68	24.17	19.83	22.29	20.13
	制造费用	9.16	8.81	10.32	10.49	8.38
	燃料及动力	4.34	4.15	3.83	3.00	3.47
	合计	100	100	100	100	100

资料来源：贵州茅台各年度成本分析表。

良好的成本管控是贵州茅台一直保持高毛利率水平的重要原因之一（见表9-14）。

表9-14 贵州茅台的成本费用占营业收入比例 金额单位：亿元

项 目	2015	2014	2013	2012	2011
营业收入	326.60	315.74	309.22	264.55	184.02
营业成本	25.38	23.39	21.94	20.44	15.51
销售费用	14.85	16.75	18.58	12.25	7.20
管理费用	38.13	33.78	28.35	22.04	16.74
财务费用	−0.67	−1.23	−4.29	−4.21	−3.51
各成本费用项目占营业收入的比例（%）					
营业成本	7.77	7.41	7.10	7.73	8.43
销售费用	4.55	5.30	6.01	4.63	3.91
管理费用	11.67	10.70	9.17	8.33	9.10
财务费用	−0.21	−0.39	−1.39	−1.59	−1.91

资料来源：根据公司年报披露信息计算。

贵州茅台主营业务毛利率比较高除了成本因素之外,还在于以下原因:一是贵州茅台具有著名的品牌、卓越的品质、悠久的文化、独有的环境、特殊的工艺等五大核心竞争力,为公司持续健康发展提供坚实保障。二是公司聚集了行业领先的技术团队和大量精通制酒、制曲、勾兑、品评等工艺的技能人才,这是保证企业持续健康发展的重要保障。三是公司拥有较为稳定的消费者群体、"茅粉"群体、稳定的销售渠道,经过几次行业大调整的洗礼,抗风险能力增强,发展基础扎实稳固。

（五）良好的现金流奠定了分红的基础

1.经营现金流及其净利润质量的提高能够满足现金分红的需要

经营活动产生的现金流量净额被视为现金版的净利润,成为公司是否值得投资的重要指标。经营活动现金流量净额是由在经营活动中产生的现金流入减去与经营活动有关的现金支出构成的。在经营性的应收、应付款金额比例保持稳定的情况下,公司的经营活动现金流量净额应基本等于净利润加上固定资产折旧、无形资产摊销等不需要付出现金,但按照权责发生制原则应计入生产成本的费用项目。也就是说,经营活动现金流量净额一般应大于净利润。如果经营活动现金流量净额小于净利润额，就显示公司经营不很正常。

如果经营活动现金流量净额与净利润皆为负，则说明该企业面临经营困境，盈利能力弱，现金流量也入不敷出；若经营活动现金流量净额为负，净利润为正，说明企业虽有盈利能力，但存在大量存货积压或应收账款收不回，无法取得与利润相匹配的现金流量，此时企业一方面应考虑融资，另一方面应加大收款力度或营销力度，加快资金周转；如果经营活动现金流量净额为正，净利润为负，则说明该企业对固定成本偿付不足，企业虽然能够满足正常经营活动资金需求，但应提高产品盈利能力。

经营活动现金流量净额与净利润两者都为正，且比值大于1，表明企业创造的净利润全部可以以现金形式实现；若小于1，则表明有部分净利润以债权形式实现。

当经营活动产生的现金流量净额明显低于净利润时，有两种可能：一是公司销售回款速度下降，发货后没有及时收回货款；二是出现存货积压，采购的原材料尚未形成产品或商品尚未销售。这种情况增加了企业资金的机会成本、管理成本，而且容易产生坏账。

表9-15中反映了贵州茅台经营现金流量与净利润的比值。从中可见，贵州茅台经营活动产生的现金流量净额一直是正数，而且呈现上升趋势，说明公司的经营现金流结余能够用于分派股利。从经营活动产生的现金流量净额与净利润的比率看，二者的比例关系虽不稳定，但从2015年年末为1.06的倍数关系看，每股经营活动产生的现金流量净额呈现向好趋势。

表9-15　　　　　　　**贵州茅台经营现金流量状况分析**　　　　　　金额单位：亿元

时间 项目	2015	2014	2013	2012	2011
经营活动产生的现金流量净额	174.36	126.33	126.55	119.21	101.49
净利润	164.55	162.29	159.65	140.08	92.5
经营活动产生的现金流量净额与净利润的比率（倍）	1.06	0.78	0.79	0.85	1.10
股本数	12.5620	11.4200	10.3818	10.3818	10.3818
每股经营活动产生的现金流量净额（元／股）	13.88	11.06	12.19	11.48	9.78

资料来源：根据贵州茅台各年报数据计算。

2.公司的自由现金流量充足可以满足支付股利的需要

（1）自由现金流量

自由现金流量是企业价值评估和财务管理中的重要概念，最早由美国西北大学拉巴波特、哈佛大学詹森等学者于20世纪80年代提出，是指企业产生的、在满足了再投资等需要之后剩余的现金流量。充足的自由现金流量是公司能保持稳定而高额的现金分红的最重要基础和政策选择依据。

科普兰（Tom Copeland）教授（1990）更是比较详尽地阐述了自由现金流量的计算方法。按照科普兰教授的解释，自由现金流量等于企业的税后净利润加上折旧及摊销等非现金支出，再减去营运资本的追加和物业厂房设备及其他资产方面的投资。

改良后的自由现金流量的计算公式为：

自由现金流量=税后净营业利润+折旧及摊销-资本性支出-应偿还债务本金

按上述公式计算的自由现金流量，就是企业可以完全自由支配的可分配给股东的最大现金额度。

为简化计算起见，在实务中可以简单地用经营活动产生的现金流量净额加上投资活动产生的现金流量净额计算自由现金流量。

（2）自由现金流量的作用

自由现金流量与利润和经营现金净流量相比具有许多优点，所以它可以做到更为客观和全面的评价。

第一，对股东和投资者而言，自由现金流量的数额等于股东或投资者实际上可能获得的最大红利，是投资收益的客观衡量依据，反映了企业的真实价值，消除了可能存在的水分。每股自由现金流量或据此计算的自由现金流量乘数是企业价值评估的可靠依据，这对遏制企业管理层用操纵利润来操纵股票价格的违规行为有积极的作用。自由现金流量可以作为股东考核企业管理层经营业绩的指标，自由现金流量不受会计方法的影响，也不受管理层的调控，能比较客观地反映企业的经营状况。

第二，对经营者而言，自由现金流量可以作为经营者判断财务状况健康与否的依据，当自由现金流量急剧下降之时，也是企业财务危机即将来临之日。其次，自由现金流量可以作为经营者投资的判断依据，因为它是在不影响正常经营情况下本企业可提供的投资额。自由现金流量还可以作为经营者判断销售及收现能力的依据，如果销售增加而自由现金流量并未变化，说明销售的收现能力下降，存在大量赊销，增大了经营风险。

第三，对债权人而言，可以通过自由现金流量考察企业的偿债能力。如果企业有稳定充足的自由现金流量，表明企业的还本付息能力较强、生产经营状况良好，此时提供贷款比较安全；如果企业的自由现金流量很低，甚至为零或负，表明企业的资金运转不顺畅，企业就只有借新债还旧债，此时提供借贷就有较大的风险性。

（3）贵州茅台的自由现金流量和派息率情况

表9-16反映了贵州茅台的自由现金流量及派息率的情况。从中可见，无论净利润还是自由现金流量，贵州茅台的现金分红资金来源都是充足的。

表9-16 贵州茅台的自由现金流量与派息率情况 金额单位：亿元

年份 项目	2015	2014	2013	2012	2011
经营活动产生的现金流量净额	174.36	126.33	126.55	119.21	101.49
投资活动产生的现金流量净额	−20.49	−45.8	−53.39	−41.99	−21.2
自由现金流量	153.87	80.53	73.16	77.22	80.29
现金分红	77.52	49.95	45.41	66.64	41.5
当年净利润	164.55	153.5	151.37	133.03	87.63
现金分红占当年净利润比例（%）	47.11	32.54	30.00	50.09	47.36
现金分红占自由现金流量比例（%）	50.38	62.03	62.07	86.30	51.69

注：此表中的自由现金流量=经营活动产生的现金流量净额+投资活动产生的现金流量净额

四、分红政策对贵州茅台股票价值的影响

股利相关理论认为，股利分配会对公司的市场价值或股票价格产生影响。图9-3反映了贵州茅台上市后截至2016年6月15日的股票价格月K线走势图。图9-4反映了贵州茅台每股收益、每股净资产和每股市价的走势。

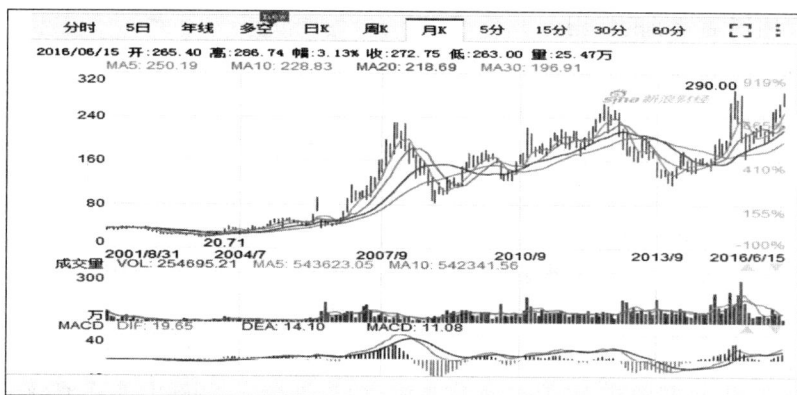

图9-3　贵州茅台上市后的股票价格月K线走势图

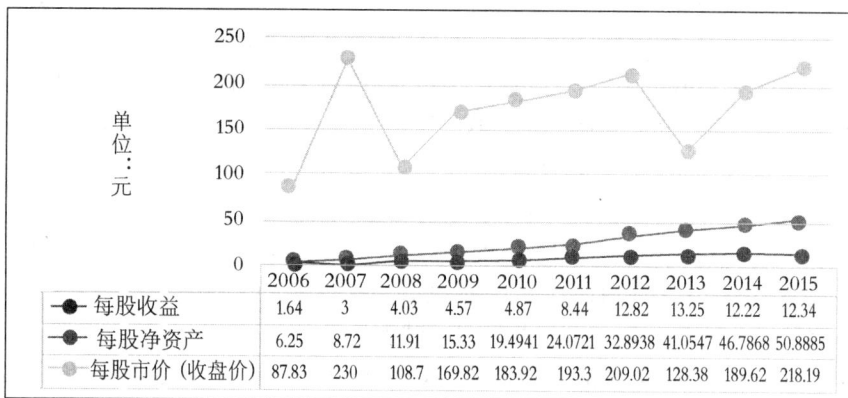

	2006	2007	2008	2009	2010	2011	2012	2013	2014	2015
每股收益	1.64	3	4.03	4.57	4.87	8.44	12.82	13.25	12.22	12.34
每股净资产	6.25	8.72	11.91	15.33	19.4941	24.0721	32.8938	41.0547	46.7868	50.8885
每股市价（收盘价）	87.83	230	108.7	169.82	183.92	193.3	209.02	128.38	189.62	218.19

图9-4　贵州茅台各年末每股指标比较

从图9-3中可见，贵州茅台从上市之初的股票发行价格31.39元，升位于2016年6月15日的每股272.75元（收盘价），股票价格增长了7.69倍[①]。

从图9-4中可见，2006年后，随着贵州茅台每股收益的提高，每股净资产和每股收益呈现同样的走势，而每股市价在总体上升的趋势下，在个别年度呈现大起大落的现象。这与2006—2007年股市的火爆以及2012年受到国家限制三公消费政策有关，说明外部因素对贵州茅台的股票价格产生了重要影响。尽管受到外部因素的影响，但不改变贵州茅台股价总体上升和公司价值增长的趋势。这说明贵州茅台良好的经营业绩以及高分红的股利分配政策，对公司价值提升起到了积极推动作用。

贵州茅台经过系列分配活动对公司股东权益的影响见表9-17。

---

① 在本教材的写作过程中，2017年1月6日，贵州茅台的股票价格达到350.76元/股，到截稿的7月，早已冲破400元/股。

表9—17

贵州茅台合并所有者权益变动表（简）

2015年12月31日

单位：元　币种：人民币

项目	本期金额												
	归属于母公司所有者权益											少数股东权益	所有者权益合计
	股本	其他权益工具			资本公积	减:库存股	其他综合收益	专项储备	盈余公积	一般风险准备	未分配利润		
		优先股	永续债	其他									
一、上年期末余额	1 141 998 000.00				1 374 964 415.72		-619 043.99		5 249 407 234.62	98 594 502.37	45 566 057 337.37	1 881 148 395.03	55 311 550 841.12
加：会计政策变更													
前期差错更正													
同一控制下企业合并													
其他													
二、本年期初余额	1 141 998 000.00				1 374 964 415.72		-619 043.99		5 249 407 234.62	98 594 502.37	45 566 057 337.37	1 881 148 395.03	55 311 550 841.12
三、本期增减变动金额（减少以"—"号填列）	114 199 800.00						-12 415 031.48		961 117 262.92	119 766 801.06	9 312 907 160.40	427 043 587.27	10 922 619 580.17
(一)综合收益总额							-12 415 031.48				15 503 090 276.38	951 906 348.84	16 442 581 593.47
(二)所有者投入和减少资本													
1.股东投入的普通股													
2.其他权益工具持有者投入资本													
3.股份支付计入所有者权益的金额													
4.其他													
(三)利润分配	114 199 800.00								961 117 262.92	119 766 801.06	-6 190 183 115.98	-524 862 761.57	-5 519 962 013.57
1.提取盈余公积									961 117 262.92		-961 117 262.92		
2.提取一般风险准备										119 766 801.06	-119 766 801.06		
3.对所有者（或股东）的分配	114 199 800.00										-5 109 299 052.00	-524 862 761.57	-5 519 962 013.57
4.其他													
(四)所有者权益内部结转													
1.资本公积转增资本（或股本）													
2.盈余公积转增资本（或股本）													
3.盈余公积弥补亏损													
4.其他													
(五)专项储备													
1.本期提取													
2.本期使用													
(六)其他													
四、本期期末余额	1 256 197 800.00				1 374 964 415.72		-13 034 075.47		6 210 524 497.54	218 361 303.43	54 878 964 497.77	2 308 191 982.30	66 234 170 421.29

五、案例启示

（1）上述分析说明，贵州茅台高分红能力取决于公司明确的发展战略、特殊的股权结构以及良好的财务能力和经营现金流。

（2）合理的股利分配政策有利于上市公司的可持续发展，并实现公司价值和股东财富的最大化。

（3）上市公司要具有良好的股利分配能力，赢得投资者信赖，关键在于要重视研发活动投入以及成本管控的影响。

重要概念

每股股利每股净资产 股利支付率 股利分配政策 股利相关论 剩余股利政策 自由现金流量

复习思考

1.影响股利分配政策的因素有哪些？

2.上市公司可采用的股利分配政策有哪四种类型？

3.影响贵州茅台高额现金分红的原因有哪些？

4.我国与美国的上市公司比较在现金分红方面存在哪些显著差异？

5.股息率在股利分配中具有什么信号价值？

操作练习

结合前面所讲的格力电器案例，分析格力电器的分红政策及其成因。

第十章

造假行为及其识别

【导语】伊索说："说谎话的人所得到的，就只是即使说了真话也没有人相信。"财务造假将对社会资源的优化配置、财富分配、企业责任的履行、投资者的决策以及资本市场的健康发展产生重大影响。因此，财务造假一直是会计学研究的重点课题，也是政府监管部门、投资者和社会各界高度关注、想解决却不能杜绝的问题。本章将首先阐述财务造假及其动因，然后分析虚构会计信息的经济后果及其影响，接着在梳理财务造假常用手段的基础上，说明财务造假的识别方法，最后通过案例点评，加深对相关内容的理解。

本章内容要点

第一节　　　　　　　　财务造假及其动因

本节将在阐述财务造假及其特征的基础上，结合我国上市公司的财务造假情况，分析企业财务造假的动因。

一、财务造假及其特征

维护信息公平、提高信息的透明度，是保障投资者利益、实现资源优化配置的关键所在。在资本市场中，财务报告信息不仅是投资者做出投资决策的基本依据，而且是证券市场健康、有效运行，发挥资源优化配置功能的基础。财务信息能够向外界传递有利于或不利于公司发展的信号，影响社会公众对企业价值的判断，因此也就容易成为公司管理部门操纵的手段。

财务造假是造假行为人为实现其行为目标，利用会计准则和法则的灵活性以及其中的漏洞和尚未涉足的领域，有目的地选择会计程序、方法甚至凭空捏造、虚构、修饰其财务报表数据，使其显示出对己有利的会计信息的一种不规范会计行为。它将使提供的财务信息不具有可靠性和真实性。

财务造假通常具有以下特征：

（一）是以组织为主体的集体舞弊行为

经验数据表明，企业的财务造假行为通常发生在高管层，是高管层利用权力优势和组织资源，有意识地进行的造假或授意造假行为，是一种集体舞弊行为，而这种行为一般不会发生在基层。但随着权力的过于集中及由此导致的下层压力的增大，目前集团公司内部基层单位和员工的财务造假行为也屡见不鲜，并因此影响到了财务报告信息。所以防范财务造假行为是企业内部高管层以及各层级单位和部门员工都必须重视和关注的问题。

（二）是以会计数据为客体的造假行为

财务造假的最终结果体现在对外报送的财务报告中，并影响报告使用者的分析和判断。在财务造假的过程中，无论是虚假会计做账依据的呈现、会计凭证的填制、会计账簿的登记、会计政策和方法的选用、报表信息的输出，都离不开对会计数据的加工和利用。因此防范财务造假行为，必须从会计信息获取的依据入手，从源头上控制虚假信息的传递与输出。

（三）是不能改变企业真实盈亏状况的行为

尽管通过财务造假能改变企业表象的财务状况、经营成果和现金流量信息，但这与企业的实际情况可能相差甚远。因此无论是怎样的财务数据修饰，都不能改变企业真实的盈亏情况，但却会误导财务信息使用者的分析判断和决策。因此，如何管控财务数据造假风险，避免信息乱用，是企业和监管者必须考虑的问题。

（四）是一种非正常的会计行为

财务造假决定了其会计行为具有异常性和不具有可比性。造假行为可能发生在某一特定期间或者一个连续期间，在竞争的市场环境下，财务报告的使用者会通过对企业与同行业的对比，分析其信息可信度，并做出决策。因此，该行为特征警告造假企业必须收敛自己的会计行为，不然，会因此受到资本市场的唾弃和监管者的处罚，最终因诚信问题成为财务造假行为的责任承担者。

二、我国上市公司财务造假的情况

随着越来越多的公司在我国证券市场上市交易，上市公司违规问题也逐渐暴露出来。由于上市公司面向社会公开发行股票，其违规的影响比非上市公司更为严重，证监会、交易所以及公安机关等监管机构会发布公告对这些公司进行惩处。

表10-1我国上市公司违规情况统计表显示，2010—2015年的6年间上市公司违规数量逐年递增，2013年后增长迅速，这一结果虽然与经审批的上市公司数量增加有直接关系，但是愈演愈烈的增长趋势也应当引起我们的重视。上市公司的违规主要分为以下五种类型：未按时披露定期报告、未及时披露公司重大事项、未依法履行其他职责、信息披露虚假或严重误导性陈述、业绩预测结果不准确或不及时。其中，信息披露虚假或严重误导性陈述6年间占所有违规事件总数的17%左右，增长速度大部分情况下远高于违规事件总数的增长速度，这说明上市公司的虚假会计信息问题日趋严重。同时，与

其他4类违规行为相比，信息披露虚假或严重误导性陈述不仅主动性强，而且通常情况下负面影响也更为显著。因此，虚假信息披露问题一直是理论界和实务界关注的重点。

表10-1　　　　　　　　　**我国上市公司违规情况统计表**

项目 ＼ 时间	2010年	2011年	2012年	2013年	2014年	2015年	总计
未按时披露定期报告	0	0	2	0	3	1	6
未及时披露公司重大事项	15	24	31	29	48	69	216
未依法履行其他职责	15	13	17	21	33	83	182
信息披露虚假或严重误导性陈述	7	7	4	13	19	35	85
业绩预测结果不准确或不及时	2	3	2	6	10	5	28
上市公司违规总计	39	47	56	69	113	193	517

资料来源：根据证监会历年的行政处罚决定书进行的统计分析。

证监会历年的行政处罚决定书的统计分析显示，我国上市公司的会计信息披露违法问题非常集中，违法状况一直没有明显改善。证监会对上市公司的行政处罚是有效果的，但效果不持久。会计信息披露的违法收益与公司高层管理人员的利益高度相关，违法行为的动力来自公司高层，因此解决会计信息披露违法问题的根本在于公司高层治理的完善。

三、财务造假的动因分析

（一）归因理论及其主要观点

归因是指观察者为了预测和评价被观察者的行为，对其（行为）所进行的因果解释和推论，进而对环境和行为进行控制或引导的过程。根据归因者与行为者的关系，归因可以分为自我归因和他归因。自我归因指对自己的行为进行的原因分析，他归因指对他人行为的原因进行分析。

归因理论（attribution theory），也称社会心理学理论，是探讨人们行为的原因并分析其因果关系的各种理论与方法的总称，属于人力资源管理和社会心理学的激励理论之一。该理论由奥地利社会心理学家海德（Fritz Heider）在其1958年出版的著作《人际关系心理学》中首次提出，以后一些学者在此基础上陆续提出了一些新的理论，如B.维纳、L.Y.阿布拉姆森、H.H.凯利、E.E.琼斯等人所提出的归因理论。20世纪70年代，归因研究成为西方社会心理学理论的中心课题。其基本问题有三个方面：（1）心理活动发生的因果关系；（2）社会推断问题，即根据行为及其结果，对行为者的稳定心理特征和个性差异做出合理推论；（3）期望和预测问题[①]。

海德认为人有两种强烈的动机：一是对周围环境一贯性理解的需要；二是控制环境的需要。而要满足这两个需求，人必须有能力预测他人将如何行动。海德认为，行为的

---

① 辞海编辑委员会.辞海［M］.上海：上海辞书出版社，2002：589。

原因或者在于环境，或者在于个人。如果在于环境，则行动者不必对其行为结果负责；如果在于个人，则行动者就要对其行为结果负责。B.维纳及其同事在1972年发展了海德的归因理论，认为人们可以把行为归因于多种因素，但无论什么因素大都可以归纳为内因–外因、暂时–稳定这两个方面的四大类中。后来L.Y.阿布拉姆森等人在1978年进一步发展了B.维纳的归因理论。

H.H.凯利在1973年提出，可以用三种不同的解释说明行为的原因：①归因于从事该行为的行动者；②归因于行动者的对手；③归因于行为产生的环境。这三个原因都是可能的，要找出真正的原因主要使用三种信息：一致性、一贯性和特异性。H.H.凯利强调了三种信息的重要性，所以他的理论又称为三度理论。

上述理论说明：在进行企业财务造假的动因分析时，应从行动者和监管者的角度寻找各自的原因；从行为主体的角度分析影响行为主体的内外部环境因素。

（二）财务造假原因的具体分析

1.利益驱动

利益驱动是导致财务信息披露违规的根本原因。利益驱动是指利益主体因对自身利益的追求而表现出的行为倾向与趋势，并形成为达到其目标的行为动力，这是人的一种最基本的动力源泉。利益驱动是人类既普遍又深刻的一条基本规律，高度地趋利避害是人类与其他动物的本质区别。利益驱动是需要和动机的有效激励作用点，也是个体行为的基础和起点，因而正确认识利益驱动是研究利益主体的需求动机与行为目的的前提。理解利益驱动的内涵，不仅要研究利益主体期望的利益内容和种类，而且要研究不同类型的利益对利益主体的作用和效价。

利益驱动具体体现在以下几个方面：

第一是上市公司的利益驱动。股权融资的低成本、高收益对企业来讲是巨大的诱惑。上市公司往往通过提供虚假财务信息来骗取投资者、债权人、供应商、银行和政府等利益相关者的信任，并从中牟取暴利。

第二是地方政府的利益驱动。为了拿到更高的股票发行额度，为了当地财政税收方面的利益，有些政府部门甚至参与到企业的舞弊行为中来。

第三是中介机构的利益驱动。目前，由于上市公司自主选择会计师事务所、券商以及律师等中介机构并支付相关费用，中介机构与其客户之间存在着密切的利益关联，导致中介机构在利益的驱使下默许或故意隐瞒造假信息。

2.违法成本低廉

违法成本是指企业实体或个人通过非法手段，以牟取暴利为目的，组织、从事损害他人利益活动所将要付出的承受法律制裁、接受行政处罚、进行经济赔偿等代价的总和。

上市公司违法会因此受到利益损失，包括经济的付出、名誉的损失甚至是责任人自由的失去等，但当一种行为的违法成本与违法所得相比低得可以忽略不计时，知法犯法的人就会越来越多，法律的权威性也会被从根本上削弱。根据成本效益原则，假定上市公司信息披露行为是理性的，就会是权衡利弊的结果。若信息披露违规给上市公司带来的收益大于由此所增加的成本，上市公司就会选择违规行为；反之，上市公司则会依法披露信息。

上市公司信息披露违规带来的成本可以概括为如下几类：

（1）直接成本，如公开致歉、诉讼以及罚款等成本。目前，我国上市公司财务造假被定位于虚假陈述中的虚假记载类型，证监会对其惩罚的形式一般为罚款并给予警告，给股民造成的损失按照虚假陈述的司法解释予以赔偿。如果上市公司存在虚假记载、误导性陈述或者重大遗漏，将对发行人、上市公司或其他义务人给予警告，并处以30万元以上60万元以下的罚款；对直接负责的主管人员和其他直接责任人员给予警告，并处以3万元以上30万元以下的罚款。惩罚成本与其经济利益相比显得非常低廉，不会从根本上影响上市公司的实际利益。近年来，呼吁提高IPO违法违规成本的声音不绝于耳，然而，提高违法违规成本，仍需要完成对现行《证券法》的修订，同时需要明确违法主体的刑事责任、民事责任，对相关法规同步修订，以此形成全面依法治市的基础。

（2）机会成本。机会成本是指为了得到某种东西而要放弃另一些东西的最大价值。如果上市公司被公开谴责达到一定次数，将限制其增发配股等再融资权利，同时也会导致竞争成本的提高。我国《证券法》《公司法》都规定，上市公司申请增发新股，必须具备的基本条件之一就是在最近三年内财务文件无虚假记载。因此，再融资资格就成为上市公司信息披露违规的机会成本，增强了对上市公司信息披露违规的威慑力。但是我国上市公司特殊的股权结构，决定了相关规定主要是对大股东的行为做出约束，对中小股东来讲，不能增发新股未必影响其实际利益。

（3）股价表现。上市公司被公开谴责后，投资者能够公开获得并研究违规上市公司的信息，从而做出反应，若股价大幅下跌，必将损害上市公司的实际利益。

3.制度性缺陷

"在权力领域，任何两个独立的权力之间要形成一种监督关系，必须保持必要的张力。而权力间张力形成的前提是两种权力的均衡"。目前，在我国，作为报告主要部分的财务报表及其信息的生成原则是根据财政部的会计准则制定的，而对外信息披露的准则是由证监会颁布的。政出多门必然造成部门之间相互脱节，权责界定不清，导致对上市公司的行为缺少有效的监督，并为上市公司财务造假提供可乘之机。

从政府监管方面来看，证监会监管的重心放在股票发行、上市的审批方面，对二级市场的监管力度不大，从而给上市公司的造假行为提供了宽松的外部环境。从市场监管方面来看，一些中介机构缺乏职业道德，在实践中并没有很好地履行职责，为牟取利益不惜出具虚假的财务报告；一些股评家和新闻机构缺乏应有的专业知识，或者受利益关系的影响，在相关的评论、报道中缺乏客观、冷静的分析，从而扩大了虚假信息的传播，为造假起到了推波助澜的作用。

企业管理者作为对公司经营具有管理责任的人员，负有按照会计准则和相关会计制度的规定编制财务报告的职责。企业管理者是会计信息的直接负责人，对虚假会计信息应承担主要责任。会计师事务所作为第三方中介机构，虽然不直接编制会计信息，但是仍具有勤勉尽职的义务。在承办业务的过程中，如果负责的注册会计师未能遵循合同和准则的规定，或者未能遵循职业谨慎性原则，或者为了某种目的未按专业标准出具合格报告，致使财务报表及审计报告的使用者参考虚假会计信息做出了错误决策，按照法律、法规的规定应承担法律责任。此外，监管机构因其具有制定恰当的会计制度、保障市场正常运行等义务，对虚假会计信息也应承担一定的责任。因此，尽快完善我国的法律体系、加强证券立法，显得十分重要。

第二节　　　　虚假会计信息行为的经济后果及其影响

本节将在对虚假会计信息行为的经济后果进行论述的基础上，从利益相关者的角度出发，分析虚假会计信息对企业投资者、债权人、管理层以及其他信息使用者的影响，从观念上明确财务信息的重要性。

一、虚假会计信息行为的经济后果

美国会计学家斯蒂芬•泽夫在1978年出版的《经济后果学说的兴起》中提到了"经济后果"的概念。他认为，经济后果特指会计报告对政府、企业、工会、债权人以及投资者的决策行为造成影响，而这些利益相关者又对其他团体产生影响。经济后果概念的提出，说明会计不是中立性的，不论证券市场理论的含义如何变化，会计政策的选择都将影响到公司价值，因此会给各利益相关者带来不同的经济影响。这一理念更新了人们对会计的理解：会计政策的选择会影响到公司的价值。企业的会计政策及其变化首先影响到管理者，进而影响到企业的投资者。

大量的实证研究表明，企业的利益相关者倾向于通过多样化的会计政策和会计处理使得会计信息产生的经济后果有利于自身。企业经济利益的流入以及剩余由会计信息来进行计量，不同的计量结果，不仅决定着各利益相关者的经济利益流入和剩余的分配，而且将对市场产生连锁效应，影响市场分配的效率，这就是会计信息的经济后果。

二、虚假会计信息对利益相关者的影响

虚假会计信息通过影响各利益相关者的经济决策行为，影响企业经济利益的分配，进而影响企业价值。会计信息在本质上具有社会性，它反映了参与经济活动的各方之间直接或间接的经济联系，具有社会责任。虚假会计信息忽视了会计信息的社会责任，其不仅未真实反映企业的经营成果和经营业绩，而且影响了经济利益的公平分配，导致了契约精神和经济市场的混乱。

既然会计信息质量是信息使用者即公司利益相关者的需求，则虚假会计信息必然会损害到信息使用者的利益。其具体表现为：

（一）对投资者的影响

由于企业所有权与经营权分离下委托代理关系的存在，公司管理者通常比公司股东掌握更多有关公司经营方面的信息。虚假会计信息将加剧股东与管理者的信息不对称程

度，导致公司内部管理者的个人机会主义行为，并最大化其利益，产生系列委托代理问题。

信息不对称条件下存在逆向选择问题。逆向选择是指由于交易双方信息不对称和市场价格下降产生的劣质品驱逐优质品，进而出现市场交易产品平均质量下降的现象。虚假信息将导致业绩优良的企业价值被低估，业绩不良的企业价值反而被高估。为此，业绩优良的企业为区别于业绩不良的企业，往往选择自愿披露更多的信息，这将增加业绩优良企业的披露成本，降低其价值。

会计信息是投资者可获取的最直观的评估公司经营情况和未来发展前景的信息，虚假信息将误导投资者的投资决策。在有效市场假说下，公司股票本应及时准确地反映公司的经营情况，而虚假信息则掩盖了公司的真实经营情况，导致公司股价并不能准确地反映其价值。公司主动发布的虚假信息一旦被投资者知晓信息造假，将会增加投资者对该公司股票的风险溢价。

（二）对债权人的影响

虚假会计信息将影响到债权人对公司债务风险和偿债能力的评估，阻碍债权人利用信息进行借贷决策，并影响到债权人对资金使用的监督，增加债权人的借贷风险。另外，低质量的会计信息会导致企业内部和债权人之间的信息不对称并带来逆向选择问题，影响资本市场的运行。

（三）对公司管理者的影响

税收、交易成本和市场套利行为等因素的存在，使得资本市场不能如期引导资本的有效配置，造成公司经常面临投资不足和投资过度的风险，降低公司资本的运行效率。虚假会计信息将扩大这种投资风险，影响公司的投资效率，制约公司的发展。同时，虚假会计信息一旦被投资者或债权人等资金提供方发现，不仅影响公司的信誉，更将提高公司的融资成本，影响公司的资金流转和盈利，公司股价也会因此而受到波及。从业绩评价角度看，公司的经营效率、盈利和价值增长通常是衡量管理者业绩的重要标准，虚假信息将严重扭曲对管理者的业绩评价。

（四）对其他利益相关者的影响

虚假会计信息除了影响上述利益相关者外，还会影响利益相关者中的政府监管机构、供应链中的上下游企业等，从而降低这些利益相关者的决策准确度。

第三节　财务造假的手段与识别

本节主要是揭示企业财务造假的常用手段，说明企业财务造假的识别方法。

一、财务造假的常用手段

企业财务造假的常用手段可以归纳为以下几个方面：

（一）虚构利润表财务数据

虚构利润表通常有两种途径：一是通过提前确认或虚构销售增加收入、隐瞒或延后确认成本费用等手段虚增利润；二是通过推迟确认收入、多摊成本费用等手段隐瞒利润减少税负。

1.通过收入的计量和确认影响利润

（1）虚构收入

虚构是最严重的财务造假行为，具体方式如下：一是白条出库，作实现销售入账；二是对开发票，确认收入；三是虚开发票，确认收入。虚构收入包括明显违法和形式合法实质上违法两种行为。例如，上市公司利用子公司按市场价销售给第三方，确认为该子公司的销售收入，再由另一公司从第三方手中购回，这种做法既避免了集团内部交易必须抵销的约束，同时又确保了在合并报表中能够确认收入和利润，达到了操纵收入和利润的目的。

（2）提前或推迟确认收入

为了增加收入，企业会选择提前确认收入。一是在存有重大不确定性时确定收入；二是不适当地运用完工百分比法（后面讲的东芝财务造假案例就是运用了这种方法）；三是在仍需提供未来服务时确认收入；四是提前开具销售发票，以增加业绩。如房地产企业往往将预收账款作为销售收入，即滥用完工百分比法确认收入，进而影响当期利润。高新技术行业提前确认收入的现象也比较普遍。

而在企业当前收益较为充裕、未来收益预计可能减少的情况下，企业通常会选择将应由本期确认的收入递延到未来期间确认。延后确认收入也是企业盈利管理的一种手法。

2.通过费用的确认和计量影响利润

（1）转移成本费用

企业为了虚增利润，往往通过折旧计提或费用转移等方式调节账面利润，表现为在固定资产折旧上少提或不提折旧；通过转移费用，达到增加利润的目的。例如，当经营不景气时，调低子公司应交纳给母公司的费用标准，或者由母公司承担子公司的相关费用，或者将以前年度已上交母公司的费用退回，从而达到转移费用、增加利润的目的。

（2）通过费用资本化、递延或推迟确认费用

所谓资本化，是指符合条件的相关费用支出不计入当期损益，而是计入相关资产成本，作为资产负债表的资产类项目管理。但现在有些企业将原本应作为期间费用处理的费用项目进行资本化处理，而应计入资本化的费用项目又列作期间费用处理，如利息支出。这种处理方式必然会对企业的当期利润和资产项目产生影响。

有些企业将应列入费用的项目挂列在递延资产或待摊费用中，不按正常的会计方法进行费用的确认。有些企业通过递延资产或待摊费用项目调整当期应摊销的费用，或者直接将费用项目推迟确认，借以达到调整账面利润的目的。

3.通过资产减值准备的计提影响利润

对于资产减值准备，从2001年财政部制定和颁布的《企业会计制度》到2006年《企业会计准则第8号——资产减值》的规范，企业经历了从树立理念到适应的过程。

第十章 造假行为及其识别

资产减值的会计内涵复杂，决定了同样一项资产具有不确定性的价值。资产减值是掺杂着企业管理部门主观估计的一种市场模拟价格，在企业法人治理结构和内部控制不健全的状况下，资产减值的不确定性给企业管理部门进行利润操纵提供了极大的空间，上市公司可能会通过多提或少提资产减值准备以调控利润。

资产减值准备计提方面的问题表现在：第一，资产减值计提的方式和比例带有主观因素。目前，资产减值的计提方式和计提比例没有统一标准，计不计提、计提比例在一定程度上由企业自行确定，带有很大的主观因素，为操纵利润留下了一定的空间。特别是在经济乏力的环境下，企业为了增加经营业绩，会倾向于选择少提或不提减值准备，从短期来看，无形中会增加企业的利润，但是长期来看，会使企业形成大量的不良资产，影响企业的持续经营和发展能力。第二，资产的可收回金额在实际工作中较难确认。在进行资产减值测试时，重点是计算资产的可收回金额。准则对公允价值减去处置费用的净额做了详细的说明。然而，对资产预计未来现金流量现值的确定带有很大的人为主观因素。一般财务人员无法准确预计和判断企业的风险及其对企业经营业绩的影响，从而计算出的资产可收回金额和实际结果之间存在差距，进而影响资产减值的计提，使财务报表无法真实反映企业的财务状况和经营成果。

4.通过制造非经常性损益影响利润

非经常性损益于1999年由证监会首次提出，是指公司发生的与经营业务无直接关系，以及虽与经营业务相关，但由于其性质、金额或发生频率，影响了真实、公允地反映公司正常盈利能力的各项收入、支出。非经常性损益虽然也是公司利润总额的一个组成部分，但由于它不具备长期性和稳定性，因而对利润的影响是暂时的。非经常性损益项目的特殊性质，为公司管理盈利提供了机会，特别应关注的是有些非经常性损益本身就是虚列的。

5.通过资产重组创造利润

资产重组是上市公司为调整产业结构、实现多元化战略、优化资本结构等目的而实施的系列重组行为，如资产置换和股权置换等。例如，有些上市公司扭亏为盈的秘诀便是资产重组。目前，通过不等价的资产置换为上市公司输送利润仍然是利润操纵的主要手段之一。虽然因非公允的关联交易差价不能计入利润的新规定而受到限制，但上市公司仍可以通过非关联交易的资产重组方式为上市公司输送利润。

关联交易非关联化，是指上市公司将资产溢价出售给非关联方，由此产生的收益将不受新规定的约束，而与此同时，关联方通过其他方式弥补非关联方的损失；或者是两家上市公司的关联方同时收购对方上市公司的资产，相当于做了个互换。一系列交易的实质是向关联方溢价出售资产，但形式上却避开了新规定的约束。

6.通过会计政策和会计估计变更调整利润

会计政策和会计估计变更的必然性、合理性以及变更标准的主观性，为公司进行盈利管理提供了条件，上市公司可能会利用这一特点，依据需要对会计政策和会计估计做出某种调整和变更。因此，关注公司会计政策和会计估计是否改变，对判断公司是否进行盈利管理是一条十分重要的线索。改变会计政策，变更存货计价方法、坏账准备计提方法和比例、长期股权投资核算方法、折旧年限，变更其他长期资产的摊销时间，变更递延收益的摊销方法以及改变会计报表的合并范围等均将对当期利润造成影响，导致前后期损益数据不可比。

（二）虚构资产负债表财务数据

公司为掩盖真实的财务情况，经常通过虚构或者隐瞒交易对资产、负债和所有者权益的影响进行造假。虚增资产和虚减负债是上市公司虚构资产负债表数据的主要方式，目的在于粉饰公司的偿债能力等指标。银行存款、其他应收款和存货科目是公司虚构资产的重点，随着2007年新准则的实施，对资产负债表造假的案件有所减少。

虚构资产负债表数据的行为表现在：虚列销售收入，导致应收账款虚列；少提坏账准备，导致应收账款净变现价值虚增；多计存货价值，从而降低销售成本，增加营业利润；多计固定资产，如少提折旧、将收益性支出列为资本性支出、利息资本化不当、固定资产虚增等；漏列负债，如漏列对外欠款或低估应付费用。

（三）在附注中有意隐瞒会计信息

财务报表附注是为了便于财务报表使用者理解财务报表的内容，对财务报表的编制基础、编制依据、编制原则和方法及主要项目等所做的解释。企业除负有准确披露资产负债表、利润表和现金流量表主表数据的义务外，也承担着在附注中详细披露相关事宜的责任，以帮助财务信息使用者全面公允地了解其财务状况、经营成果和现金流量信息，帮助报表使用者做出更科学合理的决策。

我国企业财务报表附注信息披露经历了从无到有、从企业自主选择到用统一规范加以指导、从完全自愿性披露到强制性披露的过程。附注信息在财务报告体系中的作用越来越重要，这既是经济环境发展变化的结果，也是财务信息使用者对信息需求不断增加的结果。但是现实中，财务报表附注的披露依然存在诸多问题。某些公司通过隐瞒关联交易和重大不利事项等手段，粉饰财务报告或避免不利信息对公司的负面影响。

二、财务造假的识别方法

对会计信息使用者和监管机构来讲，掌握识别虚构会计信息的方法至关重要。以下将分别说明识别财务造假的一般方法和具体方法：

（一）识别财务造假的一般方法

识别财务造假的一般方法，包括分析复核法、基本面分析法、现场调查法、虚拟资产剔除法、特殊报表项目分析法以及审计意见分析法等。

1.分析复核法

分析复核法是通过调查企业关键财务指标比率和趋势，分析异常变动情况和预期信息差异，识别虚假财务信息的方法，又细分为结构分析、趋势分析和比率分析等方法。

2.基本面分析法

基本面分析法与分析复核法关系密切，包括行业分析、宏观经济环境分析、公司基本情况分析等。由于公司的经营发展受到宏观经济和行业整体的影响，如果公司的会计信息严重脱离了宏观经济运行情况及行业趋势，则公司的财务信息就存在失真的可能性。

3.现场调查法

如果说分析复核法和基本面分析法的意义是寻找公司的风险点，则现场调查法就是为公司的财务信息虚假情况提供线索。现场调查法通常是评判公司财务信息真实性的依据，是审查公司财务状况、经营成果等基本情况的核心。

4.虚拟资产剔除法

由于公司的部分资产价值存在不确定性，为了提高资产的账面价值可信度，可将"递延资产""待摊费用""待处理资产损失""三年以上应收账款"等科目从资产负债表中剔除，分析剩余资产，降低公司资产隐含的风险。

5.特殊报表项目分析法

特殊报表项目分析法是对财务报告中舞弊风险较大的科目，如"其他应收款""或有事项""投资收益"等进行详细分析和审查，从而发现虚构财务信息的方法。这种方法更具有针对性。

6.审计意见分析法

由会计师事务所审计得到的审计报告也是公司的财务资料，对审计报告加以分析，也可以识别虚假会计信息。在分析审计报告时，应当重点关注审计意见和审计报告说明中的说明事项。

（二）识别财务造假的具体方法

识别财务造假的具体方法，包括毛利率分析法、税项分析法、资产质量分析法、现金流量分析法、子公司分析法、资产重组与关联交易分析法以及审计意见分析法等方法。

1.毛利率分析法

毛利率是企业核心竞争力的财务反映，代表着企业的盈利能力、行业景气度水平，亦是IPO审核中重点关注的财务指标。识别企业财务造假的一个简单方法就是测试其毛利率。除非经济环境发生重大改变，毛利率具有一定的稳定性且与行业均值相差的幅度不大。如果企业毛利率向上波动较大，就要进行具体分析。如果产品成本正常，毛利率向上波动大，则可能是产品的定价高而导致的高毛利率，可能意味着产品有品牌、有定价权。如果依赖降低成本，毛利率向上波动大可能就不太真实。一般情况下，除非垄断行业，否则毛利率过高的现象不会持续，当然过低的现象也不会持续，因为正常发展的企业毛利率一般会维持在一定的水平上。所以，毛利率忽高忽低如同过山车的企业，很有可能存在财务造假的问题。

通过对毛利率的分析来发现企业是否存在财务造假问题，需要关注以下两点：

（1）如果分析企业财报时，出现了存货周转率逐年下降而毛利率逐年上升的现象，一般可判断该企业做了假账。存货周转率逐年下降，表明企业存货项目的资金占用增长过快，超过了其产品销售的增长速度，其毛利率应趋同下降才合理。另外，存货周转率逐年下降也说明产品竞争力可能下降，竞争力不强，毛利率必然逐年下降。

（2）如果企业财报出现了高毛利率而现金循环周期也较高的现象，一般可判断该企业做了假账。企业的高毛利率一般意味着它在产业链上拥有强势地位，企业会尽量占用上游客户的资金，而不给下游客户很长的赊账期，其现金循环周期（应收账款周转天数＋存货周转天数－应付账款周转天数）一般较小，甚至会出现负值。如果高毛利率与这些特征持续背离，往往意味着它是不真实的，需要警惕企业的盈利能力。

对于毛利率异常的拟IPO企业，一般存在关联方交易非关联化的现象。因此，还应对交易的公允性进行核查，判断交易的商业实质，对商业条款、结算条件、结算时间、与其他正常客户明显不同的异常交易应高度关注，核实异常交易的对手方是否是未披露关联方，是否存在不正当的利益输送行为。

2.税项分析法

税项分析法是根据税收项目的异常变动、税负的变化以及由此产生的对资产负债表的存货、应收预付款项以及应付预收款项的变动进行分析的一种方法。判断是否存在财务造假时，可做以下分析：

（1）利用"应交税金期末余额＝应交税金期初余额＋本期计提税额－本期缴纳税额"公式计算上市公司期末应交所得税余额，如果发现其与实际余额相差甚远，可认为公司存在造假的可能性。

（2）利用计算的税负率，判断上市公司的财务数据是否正常。如果发现其实际税负偏低，与主营收入根本不能配比，可据此分析收入和利润是否虚构。如对发行新股的上市公司的税负可进行历史对比和行业对比，并借此判断是否有财务造假。

（3）利用应收款项和存货进行辅助分析。有些企业为了虚增收入和利润，往往采用对开发票等方式，这样在税负上不会出现巨额欠税，但企业很少同时等额增加收入和成本（注：现在也发现有些企业为了做规模，有利用对开发票的同时等额增加收入和成本的现象），这样就会出现应交税金的异常变动。

虚构收入的企业往往表现为应收款项（包括应收账款、应收票据、预付账款、其他应收款）急剧增加，应收账款周转率急剧下降。同时，由于需要通过虚增存货以消化部分购货发票，这样就会出现存货急剧增加、存货周转率急剧下降的现象。

企业为避免投资者和专业分析师对应收账款周转率、存货周转率急剧下降产生怀疑，就会将应收账款转移到其他应收款和预付账款中。其做法是：企业先把资金转出去，再叫客户把资金转回来，转出去时挂在其他应收款或预付账款上，转回来作货款确认收入，其他应收款、预付账款往往名不符实；为了提高存货周转率，企业故意推迟办理入库手续，存货挂在预付账款上，然后少结转成本，以使存货账实相符，这样，企业虚增的一块利润就挂在预付账款上。因此对于由虚构收入和利润导致的财务造假问题，报表使用者要结合往来账一起看，如应收账款与预收账款、应付账款与预付账款、其他应收款和其他应付款。

3.资产质量分析法

资产质量，是指特定资产在企业管理系统中发挥作用的质量，具体表现为变现质量、被利用质量、与其他资产组合增值的质量以及为企业发展目标做出贡献的质量等方面。

（1）通过资产结构进行分析

资产结构分析法是按企业各种资产的构成比例进行分析的一种方法。资产运营效率在很大程度上取决于资产结构是否合理，即资源配置是否符合企业生产经营的内在需求，因此资产结构的合理与否直接影响企业资产的获利能力。由于虚构收入等原因，上市公司的账面有些资产为不良资产会影响到资产运营效率。

（2）通过资产获利能力进行分析

用总资产收益率来评价企业运用资产获取利润的能力最恰当，最能反映企业资产的质量。其公式为：

总资产收益率=息税前利润÷平均资产总额×100%

该指标不考虑利息费用和税收因素，涵盖企业全部资产，因而最直接、最全面、最真实地反映了企业资产的综合利用效果及获取利润的能力，是体现资产质量的最佳指标之一。

（3）通过资产营运能力进行分析

高质量的资产必定体现为高效的营运能力。对资产营运能力进行评价，包括用总资产周转率、流动资产周转率、固定资产周转率、应收账款周转率以及存货周转率进行评价，通过各项指标的异常变动，可分析判断公司有无财务造假。

（4）对资产项目进行分析

在对资产项目进行逐一分析时，应该把握以下两点：

第一，对于计提八项资产减值准备的资产项目，应重点关注其各项准备金的计提以及对资产质量的影响。这八项准备包括：应收账款坏账准备、存货跌价准备、短期投资跌价准备、长期投资减值准备、委托贷款减值准备、固定资产减值准备、无形资产减值准备、在建工程减值准备。

第二，关注纯摊销性的"资产"对资产质量的影响。纯摊销性的"资产"是指那些由于应计制原则的要求而暂作"资产"处理的有关项目，包括待摊费用、长期待摊费用等。这些资产一般不能为企业的未来提供实质性帮助，没有实际利用价值。

通过对上述资产质量的分析，就可以判断企业有无财务造假行为。

4.现金流量分析法

现金流之于企业，如同血液之于人体。现金流量表以现金收付制为编制原则，不受权责发生制会计应计、递延、摊销和分配程序的影响，因此通常认为经营活动现金流量与权责发生制的会计盈余相比，不容易被操纵。然而，随着现金流量表的价值逐渐受到证券市场投资者的重视，经营现金流及相关指标被用于某些隐性契约（如新股发行的审核关注内容），上市企业自然关注经营现金流量的形象，为了美化利润"含金量"或者为满足监管的需要，便萌生了操纵动机。

（1）利用现金流量表准则提供的判断余地与选择空间

我国现金流量表的格式采纳国际上较普遍的"三分法"，将现金收支分为经营、投资和筹资活动。这种"三分法"给现金流量表的分类留下了一定的判断余地和选择空间。公司出于美化经营现金流的需要，将实质上属于投资、筹资活动的现金流纳入经营活动现金流，将某些经营活动的现金流出移至投资、筹资活动的现金流出项目，于是就产生了现金流量表的"会计选择"问题。

（2）对经营活动现金流直接造假

在实务中常见有三种做法：①将非经营活动甚至违规行为所得计入主营业务收入，同时计入销售收现，结果导致利润和现金及现金等价物的余额都得以提高。②配合收入造假虚构销售收现，同时通过虚构投资支出消化虚增的现金。③为避免主营收入缺乏现金支撑的质疑而粉饰销售收现能力，虚增"销售商品、提供劳务收到的现金"，同时虚增"购买商品、接受劳务支付的现金"，将虚增的现金部分抵消掉。

为检查企业是否造假，从现金流量角度可以做以下分析：

第一，将经营活动现金流量净额与净利润比较。企业获取现金流的主要来源是经营活动。如果企业的经营活动现金流量净额长期低于净利润，则意味着与已经确认为利润相对应的资产（如应收账款）变为不能转化为现金流量的虚拟资产；若反差数额极为强烈或反差持续时间过长，必然说明有关利润项目可能存在挂账利润或虚拟利润的迹象。例如，如果上市公司的每股收益很高，但每股经营现金流量却是负数，这样的上市公司往往在财务上造假了。

第二，根据现金流量表支付的税费进行分析。对现金流量表进行分析，会发现很多造假线索，如果发现上市公司所支付的增值税、所得税远低于其理论税负，就要关注其是否存在财务造假行为了。

5.子公司分析法

现在上市公司财务造假有两种做法：一种是集中在某子公司造假（母公司及其他子公司也有造假，但所占份额不大）；另一种是造假分散，几乎所有的子公司及母公司都在造假。前者如银广夏，后者如黎明股份。对有以下情形的子公司要予以关注：业绩特别出色的子公司、在母公司合并报表中几进几出的子公司、临近年底通过并购进入的子公司，其业绩往往有造假的成分。

6.资产重组与关联交易分析法

随着我国证券市场的发展和资产重组规模的扩大，重组过程中的关联交易已成为近年来人们最为关注的话题之一。在资产重组与关联交易中，关联方重组与非关联方重组相比存在诸多非市场行为，一旦偏离了市场公平交易准则，对证券市场和广大投资者的消极作用也是显而易见的。因此，基于资产重组与关联交易问题进行分析，对判断公司有无造假行为、推动证券市场规范化发展具有重要意义。

来自Wind资讯和南京银行资管研究小组的信息显示：2016年3季度公告中有234家上市公司涉足并购重组重大事件，较2季度的143家大幅提高63.64%；交易金额

7 900.56亿元，较2季度的5 527.74亿元提升42.93%（见表10-2和表10-3）。

表10-2　　　　　　　**按并购重组形式分类的上市公司并购重组状况**

2016年第2、3季度

重组形式	上市公司数量		数量占比		交易金额（亿元）		金额占比	
	3季度	2季度	3季度	2季度	3季度	2季度	3季度	2季度
资产置换	3	2	1.28%	1.40%	76.78	48.15	0.97%	0.87%
增资	1	6	0.43%	4.20%	12.65	227.25	0.16%	4.11%
要约收购	0	2	0	1.40%	0	386.68	0	7.00%
协议收购	37	32	15.81%	22.38%	961.53	803.70	12.17%	14.54%
吸收合并	5	1	2.14%	0.70%	385.46	174.36	4.88%	3.15%
发行股份购买资产	188	100	80.34%	69.93%	6 464.14	3 887.60	81.82%	70.33%
合计	234	143	100%	100%	7 900.56	5 527.74	100%	100%

资料来源：Wind资讯和南京银行资管研究小组。

表10-3　　　　　　　**按并购重组目的分类的上市公司并购重组状况**

2016年第2、3季度

重组目的	上市公司数量		数量占比		交易金额（亿元）		金额占比	
	3季度	2季度	3季度	2季度	3季度	2季度	3季度	2季度
资产调整	11	7	4.70%	4.90%	168.93	62.39	2.14%	1.13%
整体上市	4	2	1.71%	1.40%	184.57	221.80	2.34%	4.01%
战略合作	1	0	0.43%	0	6.81	0	0.09%	0
业务转型	9	7	3.85%	4.90%	452.36	123.60	5.73%	2.24%
其他	1	2	0.43%	1.40%	26.97	9.70	0.34%	0.18%
买壳上市	19	11	8.12%	7.69%	1 716.15	774.31	21.72%	14.01%
横向整合	127	84	54.27%	58.74%	3 942.13	3 437.25	49.90%	62.18%
多元化战略	60	25	25.64%	17.48%	1 385.61	783.39	17.54%	14.17%
垂直整合	2	4	0.85%	2.80%	17.02	70.55	0.20%	1.27%
财务投资	0	1	0	0.69%	0	44.75	0	0.81%
合计	234	143	100%	100%	7 900.55	5 527.74	100%	100%

资料来源：Wind资讯和南京银行资管研究小组。

在分析时，对资产重组与关联交易要特别小心，现在很多资产重组与关联交易都不公允，这些不公允的交易背后往往是欺诈。如果一家上市公司主业关联交易占比重较大，其业绩往往不可靠。此外，资产重组与关联交易创造的投资收益也一定要小心，如果往来账在增加，这里面也往往蕴含着造假。如果企业的营业收入和利润主要来源于关联企业，财务信息使用者就应当特别关注关联交易的定价政策，分析企业是否以不等价交换的方式进行了报表粉饰，如果母公司合并会计报表的利润总额（应剔除上市公司的利润总额）大大低于上市公司的利润总额，就可能意味着母公司通过关联交易将利润包装注入了上市公司。目前财政部规定非公允的关联交易应作为资本公积处理，对于资产重组与关联交易产生的利润，一定要注意是否合法。

7.审计意见分析法

自从1997年我国上市公司审计报告中首次出现拒绝表示意见（后改为无法表示意见）和否定意见以后，盈利能力差、资产质量差、经营风险大、财务风险大以及市场风险大等成为获得非标准无保留审计意见公司的基本特征。被出具非标准审计意见的公司一般来说财务报表往往存在更多的重大错报和舞弊风险。因此，利用审计报告意见分析公司可能存在的造假行为非常重要。

中国注册会计师协会官网上发布的2015年审计情况快报（第十五期）显示，2015年1月1日至4月30日，40家证券资格会计师事务所（以下简称事务所）共为2 842家上市公司出具了财务报表审计报告（见表10-4）。在上述2 842份审计报告中，标准审计报告2 738份，带强调事项段的无保留意见审计报告82份，保留意见审计报告16份，无法表示意见的审计报告6份。

在2 842份财务报表审计报告中，非标准财务报表审计报告104份，占3.66%，非标报告的数量较2014年度（98份）有所上升，非标报告的比例与2014年度（3.67%）基本持平。

表10-4　　　　上市公司2015年度财务报表审计报告意见汇总表

财务报表审计意见类型	沪市主板	深市主板	中小企业板	创业板	合计
（标准）无保留意见	1 033	451	766	488	2 738
带强调事项段的无保留意见	47	19	11	5	82
保留意见	4	5	5	2	16
否定意见	0	0	0	0	0
无法表示意见	1	3	0	2	6
非标准审计意见小计	52	27	16	9	104
合计	1 085	478	782	497	2 842
非标准审计意见比例（%）	4.79	5.65	2.05	1.81	3.66

在1 530份内部控制审计报告中，非标准内部控制审计报告86份，占5.62%，非标报告的数量和比例都较2014年度（78份，比例为5.32%）有所上升。见表10-5。

表10-5　　　　上市公司2015年度内部控制审计报告意见汇总表

内部控制审计意见类型	沪市主板	深市主板	中小企业板	创业板	合计
（标准）无保留意见	949	444	44	7	1 444
带强调事项段的无保留意见	48	20	2	0	70
否定意见	9	7	0	0	16
无法表示意见	0	0	0	0	0
非标准审计意见小计	57	27	2	0	86
合计	1 006	471	46	7	1 530
非标准审计意见比例（%）	5.67	5.73	4.35	0	5.62

在已披露2015年年报的2 842家上市公司中，有33家上市公司同时被出具了非标准的财务报表审计报告和内部控制审计报告。

投资者应正确认识各种类型的非标准审计意见，洞悉其发布的原因，根据不同的情况做出不同的投资决策。在分析时，要关注非标准意见审计报告及管理层对此所做的说明。

非标准无保留意见审计报告往往隐含着该上市公司存在着严重的财务问题。根据《公开发行证券的公司信息披露编报规则第14号——非标准无保留审计意见及其涉及事项的处理》的规则，非标准无保留审计意见是指注册会计师出具的除标准无保留审计意见外的其他类型审计意见，包括带解释性说明的无保留意见、保留意见（含带解释性说明的保留意见）、无法表示意见和否定意见。注册会计师通常不会直接指出上市公司有财务造假行为，而是在措辞上避重就轻，表达委婉，用说明段和解释段内容暗示该公司存在着严重的财务问题。如注册会计师强调"应收款项金额巨大"，这时投资者就要注意可能这些应收款项很难收回或者是虚构的；如注册会计师强调"主营收入主要来源于某家公司尤其是境外公司"，这时投资者就要注意这些收入可能是虚构的。

第四节　　财务造假典型案例分析

本节将针对东芝财务造假案例，分析其产生的原因，并从中获得启示性信息。

一、公司简介

东芝（Toshiba）是日本最大的半导体制造商，也是第二大综合电机制造商，隶属于三井集团。公司创立于1875年7月，原名东京芝浦电气株式会社。1939年由东京电气株式会社和芝浦制作所合并而成，业务领域包括数码产品、电子元器件、社会基础设备、家电等。进入20世纪90年代，东芝在数字技术、移动通信技术和网络技术等领域飞速发展，成功地从家电行业的巨人转变为IT行业的先锋。东芝全球市场除日本外分为四大区域：欧洲、美洲、亚洲、中国。其中，中国是唯一以国家为单位的市场，也是继日、美之后东芝最大的独立市场。2015年12月21日，东芝宣布裁掉7 000个职位。2015年12月22日，评级公司穆迪宣布，已把东芝信用评级从"Baa3"下调两级至"Ba2"，该评级为垃圾级。

二、东芝财务造假事件

作为一家以严谨、规范而闻名的日本百年企业，东芝公司近年来却深陷财务造假的丑闻，且造假频率高、持续时间长、金额巨大。东芝自2015年2月以来经历了三次财务造假。

1.第一次财务造假

东芝公司连续7年财务造假，至少涉及4大业务部门，3任社长参与其中，虚报利润1 562亿日元（约合12.7亿美元），是继2011年奥林巴斯隐瞒17亿美元损失以来，日本企业界最大的一桩财务造假丑闻。调查结果显示，这一事件是由于公司高层管理人员过于追求利润、在较大的经营压力下向公司内部施加不正当影响力造成的，是公司内部共同参与的集体造假行为。日本媒体形容这是一个违反公司治理框架和内部控制程序、全公司集体参与的会计违规行为。

东芝第一次财务造假及其披露情况见表10-6。

表10-6　　　　　　　　　　东芝第一次财务造假及其披露情况

2015年2月	东芝相关人员向日本证券交易等监视委员会举报东芝存在财务问题
2015年4月3日	东芝公司设立了包括公司外部专家在内的特别调查委员会，对一部分有关基础设施工程的会计处理实施了调查
2015年5月初	东芝公司表示，因受项目成本尤其是电力系统业务方面会计操作的不当影响，可能需要将2009—2013财年的利润下调548亿日元，同时还宣布取消2014财年的盈利预期发布
2015年5月8日	东芝决定加大调查力度，扩大调查范围，涉及有关工程推行基准的会计处理，有关影像事业经费计入的会计处理，有关以离散、LSI系统为主的半导体事业库存评价的会计处理，有关计算机事业零部件交易的会计处理等四个方面的行为调查
调查结论	从2008年起至2014年年末，东芝共虚报利润1 562亿日元，占东芝5 650亿日元税前利润的近30%
造假手段	东芝利用"完工百分比法"的会计处理，采取了将计提损失推迟到下一年度等手段
违规处罚	东芝陷入了财务造假的丑闻泥潭，遭到日本政府高达73.735亿日元的处罚。随后，东芝方面进行了高层大调整，除了东芝原社长田中久雄宣布辞职外，也对东芝多名董事进行了撤换

2.第二次财务造假

东芝第二次财务造假及其披露情况见表10-7。

表10-7　　　　　　　　东芝第二次财务造假及其披露情况

2016年3月	东芝又发现了涉及通信业务的财务造假问题，虚增利润58亿日元（约5 100万美元）

3.第三次财务造假

东芝第三次财务造假及其披露情况见表10-8。

表10-8　　　　　　　　东芝第三次财务造假及其披露情况

2016年11月11日	东芝中国发给《经济观察报》的一份总部的声明称，子公司东芝EI控制系统公司营业部的涉事员工自2003年起开始伪造订货单和验收单等票据，虚报超过实际合同金额的销售收入，到2016年9月底，累计虚报销售收入5.2亿日元（约合人民币3 320万元）
造假的经济后果	目前，东芝正在逐渐剥离电视、白色家电等业务，从而专注于能源、半导体和基础设施三大领域。东芝正处于业务重组转型期，此次财务造假事件再次对东芝的品牌形象造成冲击

这一在日本国内被称为"不正会计"的财务造假行为使得东芝公司这一日本"明星"企业遭受了巨大的打击：在公司内部，高层管理人员大量辞职，内部相关责任人员也受到严厉处罚；在外部影响方面，不仅公司名誉严重受损，而且公司很有可能面临着投资者的赔偿诉讼。除此之外，日本国内也有意见认为，目前仅限于公司内部范围的处罚力度显然不够，有必要追究公司高层管理人员的刑事责任，并取消东芝公司的上市公司资格。

三、东芝财务造假的成因

2015年对东芝财务造假进行调查的第三方委员会认为，东芝之所以出现如此严重的财务造假问题，根源在于当期利润至上及目标必达的压力、无法违抗上司要求的企业氛围、包括经营高层干预在内的有组织性的干预等诸多因素的影响。

1.公司治理不完善

21世纪初美国的安然和世通会计丑闻以及东芝财报造假说明，财报造假作为会计舞弊的一种形式在世界范围内都可能发生。东芝的财务报表造假在日本并非个例，这反映了日本市场的一些固有弊病。安倍政权上台以来推行的安倍经济学以及经济改革，虽然强调和强化了公司治理及外部监督的重要性，但在实际操作中往往流于形式。比如，东芝公司的公司治理就存在很大的问题，虚增利润、美化财报数据肯定不是一个会计年度能够完成的，事实也表明，东芝的财报数据造假不仅横跨了七八个会计年度，甚至经历了几届公司治理层与管理层的变动。财报数据的虚增并不需要多么复杂的审计工作，公司内部审计委员会和独立董事应有足够的专业胜任能力，之所以内部审计、董事会监督以及外部注会审计都没有发现问题，主要原因在于公司治理体系不完善，再加上外部注册会计师审计不到位。

东芝是较早实施公司治理改革的日本公司之一。2001年，东芝改变了日本公司董事会由长期任职的内部人士主宰的局面，引入了3位外部董事。从字面上来看，东芝的公司治理结构赋予了外部董事任命顶层高管的权力，并设立监察委员会监督公司高管的行为。这些努力令东芝备受赞誉。2013年，在东京非营利组织日本公司治理网络编制的榜单上，东芝在治理良好的120家日本上市公司中名列第9。公司的案例也经常出现在公司治理的丛书中，被其他公司视为典范。

东芝搭建的治理框架表层的完好精湛无法掩饰内部低效的监督机制。东芝虚假的财报之所以能够最终呈现在公众面前，是因为公司的董事会（包括下设的审计委员会）、监事会、经理层、内审部门、财务部门等所有机构都不约而同地保持沉默，形同虚设，本应发挥的监督作用缺失殆尽。

2.企业文化或公司管理问题

企业文化（corporate culture），是一个组织由其价值观、信念、仪式、符号、处事方式等组成的特有的文化形象。它集中体现了一个企业经营管理的核心主张，以及由此产生的组织行为。

日本企业和中国一些国企相似，十分强调集体主义，强调和谐，强调领导权威。国有企业中的"内部人控制"、"官本位"文化和民营企业中的"家族文化"都是如此，社长和CEO可谓大权独揽。在大多数日本企业中，管理层的共识是"绝对不能质疑大老板"，本应起到制衡监督作用的董事会，此时却失效了。在这种情况下，企业对外披露的信息的真实性便无法得到保证。在日本文化里，组织讲求"忠孝"和"等级"，许多董事和高管都表示只效忠于社长，以至于高层管理者的决定即企业的决定，甚至提案不用拿到董事会那里进行审议或律师那里进行审查。下属对上司绝对服从的企业文化揭示了企业失去了弹性的决策机制，为求高利而违规进行会计操作披露了企业内控监督机制的松软无力。

东芝财务造假的背后既是东芝经营业绩下降和高管层对业绩数字一味追求的结果，也蕴藏了下属不敢违背上司意志的公司氛围等影响深远的潜在因素。东芝内部存在着一种下属无法忤逆上级意愿的企业文化。在日企文化中，上司是工作上的领导者，和上司之间的信赖关系是关乎自己未来的重要因素，博得上司的信赖最好的方法就是积极工作，并做出成绩。如果遵照上司指示，不辱使命地取得成果，即便不是大获全胜，也能得到上司的信任。日企中十分忌讳下属与上司争强好辩，这一固有的"绝对服从"也深刻地烙印在东芝内部的员工身上。

3.当期利润主义至上，目标脱离实际

业内有分析人士指出，东芝造假与其营收承压关系密切。面对巨大的市场与经营压力，如何快速止损、实现盈利成为摆在东芝面前最为现实的问题。东芝发生多次财务造假，其深层原因主要是公司对提升业绩的迫切渴望。据东芝历年财报显示，2014财年东芝营收为 66 600 亿日元，营业亏损 1 704 亿日元，净亏损 378 亿日元；2015 财年营收达 56 700 亿日元，营业亏损 7 191 亿日元，净亏损 4 832 亿日元。

根据第三方委员会的调查，东芝为了改善业绩，在社长每月例会等会议中，社长对各事业部负责人提出了被称为"Challenge"（挑战）的收益改善目标，并强烈要求各事业部负责人达成目标，各事业部门负责人承受着必达目标的巨大压力。而社长所提出的"Challenge"，大多都不是基于长期利润目标等设定的，只是站在将当期或当季度利润最大化的角度（当期利润至上主义）设定的目标值。

企业在设定自己的战略目标和具体经营目标时，必须综合考虑内部和外部环境，进行认真分析，使其符合企业实际情况。近些年全球个人电脑（PC）产业增长乏力，市场几近饱和，消费需求不断下滑，外部环境发生了重大变化，而东芝管理层没有充分考虑到这些变化，仍然制定了较高的盈利目标，让各部门高层都承受了巨大的压力，再加上 2011 年日本福岛核泄漏事故重击了东芝的核能业务，东芝管理层也没有及时对目标进行调整。

在这样的经营方针下，各事业部为了达成"Challenge"目标，无法根据当期期末的经营业绩进行会计处理，为了平稳度过任期，高层可能会选择将下年的利润在当年的财报中提前确认，而逐年累计的漏洞难以弥补，便有可能选择财务造假；或者通过预先计入实际上属于下期的利润，或者将当期的费用和损失推迟到下期处理等违规方式，达到增加本期利润的目的。由此导致下期之后的利润计入变得更加严峻，不得不故技重施进行再一次操作，想方设法地粉饰财务管理报告。

四、案例启示

1.企业战略目标要与环境相适应

东芝的财务造假案例告诫我们，企业应当利用自身的业务基础和固有优势，选择适合自己的发展模式，积极探索创新发展道路；综合考虑宏观经济状况、市场需求变化、技术发展趋势、可利用资源水平等影响因素，明确发展战略，制定发展目标。发展战略与目标不能脱离企业实际，必须经常与实际效果进行比较，发现问题并及时采取措施，以实现企业战略目标的动态调整。如果战略定位不明确，可能会导致企业盲目发展，难以形成竞争优势。当今全球经济增长乏力，对处在竞争激烈的环境中的传统企业而言，必须突破传统业务模式，创新发展思路，推进从传统企业到现代企业的战略转型，以实现可持续发展的长远目标。

2.构建良好的企业文化

东芝的财务造假案例也告诫我们，企业应当倡导诚实守信、爱岗敬业、开拓创新和团队协作精神，树立现代管理理念，提倡积极向上的价值观，强化风险意识和法制观念。企业文化建设需要各部门之间多层次、全方位的协调与配合，进行有效沟通，需要全体员工的共同参与，增强员工的责任感和使命感，使员工的自身价值在企业发展中得到充分体现，做到集权与分权的有效结合。

3.完善公司内部治理管控体系

高质量的内部治理管控体系，可以提升企业的内部管理水平和风险防范能力。为推动战略目标的顺利实施，企业应该建立健全法人治理结构，并定期对组织架构设计与运行的效率、效果进行全面评估，针对存在的缺陷，及时优化调整内部机构设置，以流程和制度为基础，建立科学的管控体系，培育企业的核心竞争力。

当前，日本政府已经意识到了内部治理体系的重要性，于2016年制定实施了新的《公司治理法》，提出了包括日本企业人事改组等在内的其他改革计划。东芝也对董事会结构进行了重大调整。原来社内董事12人、社外董事4人，现已改成社内董事4人、社外董事7人，在减少社内董事的同时增加社外董事，同时赋予社外董事更多的权力。

重要概念

财务造假经济后果　归因理论

复习思考

1.什么是财务造假？其常用的造假手段有哪些？
2.虚构会计信息行为会带来哪些经济后果？
3.上市公司财务造假的动因有哪些？
4.识别上市公司财务造假的一般方法和具体方法有哪些？

操作练习

1.利用Wind数据库，分析2010年以来被证监会查出涉及财务造假的上市公司的类型。

2.目的:利用资料进行财务造假识别分析。

资料:2016年A股市场发生了几个典型的财务造假被处罚案例,包括:

(1)借壳方康华农业财务造假,步森股份遭处罚

步森股份(002569)2016年2月29日晚间公告称,收到了中国证监会的"行政处罚决定书"。2014年8月,步森股份披露了重组对象康华农业2011年至2014年4月30日期间的主要财务数据,康华农业的资产和营业收入存在虚假记载。

公告显示:康华农业2011年财务报表虚增资产20 445.1195万元,占康华农业当期总资产的47.54%;2012年虚增资产33 971.3667万元,占披露的当期总资产的53.91%;2013年虚增资产47 046.9226万元,占披露的当期总资产的52.87%;2014年1月1日至4月30日虚增资产50 330.9782万元,占披露的当期总资产的53%。

此外,康华农业2011年虚增营业收入14 752.4498万元,占披露的当期营业收入的34.89%;2012年虚增营业收入18 311.4299万元,占当期营业收入的36.90%;2013年虚增营业收入23 840.8819万元,占当期营业收入的42.62%;2014年1月1日至4月30日虚增营业收入4 128.9583万元,占当期披露的营业收入的44.25%。

证监会认定步森股份的上述行为违反了《上市公司重大资产重组管理办法》以及《证券法》的相关规定。直接负责的主管人员为公司董事长王建军、董事会秘书兼副总经理寿鹤蕾等。

证监会表示,鉴于步森股份主动申请撤回重大资产重组申请文件,导致康华农业未能借壳上市成功,且步森股份及相关责任人员积极配合调查工作,证监会决定,责令步森股份改正,给予警告,并处以30万元的罚款;对王建军给予警告,并处以5万元的罚款;对寿鹤蕾给予警告,并处以3万元的罚款;对吴永杰、马礼畏、陈智君、王玲、潘亚岚、蒋衡杰、章程给予警告。

(2)亚太实业长期造假,证监会揭利润操控术

A股上市公司亚太实业(000691.SZ)2月23日晚发布公告称已收到证监会的"行政处罚决定书",该公司被指2010—2014年的年报均存在信息披露违法情形。这是继南纺股份(600250.SH)、上海物贸(600822.SH)、青鸟华光(600076.SH,现已更名为康欣新材)之后的又一起"连续五年造假"案例。此前,新中基(000972.SZ)甚至被查出连续六年造假的事实。针对亚太实业的财务造假问题,证监会已经下发"行政处罚决定书",对亚太实业给予警告,并处以60万元的罚款,对公司前董事长龚成辉等23名涉事责任人给予警告,对其中的17人还处以3万元至30万元不等的罚款。

证监会在"行政处罚决定书"中指出,亚太实业2010—2014年的年度报告均存在信息披露违法的情形,不仅违法行为次数多、持续时间长,而且虚增、虚减营业收入和净利润的数额,占公司当期披露数的比重较大。

根据证监会的调查,亚太实业投资持股的企业济南固锝电子器件有限公司(以下简称"济南固锝")对"质量索赔款"会计处理不当,导致亚太实业2012年虚减净利润257.04万元、2013年虚增净利润257.04万元。此外,亚太实业2013年还因未计提所持的济南固锝长期股权投资减值准备,导致2013年虚增利润237.79万元。因此,亚太实业在2013年累计虚增利润494.83万元。对2013年公告净利润仅262.63万元的亚太实业来说,如果减去虚增的494.83万元,其2013年的净利润将为负值。

亚太实业证券部人士2月24日对《21世纪经济报道》的记者说:"亚太实业会根据这个处罚结果,请专业机构进行追溯调整。"如果专业机构最终追溯调整的结果得到监管部门的认定,亚太实业将出现2013年、2014年连续两年亏损的情况(2014年净利润亏损2 094.55万元),符合连续两年亏损

被实施*ST的规定。这也被投资者认为是亚太实业虚增利润的动机之一。

（3）太化股份涉嫌虚增营收11亿元

2016年1月28日，上市公司太化股份发布公告称，针对山西省人民政府国有资产监督管理委员会晋国资评价函（2016）48号的通知中涉及公司贸易收入疑存虚增事项，公司将与有关部门或机构尽快核实。而据后续披露的补充内容，通知显示的该公司虚拟贸易虚增收入金额高达11.47亿元。

涉嫌为"完成考核"虚增11亿元，太化股份就此事件连续披露两份公告，内容显示，根据财政部驻山西省财政监察专员办事处《关于对太原化工股份有限公司虚拟经济贸易收入的专题报告》反映，太化股份出于完成上级考核指标等目的，通过虚拟贸易虚增收入达11.47亿元，严重违反了会计信息的真实性原则。

除此之外，其审计机构也随之遭到"点名"，理由是"发表了带强调事项的无保留意见审计报告，未对虚增业务收入、影响会计信息真实性的行为予以披露，违反了《中国注册会计师审计准则》的相关规定"。

公告并未披露涉嫌虚增的收入所对应的具体时间。太化股份最近三年的年报显示，公司2012—2014年的营收分别为40亿元、31.7亿元和33.7亿元，对应净利润分别为1 873万元、−2.83亿元和1 911万元。其中，2012年和2013年的财报均被出具了标准无保留意见的审计报告，2014的年财报被出具了带强调事项段的无保留意见审计报告。

从主营业务看，公司主营钢材贸易、焦炭贸易、化工产品贸易等，相关行业的不景气或许是其涉嫌虚增营业收入的一大背景。另外，《新京报》记者注意到，太化股份近年来归属净利润波动幅度很大，2012—2014年分别为1 873万元、−2.83亿元、1 911万元，有时利润一两千万元，有时巨亏几亿元，2009—2011年也存在类似情况；更重要的是，2012—2014年，太化股份经营活动现金流量净额连续为负。

根据目前公告披露的情节，假如太化股份虚增收入的事得以确认，公司将可能同时面临两部门的处罚。"虚增收入行为既违背了国家财政法规关于财会方面的规定，同时也违背了证券法规关于信息披露的规定，财政部和证监会都有权对其进行处罚。处罚方式包括罚金、警告、禁入等"。

要求：根据上述资料，回答下列问题。

（1）证监会对上述几家公司的处罚各属于哪种类型？

（2）被处罚公司的财务造假动因是什么？

（3）被处罚公司分别用了哪些财务造假的手段？

（4）被处罚公司的审计机构出具了什么类型的审计报告？

（5）你认为应该如何加强对上市公司财务造假行为的监管？

（6）利用被处罚公司的财务数据及其与同业的比较，分析被处罚公司在哪些方面存在着异常现象。

第十一章

从分析到企业盈利预测

【导语】对决策者来说，有关企业未来发展情况的信息比历史信息更加重要。为此，进行前瞻性的盈利预测就显得十分必要。本章将首先阐述盈利预测与财务分析之间的关系，然后基于盈利预测制度的发展演变过程，分析公司管理层和证券分析师角度的盈利预测及其影响因素，最后通过案例演示说明盈利预测与财务分析之间的关系以及进行盈利预测的方法。

本章内容要点

第一节　　盈利预测与财务分析

本节主要是对盈利预测的概念，盈利预测信息的特点、作用、披露的理论动因，以及盈利预测与财务分析的关系进行说明。

一、盈利预测的概念

1986 年，实证会计的主要代表人瓦茨和齐默尔曼（Watts and Zimmerman）在《实证会计理论》中提出了盈利预测能够传递有关现金流量的信息，可以作为未来现金流量替代的观点。他们认为盈利预测信息的有用性体现在三个方面：一是有助于降低公司管理当局与外部信息使用者之间的信息不对称，在一定程度上减少用于信息生产、传播、分析和解释的资源耗费，以及信息管制和私人搜集信息的成本；二是有助于防止内幕交易，从而消除一些投资者利用优势地位获取未公开信息而做出侵害其他投资者利益的行为；三是能够弥补会计信息的效用与用户的决策之间的差距。

1994 年，美国注册会计师协会在《论改进企业报告》中指出："目前，信息使用者信息需要变化的一个显著特点，是从关注历史信息转向对未来信息的关注，信息使用者要求提供有关企业未来经济活动和有助于预测、评估企业未来财务状况和经营成果的经济指标和有关信息。"盈利预测信息反映了企业在预测期间内可能达到的营业收入、利

第十一章　从分析到企业盈利预测

润总额、净利润、每股收益、市盈率水平，提供了对企业未来合理预期的相关信息，能够帮助投资者、债权人以及其他信息使用者评价企业未来获取现金流量的时间、金额、不确定性，从而有助于做出合理的经济决策，是极为有用的会计信息。

在我国，关于什么是盈利预测，目前在学术界有不同的看法。有学者将盈利预测定义为是对企业未来财务状况、经营成果和现金流量的估算；也有学者认为盈利预测仅是对企业未来期间经营业绩的预测。

在我国监管层面发布的文件中对于什么是盈利预测也有不同的解释。1996年12月26日财政部发布的《独立审计实务公告第4号——盈利预测审核》[①]中将盈利预测定义为"被审计单位对未来会计期间的经营成果所做出的预计和测算"。2007年1月1日开始实行的《中国注册会计师其他鉴证业务准则第3111号——预测性财务信息的审核》中将盈利预测定义为"被审核单位依据对未来可能发生的实行或采取行动的假设而编制的财务信息"。证监会（2008）在《新股发行公司盈利预测报告编制指南》中指出，盈利预测是指新股发行公司对预测期间的经营成果所做的预计和测算。

在我国证券市场管理实践中，盈利预测通常是指企业对未来盈利能力所进行的量化预测，本质上仅限于使用合法的会计政策为未来的会计利润做出预测，在形式上通常只包含利润表和资产负债表的权益部分的内容。而对于资产负债表其他部分和现金流量表并无强行编制要求。由此可见，"盈利"的预测是盈利预测的核心，因此，每股盈利（亏损）的预测正是盈利预测的重点。

综上所述，可以将盈利预测定义为：所谓盈利预测，是预测主体在合理的预测假设和预测基准的前提下，对未来会计期间的利润总额、净利润、每股收益、市盈率等重要财务事项做出的预计和测算。

二、盈利预测信息的特点

盈利预测信息具有以下特点：

（一）不确定性

现代资本市场的基本特征就是不确定性与风险。不确定性通常是指事物的不肯定性或不可靠性。盈利预测信息是管理层或财务分析师基于现有状况对未来所做出的主观预计。心随境转，在环境变化的影响下，依据主观估计的预测结果往往与实际结果存在偏差。美国的证券法把预测信息分为强制披露的前景性信息和自愿披露的盈利预测信息。不管是哪一类预测信息，其都是基于一定的盈利预测假设，这也决定了盈利预测结果具有不确定性。

（二）风险性

风险无处不在。盈利预测信息的风险大致可分为两类：一是预测的盈利数额难以实现；二是可能招致诉讼或者被处罚。首先，盈利预测标准把握不准和预测环境的变化都会导致盈利预测数额与实际数额不一致，这本身就存在着巨大的内在风险。其次，若盈利预测数与实际数差异过大，还会招致监管部门的处罚。此外，预测信息的不准确可能

---

① 详细内容可搜索查阅"财会协字〔1996〕456号"。

误导投资者的投资决策，带来投资损失，并引发公司遭受起诉的威胁。

（三）内容丰富性

以历史成本为原则的财务会计报告制度要求上市公司披露的信息范围相对较小，主要有资产负债表、利润表、现金流量表和财务报表附注等。而盈利预测信息的披露不仅包括预计财务报表、每股盈利预测等财务信息，而且包括了公司发展前景与远景规划、公司面临的机会与风险等非财务信息。在时点上，盈利预测信息披露的时间分为年报、季报，不再局限于年报一个时点。

（四）监管的特殊性

特殊性是指不同事物矛盾的各自的特点。我国对历史财务信息的披露采取的是强制披露原则，除了披露的内容、格式和时间要满足要求外，还必须符合可靠性、相关性、可理解性以及可比性等信息质量要求，否则就会被认定为虚假陈述。而盈利预测信息本身就具有不确定性，因此在监管方面不能依据历史信息披露的标准来要求盈利预测信息。

三、盈利预测信息的作用

盈利预测信息的作用在于：

（一）满足信息使用者的信息需求

目前关于盈利预测的必要性有两种不同的观点：一种观点认为不应该对未来盈利有允诺性的预测，理由是上市公司的历史经营情况和财务数据是经过审计且可靠的，至于公司今后的走向应由投资者自行判断。另一种观点认为公司在发行上市时必须有盈利预测，理由是投资者不够专业、不够成熟，需要予以保护。如果上市公司没有完成盈利预测，必须向投资者做出解释，相关人员也要承担相应的法律责任。

盈利预测信息是面向未来的预测信息，与传统财务会计报告所能提供的历史信息相比，盈利预测信息提高了会计信息的相关性和可比性，因此能够更好地为公司战略的调整和规划以及投资者决策提供服务。不管法律上是否要求以及披露盈利预测的程度深浅，盈利预测信息至少可以满足信息使用者对未来信息的要求。

（二）缓解信息不对称问题

相对准确、完整的盈利预测信息，有助于降低公司管理层与外部信息使用者之间的信息不对称，提高对管理层的监督程度，提升上市公司的运作效率。

（三）有助于防止内幕交易

为达到获利或避损的目的，内幕交易行为人往往利用其特殊地位或机会获取内幕信息进行证券交易，这违反了证券市场"公开、公平、公正"的原则，侵犯了投资公众的平等知情权和财产权益。内幕交易将严重影响证券市场功能的发挥，同时易使证券价格和指数失去时效性和客观性，最终降低证券市场优化资源配置及作为国民经济晴雨表的作用。盈利预测信息的发布，有助于降低或消除部分投资者利用优势地位获取未公开信息而侵害其他投资者利益的行为。

四、盈利预测信息披露的理论动因

盈利预测信息披露是管理学、金融学、行为科学等多学科交叉发展的前沿理论，日益受到投资者、理论界、政府和社会公众的广泛关注。

盈利预测信息披露包括强制性信息披露和自愿性信息披露。强制性信息披露能确保投资者及时获取所需信息，有助于提高证券市场的有效性，但在盈利预测信息对企业不利或涉及企业过多商业秘密时，强制性信息披露要求会促使企业管理当局操纵盈利预测，提供虚假预测信息，误导投资者。这样做的结果是，盈利预测信息失去其在证券市场中应有的作用，降低证券市场的有效性。自愿性信息披露能够降低企业管理当局操纵盈利预测信息的程度，这也是目前大多数国家和地区对盈利预测信息采用自愿披露制度安排的原因。

投资者保护原则和效率原则是信息披露制度的两项基本原则。盈利预测信息披露制度应适当权衡保护投资者与降低发行人披露成本之间的关系，在保护投资者利益的前提下，减少不必要的披露要求，从而提高信息披露制度的整体效率。

国外有关企业管理层自愿性信息披露盈利预测的动机理论如下：

（一）代理理论

1976年，简森（Jensen）和梅克林（Meckling）提出了代理理论。该理论认为，代理人拥有的信息比委托人多，并且这种信息不对称会逆向影响委托人有效地监控代理人是否适当地为委托人的利益服务。它还假定委托人和代理人都是理性的，他们将利用签订代理契约的过程，最大化各自的财富。代理人出于自我寻利的动机，将会利用各种可能的机会，强化自身利益。其中，一些行为可能会损害到所有者的利益。同样的研究也表明了公司管理层自愿性信息披露的动机，如Caber（1985）研究指出，公司越大，代理成本越大，而代理成本越大，则公司管理当局越可能通过主动提供盈利预测信息来降低其代理成本。

（二）信息均衡理论

均衡是博弈论的核心概念，是指博弈达到的一种稳定状态，没有一方愿意单独改变战略。信息均衡理论认为，自愿披露其盈利预测信息的公司，往往有较好的业绩表现；相反，获利能力较差的公司往往不会主动披露其盈利预测。公司管理当局具有减少存在于股东之间信息不对称的动机。当公司管理当局观察到财务分析师预测与自身预测存在重大偏差时，他们也会主动披露盈利预测以影响市场预期。

（三）新资本需求假说

公司管理当局披露盈利预测信息的原因之一，是希望引入新资本参与公司的营运活动。新资本需求是公司管理当局主动向外界披露盈利预测信息的决定性因素。实证研究结果表明，公司管理当局披露盈利预测信息的直接效益是明显的。假如公司需要外部筹资，如果盈利预测反映公司具有良好的盈利能力，公司就可能得以低成本实现融资目标；当面临被兼并和被收购危机时，公司也可以利用盈利预测信息进行反兼并与反收购。良好的盈利预测有助于维护和提高公司股票的价值，赢得竞争优势，从而获得间接效益。

自愿披露盈利预测信息，一方面显示了公司为提升证券价值所做出的努力，良好诚信的公司形象，可以提振投资者信心，降低其筹资成本和代理成本，增大企业价值；另一方面，公司管理层盈利预测信息披露要发生相应的成本，包括直接成本与间接成本。直接成本主要包括盈利预测编制成本、审核费用等，间接成本主要是指盈利预测信息有重大偏差时，公司可能遭受法律诉讼而发生或有费用或损失，同时也可能面临着盈利预测信息外部性所带来的潜在损失。盈利预测信息披露成本将阻碍盈利预测信息的供给。因此，盈利预测信息的供需均衡应当符合成本效益原则，从理论上讲，只要符合成本效益原则，公司就应当提供盈利预测信息。

五、盈利预测与财务分析的关系

（一）盈利预测是对财务报告的补充

预测基准是编制盈利预测的基础，一般包括：公司历史财务报表；企业现有的生产经营能力、产品市场需求预测情况；公司采用的会计政策等。从预测基准中可以看出，公司历史财务报表、公司会计政策以及对相关内容的分析，是公司管理层和财务分析师进行盈利预测的重要参考数据。盈利预测不能脱离公司现有的财务状况而进行随心所欲的预测，对公司以往财务状况、经营成果和现金流状况的分析将有助于盈利预测报告的形成。

盈利预测信息作为一种事前信息，能弥补传统财务报告只提供历史信息的缺陷，能为投资者提供全面而有用的决策信息。

（二）财务报告数据有助于盈利预测

国内外大量实证研究结果表明：上市公司定期公布的财务报告具有很强的信息含量，当期会计盈余数据信息会在披露前后影响股价的变动。对于中长期投资者来说，他们不仅在乎眼前，更看重未来。那些业绩优良且具有较强持续增长能力的公司更是其普遍关注的对象，因为只有这类上市公司才能给投资者带来持续的回报。

财务报告包含了大量描述公司经营状况的数据。这些数据能为投资者提供关于公司未来盈利能力的参考信息。中长期投资者需要通过数据挖掘来选择具有较高盈利能力和成长性的上市公司。投资者在分析中会关注以下问题：第一，这些数据中是否包含关于公司未来盈利能力的信息？第二，若是，可否利用这些信息进行未来的盈利预测？第三，如果能找到比较精确的预测方法，这个预测结果是否有效？第四，若盈利预测模型是有效的，通过该模型选出的投资组合能否获得超额收益？

国内外学者的研究结果表明，在财务报告中能包含关于公司未来盈利情况的信息，但是现有的各种预测方法，无论是分析师的研究还是常规的统计学和计量经济学模型都有其不足之处。财务分析师的研究主观性强、工作量大，常用统计计量模型形式单一，可能存在过度拟合而且不是以投资为导向的缺点。针对这些不足之处，可以采用数据挖掘方法进行弥补。数据挖掘是通过自动或半自动化的工具对大量的数据进行探索和分析的过程，目的是发现其中有意义的模式和规律，并为盈利预测提供可靠的依据。

第二节　　盈利预测披露制度的发展及要求

本节的目的在于了解国内外盈利预测披露制度的发展演变情况，上市公司发布盈利预测报告的情形和盈利预测对公司管理层、审计机构以及财务顾问机构的要求。

第十一章 从分析到企业盈利预测

一、盈利预测披露制度的发展

（一）美国的盈利预测披露制度

自20世纪70年代以来，美国注册会计师协会（AICPA）先后制定、公布了《财务预测制度编制指南》《立场声明75-4》《审查财务预测准则》等文件。美国证券交易委员会（SEC）制定了《揭示预测经营业绩的指南》。

在美国，首先从保护信息提供方即上市公司利益的角度，颁布了安全港制度和预先警示原则，善意的信息披露人在安全港制度和预先警示原则的保护之下，能够积极地履行财务预测信息披露义务，不必担心由不确定性因素或不可抗力所导致预测失败带来的诉讼风险；其次，从保护投资者的角度，美国法律监管制度对证券市场上的违法行为采取严厉的惩罚性措施，并规范上市公司信息披露的行政责任、刑事责任以及民事责任，其中特别强调民事责任。证券市场发展历史也证明，在惩罚违法者和保护投资者方面，民事责任是最为有效的手段，监管部门严厉的惩罚手段有效地提高了盈利预测的准确性。

在美国证券法中，盈利预测包括以下5个方面：（1）对利润（亏损）、收入、每股盈利（亏损）、资本成本、股票红利、资金结构等财务数据的预测陈述；（2）公司管理层对未来营运计划与目标的陈述；（3）对未来有可能影响公司业绩的宏观、行业表现的陈述；（4）所有对上述事项所依据的前提假设的陈述；（5）证券监管机构所要求做出的预测的陈述。

（二）我国的盈利预测披露制度

从历史进程看，随着资本市场的发展和外部经济环境的变化，我国上市公司的管理层盈利预测制度经历了从强制性披露到自愿性披露的转变过程。

1994年前，我国《公司法》规定上市公司管理层必须强制披露盈利预测信息，但是对披露形式没有做出具体规定，上市公司操作的随意性很大。1994年，证监会发布了《公开发行股票公司信息披露的内容与格式准则第2号〈年度报告的内容与格式〉》，该文件不再强制要求上市公司在年度财务报告中披露盈利预测信息，至今该信息在年度财务报告中都属于自愿披露的内容。1995年，我国证监会陆续发布多套相关规则对盈利预测披露制度进行具体规范。

1998年12月9日证监会发布《关于做好1998年年度报告有关问题的通知》[①]，要求对"发生可能导致连续3年亏损或者当年重大亏损的情况"上市公司实施业绩预告披露制度。该业绩预告披露制度自实施以来一直在不断地发展与完善中。

2000年，证券监管部门根据盈利预测披露过程中出现的问题又相继出台了系列规范性文件，此后规范化的盈利预测披露制度初步在我国形成。2000年后，有关监管部门还补充了具体规定。

2002年12月27日证监会发布的《证券公司年度报告内容与格式准则（2002年修订）》规定，若公司曾公开披露过年度盈利预测信息，如果实际数值较盈利预测数值低

---

① 详细内容可搜索查阅"证监上字〔1998〕148号"。

10%以上或高20%以上，上市公司应详细披露造成此差异的原因，并且公司可以选择重新编制本年度的盈利预测信息。凡是公司在年度财务报告中披露下年度盈利预测信息的，该信息必须经过有相关从事证券业务资格的中国注册会计师审核并发表专业意见。

2005年证监会发布的《年度报告的内容与格式准则》中也对盈利预测信息做出规定，但与2002年的规定比较没有实质性变化。

2007年证监会发布的《年度报告的内容与格式准则》规定："若公司实际经营业绩较曾经公开披露过的年度盈利预测值或经营计划低20%以上或者高20%以上的，应详细披露造成差异的原因"，但如果选择自愿披露盈利预测信息，仍需要经过中国注册会计师审计。

此后，为了满足信息使用者的需求和加强监管的需要，证监会也陆续发布了相关规定。

二、上市公司发布盈利预测报告的情形

（一）股票发行中的盈利预测信息披露

对于首次发行股票的公司（IPO），为了获得较高的发行价格，大多数公司期待通过盈利预测描绘公司未来发展以及盈利向好的消息，引导投资者的投资选择与投资行为，为此公司倾向于选择自愿性披露盈利预测。国外的研究证实了上市公司自愿披露盈利预测信息的动机和行为，从理论上推断，这些动机也可以在我国资本市场得到验证。

为进一步强化首次公开发行股票并上市公司（以下简称"发行人"）信息披露的真实、准确、完整和及时，2013年12月6日，证监会依据《首次公开发行股票并上市管理办法》《首次公开发行股票并在创业板上市管理暂行办法》等规定，发布了《关于首次公开发行股票并上市公司招股说明书中与盈利能力相关的信息披露指引》[①]，指出发行人在披露与盈利能力相关的信息时，除应遵守招股说明书准则的一般规定外，应结合自身情况，有针对性地分析和披露盈利能力。相关中介机构应结合发行人所处的行业、经营模式等，制订符合发行人业务特点的尽职调查方案，尽职调查的内容、程序、过程及结论应在各自的工作底稿中予以反映，保荐机构还应在保荐工作报告中说明其尽职调查情况及结论。

1.收入方面

（1）发行人应在招股说明书中披露下列对其收入有重大影响的信息，包括但不限于：

按产品或服务类别及业务、地区分部列表披露报告期各期营业收入的构成及比例。发行人主要产品或服务的销售价格、销售量的变化情况及原因。报告期营业收入增减变化情况及原因。

发行人采用的销售模式及销售政策。按业务类别披露发行人所采用的收入确认的具体标准、收入确认时点。发行人应根据会计准则的要求，结合自身业务特点、操作流程等因素详细说明其收入确认标准的合理性。

报告期各期发行人对主要客户的销售金额、占比及变化情况，主要客户中新增客户的销售金额及占比情况。报告期各期末发行人应收账款中主要客户的应收账款金额、占

---

① 详细内容可搜索查阅"证监会公告〔2013〕6号"。

第十一章　从分析到企业盈利预测

比及变化情况，新增主要客户的应收账款金额及占比情况。

（2）保荐机构和会计师事务所应核查发行人收入的真实性和准确性，包括但不限于：

发行人收入构成及变化情况是否符合行业和市场同期的变化情况。发行人产品或服务价格、销量及变动趋势与市场上相同或相近产品或服务的信息及其走势相比是否存在显著异常。

发行人属于强周期性行业的，发行人收入变化情况与该行业是否保持一致。发行人营业收入季节性波动显著的，季节性因素对发行人各季度收入的影响是否合理。

不同销售模式对发行人收入核算的影响，经销商或加盟商销售占比较高的，经销商或加盟商最终销售的大致去向。发行人收入确认标准是否符合会计准则的规定，是否与行业惯例存在显著差异及原因。发行人合同收入确认时点的恰当性，是否存在提前或延迟确认收入的情况。

发行人主要客户及变化情况，与新增和异常客户交易的合理性及持续性，会计期末是否存在突击确认销售以及期后是否存在大量销售退回的情况。发行人主要合同的签订及履行情况，发行人各期主要客户的销售金额与销售合同金额之间是否匹配。报告期发行人应收账款主要客户与发行人主要客户是否匹配，新增客户的应收账款金额与其营业收入是否匹配。大额应收款项是否能够按期收回以及期末收到的销售款项是否存在期后不正常流出的情况。

发行人是否利用与关联方或其他利益相关方的交易实现报告期收入的增长。报告期关联销售金额及占比大幅下降的原因及合理性，是否存在隐匿关联交易或关联交易非关联化的情形。

2.成本方面

（1）发行人应在招股说明书中披露下列对其成本有重大影响的信息，包括但不限于：

结合报告期各期营业成本的主要构成情况，主要原材料和能源的采购数量及采购价格等，披露报告期各期发行人营业成本增减变化情况及原因。

报告期各期发行人对主要供应商的采购金额、占比及变化情况，对主要供应商中新增供应商的采购金额及占比情况。

报告期各期发行人存货的主要构成及变化，如发行人期末存货余额较大，周转率较低，应结合其业务模式、市场竞争情况和行业发展趋势等因素披露原因，同时分析并披露发行人的存货减值风险。

（2）保荐机构和会计师事务所应核查发行人成本的准确性和完整性，包括但不限于：

发行人主要原材料和能源的价格及其变动趋势与市场上相同或相近原材料和能源的价格及其走势相比是否存在显著异常。报告期各期发行人主要原材料及单位能源耗用与产能、产量、销量之间是否匹配。报告期发行人料、工、费的波动情况及其合理性。

发行人成本核算方法是否符合实际经营情况和会计准则的要求，报告期成本核算的方法是否保持一贯性。

发行人主要供应商变动的原因及合理性，是否存在与原有主要供应商交易额大幅减少或合作关系取消的情况。发行人主要采购合同的签订及实际履行情况，是否存在主要供应商中的外协或外包方占比较高的情况，外协或外包生产方式对发行人营业成本的影响。

发行人存货的真实性，是否存在将本应计入当期成本费用的支出混入存货项目以达到少计当期成本费用的情况。发行人存货盘点制度的建立和报告期实际执行情况，异地存放、盘点过程存在特殊困难或由第三方保管或控制的存货的盘存方法以及履行的替代盘点程序。

3. 期间费用方面

（1）发行人应在招股说明书中披露下列对其期间费用有重大影响的信息，包括但不限于：

报告期各期发行人销售费用、管理费用和财务费用的构成及变化情况。

报告期各期发行人的销售费用率，如果与同行业上市公司的销售费用率存在显著差异，应披露差异情况，并结合发行人的销售模式和业务特点，披露存在差异的原因。

报告期各期发行人管理费用、财务费用占销售收入的比重，如报告期内存在异常波动，应披露原因。

（2）保荐机构和会计师事务所应核查发行人期间费用的准确性和完整性，包括但不限于：

发行人销售费用、管理费用和财务费用构成项目是否存在异常或变动幅度较大的情况及其合理性。

发行人销售费用率与同行业上市公司销售费用率相比，是否合理。发行人销售费用的变动趋势与营业收入的变动趋势的一致性，销售费用的项目、金额和当期发行人与销售相关的行为是否匹配，是否存在相关支出由其他利益相关方支付的情况。

发行人报告期管理人员薪酬是否合理，研发费用的规模和列支与发行人当期的研发行为及工艺进展是否匹配。

发行人报告期是否足额计提各项贷款利息支出，是否根据贷款实际使用情况恰当进行利息资本化，发行人占用相关方资金或资金被相关方占用是否支付或收取资金占用费，费用是否合理。

报告期各期发行人员工资总额、平均工资及变动趋势与发行人所在地区平均水平或同行业上市公司平均水平之间是否存在显著差异及差异的合理性。

4. 净利润方面

（1）发行人应在招股说明书中披露下列对其净利润有重大影响的信息，包括但不限于：

报告期各期发行人的营业利润、利润总额和净利润金额，分析发行人净利润的主要来源以及净利润增减变化情况及原因。

报告期各期发行人的综合毛利率、分产品或服务的毛利率，同行业上市公司中与发行人相同或相近产品或服务的毛利率对比情况，如存在显著差异，应结合发行人经营模式、产品销售价格和产品成本等，披露原因及对发行人净利润的影响。

报告期内发行人的各项会计估计，如坏账准备计提比例、固定资产折旧年限等与同行业上市公司同类资产相比存在显著差异的，应披露原因及对发行人净利润的累计影响。

根据《公开发行证券的公司信息披露解释性公告第2号——财务报表附注中政府补

助相关信息的披露》的相关规定，应在报表附注中作完整披露；政府补助金额较大的项目，应在招股说明书中披露主要信息。

报告期内税收政策的变化及对发行人的影响，是否面临即将实施的重大税收政策调整及对发行人可能存在的影响。

（2）保荐机构和会计师事务所应核查影响发行人净利润的项目，包括但不限于：

发行人政府补助项目的会计处理合规性。其中按应收金额确认的政府补助，是否满足确认标准，以及确认标准的一致性；与资产相关和与收益相关政府补助的划分标准是否恰当，政府补助相关递延收益分配期限确定方式是否合理等。

发行人是否符合所享受的税收优惠的条件，相关会计处理的合规性，如果存在补缴或退回的可能，是否已充分提示相关风险。

从IPO环节证监会的盈利预测披露要求来看，无论是收入、成本、期间费用以及净利润的披露都要进行相关项目的结构、趋势和比率分析，并进行历史比较、竞争者比较、同行业比较，这至少说明盈利预测具有历史延续以及面向未来的特征，盈利预测的结果也必须按照通用的财务分析方法进行比较研究，以明确盈利预测报告结果的可信度，避免对投资者的误导。

（二）资产重组中的盈利预测信息披露

上市公司及其控股或者控制的公司在日常经营活动之外购买、出售资产或者通过其他方式进行资产交易达到规定的比例，导致上市公司的主营业务、资产、收入发生重大变化的资产交易行为，简称重大资产重组。

在我国涉及与资产重组有关的盈利预测规定几经修改。

2014年10月23日修订前的《重组办法》要求出具两个盈利预测报告：一是上市公司购买资产的，应当提供标的资产的盈利预测报告；二是发行股份购买资产以及应提交并购重组委审议的其他重大资产重组方案，在提供标的资产盈利预测的基础上，还要求上市公司提供重组后的整体盈利预测报告。

2014年10月23日证监会发布《上市公司重大资产重组管理办法》①，要求从2014年11月23日起施行修订后的盈利预测制度，修订后的盈利预测制度要求取消盈利预测报告。取消盈利预测报告要求的主要考虑为：

1.在实际取得标的资产并完成整合前，上市公司对资产盈利能力进行量化预测往往缺乏依据。

2.在国内外经济形势快速变化的背景下，盈利预测信息客观上有较大的不确定性。中介机构出具盈利预测报告通常会设定诸多的假设前提，容易造成误导。本次修订虽然取消了盈利预测报告要求，但相应强化了管理层讨论与分析的信息披露要求。

2016年9月8日，证监会发布第127号令《上市公司重大资产重组管理办法》，指出

---

① 2008年4月16日发布并于2011年8月1日修改的《上市公司重大资产重组管理办法》（证监会令第73号）、2008年11月11日发布的《关于破产重整上市公司重大资产重组股份发行定价的补充规定》（证监会公告〔2008〕44号）同时废止。

上市公司实施重大资产重组，有关各方必须及时、公平地披露或者提供信息，保证所披露或者提供信息的真实、准确、完整，不得有虚假记载、误导性陈述或者重大遗漏。其中第十九条规定，上市公司应当在重大资产重组报告书的管理层讨论与分析部分，就本次交易对上市公司的持续经营能力、未来发展前景、当年每股收益等财务指标和非财务指标的影响进行详细分析。

按重组办法规定，事务所应当审慎核查重大资产重组是否构成关联交易，并依据核查确认的相关事实发表明确意见。重大资产重组涉及关联交易的，独立财务顾问应当就本次重组对上市公司非关联股东的影响发表明确意见。

资产交易定价以资产评估结果为依据的，上市公司应当聘请具有相关证券业务资格的资产评估机构出具资产评估报告。证券服务机构在其出具的意见中采用其他证券服务机构或者人员的专业意见的，仍然应当进行尽职调查，审慎核查其采用的专业意见的内容，并对利用其他证券服务机构或者人员的专业意见所形成的结论负责。

例如，信会师报字〔2016〕第114181号发布了关于万达信息股份有限公司盈利预测实现情况的专项审核报告》指出，万达信息管理层的责任是按照《上市公司重大资产重组管理办法》的规定，编制《关于2015年度盈利预测实现情况的说明》，并负责设计、执行和维护必要的内部控制，以保证其内容真实、准确、完整，以及不存在由于舞弊或错误而导致的重大错报。注册会计师的责任是在实施审核工作的基础上对《关于2015年度盈利预测实现情况的说明》发表审核意见。其结论是本公司基于本次资产重组的2015年度盈利预测利润数与本公司2015年度实际实现的利润数之间不存在重大差异。

（三）业绩预告信息披露

根据我国相关证券法律、法规以及各证券交易所的规则要求，上市公司进行行业业绩预告是其应尽的法定信息披露义务。由于投资者主要依据信息披露义务人所披露的信息进行投资决策，所以法律规定上市公司发布业绩预告应当做到客观真实而不是故意欺诈，恰如其分而不是故意诱导，全面充分而不是故意隐藏遗漏，及时适时而不是故意迟延或提前，违反了这些要求就有可能构成虚假陈述。

自2001年3月14日证监会将IPO公司盈利预测信息强制性披露改为自愿性披露后，我国上市公司披露盈利预测信息的意愿逐渐减弱。而且，公司披露的盈利预测信息也存在不规范和可靠性不高的情况。2010—2015年证监会处罚的上市公司业绩预测不准确的情况见表11-1。数据显示，在我国上市公司总量增加的趋势下，上市公司5年中业绩预测结果不准确或不及时的家数总计28家。

表11-1 我国上市公司违规情况统计表

年份	2010年	2011年	2012年	2013年	2014年	2015年	总计
业绩预测结果不准确或不及时（家数）	2	3	2	6	10	5	28

一般来说业绩预告中的虚假陈述有以下3种情形：

1.预告内容不实、遗漏重大信息

有效市场假说认为，股票价格应该在宏观经济因素的影响下围绕公司的经营业绩波动，反映公司的经营状况，但有些上市公司为了抬高股价，在其业绩预告中故意夸大公司的盈利情况，进行自我炒作，而对企业存在的重大问题避而不谈。预告业绩增长100%、甚至200%以上，但实际增长不足50%，甚至变为亏损的上市公司并不鲜见。

2.存在误导性陈述

用词不精确，通过模糊的语言表述，让投资者无法正确判断事实，或者对其陈述的事实做出错误的判断，如"大幅度增长"和"较大幅度增长"，对于"大幅度"和"较大幅度"的表述，不仅投资者会因人而异地给出自己的判断区间，就是不同的上市公司也难以确定其之间的区别。误导性陈述一般以"诱多"陈述居多。

例如，因误导性陈述画大饼，安硕信息神话被戳破。2016年6月14日，安硕信息（300380）发布关于收到《行政处罚事先告知书》的公告。公告显示，安硕信息涉嫌误导性陈述一案，已由中国证监会调查完毕，中国证监会依法拟对公司做出行政处罚。

原因在于：2014年4月30日至5月6日，安硕信息相关负责人与某证券机构分析师接触达成默契，决定通过信息披露、投资者调研、路演等多种形式持续、广泛、有针对性地宣传安硕信息开展互联网金融相关信息。2014年4月30日至2015年4月30日间，公司在多次与投资者进行业务交流的过程中，披露的信息存在与公司现实状况不符、不准确、不完整情形。涉案信息为公司对前景的描绘和设想，缺乏相应的事实基础，未来可实现性极小，具有较大误导性。

二级市场显示，2014年4月30日安硕信息收盘价28.3元，此后股价持续上涨。2015年5月8日收盘价400.62元，成为两市历史上第一只400元股，2015年5月13日最高成交价474元，此后股价下滑明显。这说明误导性陈述确实对股价产生了拉升和打压作用。

3.不适时披露

不适时披露即不在规定的时段内发布业绩预告而是过期发布，其目的通常是配合此前已经发布的不实内容或误导性业绩预告。按照股市的一般规律，凡未在截止日期前发布业绩预亏预警的公司，意味着其业绩相对平稳，投资者可能因此买进这些公司的股票，但截止日之后发布的业绩预亏预警公告，将使先期买入股票的投资者因此遭受重大损失，影响资本市场的稳定与健康发展。

三、对盈利预测信息披露及审核的要求

（一）对公司管理层信息披露的要求

目前，我国上市公司管理层的盈利预测信息披露主要通过三个途径：定期报告、股票发行以及业绩预告。其中定期报告和股票发行环节的盈利预测信息属于自愿性披露，但需要进行强制审计，而业绩预告的盈利预测属于强制性披露，但是证监会不要求进行强制审计。

我国的盈利预测制度在投资者和上市公司利益保护方面还很欠缺，主要是采取行政处罚手段，既没有完善的保护上市公司的条款以鼓励其进行自愿披露，又没有规定其虚假披露的民事责任来保护投资者的利益，使得我国无论是盈利预测披露的水平还是准确性都比较低。

（二）对会计师事务所盈利预测审核的要求

1.盈利预测审核的含义

盈利预测审核是指注册会计师按照相关要求，对企业管理层编制的预测性财务信息的基础和假设是否合理，与历史报表是否一致，是否采用了恰当的会计政策等，以及对预测性财务信息的编制进行审核并发表意见。

2.制度规定

为了规范注册会计师执行预测性财务信息审核业务，2006年2月15日《中国注册会计师其他鉴证业务准则第3111号——预测性财务信息的审核》发布，指出预测性财务信息是指被审核单位依据对未来可能发生的事项或采取的行动的假设而编制的财务信息。

预测性财务信息可以表现为预测、规划或两者的结合，可能包括财务报表或财务报表的一项或多项要素。所称预测，是指管理层在最佳估计假设的基础上编制的预测性财务信息。最佳估计假设是指截至编制预测性财务信息日，管理层对预期未来发生的事项和采取的行动做出的假设。所称规划，是指管理层基于推测性假设，或同时基于推测性假设和最佳估计假设编制的预测性财务信息。推测性假设是指管理层对未来事项和采取的行动做出的假设，该事项或行动预期在未来不一定会发生。

注册会计师在执行预测性财务信息审核业务时，应当就下列事项获取充分、适当的证据：

第一，管理层编制预测性财务信息所依据的最佳估计假设并非不合理；在依据推测性假设的情况下，推测性假设与信息的编制目的是相适应的；

第二，预测性财务信息是在假设的基础上恰当编制的；

第三，预测性财务信息已恰当列报，所有重大假设已充分披露，包括说明采用的是推测性假设还是最佳估计假设；

第四，预测性财务信息的编制基础与历史财务报表一致，并选用了恰当的会计政策。

注册会计师应当评估支持管理层做出最佳估计假设的证据来源和可靠性。注册会计师可以从内部或外部来源获取支持这些假设的充分、适当的证据，包括根据历史财务信息考虑这些假设，以及评价这些假设是否依据被审核单位有能力实现的计划。

（三）对并购重组中财务顾问机构的要求

2007年12月27日，中国证监会公布《上市公司并购重组财务顾问业务管理办法》（以下简称《办法》）征求意见稿，明确了财务顾问机构应履行的六项基本职责，包括尽职调查、提供专业化服务、规范化运作辅导、发表专业意见、组织协调、持续督导。

财务顾问机构是指为上市公司并购重组活动提供交易估值、方案设计、出具专业意见等专业服务，由证监会核准具有从事财务顾问业务资格的证券公司、证券投资咨询机构或其他符合条件的财务顾问机构。证监会对财务顾问业务活动实行资格许可制度和持续监管。财务顾问主办人是指接受财务顾问指定，具体负责并购重组财务顾问业务的人员。

《办法》明确，上市公司就并购重组事项出具盈利预测报告的，并购重组活动完成后利润实现数未达到盈利预测80%的，财务顾问及其主办人应当在股东大会及证监会指定报刊上公开说明未实现盈利预测的原因并向股东和社会公众投资者道歉，证监会视情况采取监管谈话等措施；利润实现数未达到盈利预测50%的，除不可抗力外，证监会自认定之日起24个月内暂停财务顾问从事上市公司并购重组财务顾问业务；对于财务顾问主办人，在24个月内暂不受理其签字的申报文件。

第三节　管理层与分析师角度的盈利预测

盈利预测分为公司管理层盈利预测与证券分析师盈利预测。本节的目的在于了解两个不同角度的盈利预测含义、预测内容、数据获取以及各自的信息优势。

一、管理层盈利预测

（一）管理层盈利预测的含义

管理层盈利预测是指公司管理层在综合分析内外部环境和各种影响因素的基础上，对公司未来一个或多个会计期间的经营成果进行预计和测算所做出的预测。它是公司管理层对公司未来预期盈利信息的自愿性披露行为，因而成为预测性会计信息中最具信息含量、最受投资者和证券分析师重视的预测性信息。

上市公司管理层盈利预测的准确性反映了公司的盈利预测能力和信誉状况。管理层盈利预测对资本市场具有信号传递作用，并影响投资者的投资决策。研究表明：一方面公司治理结构、公司规模、公司业绩和成长性会影响管理层的盈利预测；另一方面市场对盈利预测误差信息的反映又会反馈到公司管理层，并影响管理层盈利预测的经济后果以及市场信誉。因此，上市公司管理层必须慎重对待盈利预测。

（二）盈利预测报告的基本内容

盈利预测报告包括盈利预测基准、盈利预测基本假设、盈利预测表和盈利预测说明四部分内容。

1. 盈利预测基准

盈利预测基准是公司盈利预测的编制基础，主要包括以下三个方面：

（1）经具有证券相关从业资格的注册会计师审计的公司前3年经营业绩；

（2）预测期间公司的生产经营能力、投资计划、生产计划和营销计划；

（3）公司采用的会计政策。

2. 盈利预测基本假设

按照《新股发行公司盈利预测报告编制指南》的要求，盈利预测假设是公司根据经济形势和行业特点对预测期间的一般经济环境、经营条件、相关的金融与税收政策、市场情况等盈利预测的编制前提所做出的合理假设。盈利预测报告中应说明编制盈利预测所依据的法律、法规、利率、汇率、税率、能源和原材料供应、产品价格等假定条件。

盈利预测需要以一定的预测假设为前提。按公司管理层对预测假设的可控性分类将其分为内部假设和外部假设。内部假设包括投资项目假设、营销计划假设、生产计划假设等，一般而言，公司管理当局对这些假设有一定的控制能力，而对外部假设，如政策法规假设、市场环境假设、税率假设、利率假设、汇率假设、不可抗拒因素等则缺乏控制能力。当预测假设的合理性存在问题时，就会影响盈利预测的可靠性。

编制盈利预测依据的相关假设前提包括：

（1）公司遵循的我国现有法律、法规、政策和所在地经济环境无重大变化；

（2）公司遵循的税收制度和有关税收优惠政策无重大变化；

（3）公司经济业务所涉及的国家和地区目前的政治、法律、经济政策无重大变化；

（4）国家现行外汇汇率、银行信贷利率在正常的范围内变动；

（5）公司生产经营计划能如期实现；

（6）公司的法人主体及相关的组织机构和会计主体不发生重大变化；

（7）公司所从事行业的特点及产品市场状况在预测期内无其他重大变化；

（8）公司已签订的主要合同及所洽谈的主要项目能基本实现；

（9）公司主要产品销售价格及生产经营所需的材料价格在预测期内不会发生重大变动；

（10）公司高层管理人员无舞弊、违法行为而造成重大不利影响；

（11）无其他不可预见因素和人为不可抗拒因素造成的重大不利影响。

3.盈利预测表

盈利预测表是反映预测期间利润来源和构成的预测表。盈利预测表应按利润表格式编制。在盈利预测表中应分项提供上年实现利润数和本年预测利润数等的构成情况。本年预测数应分栏列示已审实现数、未审实现数、预测数和合计数。凡有控股子公司并需要合并会计报表的，应分别编制母公司盈利预测数与合并盈利预测表。盈利预测表各预测项目应分别编制解释性附表。

4.盈利预测说明

盈利预测说明是对预测期间利润形成的原因、计算依据、计算方法所做出的详细分析。编制合并盈利预测表的新股发行公司，应着重对合并盈利预测进行详细说明，对母公司盈利预测所涉及的重要事项进行必要的说明。盈利预测说明的主要内容包括：

（1）公司的筹建情况、经营方针、经营范围和预测期间的生产、营销和对外投资的安排；

（2）公司的主要会计政策，重点说明有关费用的摊提标准；

（3）盈利预测表中主营业务收入、主营业务成本、税金及附加、其他业务利润、销售费用、管理费用、财务费用、投资收益等各项目的预测依据和计算方法；

（4）影响盈利预测结果实现的主要问题和准备采取的措施。

（三）盈利预测的方法与要求

1.主营业务收入的预测

主营业务收入应从销售量和销售价格两方面进行预测。

（1）销售量预测

预测销售量应以前三年同期实际销售量的历史资料为依据，结合预测年度合同订货量、生产经营计划和已实现销售量，考虑预测期间销售量的变动趋势进行测算。销售量预测方法包括定性分析法和定量分析法。

（2）销售价格预测

销售价格的预测应根据市场价格水平、供求关系及企业的定价策略来进行测算。

预测中包括的预测期内新投入使用项目的收入，应在考虑投产时间、预测期内产量和销售量、市场价格及其他有关情况的基础上，慎重研究确定。

2.主营业务成本预测

主营业务成本预测数应根据单位产品营业成本和预测销售量确定。

单位产品生产成本从以下三个方面测算：

（1）直接材料成本预测

对可比产品的直接材料成本应根据以往的直接材料成本，考虑单位产品原材料消耗量及原材料价格在预测期间的变化趋势进行预测；对不可比产品的直接材料，应根据产品设计和工艺定额对构成产品实体的材料进行分项测算，汇总确定产品直接材料成本。

（2）直接人工成本预测

采用计时工资制的，应根据产品的工时定额和预测期间小时工资率标准进行测算；采用计件工资制的，应按核定的计件单价进行预测。

（3）制造费用预测

应根据历史资料以及预测期间的变动趋势进行测算。生产单位的管理人员工资及福利费根据人员编制和工资增长计划进行预测；折旧费根据固定资产原值或评估后价值和预测期间增减固定资产价值以及采用的折旧政策等进行预测；水电费根据水电耗用量及水电价格进行预测。在预测制造费用总额的基础上，应结合生产计划，确定单位产品负担的制造费用预测数。

在预测各类产品单位生产成本、生产产量的基础上，应根据营销计划和产成品发出的计价方法测算单位产品营业成本和主营业务成本预测数。

3.税金及附加预测

税金及附加应按税法规定根据主营业务收入和税法规定的消费税率、城建税率、教育费附加率等进行预测。

4.其他业务利润预测

其他业务利润应按其他业务的性质（如材料销售、技术转让、固定资产出租、非工业型劳务等），以各项目的历史数据为基础，结合预测期间的增减变动情况，分别测算各项目的收入、成本费用、税金，审慎确定其他业务利润预测数。

5.销售费用、管理费用预测

销售费用、管理费用应根据历史资料及预测期间的变动趋势进行测算。销售费用、管理费用中的工资及福利费、折旧费、修理费、水电费等项目的预测方法与制造费用中相同项目的预测方法一致。销售费用中的广告费、展览费根据公司的营销计划预测，运输费、装卸费、保险费等应根据历史资料和营销计划测算。管理费用中与工资相关的工会经费、职工教育经费、劳动保险费、待业保险费应根据预测期间预计的工资支出和规定的计提标准逐项预测。与资产相关的房产税、车船使用税、土地使用税、坏账准备、无形资产摊销以及其他各种摊提费用等，应根据预测期间预计的资产价值和规定的计提及摊销标准逐项预测。

6.财务费用预测

财务费用预测数由预测的利息支出（减利息收入）、汇兑损失（减汇兑收益）以及相关的手续费三部分构成。利息收入预测应根据预测期间人民币及外币存款数、存期及利率测算，拆借资金利息收入应根据金额及合同利率测算。利息支出根据预测期间的借款计划、银行利率测算。汇兑损失应根据预测期间持有的外币资产、负债及汇率差异测算。

7.投资收益预测

投资收益应以公司长期投资为依据，根据其投资性质、核算方法和收益水平确定投资收益预测数。重要的投资项目，应取得被投资单位的盈利预测资料，并进行审核确认。对短期投资收益，一般不列入预测范围。

8.补贴收入预测

补贴收入应根据公司在预测期间享受政府补贴及其他优惠政策的批准文件进行测算。享受地方所得税返还优惠政策的企业，应在补贴收入项目中单独预测返还的所得税。

9.营业外收入

营业外收入不应列入预测范围，营业外支出应按稳健原则对可能发生的支出加以预测。

10.所得税预测

所得税应根据预测的利润总额和法定税率进行预测。享受地方所得税返还优惠政策的，返还的所得税不得在预测所得税时抵减。

关于招股说明书中的盈利预测格式和内容，请参看牧原股份的《首次公开发行股票招股说明书》来加以理解。

（四）公司管理层盈利预测的信息优势

管理层的盈利预测信息来源取决于对公司发展前景、发展战略、财务状况以及风险因素的分析判断。其盈利预测信息优势体现在：

1.对公司发展前景的规划更加符合实际。公司发展前景是指公司的发展潜力，包括公司的核心竞争力、可持续经营能力、未来在行业中的地位等。如果公司的发展前景良好，则管理层的盈利预测可能会持乐观态度，反之则持悲观态度。管理层作为公司内部的管理者，熟知公司内部环境，能够更好地洞察公司的发展前景，能够为盈利预测提供更加准确的依据，与外部分析者相比具有独特的内部优势。而外部分析者不具有这方面的信息优势，只能从行业或整体的经济状况中预测公司发展前景。

第十一章 从分析到企业盈利预测

2.对公司发展战略的定位更加清晰。管理层熟悉和了解公司发展战略，作为公司发展战略的制定者，会依据内外环境的变化及时进行战略调整和优化。这种不确定性的变化信息外部分析者很难获取，而管理层则具有优势。管理层在作盈利预测时可以充分考虑这些因素，而外部分析者却没有这些信息优势，其盈利预测可能会有偏差。

3.对公司的商业决定更加了解。公司的商业决定会影响公司的发展与存亡，管理层在制定、执行、修改这些决定时，必然会对公司的发展路径产生一定影响。当公司处于异常的情形下，如库存异常积压、发生异常亏损、生产过剩等，管理层即时的重要决定将会在很大程度上影响公司未来的盈利，而这对于证券分析师来说，由于无法参与管理层的决策，也就很难评估管理层的重大决定将对盈利产生怎样的影响。管理层在该方面有着外部分析者无法比拟的信息优势。

4.对公司潜在风险的认识更加深刻。公司潜在风险是指在公司发展过程中由于突发状况对其企业生产经营产生的不利影响，如按风险来源划分，包括市场风险、信用风险、流动性风险、操作风险以及法律风险等。外部分析者对公司潜在风险的了解滞后于管理层，一般只能通过企业的信息披露进行了解。但相对来说，公司管理层在这方面有其独特的优势，而外部分析者无法了解这些情况，这对两者的盈利预测也会产生较大的影响。

二、证券分析师盈利预测

（一）证券分析师盈利预测的含义

证券分析师盈利预测，是分析师综合宏观经济状况、经济政策、行业发展情况和趋势以及公司基本面，以优于一般投资者的信息渠道进行各种信息搜集，并分析、评价和区别有效信息和不良信息，利用专业知识并结合个人经验，对上市公司特定期间的盈利能力以及市场表现做出的预测。该盈利预测信息将为投资者买卖股票评级和荐股发挥重要的引领作用。

（二）证券分析师在盈利预测中的作用

证券分析师又称财务分析师，是指专门向机构或个人投资者提供证券投资分析意见并指导其进行投资的专业分析人士。证券分析师行业是一个门槛相对较高的行业，要求从业者必须具有强烈的责任心、社会责任感和职业道德，并且具备扎实的经济或管理理论基础以及丰富的实践经验。詹姆斯J.瓦伦丁（2012）认为，证券分析师的工作包含最基本的5个方面：（1）识别并监测关键因素；（2）建立并更新财务预测模型；（3）运用估值方法来推算目标价格或目标范围；（4）做出股票投资建议；（5）与客户沟通股票投资建议。

不论是在西方成熟的资本市场，还是类似我国这样的新兴市场，证券分析师已经成为资本市场中无法取代的力量。他们通过信息的收集、加工与信号传递，影响着公司的股票价格，从而增强价格对资源配置的引导作用，提高资本市场的运行效率。

（三）证券分析师盈利预测的信息来源

证券分析师只有充分地占有信息，才能做出准确、有价值的评价。一般来说，证券分析师的信息来源包括以下方面：（1）上市公司公开披露的信息，如财务报表、新闻发布会等；（2）政府监管部门，如证监会、交易所等；（3）非公开的第一手资料，如券商上门采访、私下接触等；（4）第二手资料或间接来源，如新闻媒体报告、其他公司或本公司其他部门、学术机构、中介机构等。①

（四）证券分析师盈利预测的信息优势

证券分析师的盈利预测信息优势体现在：

1.对宏观经济形势的总体把握优于公司管理层。宏观经济形势是指国家宏观经济发展状况及其趋势。宏观经济状况与企业的发展密切相关。一般来说，影响企业运行的宏观经济指标包括国民生产总值及其变化、社会商品零售总值及其变化、价格水平及其变化等。宏观经济形势向好，公司的生产经营活动也必然向好。证券分析师的职业特点决定了其对总体经济形势的把握更加充分，判断更加准确，能够从多方面观察到影响公司发展的因素，这是公司管理层无法比拟的。对宏观经济形势的独特分析能力使得证券分析师具有盈利预测的信息优势。

2.对行业发展前景的了解优于公司管理层。行业前景意味着行业将要出现的景象和情形。行业发展情况势必会影响公司的发展前景，若能够对行业层面有良好的把握，则对于企业的预测会更加准确。在对行业发展前景的预测方面，证券分析师具有资源和信息优势，有利于其对公司盈利做出更加准确的预测，而公司管理层因其管理范围的局限性对行业总的发展前景了解并不全面，这直接影响公司管理层对盈利预测的趋势分析。

3.分析能力优于公司管理层。在资本市场上，证券分析师的作用就是要对各种信息进行综合整理、评级分析，对投资者提供建议，同时对上市公司本身的经营形成监督，即通过信息传递、降低处理和分析信息的成本来增进整个市场的有效性。证券分析师受其职业发展、知识背景、经验积累的影响为盈利预测打下了良好的基础，同时在面对不确定性问题时能做出理性判断，这是证券分析师自身的优势所在，因此其分析能力超过公司管理层。

第四节　盈利预测的影响因素

实证研究认为，管理层盈利预测的准确性主要受管理层披露动机、公司规模、成长机会以及分析师跟踪数量等因素的影响。证券分析师盈利预测准确性受证券分析师个人因素以及公司规模、公司财务和盈利状况、行业特征、信息透明度等因素影响。由于管理层披露动机、证券分析师的优势、公司财务状况与盈利预测的关系、信息透明度因素已经在前面加以说明，现仅就其他几个因素进行分析。

---

① 上海财经大学会计与财务研究院与上海证券交易所联合的研究课题《中国证券分析师信息分析与运用能力的调查》中指出，从分析师实际使用的信息和分析工具看，证券分析师对年报信息的使用能力正在不断提高。对会计信息，证券分析师关注的信息比较集中于盈利能力数据，但他们所使用的财务分析工具和方法还只停留在少量常用比率的运用上，很少或几乎没有使用更高深的财务分析工具。

第十一章 从分析到企业盈利预测

一、股权结构与管理层持股动机的影响

（一）股权结构的影响

股权结构是指在股份公司总股本中，不同性质的股份所占的比例及其相互关系。股权结构包括股权集中度和股权构成两个基本内容。股权结构的性质决定了公司治理结构中的主要冲突是：存在于管理者与股东之间，还是控股股东与中小股东之间。

在经典的公司理论中，通常假设公司的股权是由分散的股东所持有的，股东具有同质性，因此，股权结构不可能对公司的经营业绩产生影响。但是现代公司治理结构的研究表明，股东分散持有股权的公司并不是一个普遍现象。一些学者发现部分国家的所有权不是高度分散而是相当集中的，在许多公司中存在着一个或几个可以对公司经营活动起到控制或者重要影响的控股股东，机构投资者、企业集团、家族和政府是控股股东的主要形式。[①]

在研究分析业主制、合伙制以及公司制企业的差异时，萨缪尔森和诺德豪斯也阐述了现代公司制企业的特征及其优缺点。现代公司制企业的核心特征是：（1）公司的所有权属于那些掌握了公司普通股的所有人；（2）从原则上讲股东控制他们所拥有的公司；（3）公司的经理和董事会拥有制定公司决策的合法权利。

股权结构是公司治理结构的基础，公司治理结构则是股权结构的具体运行形式。在所有的股权资源中最稀缺、最不容易获得的股权资源必然是在公司中占统治地位的资源。公司的利益分享模式和组织结构模式由公司中占统治地位的资源来决定。公司具有什么样的股权结构对公司的类型、发展以及组织结构的形成都具有重大的意义。不同的股权结构决定了不同的公司组织结构，从而决定了不同的公司治理结构，最终决定了公司的行为。股权结构中管理层持股、大股东持股比例都会影响公司盈利预测的结果。

（二）管理层持股动机

对于公司管理层来说，薪酬激励的形式可以是多样化的，如奖金、提成、分红、经营者持股、年薪制等。不管实行什么样的形式，都是为了调动经营者的积极性，将经营者的个人的利益同企业经营成果和风险相联系。

假设经营者可在一系列的会计政策中自行选择，很自然地他们会选择那些能使自身效用或公司价值最大化的会计政策，这就是进行盈余管理。企业盈余管理的动机，通常有奖金计划、债务契约、政治成本假设、税收动因、管理者的变动等。

希利（Healy，1985）在其发表的《奖金计划对会计决策的影响》（The Effect of Bonus Schemes on Accounting Decisions）中，对盈余管理进行了实证研究。希利认为经营者拥有管理公司净收益的内部信息，而外部的利益集团，包括董事会本身都无法准确地了解公司的利润，所以经营者就会乘机操纵净收益，以使公司报酬中规定的奖金达到最大化。希利认为经营者可以通过两种方法对净收益进行管理：一是通过操纵各种应计项目来实现，应计项目包括利润表中不涉及现金流量的收入费用项目，是广义的应计项目；二是通过调整会计政策。

---

① PORTA，PADAEL，SLIANES. Corporate Ownership Account the World ［J］. Journal of Finance，1999（54）：471-518.

实证会计理论的三大假设之一（Watts and Zimmerman，1986）的分红计划假设也认为，在其他条件不变的情况下，在实施分红计划的公司中，经理人员更有可能选择将报告收益从未来期间转至当前的会计程序。这个假设具有其合理性，因为企业经理和其他人一样具有高报酬偏好。如果他们的报酬主要（至少是部分）是与报告期的净收益有关，则他们就会尽量提高净收益来增加他们当期的红利。[①]

一般来说，如果将盈利预测因素考虑在内，经营者要实现自身效用的最大化有两个选择：一是通过会计政策和方法的改变增加税前利润；二是通过避税降低企业所得税，从而增加税后净利润。这说明经营者激励政策会对企业的盈利预测产生一定的影响。

二、公司规模的影响

公司规模是指对企业生产、经营等范围的划型。反映公司规模的大小，可以用很多指标来描述，如生产规模、销售规模、资产规模或雇员人数等。

萨缪尔森和诺德豪斯在其合著的《经济学》中认为："企业的每一种组织形式都各有其优缺点。小企业具有灵活性，能够向市场提供新产品，也能够迅速从市场退出。但是，它们的主要缺点在于不能从分散的投资者手中筹集到大量的资本。今天的大公司，国家能够确保它们承担有限的责任，能够从大银行、债券持有者和股票市场借入资金，从而积累起数十亿元的资本。"同时，在关于大企业、小企业和微型企业的组织差异及其特点分析中，他们也认为："小企业在数量上占有优势。但是，从销售额、资产、政治和经济力量、工资数额和职工人数来看，几百家大公司占有支配的地位。"[②]

盈利预测与企业规模关系的观点源自政治成本假设。该假设认为，大企业有更大的政治成本，因为大企业要受到投资公众和政府更加详细的审查。政治成本包括但不限于税收立法成本和管制成本。实证会计理论代表人物瓦茨和齐默尔曼（Watts and Zimmerman，1990）在他们提出的实证会计理论的三大假设[③]之一的政治成本假设中认为，在其他条件不变的条件下，企业的政治成本越大，其经理人员越有可能选择减少报告期收益的做法。所谓政治成本可能是由以下三个方面原因引起的：第一，是由企业的高盈利引起，因为企业的高盈利能力会受到媒体及公众的关注。而这种关注使得政治家们不得不通过开征新税或者施以其他的规范管制高盈利企业。因此，高盈利企业通常会采取减少利润的做法。第二，是由于企业规模太大。有时候大企业仅仅因为看起来很有势力，就会受到更加严格的行为限制。如果一个企业规模很大，同时盈利能力也很高，这种企业的政治成本就更大。第三，企业在一些特殊情况下也需要支付政治成本，如有些行业受到来自外部的竞争，企业会采取降低利润的办法，让政府明白企业的收益在下降，以取得政府的特殊政策保护。

由于存在政治成本因素，因此，那些与人民生活息息相关的大型企业、战略性行业（如石油和天然气生产企业）和那些垄断或接近垄断的企业（如铁路公司和电信企业

---

① SCOTT. 财务会计理论 [M]. 陈汉文，等，译. 北京：机械工业出版社，2000：173.
② 萨缪尔森，诺德豪斯. 经济学 [M]. 萧琛，等，译. 北京：华夏出版社，1998：89.
③ 三大假设包括分红计划假设、债务契约假设和政治成本假设. SCOTT. 财务会计理论 [M]. 陈汉文，等，译. 北京：机械工业出版社，2000：173-174.

等）会通过盈余管理降低受到关注的程度。政治成本假设说解释了为什么在一些大企业内部存在着操纵企业利润的原因。当大企业存在操纵利润的行为时也就会导致盈利预测的不准确。

三、行业特征的影响

行业特征是一个行业区别于其他行业的特别显著的象征、标志。一般来说，一个行业受到的关注越多，参与研究的机构就越多，分析师跟进的人数也越多。这可能导致两方面的结果：一方面，行业关注度的增加会导致对同一行业分析师之间的竞争加剧，导致分析师会花更多的时间和精力去研究该行业，做更细致的调查，研究信息更深入，盈利预测的结果就会更准确。另一方面，行业关注度越高，会导致分析师挖掘出该行业的信息量增多，信息质量也随之提高，盈利预测的准确性也会显著提高。

行业规模对盈利预测的影响专家观点不一，有的认为行业规模与盈利预测的准确度没有显著的相关关系，有的认为二者存在着相关关系。一种观点认为，行业规模越大，表示该行业涉及的业务收入来源比较多，或涉猎这个行业的公司数量较多，这会导致行业内复杂因素数量增加以及这些复杂因素的不稳定。因此，持有该种观点的学者认为，行业规模越大，该行业的盈利预测误差也会越高。另一种观点认为，行业的规模越大，表示该行业已较为成熟，管理规范，信息披露成熟，分析师对此行业各方面的把握度也较高，预测准确度会较高。因此，关于行业规模与盈利预测准确度的关系值得进行深入研究。

第五节　从财务分析到盈利预测实例

本节将以牧原股份为例，说明从财务数据分析出发，基于公司管理层和证券分析师角度做出盈利预测的过程和结果。

一、收集盈利预测基础数据并加以分析

对于一个正常经营的公司而言，可以借助以往年度的财务数据进行盈利预测。同花顺提供的牧原股份截至2016年3季度的财务数据及其趋势分析如表11-2所示，利用表中数据及其规律即可进行相应的数据预测。

二、对牧原股份进行盈利预测

（一）公司管理层的盈利预测公告

1.业绩预告

2015年度牧原股份归属于上市公司股东的净利润59 585.08万元。2016年10月20日牧原股份发布业绩预告称，预计2016年度归属于上市公司股东的净利润变动区间在210 300万元至240 000万元。

牧原股份关于业绩公告说明如下：

（1）上述业绩区间的预计，是基于公司对2016年第4季度平均每头生猪可能的盈利水平区间的预计，以及依据生产计划对2016年第4季度生猪出栏量区间的预计。

近3年平均的牧原股份基本财务指标如表11-3所示。

表11-2 牧原股份基本财务数据

项目	2016年 3季末	2015年	2014年	2013年	2012年	2011年
基本每股收益（元）	1.7	1.23	0.33	1.43	1.56	1.68
净利润（万元）	176 193.27	59 585.08	8 019.81	30 382.95	33 020.79	35 663.58
净利润同比增长率（%）	531.52	642.97	−73.6	−7.99	−7.41	316.58
扣非净利润（万元）	174 899.64	56 974.64	4 901.44	27 522.76	31092.82	34 911.38
营业总收入（万元）	390 015.52	300 347.47	260 476.34	204 440.28	149 083.64	113 426.95
营业总收入同比增长率（%）	100.4	15.31	27.41	37.13	31.44	155.17
每股净资产（元）	4.93	6.81	8.05	5.93	4.85	3.44
加权平均净资产收益率（%）	40.39	26.63	4.27	27.04	37.95	61.86
摊薄净资产收益率（%）	34.54	16.92	4.12	24.17	32.15	48.94
资产负债率（%）	53.31	50.17	52.7	61.14	52	51.04
每股资本公积金（元）	0.91	2.82	3.05	0.47	0.47	0.47
每股未分配利润（元）	2.89	2.72	3.53	3.95	2.97	1.71
每股经营现金流（元）	1.23	1.77	1.88	0.57	1.92	0.84
销售毛利率（%）	49.41	24.62	7.73	19.82	28.07	38.54
存货周转率（次）	1.3	2.07	2.34	2.15	2.3	2.24

资料来源：同花顺牧原股份财务分析数据。

表11-3 牧原股份近3年平均的基本财务指标和数据

项目	2015年	2014年	2013年	近3年简单平均
基本每股收益（元）	1.23	0.33	1.43	1.00
净利润（万元）	59 585.08	8 019.81	30 382.95	32 662.61
净利润同比增长率（%）	642.97	−73.6	−7.99	187.13
扣非净利润（万元）	56 974.64	4 901.44	27 522.76	29 799.61
营业总收入（万元）	300 347.47	260 476.34	204 440.28	255 088.03
营业总收入同比增长率（%）	15.31	27.41	37.13	26.62
每股净资产（元）	6.81	8.05	5.93	6.93
加权平均净资产收益率（%）	26.63	4.27	27.04	19.31
摊薄净资产收益率（%）	16.92	4.12	24.17	15.07
资产负债率（%）	50.17	52.7	61.14	54.67
每股资本公积金（元）	2.82	3.05	0.47	2.11
每股未分配利润（元）	2.72	3.53	3.95	3.40
每股经营现金流（元）	1.77	1.88	0.57	1.41
销售毛利率（%）	24.62	7.73	19.82	17.39
存货周转率（次）	2.07	2.34	2.15	2.19

第十一章　从分析到企业盈利预测

（2）生猪市场价格的大幅下降或上升，将会导致公司盈利水平的大幅下降或上升，对公司的经营业绩产生重大影响。未来生猪市场价格的大幅下滑以及疫病的发生、原材料价格的上涨等，仍然可能造成公司的业绩下滑。敬请广大投资者审慎决策，注意投资风险。

（3）生猪市场价格变动的风险是整个生猪生产行业的系统风险，对任何一家生猪生产者来讲都是客观存在的、不可控制的外部风险。

（4）生猪市场价格的不可控性给公司2016年的经营业绩预计带来很大的困难，一旦有证据表明实际经营情况与上述业绩预计区间存在差异，公司将及时公告。

2.对管理层盈利预测准确性的判断

盈利预测信息作为一种预测性披露信息，信息质量的高低体现在预测值相对于实际值的准确程度。对于盈利预测信息的准确性可以用盈利预测误差来衡量。

我国上市公司业绩预告制度规定，上市公司披露的盈利预测信息，如果有关财务数据和指标的差异幅度将达到或者超过10%但低于20%的，应当及时披露业绩快报更正公告，说明具体差异以及造成差异的原因；差异幅度达到或超过20%的，上市公司还应当在披露相关定期报告的同时，以董事会公告的形式进行致歉，说明对公司内部责任人的认定情况等。因此，上市公司管理层盈利预测误差小于10%时，可以认定管理层盈利预测比较准确；当上市公司管理层盈利预测误差大于10%时，可以认定管理层盈利预测不准确。其计算公式如下：

$$上市公司管理层盈利预测准确性 = \frac{管理层盈利预测误差小于10\%的次数}{管理层盈利预测的次数}$$

牧原股份管理层各年度盈利预测与实际值的差异如表11-4所示。按照实际实现数与业绩预告数的最大值和最少值差异以及差异率分析可以看出，除了2015年前两个季度外，无论按最大值还是最小值，牧原股份其他期间的盈利预测与实际业绩偏差没有超过10%，说明2015年后牧原股份的管理层盈利预测准确度较高，盈利预测准确率为100%。牧原股份8次业绩预告中，有2次偏差率大于10%，说明其总体的盈利预测准确率为75%。

表11-4　　　　　牧原股份各期净利润预测数与实际实现数的差异比较　　　　金额单位：万元

季度或年份	2016年1—12月	2016年1—9月	2016年1—6月	2016年1—3月	2015年1—12月	2015年1—9月	2015年1—6月	2015年1—3月	2014年1—12月
业绩预告最小值	210 300	176 100	97 660	35 500	56 000	20 000	3 000	(2 000)	8 000
业绩预告最大值	240 000	190 000	100 000	37 500	60 000	30 000	10 000	(2 500)	8 500
实际实现数		176 193	107 243	36 795	59 585	27 899	4 683	(2 019)	8 019
按业绩预告最小值：差异额 差异率		93 0.05%	9 583 9.81%	1 295 3.65%	3 585 6.40%	7 899 39.49%	1 683 56.10%	19 0.95%	19 0.24%
按业绩预告最大值：差异额 差异率		-13 900 -7.31%	7 243 7.24%	-705 -1.88%	-415 -0.69%	-2101 7.00%	-5 317 -53.17%	-481 19.24%	-481 5.66%

资料来源：业绩预告数来自牧原股份各期间的业绩预告；实际数据来自牧原股份的各年度（季度）利润表数据。牧原股份尚未公告2016年度报告，因此暂不能进行差异分析。

（二）证券分析师角度的盈利预测

1. 数据预测结果

根据同花顺披露的数据，截至2016年12月4日，共有14家机构对牧原股份2016年度的业绩做出预测；预测2016年每股收益2.35元，较去年同比增长91.06%，预测2016年净利润23.30亿元，较去年同比增长290.96%。详细预测指标如表11-5所示。

表11-5 牧原股份详细指标预测

预测指标	2013年	2014年	2015年	预测2016年	预测2017年	预测2018年
	实际值	实际值	实际值	（平均）	（平均）	（平均）
营业收入（万元）	204 440.28	260 476.34	300 347.47	573 180.32	699 882.29	882 493.21
营业收入增长率（%）	37.13	27.41	15.31	90.84	22.27	23.98
净利润（万元）	30 382.95	8 019.81	59 585.08	226 402.55	230 981.05	215 475.66
净利润增长率（%）	−7.99	−73.6	642.97	291.68	2.28	−7
每股经营现金流（元）	0.57	1.88	1.77	2.26	2.42	2.35
每股净资产	5.93	8.05	6.81	6.17	8.37	10.95
净资产收益率（%）	0	0	0	39.75	30.38	22.24
市盈率（动态）	—	—	—	10.9	10.8	12.73

资料来源：同花顺牧原股份业绩预测。

14家券商对牧原股份的盈利预测如表11-6所示，对牧原股份每股收益的预测如表11-7所示。

表11-6 机构对牧原股份各年度净利润的预测 单位：亿元

年度	预测机构数	最小值	均值	最大值	行业平均数
2016	14	20.79	23.30	26.67	40.95
2017	14	18.17	23.76	29.46	39.07
2018	11	11.19	23.16	34.10	43.44

资料来源：同花顺牧原股份业绩预测。

表11-7 机构对牧原股份对各年度每股收益的预测 单位：元

年度	预测机构数	最小值	均值	最大值	行业平均数
2016	14	2.01	2.35	3.48	1.79
2017	14	1.76	2.41	4.01	2.02
2018	11	1.08	2.40	4.33	2.12

资料来源：同花顺牧原股份业绩预测。

2. 预测说明

为了解基于证券分析师角度的预测情况，现以海通证券和兴业证券为例说明其盈利预测的依据和结果成因。

第十一章　从分析到企业盈利预测

（1）海通证券对牧原股份的盈利预测

海通证券于2016年10月20日发布的牧原股份投资要点中涉及的盈利预测数据及其说明如下：

牧原股份发布2016年三季报：公司前三季度实现营业收入39.00亿元，同比上升100.40%，归属上市公司股东净利润17.62亿元，同比增长531.52%，实现基本每股收益1.70元；第三季度单季实现营业收入16.16亿元，同比增长96.70%，归属上市公司股东净利润6.90亿元，同比增长196.99%，环比二季度略有下降。

公司同时发布2016年度业绩预告：预计净利润区间为21.03亿～24.00亿元，上年同期为5.96亿元。

出栏速度加快，业绩延续高增长。2016年前三季度公司完成生猪销售206.1万头，比上年同期增加58.54%，其中三季度单季销售生猪90.9万头，出栏速度明显加快。我们认为公司母猪产能逐渐释放，四季度出栏量有望维持高位，全年实现300万头的出栏量的确定性较大。当前国内生猪产业延续供不足需局面，猪价涨幅较大，虽然二季度末开始有所回落，目前仍维持在16元/千克以上。公司前三季度生猪销售均价达18.67元/千克，较上年同期增长28%，叠加玉米等原材料成本下行因素，带动公司头均养殖利润大幅上升。

集团化步伐加快，产能扩张迅速。公司产能扩张步伐加快，继2015年新设方城等6家子公司后，2016年又再次投资新设大荔等18家子公司，并与湖北老河口市签订了百万头生猪产业化的合作协议。同时，公司于2016年8月份公告了拟非公开发行股票的调整方案，募集资金总额不超过31.37亿元，其中16.83亿元用于扩张公司生猪养殖产能，几乎相当于再造一个牧原股份。我们认为，公司做大做强养猪主业的决心坚定，当前仍处于快速成长时期。我国养殖业规模化程度逐步提升，猪周期料将呈现扁平化趋势，公司作为国内自繁自养模式的翘楚，未来随着产能的逐步释放，公司业绩有望更加体现成长属性。

盈利预测与投资建议。我们预计公司2016年、2017年生猪出栏总量分别为300万头、400万头，其中2016年四季度出栏量95万头。公司2016—2017年净利润分别为22.74亿元、20.57亿元，EPS分别为2.20元、1.99元，给予公司2016年行业平均的13倍PE估值，目标价28.6元，维持"买入"评级。

不确定因素。猪价大幅回落，出栏量不达预期，疫病爆发以及原材料价格上涨。

（2）兴业证券对牧原股份的盈利预测

兴业证券于2016年10月19日发布的牧原股份盈利预测数据及其说明如下：

事件：牧原股份2016年Q1-3收入39亿元（+100.4%），归母公司净利润17.6亿元（+531.5%），Q3单季收入16.2亿元（+96.7%），归母公司净利润6.9亿元（+197%）。符合预期。

猪价仍处高位，出栏稳定，公司利润可观。猪价均价虽与二季度比走低，但仍处高位，行业盈利情况较好，公司商品猪出栏均价估计在18元/千克左右，平均体重稳定在约110千克；三季度公司共出栏90.9万头，估计其中有20万～25万头仔猪，综合头均盈利约759元。

成本控制到位，支撑业绩释放。公司成本控制方面一直十分优秀，2016年3季度成本对应2015年4季度到2016年1季度的原材料价格，当时玉米、豆粕整体处于下行区间，而费用常年较稳定，我们估计三季度公司商品猪完全成本保持在低于12元/千克的优秀水平。

出栏量估计高于300万头，全年业绩乐观。（1）前三季度公司出栏206万头，按照行业季节性规律和公司年初母猪保有量，四季度出栏较多，预计全年出栏可达预期的300万头以上；（2）能生育母猪尚未回升，猪价下行空间不大，公司预期全年业绩在21亿～24亿元的区间，我们判断达预期概率大，若猪价超预期表现则可能到25亿元以上。

投资建议：公司体量大增长快，成本控制好，我们相信公司在猪价周期波动中能保持优秀的经营水平，预计2016—2018年净利润22.3亿元、22.3亿元和20.5亿元，对应PE11.8、11.8和12.9倍，维持"买入"评级。

风险提示：疫病风险，猪价波动大，粮食政策风险。

以上对牧原股份的盈利预测表明，公司管理层和证券分析师都可以依赖自身的特长和优势做出未来的盈利预测，但所有的预测都建立在对历史财务数据以及对未来市场的判断之上，只是预测的结果因专业或角度的不同略有差异，但总体估值区间相差不大。

重要概念

盈利预测　管理层盈利预测　财务分析师盈利预测　盈利预披露制度

复习思考

1.简述盈利预测的作用。

2.管理层盈利预测与财务分析师盈利预测的影响因素有哪些？

3.我国上市公司盈利预测披露制度的现状与发展历程如何？

4.简述自愿性信息披露的动因理论。

操作练习

目的：掌握差异分析和公司盈利预测因素。

资料：2016年11月16日中国投资咨询网消息，由于业绩预告严重"失准""ST工大高新遭上交所公开谴责。

经查明，2016年1月28日，当时尚未被实施""ST"的工大高新披露2015年年度业绩预盈公告，

第十一章 从分析到企业盈利预测

预计2015年年度经营业绩将实现扭亏为盈，实现的净利润为400万元左右。至2016年4月20日，公司突然披露业绩预告更正公告，预计2015年年度净利润为−1 836万元。2016年4月22日，公司正式披露2015年年度报告，业绩与4月20日公告情况一致。因公司2014年、2015年两个会计年度经审计的净利润连续为负值，自2016年4月25日起，公司股票被实施退市风险警示。

上交所认为，上市公司年度业绩是投资者关注的重大事项，可能对公司股价及投资者决策产生较大影响。公司前期披露2015年预计盈利，但实际业绩亏损，导致公司股票被实施退市风险警示，严重影响了投资者的预期，可能对投资者决策产生严重误导。而且，公司也未及时对业绩预告进行更正，迟至2016年4月20日才发布业绩更正公告，距公司2015年年报正式披露仅两日，更正信息严重滞后。

上交所认为，考虑到导致业绩预告不准确涉及事项的会计处理专业性较强，财务总监王梅作为会计专业人士未审慎处理公司业绩预告编制的相关会计处理事宜，对公司违规行为负有直接责任。

鉴于上述违规事实和情节，根据《股票上市规则》和《上交所纪律处分和监管措施实施办法》等有关规定，上交所对*ST工新和时任财务总监王梅予以公开谴责。同时，由于公司时任董事长张大成、时任总经理姚永发、时任董事会秘书吕莹、时任独立董事兼审计委员会召集人祝丹宁未尽督促义务，对公司的违规行为负有责任，上交所对上述相关人员予以通报批评。

要求：根据上述资料以及*ST工大高新业绩预告与实际实现情况进行差异分析，并结合行业状况分析影响公司盈利预测的因素。

第十二章

从分析到企业价值评估

【导语】价值是投融资、交易的前提，也是投资者确定投资对象、对管理者进行业绩评价以及企业决策的重要依据。宏观经济环境、行业特性、估值方法、财务分析等都是影响企业估值的关键因素。本章将在论述企业价值评估与财务分析关系的基础上，基于二者相关性的角度，说明不同类型的企业估值方法，从而延伸财务分析的应用领域和空间。最后以案例演示的方式说明从分析到企业估值的关注点。

本章内容要点

第一节　企业价值评估与财务分析

本节将以格力电器收购珠海银隆案例为引线，在论述企业价值评估的必要性、评估方法和评估要求的基础上，说明企业价值评估与财务分析之间的关系。

一、格力电器收购珠海银隆案例引发的思考

2016年8月18日晚间，格力电器发布公告，拟以发行股份的方式购买珠海银隆全体股东持有的珠海银隆100%的股权，收购总价款为130亿元。根据格力电器董事会公告，珠海银隆100%股权截至评估基准日2015年12月31日的评估值为129.66亿元。北京中同华资产评估有限公司（以下简称"中同华"）出具了资产评估报告。资产评估报告显示，中同华分别采用收益法和市场法进行了评估，收益法评估的结果为129.66亿元，比审计后账面净资产增值90.88亿元，增值率234.37%。评估报告将收益法评估结果129.66亿元作为最终评估结果。

正如在本教材的前几章中所论述的那样，在格力电器披露收购珠海银隆方案后，珠海银隆的估值问题就受到众多投资者和专业人士的质疑。

第十二章　从分析到企业价值评估

对于珠海银隆资产评估结果的质疑，至少让我们思考如下问题：

1.什么是企业价值评估，其评估的必要性在哪里？

2.目标企业的价值评估与审计报告有怎样的关联性？

3.资产评估机构为什么没有按企业的账面价值进行资产评估？如果按账面价值评估有哪些优缺点，其适用范围是什么？

4.什么是收益法，为什么在企业价值评估中要采用收益法，其优点和适用条件是什么？

5.什么是市场法，为什么在企业价值评估中要采用市场法，其优点和适用条件是什么？

6.从收购角度，不同的评估方法评估目标企业的价值会有哪些不同影响？

7.企业价值评估与财务分析之间存在着怎样的关系？

弄清了上述系列问题，也就明白了本章要学习的内容。

二、企业价值评估及其必要性

（一）企业价值评估的概念

价值是财经领域广泛应用的一个词语，在具体学科以及不同的发展阶段，价值概念的表述并不一致。按照微观经济学的观点，所谓企业价值，是指企业未来现金流量的现值。随着资本预算中折现技术的运用，财务学家们也接受了关于价值的这一定义。

企业价值评估是在对企业财务状况分析和短期预测的基础上，运用多种评估方法对企业价值进行估价，分析企业的增长潜力和未来发展趋势，找到影响企业价值的关键因素，并解释其影响作用，完成企业价值评估报告的活动。企业价值评估是对企业的持续经营价值进行判断、估计的过程，也是对企业未来效率水平进行科学量化的过程。

从资产评估责任履行的角度，企业价值评估，是指注册资产评估师依据相关法律、法规和资产评估准则，对评估基准日特定目的下企业整体价值、股东全部权益价值或者股东部分权益价值等进行分析、估算并发表专业意见的行为和过程。[①]

（二）企业价值评估的重要性

企业价值评估是反映企业整体实力和竞争能力的重要指标。正确地评估企业价值是十分必要的，主要体现在以下几个方面：

1.价值评估是衡量企业资产价值的手段

从企业的角度，无论是实物资产还是金融资产都有其内在价值。资产的内在价值是由劳动耗费投入和使用价值产出综合决定的，它反映了该资产的使用效益或实际生产能力。当资产的市场价格明显地高于价值时，就表明资产被高估了；相反，当市场价格明显地低于价值时，就表明资产被低估了。价值是吸引价格回归、使市场价格围绕价值变动的轴心力量，认识价值才能利用价值，但是资产的内在价值不能直接观察或计算，只

[①]　中评协〔2011〕227号。为规范注册资产评估师执行企业价值评估业务行为，维护社会公共利益和资产评估各方当事人的合法权益，中国资产评估协会在总结《企业价值评估指导意见（试行）》实施经验的基础上，结合评估理论和实践的发展，制定了《资产评估准则——企业价值》，自2012年7月1日起施行。

能通过间接评估加以推断，取得价值的近似值或理想值。而价值评估为企业内在价值的确定提供了各种可行的定量方法。

2.价值评估是企业投资决策的依据

企业价值与市场价格的偏离既能给投资者带来投资机遇，又能带来投资风险。如果能够正确测定企业的内在价值，同时了解市场价格与内在价值的差异，这就存在套利机会。根据价格回归价值的原理，对价值被高估的企业做出做空的决策，对价值被低估的企业做出做多的决策，就可以获得利润甚至超额利润。

3.价值评估是优化资源配置的工具

在市场经济中，价值规律的作用引导着社会劳动资源向最有利的部门流动，通过市场调节驱动不利的产业部门转向有利的产业部门，淘汰亏损企业，扩大盈利企业，促使社会劳动资源的配置趋向优化。但是，无论是淘汰亏损企业还是向盈利企业投资都需要进行价值评估，确定企业资本的投向及其数量。

三、企业价值评估方法及其适用条件

企业价值评估的方法包括资产基础法（成本法）、收益法和市场法三种资产评估基本方法。企业在进行价值评估时，应当根据评估目的、评估对象、价值类型、资料收集情况等相关条件，恰当选择一种或者多种资产评估基本方法。

（一）企业价值评估中的资产基础法

资产基础法是指以被评估企业评估基准日的资产负债表为基础，合理评估企业表内及表外各项资产、负债价值，最终确定评估对象价值的评估方法。

1.账面价值法

账面价值法是根据传统会计核算中账面记载的净资产确定企业价值的方法，是一种静态估价方法。例如，对于股票来说，资产负债表所揭示的企业某时点所拥有的资产总额减去负债总额即为企业股票的账面价值，也称账面净资产。一个企业的账面价值和市场价值并无直接联系，在通常情况下，只有在很巧合时，企业的账面价值才近似于市场价值。由于账面价值很容易获得，并能为大多数人所理解，因此，如果企业的流动资产所占份额较大，且会计计价十分准确时，利用账面价值来评估企业的价值比较合适。在实际工作中，账面价值可能会严重偏离市场价值，所以应用这种方法需要根据具体情况、具体适用条件来定，该方法主要适用于账面价值与市场价值偏离不大的非上市企业。

2.重置成本法

重置成本法是基于这样的假设：企业是一系列资产的集合体，企业的价值取决于各单项资产的价值。它通过确定被并购企业各单项资产的重置成本，减去其实体有形损耗、功能性贬值和经济性贬值，来评定目标企业各单项资产的重估价值，以各单项资产评估价值加总再减去负债作为目标企业价值。但重置成本法忽略了企业的管理水平、员工素质、经营效率、商誉等无形资产对企业价值的影响，这就造成了企业资产质和量之间的脱节以及不考虑资产整体效应的弊端。因此，这种方法在国外极少采用。但是重置

第十二章　从分析到企业价值评估

成本法在我国国有企业效益低下、资产盘子大、非经营性资产占有相当大比重，而且在证券市场不完善的条件下，为防止国有资产流失，不失为一种比较恰当而且无奈的选择。

3.清算价值法

清算价值是指在企业出现财务危机而导致破产或停业清算时，将企业的实物资产逐个分离而单独出售的资产价值。清算价值法是在企业作为一个整体已经丧失增值能力情况下的一种资产估价方法。清算价值一般要低于重置价值。企业在清算时，其资产一般只有压价才能售出，另外，企业清算还将发生一笔清算成本，所以清算价值一般都比较低。

前瞻性是企业价值评估的一个重要原则，企业价值评估必须着眼于企业未来的成长性和发展潜力。需要注意的是，以资产为基础的价值评估法及其使用的价值类型无法在以财务决策为目的的企业价值评估中运用：它缺乏资产未来收益的前瞻性，无法准确把握一个持续经营企业价值的整合效应。所以以资产为基础的价值评估法是从历史角度考虑的，其评估值不能满足企业财务管理决策的需要。

账面价值法和重置成本法的适用前提条件是：（1）被评估对象处于继续使用状态或被假定处于继续使用状态；（2）能够确定被评估对象具有预期获利潜力；（3）具备可利用的历史资料。资产基础法评估无法涵盖企业多年经营积累的诸如客户资源、商誉、人力资源、技术业务能力等无形资产的价值，不能全面、合理地体现企业的整体价值。

（二）企业价值评估中的收益法

收益法是指将企业预期收益资本化或者折现，确定评估对象价值的评估方法。注册资产评估师应当结合企业的历史经营情况、未来收益可预测情况、所获取评估资料的充分性，恰当考虑收益法的适用性。收益法常用的具体方法包括股利折现法和现金流量折现法。

1.股利折现法

股利折现法是将企业预期股利进行折现以确定评估对象价值的具体方法，通常适用于缺乏控制权的股东部分权益价值的评估。

2.现金流量折现法

现金流量折现法通常包括企业自由现金流折现模型和股权自由现金流折现模型。这两种方法将在本章的第二节中加以论述。

收益法适用的前提条件是：（1）被评估对象的未来预期收益可以预测并可以用货币衡量；（2）资产拥有者获得预期收益所承担的风险也可以预测并可以用货币衡量；（3）被评估对象预期获利年限可以预测。

（三）企业价值评估中的市场法

企业价值评估中的市场法是指将评估对象与可比上市公司或者可比交易案例进行比较，确定评估对象价值的评估方法。注册资产评估师应当根据所获取可比企业经营和财务数据的充分性和可靠性、可收集到的可比企业数量，恰当考虑市场法的适用性。

市场法常用的两种具体方法是上市公司比较法和交易案例比较法。

1.上市公司比较法

上市公司比较法是指获取并分析可比上市公司的经营和财务数据，计算适当的价值比率，在与被评估企业比较分析的基础上，确定评估对象价值的具体方法。上市公司比较法中的可比企业应当是公开市场上正常交易的上市公司，评估结论应当考虑流动性对评估对象价值的影响。

2.交易案例比较法

交易案例比较法是指获取并分析可比企业的买卖、收购及合并案例资料，计算适当的价值比率，在与被评估企业比较分析的基础上，确定评估对象价值的具体方法。运用交易案例比较法时，应当考虑评估对象与交易案例的差异因素对价值的影响。

市场法适用的条件是：（1）存在一个活跃的公开市场且市场数据比较充分；（2）公开市场上有可比的交易案例。

四、企业价值评估要求

在我国，企业价值评估是由专业的评估机构和注册资产评估师来完成的。《资产评估准则——企业价值》对注册资产评估师执行企业价值评估业务提出了基本要求和操作要求。

（一）对资产评估师的基本要求

1.应当遵守相关法律、法规以及资产评估基本准则，并考虑其他评估准则的相关规定。

2.应当具备企业价值评估的专业知识及经验，具备从事企业价值评估的专业胜任能力。

3.应当恪守独立、客观、公正的原则，保持应有的职业谨慎，不得出现对评估结论具有重要影响的实质性疏漏和错误，不得以预先设定的价值作为评估结论。

4.应当根据评估目的，明确评估对象，选择适当的价值类型，合理使用评估假设，恰当运用评估方法，形成合理的评估结论。

5.注册资产评估师执行企业价值评估业务，应当获取充分信息，并确信信息来源是可靠的，信息利用是恰当的。

6.注册资产评估师执行企业价值评估业务，可以聘请相关专家协助工作，但应当采取必要措施确信专家工作的合理性。

7.应当对评估过程中引用的专业报告的独立性与专业性进行必要判断，恰当引用专业报告。

（二）对资产评估师的操作要求

1.注册资产评估师执行企业价值评估业务，应当明确下列基本事项：

（1）委托方的基本情况；

（2）委托方以外的其他评估报告使用者；

（3）被评估企业的基本情况；

（4）评估目的；

（5）评估对象和评估范围；

（6）价值类型；

（7）评估基准日；

（8）评估假设；

（9）注册资产评估师认为需要明确的其他事项。

2.注册资产评估师应当根据评估目的和委托方要求，明确评估对象，谨慎区分企业整体价值、股东全部权益价值和股东部分权益价值。

3.注册资产评估师执行企业价值评估业务，应当充分考虑评估目的、市场条件、评估对象自身条件等因素，恰当选择价值类型，并合理使用评估假设。

4.注册资产评估师执行企业价值评估业务，应当根据评估业务的具体情况，收集并分析被评估企业的资料和其他相关资料，通常包括：

（1）评估对象相关权益状况及有关法律文件、评估对象涉及的主要权属证明资料；

（2）企业的历史沿革、主要股东及持股比例、主要的产权和经营管理结构资料；

（3）企业的资产、财务、经营管理状况资料；

（4）企业的经营计划、发展规划和未来收益预测资料；

（5）评估对象、被评估企业以往的评估及交易资料；

（6）影响企业经营的宏观、区域经济因素的资料；

（7）企业所在行业现状与发展前景的资料；

（8）证券市场、产权交易市场等市场的有关资料；

（9）可比企业的财务信息、股票价格或者股权交易价格等资料。

5.注册资产评估师应当尽可能获取被评估企业和可比企业的审计报告。

无论财务报表是否经过审计，注册资产评估师都应当对其进行必要的分析和专业判断。

6.注册资产评估师运用收益法和市场法进行企业价值评估，应当根据评估对象、价值类型等相关条件，在与委托方和相关当事方协商并获得有关信息的基础上，对被评估企业和可比企业财务报表进行必要的分析和调整，以合理反映企业的财务状况和盈利能力。

根据评估业务的具体情况，分析和调整事项通常包括：

（1）财务报表编制基础；

（2）非经常性收入和支出；

（3）非经营性资产、负债和溢余资产及其相关的收入和支出。

7.注册资产评估师运用收益法和市场法进行企业价值评估，应当与委托方和相关当事方进行沟通，了解企业资产配置和使用的情况，谨慎识别非经营性资产、负债和溢余资产，并对其进行单独分析和评估。

8.注册资产评估师应当知晓评估对象在持续经营前提下的价值并不必然大于在

清算前提下的价值。如果相关权益人有权启动清算程序，注册资产评估师应当根据委托评估事项，分析评估对象在清算前提下价值大于在持续经营前提下价值的可能性。

9.注册资产评估师在对具有多种业务类型、涉及多种行业的企业进行企业价值评估时，应当根据业务关联性合理界定业务单元，并根据被评估企业和业务单元的具体情况，采用适宜的财务数据口径进行评估。

10.注册资产评估师应当知晓股东部分权益价值并不必然等于股东全部权益价值与股权比例的乘积。注册资产评估师评估股东部分权益价值，应当在适当及切实可行的情况下考虑由于具有控制权或者缺乏控制权可能产生的溢价或者折价，并在评估报告中披露评估结论是否考虑了控制权对评估对象价值的影响。

11.注册资产评估师执行企业价值评估业务，应当结合所选择的评估方法关注流动性对评估对象价值的影响。当流动性对评估对象价值有重大影响时，应当予以恰当考虑。注册资产评估师应当在评估报告中披露评估结论是否考虑了流动性对评估对象价值的影响。

五、企业价值评估与财务分析之间的关系

企业进行价值评估的目的是分析和衡量企业的公平市场价值并提供有关信息，以帮助投资者和管理当局改善经营决策。无论是进行价值投资，还是价格投机，企业价值评估都是基本面分析中的一个重要部分。只有尽可能精确地确定了目标企业的价值，才能评估企业的可持续发展性，或公司股票价格的高低。

企业价值既包括现有企业已经存续的价值，也包括企业未来经营的持续经营价值，无论是哪一部分企业价值都离不开对财务报告及其附注的分析。从上述《资产评估准则——企业价值》相关规定中可以清楚地了解，企业价值评估无论是评估资料的获取还是评估方法的应用，均不能脱离企业的财务信息。因此，对财务报告及其附注的分析是企业价值评估的基础依据。从企业估值的角度，无论是基于账面价值基础的企业估值，还是基于现金流基础的企业估值，或者是基于市场基础的估值方法，都需要利用过去期间对公司偿债能力、盈利能力、营运能力、成长性、现金流量以及市场表现指标的分析，寻找财务指标信息揭示的企业规律或行业规律，并将其作为估价的基础。因此财务分析为企业价值评估提供了基础数据，企业价值评估进一步延伸了财务分析的功能。

第二节　　收益法估值的数据获取与应用

一、收益法的企业价值评估框架

收益法是利用折现现金流模型进行企业价值估价的一种方法。折现现金流模型（discount cash flow model，DCF）是基于企业价值理论而产生的、应用非常广泛的一种评估方法。折现现金流模型在预期现金流产生的时间、预期现金流的大小以及与预期现

第十二章　从分析到企业价值评估

金流相关的风险这三个变量和企业价值之间建立起一种数量联系，用以直接评估投资者参与投资而获得利益的价值，其基本形式为：

$$V = \sum_{t=1}^{n} \frac{CF_t}{(1+r)^t}$$

式中：V表示企业的价值；

　　　n表示企业的寿命；

　　　CF_t表示企业各期产生的现金流量；

　　　r表示各期现金流量风险的折现率。

公式中的现金流会因被估对象的不同而不同。折现率取决于所预测的现金流量的风险程度，随着风险的增大而增大，反之亦然。

折现现金流模型建立在严密的推导基础之上，它隐含的假设前提是：（1）资本市场是有效率的。资产的价格能完全反映资产的价值。（2）企业所面临的经营环境是确定的。不管资本市场还是产品市场，都是完善的、稳定的，在企业价值评估的过程中，只要人们的预期是合理的，企业环境便会以预定的模式发展，不会有大的变动。（3）企业是"稳定的"。投资没有可逆性，投资决策一旦做出不得更改；企业满足持续经营假说，没有破产威胁，可以增势不减，并且按照一定的状态维持相当长时间。（4）企业所面临的制度是稳定的。企业所得税可以预期，司法管制也有章可循，社会、法律制度不会突然变迁。在企业价值评估中，应密切注意上述隐含的假设条件，否则可能影响模型结果的准确性。

需要注意的是，现行权责发生制会计着重处理的是企业的利润流而非现金流。利润与现金是有联系的，但二者的差异也是客观存在的。账面利润易受人为因素的干扰与操纵，而现金流量则表现为企业实实在在的现金流入与流出，具有客观性。企业要保持长期稳定的生存与发展，保持足够多的现金至关重要。

对财务中的现金概念，可以从不同角度理解，但从企业持续经营和价值评估的角度考虑，最重要的并非存量而是流量。流量是企业现金的动态反映，以现金流入与流出的差额表示。在持续经营情况下，企业价值主要由未来各期的自由现金流量和折现率决定，可以说企业现金流量的数量和速度决定了企业价值，唯有现金流量才能提升企业价值。

企业所有现金流量从本质上讲都是属于其收益索取权持有人的现金流量，即企业现金流量按流向可划分为股权投资者现金流量、债权投资者现金流量和优先股投资者现金流量。

二、收益法下的现金流折现模型

（一）股利折现模型

股利折现模型是依据上市公司分配给投资者的股利进行企业价值评估的一种方法。

投资者购买股票，通常期望获得两种现金流量：持有股票期间的股利和持有股票期末的预期股票价格。股利折现评估模式认为企业股票的价值等于企业未来预期全部股利的现值总和，即股利是股东的唯一现金流量。由于持有期期末股票的预期价格是由股票未来的股利决定的，所以股票当前价值应等于无限期股利的现值，其计算公式为：

$$V = \sum_{t=1}^{\infty} \frac{DPS_t}{(1+r)^t}$$

式中：DPS 表示每股的预期现金股利。

理论上，当企业自由现金流全部用于股息支付时，自由现金流模型与股利折现模型并无本质区别；但事实上，无论在分红率较低的中国还是在分红率较高的美国，股息都不可能等同于企业自由现金流。这是因为：第一，企业不能确定未来是否有能力支付高股息；第二，未来继续投资的需要。企业需要预计未来可能存在的资本性支出，通过留用现金以抵销融资成本的增加。由于我国上市企业分红比例不高，分红不具有稳定性，且短期内该局面难以改观，因此股利折现模型在我国基本不适用。

（二）股权自由现金流折现模型

股权自由现金流折现模型是依据上市公司的股权自由现金流进行企业价值评估的一种方法。

股权自由现金流（FCFE）是指属于股权投资者的企业剩余现金流量，即企业在支付了经营费用、债务本金和利息，满足了营运资本和资本投资需求之后的现金流量。由于企业分为有债务和无债务两种类型，因此在股权现金流量的计算中也存在两种情况。

1.无债务企业的股权自由现金流

对于无债务企业而言，无须支付债务的本金和利息，企业资本性投资及营运资本所需现金全部由股权资本来满足，因此：

无债务企业的FCFE=经营活动现金流量−资本性支出−营运资本追加额

经营活动现金流量=净收益（NI）+折旧与摊销

NI=息税前收益（EBIT）−所得税

EBIT=息税及折旧与摊销前收益（EBDIT）−折旧与摊销

EBDIT=营业收入−销售费用

由上可知，FCFE是满足了企业所有财务需求后的剩余现金流量，如为正值，可以用来向普通股股东派发现金股利；如为负值，则为维持企业的持续增长必须筹集新的股权资本。

折旧与摊销属于非付现费用，它们并不导致企业当期实际的现金流出，相反由于作为税前费用处理，会给企业带来节税收益（现金流入）。资本性支出是企业为保持现有资产的运行并创造新的资产以保证未来的增长安排的资产投资，通常企业经营活动现金流量应首先满足资本性支出的需求。在预测中，常假设处于稳定增长阶段企业的各期资本性支出与折旧额相等。事实上，资本性支出与折旧的关系较复杂，且会因企业所处行业和增长阶段的不同而不同，一般在高速增长期要高于折旧，而在固定增长期则较接近于折旧。营运资本的变化也会影响企业的现金流量，它通常指企业的流动资产与流动负债的差额。营运资本占用的资金是企业正常经营所必需的，其增加意味着现金流出，减少则意味着现金流入。企业的性质、所属行业的类型将决定营运资本的需要量，一般零售企业对其需求较大；此外，营运资本的变动也与企业的增长率密切相关，一般增长率高的企业需要更多的营运资本。

2.有债务企业的股权自由现金流

对这类企业而言，除了要支付无负债企业的全部费用外，还要支付利息和偿还本金。另外又可通过新债融资，减少所需的股权资本投资。

有债务企业的FCFE=经营活动现金流量−资本性支出−营运资本追加额−偿还本金+新债融资

经营活动现金流量=净收益（NI）+折旧与摊销

NI=税前收益（EBT）−所得税

EBT=息税前收益（EBIT）−利息费用

EBIT=息税及折旧与摊销前收益（EBDIT）−折旧与摊销

EBDIT=营业收入−销售费用

公式表明，债务的还本和付息有不同的处理：利息支出是税前扣除的费用，这意味着可以带来抵税收益；而偿还本金则在税后扣除，完全是现金流出。正由于债务资本具有这两面性，理论上企业运用财务杠杆存在一个最佳范围，或者说存在一个理想的资本结构（负债/总资产比率）。当企业的负债比率处于理想水平δ时，FCFE的计算可进一步简化为：

FCFE=净收益−（1−δ）（资本性支出−折旧摊销）−（1−δ）营运资本追加额

大量实践证明，FCFE随着企业债务融资比率的上升而增加，即FCFE是δ的增函数。但由于股权资本投资者承担的风险也随δ的增大而增大，所以δ的确定是风险与收益权衡的过程，理想的δ以企业价值最大化为准绳。另外，如果企业有优先股融资，则在FCFE的计算中还要扣除优先股股利，扣除方式与债务本金相同。

（三）企业自由现金流量折现模型

企业自由现金流量折现模型是依据企业的自由现金流量进行企业价值评估的一种方法。

自由现金流量是企业全部现金流入扣除成本费用和必要投资后的剩余部分，它是企业一定期间可以提供给所有投资者（包括股权投资者和债权投资者）的税后现金流量。

企业自由现金流量模型的基本形式为：

$$V = \sum_{t=1}^{n} \frac{CF_t}{(1+r)^t}$$

式中：V表示企业的价值；

n表示企业的寿命；

CF_t表示各期产生的企业自由现金流量；

r表示各期现金流量风险的折现率。

在数据假设相同的情况下，三种模型的评估结果是相同的。由于股利现金流量受股利分配政策的影响，通常有比较大的变动，因此，股利现金流量模型在实务中很少被使用。假设企业将股权现金流量全部作为股利支付，而不保留多余的资金，则股权现金流量等于股利现金流量，股权现金流量模型可以取代股利现金流量模型。所以，大多数的企业估价使用股权现金流量模型或企业自由现金流量模型。

三、收益法下的现金流量模型参数估计

（一）预测期的选择

预测期的选择十分重要，它关系到明确预测期与以后年份企业的价值如何分配。在大多数情况下，分析人员往往以5～10年作为预测期间，预测期间的选择基于以下因素：

第一，预测市场情况、被评估企业的增长率和竞争程度；

第二，评估企业的市场份额和为竞争而拟定的战略和投资计划；

第三，预计企业将快速增长或不均衡增长的年数；

第四，预计企业将经营利润提高（或下降）的年数；

第五，能够合理估计资本支出的年份；

第六，分析人员对目标企业未来各年财务和业绩表现所做预测的自信度。

此外还要考虑成本效益原则，也许我们可以对企业做出20年、30年的预测，但是与得到的结果相比，付出的成本太大，而且预测期越长，预测的准确性也越差。竞争均衡理论认为，一个企业不可能永远以高于宏观经济增长的速度发展下去。如果是这样，它迟早会超过宏观经济总规模。竞争均衡理论还认为，一个企业通常不可能在竞争中长期取得超额利润，其净资本回报率会逐渐恢复到正常水平。根据竞争均衡假设，一般企业10年之后它的竞争优势可能就消失了（当然也有例外），因此预测期不超过10年是比较适宜的。

预测期和后续期的划分不是事先主观决定的，而是由实际预测过程中销售增长率和投资回报率的变动趋势所决定的。当判断企业是否进入稳定状态时有两个主要标志：（1）具有稳定的销售增长率，大约等于宏观经济的名义增长率；（2）具有稳定的净资本回报率，它与资本成本接近。

（二）现金流量的预测

企业的价值取决于未来现金流量，而不是历史上的现金流量。因此要进行评估，必须首先预测出一个从本年度到未来5年或10年左右的数据。进行现金流量的预测首先应该对企业进行财务分析，分析影响企业价值或现金流量的关键因素。在预测各种价值影响因素的基础上，形成预计的利润表和资产负债表，用以编制预计现金流量表。在现金流量预测时要注意以下方面：

1.销售预测

现金流量预测的核心内容是销售预测。销售预测要求深入了解目标企业，包括企业所在的行业，企业的产品，企业与客户、供应商及服务商的关系，企业所面临的竞争性质和条件等。

2.销售预测与相关预测项目的一致性

在销售预测的基础上，再做其他的现金流量预测相对容易，因为其他的现金流量都是与销售量有关或依赖销售量的。如果没有显著的资本支出和营运资本的大幅度增加，销售量的高速增长通常很难实现。因此，如果预测销售量快速增长，而没有相关的资本支出的增加，这个预测就值得怀疑。随着销售量的增加，单位产品成本自然会出现下降趋势的假设并非不正确。除非在该行业中，有确凿的证据证明这一点。

3.敏感性分析

利用敏感性分析可以找出对于现金流量预测影响最大的假设，然后对这些重大的假设进行更为严格的检验。现金流折现估价法涉及许多假设，对于预测的影响作用是不同的。比如折旧方法的选择，对于企业价值的影响可能很小，而销售增长率的假设，无疑对预测有重要的影响。由于可以识别出那些对现金流量预测有重要影响的假设，敏感性分析就成为现金流量预测的一种有效工具。一旦将那些关键假设找出来，就可以进一步检验其假设的合理性。

（三）折现率及其确定

投资者对投资收益的期望，对投资风险的态度都将综合反映在折现率的确定上。从投资者的角度看，折现率是投资者要求的报酬率；从企业的角度看，折现率就是资本成本，而在许多理财学著作中两个术语相互串用，不严加区分。企业各类投资者的投资报酬率将最终构成企业的资本成本。从企业整体价值评估的角度，折现率即各类投资者要求报酬率的加权平均数，亦即加权平均资本成本（WACC）。WACC本质上是一种考虑了风险因素的货币时间价值，是可用来把企业所有投资者预期的未来现金流量转换为现值的折现率。

确定各单项资本成本是确定WACC的基础。企业不同的资本来源因性质不同，其在各自相关的现金流量中所隐含的风险程度也不同。一般与债务资本相关的现金流量的风险程度较低，而与股权资本相关的现金流量的风险程度较高。

由于从财务报告分析的角度只是为了说明财务分析与企业估值的联系，因此，要了解并掌握股权资本成本、债务资本成本以及综合资本成本的计算方法，需要参看公司理财或财务管理教材的有关内容，本节不再列出公式和原理，将在后面通过实例加以说明。

四、收益法估值下的数据获取与方法应用举例

要用收益法估算企业的价值，首先要提供企业近期的财务报表数据，然后根据行业特点、营业收入增长规律，以及资产负债表和利润表项目与销售的敏感性关系，分析影响预计利润表、预计资产负债表和现金流量表项目的因素，然后再进行企业估值。

以下将通过案例演示，介绍收益法估值下的数据获取与方法应用。

【例12-1】A公司2014年和2015年的财务资料如表12-1所示。

表12-1 　　　　　　　　　　　　**A公司的比较财务资料** 　　　　　　　　单位：万元

项　目	2014年	2015年
流动资产合计	1 100	1 166
长期股权投资	0	100
固定资产原值	3 010	3 200
减：累计折旧	330	370
固定资产净值	2 680	2 830
其他长期资产	62	113
非流动资产合计	2 742	3 043
总资产	3 842	4 209
股本（每股面值1元）	3 500	3 800
未分配利润	342	409
所有者权益合计	3 842	4 209
营业收入	2 100	2 300
营业成本	840	960
营业利润	1 260	1 340
销售费用	617	660
其中：折旧	104	110
长期资产摊销	20	20
利润总额	643	680
所得税（假设所得税税率为30%）	193	204
净利润	450	476
年初未分配利润	234	342
可供分配利润	684	818
分配股利	342	409
未分配利润	342	409

A公司2015年的销售增长率为6%，预计未来的销售增长率可稳定在6.5%左右，并且资本性支出、折旧与摊销、营运资本以及利润等将与销售同步增长。当前的国库券利率为5%，平均风险溢价2%，公司股票的β值为1.5。

要求：

（1）计算公司2015年的股权自由现金流量；

（2）计算公司2016年的股票价值。

根据上述资料分别计算如下：

（1）计算公司2015年的股权自由现金流量

由于股权自由现金流量＝企业自由现金流量－债务价值，本例中A公司的负债为零，所以企业自由现金流量就等于股权自由现金流量。有关计算结果如下：

2015年企业自由现金流量＝税后经营利润＋折旧和摊销－营运资本增加－资本性支出

$$=476+130-66-431=109（万元）$$

其中：

税后经营利润＝476万元

折旧和摊销＝110+20＝130（万元）

经营营运资本增加＝11 66－1 100＝66（万元）

资本性支出＝长期资产净值变动＋折旧摊销－无息长期负债

$$=3\ 043-2\ 742+130=431（万元）$$

（2）计算2016年的股权现金流量

2016年股权现金流量＝企业自由现金流量＝税后经营利润＋折旧和摊销－营运资本增加－资本性支出

$$=506.94+138.45-75.79-459.02=110.58（万元）$$

其中：

税后经营利润＝2 300×（1+6.5%）×476÷2 300

$$=476×（1+6.5\%）=506.94（万元）$$

折旧和摊销＝2 300×（1+6.5%）×130÷2 300

$$=130×（1+6.5\%）=138.45（万元）$$

经营营运资本增加＝2016年经营营运资本－2015年经营营运资本

$$=1\ 166×（1+6.5\%）-1\ 166=75.79（万元）$$

资本性支出＝431×（1+6.5%）＝459.02（万元）

折现率＝5%+1.5×2%＝8%

股权价值＝110.58÷（8%－6.5%）＝7 372（万元）

每股价值＝股权价值÷股份数＝7 372÷3 800＝1.94（元）

【例12-2】对B公司的股权价值进行评估。

（1）以2015年为预测基期，该年经修正的B公司利润表和资产负债表如表12-2所示。

（2）以2016年和2017年为详细预测期，2016年的预计销售增长率为10%，2017年的预计销售增长率为5%，以后各年份的预计销售增长率稳定在5%的水平。

（3）假设B公司未来的税后经营利润、经营性营运资本净额和经营性固定资产净额占营业收入的比例可以维持预测基期的水平。

（4）假设B公司未来将维持基本的资本结构（净金融负债/净经营资产），并持续采用剩余股利政策。公司资金不足时，优先选择有息负债筹资；当进一步增加负债会超过目标资本结构限制时，将选择增发股份筹资。

（5）假设 B 公司未来的"净金融负债平均利息率（税后）"为 5%，各年的"利息费用"按年初"净金融负债"的数额预计。

（6）假设 B 公司未来的加权平均资本成本为 10%。

（7）其他资料参见相关表格内容。

要求：

（1）编制价值评估所需的预计利润表和资产负债表（格式见表 12-2）。

（2）编制企业自由现金流量法下的股权价值评估表（格式和折现系数见表 12-3）。

表 12-2　　　　　　　　　　　**预计利润表和资产负债表**　　　　　　　　单位：万元

年份	2015	2016	2017
利润表项目：			
营业收入	10 000		
税后经营利润	1 500		
减：税后利息费用	275		
税后净利润	1 225		
减：应付股利	725		
本期利润留存	500		
加：年初未分配利润	2 900		
年末未分配利润	3 400		
资产负债表项目：			
经营性营运资本净额	1 000		
经营性固定资产净额	10 000		
净经营资产总计	11 000		
净金融负债	6 600		
股本	1 000		
年末未分配利润	3 400		
股东权益合计	4 400		
净金融负债及股东权益总计	11 000		

第十二章　从分析到企业价值评估

表12-3　　　　　企业自由现金流量法下的股权价值评估表　　　　单位：万元

年份（年末）	2015	2016	2017
企业自由现金流量			
资本成本		10%	10%
折现系数		0.9091	0.8264
预测期现值			
后续期现值			
企业价值合计			
债务价值			
股权价值			
股数（万股）			
每股价值（元）			

根据以上资料，编制的预计利润表和企业自由现金流量法下的股权价值评估表分别如表12-4和表12-5所示。

表12-4　　　　　　　预计利润表和资产负债表　　　　　　　单位：万元

年份	2015	2016	2017
利润表项目：			
营业收入	10 000	11 000	11 550
税后经营利润	1 500	1 650	1 732.5
减：税后利息费用	275	330	363
税后净利润	1 225	1 320	1 369.5
减：应付股利	725	880	1 127.5
本期利润留存	500	440	242
加：年初未分配利润	2 900	3 400	3 840
年末未分配利润	3 400	3 840	4 082
资产负债表项目：			
经营性营运资本净额	1 000	1 100	1 155
经营性固定资产净额	10 000	11 000	11 550
净经营资产总计	11 000	12 100	12 705
净金融负债	6 600	7 260	7 623
股本	1 000	1 000	1 000
年末未分配利润	3 400	3 840	4 082
股东权益合计	4 400	4 840	5 082
净金融负债及股东权益总计	11 000	12 100	12 705

表12-4中有关项目说明如下:

税后经营利润是指通常所说的息税前利润。

经营性营运资本净额=经营性流动资产−经营性流动负债

经营性固定资产净额=经营性固定资产原值−经营性固定资产折旧

净经营资产=经营性营运资本净额+经营性固定资产净额

　　　　　=经营资产−经营负债

这里的经营资产是指用于企业生产经营活动的资产,与总资产相比,它不包括未被用于生产经营活动的金融资产。这里的经营负债是指在企业生产经营活动中形成的短期无息负债和长期无息负债。

净金融负债=金融负债−金融资产

这里的金融负债是指在企业筹资活动中形成的有息负债,金融资产是指企业在生产经营活动中与获取利息收入有关的资产。

表12-4中2016年有关数据计算说明如下:

营业收入=基期营业收入×(1+增长率)=10 000×(1+10%)=11 000(万元)

经营性营运资本净额=本期营业收入×经营营运资本百分比

　　　　　　　　　=11 000×10%=1 100(万元)

经营性固定资产净额=本期营业收入×经营固定资产净值百分比

　　　　　　　　　=11 000×100%=11 000(万元)

净经营资产总计=1 100+11 000=12 100(万元)

净金融负债=净经营资产总计×(净金融负债÷净经营资产)

　　　　　=12 100×(6 600÷11 000)

　　　　　=12 100×60%=7 260(万元)

税后经营利润=营业收入×税后经营利润百分比

　　　　　　=11 000×(1 500÷10 000)

　　　　　　=11 000×15%=1 650(万元)

税后有息负债利息=年初净金融负债×净金融负债平均利息率

　　　　　　　　=6 600×5%=330(万元)

税后净利润=税后经营利润−税后利息费用

　　　　　=1 650−330=1 320(万元)

股东权益合计=净金融资产−净金融负债

　　　　　　=12 100−7 260=4 840(万元)

年末未分配利润=股东权益合计−股本

　　　　　　　=4 840−1 000=3 840(万元)

本年利润留存=年末未分配利润−年初未分配利润

　　　　　　=3 840−3 400=440(万元)

或者:

本年利润留存=净经营资产增加×[1−(净金融负债/净经营资产)]

　　　　　　=(12 100−11 000)×(1−60%)=440(万元)

应付股利=税后净利润−本期利润留存=1 320−440=880（万元）

2017年的计算过程同2016年。

表12-5　　　　　　　　　**企业自由现金流量法下的股权价值评估表**　　　　　　　　　单位：万元

年份（年末）	2015	2016	2017
企业自由现金流量		550	1 127.5
资本成本		10%	10%
折现系数		0.9091	0.8264
预测期现值	1 431.77	500	931.77
后续期现值	19 567.09		23 677.50
企业价值合计	20 998.86		
债务价值	6 600		
股权价值	14 398.86		
股数（万股）	1 100		
每股价值（元）	14.40		

表12-5中有关数据计算如下：

2016年企业自由现金流量=1 650−（12 100−11 000）=550（万元）

2017年企业自由现金流量=1 732.5−（12 705−12 100）=1 127.5（万元）

预测期现值=550×0.9091+1 127.5×0.8264=1 431.77（万元）

后续期现值=1 127.5×（1+5%）÷（10%−5%）×0.8264=19 567.09（万元）

企业价值=1 431.77+19 567.09=20 998.86（万元）

股权价值=20 998.86−6 600=14 398.86（万元）

每股价值=14 398.86÷1 100=13.09（元）

第三节　市场法估值的数据获取与应用

一、市场法的基本原理

市场法是市场比较评估法的简称，也叫相对价值估价法，是一种基于替代性原则的评估方法。替代原则认为事物的价值可以根据与之相近的其他事物的价值做出判断。按照这一原则，评估一项资产价值的最直接的方法，就是找到一个由信息充分的买卖双方刚刚完成交易相同的，或者至少是接近的可比资产。这一原则意味着被评估资产的价值类似于可比资产的交易价格。

这种评估方法在房地产评估当中应用的效果很好。在房地产评估报告中，总是会列出一组与评估房产相似地段、相似环境、相似构造的房产，而且这些房产刚在短时间内完成交易，然后评估中再参照这些交易的价格加权平均得出目标房产的价值。在房地产评估中采用比较法进行估价时，并不是要找到一个和目标房产完全一样的可比房产，这几乎不可能，其可比性是通过单位面积房产价格这一比率来估算的。

同样，在评估目标企业的价值时，也可以采用企业价值与相近企业类比的方法。在用比较法对整个企业进行评估时，由于经营范围、经营规模、资本结构等各种差别，也必须采用一定的比率进行评估，故类比企业评估法又常常被称为比率法。

采用市场法进行估价时，有两种做法，一是选择一组可比企业，选择恰当的比率，计算这组可比企业比率的加权平均值，然后根据目标企业与可比企业之间的差别对平均比率进行主观调整，最后计算出目标企业价值。第二种做法是选择恰当的比率，筛选并确定影响该比率的相关变量，选取比较企业（可以是股票交易所中全部或部分的上市企业），进行比率和变量的多元回归分析并得出回归方程，根据方程计算出目标企业比率数值，最后得出企业价值。

市场法多用于对未上市的目标企业或者将要上市的企业进行价值评估，也可用于上市企业跟相似企业的价值对比以及对其他价值评估方法的验证。采用市场法进行企业价值评估时，评估结果的准确与否主要取决于选择什么样的比较企业以及选择什么样的估算比率。

二、可比企业的选择

在评估非上市企业的价值时，要选择可比企业，有两种方案，一是选择非上市企业，二是选择上市企业。而评估上市企业，一般只选取其他上市企业作为比较企业。按照替代原则，与被评估企业越相近，其价值自然越相似。在选择比较企业时数量应足够多，以消除个别因素的影响。

（一）选择非上市企业

对可比企业的基本要求是它与被比较企业属于同一行业，此外比较企业还必须是近期刚刚完成产权交易的企业。在价值评估时寻找可比企业要比在房地产评估中寻找相似房产困难得多。首先是因为房产的交易量比企业产权的交易量要大得多；其次，可比的房产都是在地域相近的小范围内，易于获得并加以详细考察；还有，房产交易有土地房产管理局这样的专门机构记录房产交易的详尽信息，容易获取。而企业产权交易并没有专门详尽记录相关信息的机构，工商登记部门的记录也只是些转让过户企业的简单信息，利用价值不大；此外用于比较的企业往往跨越地区甚至国界，因而信息获取更加困难。通常获取这些企业资料的来源之一是专门从事产权交易的中介机构、经纪人，但是由于数量上的限制，较难找到足够的相近可比企业，比较好的资料来源是那些专门搜集多种信息来源的数据库，比如大型企业评估机构的市场数据库、评估协会的数据库等等。大型数据库的资料一般较为齐全，也相对容易获取。

在我国，由于市场经济体制尚不完善，企业产权交易还不是很活跃，地区分割严重，而且目前大部分的产权交易都是与上市企业联系在一起，非上市企业的交易相对较少，有关这类企业产权交易的数据库就更显缺乏。

（二）选择上市企业

以上市企业作为比较企业，最大的好处是很容易获得许多财务和非财务数据。作为

第十二章 从分析到企业价值评估

比较企业的基本要求是与被比较企业属于同一行业。为寻找可比企业，评估者需要建立一个潜在的可用作比较企业的初步筛选标准。在理想状态下，每一个可比企业都应与目标企业经营同样的产品和服务。但是现在专业经营一种产品的企业较少，如果要求过于严格，可能无法获得所需的足够的企业样本。评估者掌握的尺度是，潜在的可比企业的样本越大，初筛的标准就应该越严格。

在初步建立候选企业的样本后，下一步是收集每一个候选企业的财务及其他非财务资料。在收集并审查了所有资料之后，评估者必须决定，在目前情况下，哪些企业应包括在可比企业的最后样本内。决定候选企业的取舍必须建立在客观标准之上，如果一个企业被排除了，那么应有充分的理由说明它的可比性不如被选择的企业，因此在选择可比企业过程中的任何偏见都会导致价值评估的不公正。用以确定可比企业的确切标准充分依赖每一个案例的实情和环境。一些普遍使用的选择标准包括产品或服务、规模、资本结构、市场、地区多样性、盈利形式及增长、供应商基础、竞争性质、管理和信用状况等等。

这些标准并不是绝对的，特定的案例要依据特定的评估目的做出判断。比如，有的目标企业十分独特，甚至经过一番详尽的搜索也不能找到可用来比较的企业，评估者就可从相关的行业中选择可比企业。

三、市场法的数据获取与应用举例

（一）选择评估比率

在市场法当中，选择合适的估算比率和选择比较企业同等重要。一般选择市盈率、市净率和市销率作为评估比率。此外，采用市场法，还有其他的比率，如价格-现金流量比率，价格-股利比率，资产的市场价值-重置成本比率等，每个比率都有其适用的情况，应根据企业特点、评估目的等因素加以选择。

表12-6反映的是截至2016年12月9日牧原股份与同行业市盈率、市净率等信息的比较信息，当了解相关信息后，行业内的公司就可以借鉴同行业的数据和企业自身的数据运用市场法进行估值。

表12-6 **牧原股份与同行业市盈率、市净率等信息的比较**[①]

	总市值	净资产	净利润	市盈率	市净率
牧原股份	255亿元	51.0亿元	17.6亿元	10.87	4.99
农牧饲渔（行业平均）	124亿元	32.8亿元	3.78亿元	24.71	3.80
行业排名	5/63	12/63	3/63	2/63	36/63

资料来源：东方财富网行情中心。

（二）市场法应用举例

此处仅介绍利用市盈率进行企业价值评估的方法，其他方法可比照。

【例12-3】C企业拟横向收购D企业，按照C企业现行会计政策对目标企业的财务

---

① 对于市盈率、市净率信息也可以通过巨潮指数或中证指数进行查询。

数据进行调整后，两企业简化的2015年年末的资产负债表如表12-7所示，2015年和近3年的业绩如表12-8所示。假设两企业的长期负债率均为10%，所得税税率均为25%。由于收购后会产生管理协同效应，C企业确定的市盈率为18，要求分别按目标企业2015年的税后利润、近3年的税后利润和以C企业资产收益率为基础计算的税后利润，采用市场法评估D企业的价值。

表12-7 　　　　　　　　　　**C、D两企业各自的资产负债表**　　　　　　　　单位：万元

资　　产	C企业	D企业	负债与股东权益	C企业	D企业
流动资产	1 500	500	流动负债	500	250
非流动资产	1 000	250	长期负债	500	100
			股东权益		
			股本	1 000	300
			留存收益	500	100
			股东权益合计	1 500	400
资产总计	2 500	750	负债与股东权益总计	2 500	750

表12-8 　　　　　　　　　　　**C、D两企业各自的业绩指标**　　　　　　　　金额单位：万元

指　　标	C企业	D企业
2015年度经营业绩：		
息税前利润	350	60
减：利息	50	10
税前利润	300	50
减：所得税（所得税税率25%）	75	12.5
税后利润	225	37.5
其他指标：		
资本收益率=息税前利润÷（长期负债+股东权益）	17.5%	12%
利润增长率（已知）	20%	14%
近3年的平均利润：	280	40
税前	210	30
税后	18	12
市盈率		

市盈率法是根据目标企业的收益和市盈率确定目标企业价值的一种方法。其计算公式为：

目标企业的价值=目标企业估计收益指标×标准市盈率

计算步骤如下：

第一步：检查调整目标企业近期的利润业绩。

第二步：选择、计算目标企业的估计收益指标

第三步：选择标准市盈率

第四步：计算目标企业的价值。

根据上述资料，利用市盈率法计算的D企业价值如表12-9所示。

表12-9   D企业价值评估表   单位：万元

计算基础	计算过程	目标企业D价值
①按目标企业2015年的税后利润计算	37.5×18	675
②按目标企业近3年的税后利润计算	30×18	540
③按C企业的资本收益率计算	58.12×18	1 046.16
D企业的资本收益=（100+400）×17.5%=87.5		
减：利息　　　　10		
税前利润　　　77.5		
减：所得税　　19.38		
税后利润　　　58.12		

这说明，采用市盈率模型进行企业价值评估，由于选取的计算依据不同，所估算的价格也存在较大差异，因此并购双方应对各种计算依据进行权衡。

第四节　企业价值评估报告的审核与分析

为了说明从企业财务数据到企业价值评估报告的关注点，本节将在说明关注点的基础上，仍然以格力电器收购珠海银隆为例加以分析说明。

一、企业价值评估报告的审核与分析

（一）企业价值评估报告的披露方面

根据《资产评估准则——评估报告》的要求，注册资产评估师执行企业价值评估业务，应当在履行必要的评估程序后，编制评估报告，并进行恰当披露。

对于披露的企业价值评估报告，投资者和其他的报告信息使用者应关注以下方面：

1.注册资产评估师执行企业价值评估业务，是否在评估报告中披露必要信息，使评估报告使用者能够合理理解评估结论。

2.注册资产评估师运用收益法和市场法进行企业价值评估，是否在评估报告中重点披露下列内容：（1）影响企业经营的宏观、区域经济因素；（2）所在行业现状与发展前景；（3）企业的业务分析情况；（4）企业的资产、财务分析和调整情况；（5）评估方法的运用实施过程。

3.注册资产评估师在评估报告中披露影响企业经营的宏观、区域经济因素时，是否包括下列内容：（1）国家、地区有关企业经营的法律法规；（2）国家、地区经济形势及未来发展趋势；（3）有关财政、货币政策等。

4.注册资产评估师在评估报告中披露所在行业现状与发展前景时，是否包括下列内容：（1）行业主要政策规定；（2）行业竞争情况；（3）行业发展的有利和不利因素；（4）行业特有的经营模式，行业的周期性、区域性和季节性特征等；（5）企业所在行业与上下游行业之间的关联性，上下游行业发展对本行业发展的有利和不利影响。

5.注册资产评估师在评估报告中披露企业的业务分析情况时，是否包括下列内容：

（1）主要产品或者服务的用途；（2）经营模式；（3）经营管理状况；（4）企业在行业中的地位、竞争优势及劣势；（5）企业的发展战略及经营策略等。

6.注册资产评估师在评估报告中披露企业的资产、财务分析和调整情况时，是否包括下列内容：（1）资产配置和使用的情况；（2）历史财务资料的分析总结，一般包括历史年度财务分析、与所在行业或者可比企业的财务比较分析等；（3）对财务报表及相关申报资料的重大或者实质性调整。

7.注册资产评估师在评估报告中披露评估方法的运用实施过程时，是否包括下列内容：（1）评估方法的选择及其理由；（2）评估方法的运用和逻辑推理过程；（3）主要参数的来源、分析、比较和测算过程；（4）对初步评估结论进行分析，形成最终评估结论的过程。

8.注册资产评估师是否根据评估对象的复杂程度、委托方要求，合理确定评估报告披露的详略程度。

（二）企业价值评估方法方面

1.资产基础法估值的关注点

（1）注册资产评估师是否根据会计政策、企业经营等情况，对被评估企业资产负债表表内及表外的各项资产、负债进行识别。注册资产评估师是否知晓并非每项资产和负债都可以被识别并用适当的方法单独评估。当存在对评估对象价值有重大影响且难以识别和评估的资产或者负债时，是否考虑资产基础法的适用性。以持续经营为前提对企业价值进行评估时，资产基础法一般作为唯一使用的评估方法。

（2）注册资产评估师运用资产基础法进行企业价值评估，各项资产的价值是否根据其具体情况选用适当的具体评估方法得出。注册资产评估师是否知晓，在对持续经营前提下的企业价值进行评估时，单项资产或者资产组合作为企业资产的组成部分，其价值通常受其对企业贡献程度的影响。

（3）注册资产评估师运用资产基础法进行企业价值评估，是否对长期股权投资项目进行分析，根据相关项目的具体资产、盈利状况及其对评估对象价值的影响程度等因素，合理确定是否将其单独评估。对专门从长期股权投资获取收益的控股型企业进行评估时，是否考虑控股型企业总部的成本和效益对企业价值的影响。

（4）注册资产评估师对同一评估对象采用多种评估方法时，是否对各种初步评估结论进行分析，结合评估目的、不同评估方法使用数据的质量和数量，采用定性或者定量分析方式形成最终评估结论。

2.收益法估值的关注点

注册资产评估师是否根据企业未来经营模式、资本结构、资产使用状况以及未来收益的发展趋势等，恰当选择现金流折现模型。

（1）注册资产评估师是否充分分析被评估企业的资本结构、经营状况、历史业绩、发展前景，考虑宏观和区域经济因素、所在行业现状与发展前景对企业价值的影响，对委托方或者相关当事方提供的企业未来收益预测进行必要的分析、判断和调整，在考虑

第十二章 从分析到企业价值评估

未来各种可能性及其影响的基础上合理确定评估假设，形成未来收益预测。

注册资产评估师是否关注未来收益预测中主营业务收入、毛利率、营运资金、资本性支出等主要参数与评估假设的一致性。当预测趋势与企业历史业绩和现实经营状况存在重大差异时，注册资产评估师是否在评估报告中予以披露，并对产生差异的原因及其合理性进行分析。

（2）注册资产评估师是否根据国家有关法律法规、企业所在行业现状与发展前景、协议与章程约定、企业经营状况、资产特点和资源条件等，恰当确定收益期。

（3）注册资产评估师是否知晓企业经营达到相对稳定前的时间区间是确定预测期的主要因素。

注册资产评估师是否在对企业收入成本结构、资本结构、资本性支出、投资收益和风险水平等综合分析的基础上，结合宏观政策、行业周期及其他影响企业进入稳定期的因素合理确定预测期。

（4）注册资产评估师是否综合考虑评估基准日的利率水平、市场投资收益率等资本市场相关信息和所在行业、被评估企业的特定风险等相关因素，合理确定折现率。

（5）注册资产评估师是否根据企业未来收益趋势、终止经营后的处置方式等，选择恰当的方法估算预测期后的价值。

（6）注册资产评估师可以选择收益法的其他具体方法进行企业价值评估。注册资产评估师是否根据被评估企业的具体情况选择恰当的预期收益口径，并确信折现率与预期收益的口径保持一致。

3.市场法估值的关注点

（1）注册资产评估师是否恰当选择与被评估企业进行比较分析的可比企业。注册资产评估师是否确信所选择的可比企业与被评估企业具有可比性。可比企业是否与被评估企业属于同一行业，或者受相同经济因素的影响。

注册资产评估师在选择可比企业时，是否关注业务结构、经营模式、企业规模、资产配置和使用情况、企业所处经营阶段、成长性、经营风险、财务风险等因素。

（2）价值比率通常包括盈利比率、资产比率、收入比率和其他特定比率。注册资产评估师在选择、计算、应用价值比率时，是否考虑：第一，选择的价值比率有利于合理确定评估对象的价值；第二，计算价值比率的数据口径及计算方式一致；第三，应用价值比率时对可比企业和被评估企业间的差异进行合理调整。

二、企业价值评估报告的审核与分析案例

此处仍然以中同华所出具的珠海银隆资产评估报告为例加以分析。中同华的资产评估报告披露了以下主要信息：（1）评估目的；（2）评估对象和评估范围；（3）评估基准日；（4）评估依据；（5）评估方法；（6）评估假设；（7）评估结论；（8）评估事项说明。

（一）披露的主要内容

1.评估目的

为珠海格力电器拟发行股票购买资产并配套募集资金涉及的珠海银隆全部权益价值

提供市场价值参考依据。

2.评估对象和评估范围

本次资产评估对象为珠海银隆新能源有限公司股东全部权益价值，涉及的范围为珠海银隆申报的于评估基准日经中审众环会计师事务所（特殊普通合伙）专项审计后的资产和负债，具体资产类型和审计后的账面价值如表12-10所示。这说明企业的价值评估不能脱离财务报告的相关信息。

表12-10　　　　　　　　　　　　**珠海银隆的资产类型和审计后的账面价值**　　　　　　　　单位：元

科目名称	账面价值
一、流动资产	3 884 516 110.59
货币资金	64 008 222.38
应收票据	304 000.00
应收账款	903 227 411.09
预付款项	468 659 012.58
其他应收款	2 188 791 969.82
存货	109 303 310.15
其他流动资产	150 222 184.57
二、非流动资产	1 327 066 124.28
长期股权投资	693 458 479.60
固定资产	445 056 935.02
其中：建筑物类	380 489 506.59
设备类	64 567 428.43
在建工程	17 849 079.28
无形资产	135 330 607.00
其中：土地使用权	17 805 672.98
其他无形资产	117 524 934.02
开发支出	
长期待摊费用	2 640 141.48
递延所得税资产	20 655 114.76
其他非流动资产	12 075 767.14
三、资产总计	5 211 582 234.87
四、流动负债合计	1 113 949 634.00
短期借款	175 000 000.00

续表

科目名称	账面价值
应付票据	17 225 150.00
应付账款	533 022 809.73
预收款项	651 274.72
应付职工薪酬	4 177 156.05
应交税费	131 527 806.23
应付利息	1 482 027.59
其他应付款	51 663 409.68
一年内到期的非流动负债	199 200 000.00
五、非流动负债合计	219 854 086.62
长期借款	123 700 000.00
预计负债	95 554 086.62
其他非流动负债	600 000.00
六、负债合计	1 333 803 720.62
七、净资产（所有者权益）	3 877 778 514.25

3. 评估基准日

根据资产评估约定书之约定，本次评估的基准日为2015年12月31日，以2015年12月31日作为评估基准日，是委托方根据实现经济行为的需要确定的。

4. 评估依据

（1）经济行为依据。珠海格力电器股份有限公司的《办公会决议》。

（2）法律法规依据。其具体包括：①中华人民共和国主席令第8号《中华人民共和国公司法》（2014年3月1日）；②中华人民共和国国务院令第91号《国有资产评估管理办法》（1991年11月16日）；③中华人民共和国财政部令第14号《国有资产评估管理若干问题的规定》（2001年12月31日）；④国务院国有资产监督管理委员会令第12号《企业国有资产评估管理暂行办法》（2005年8月25日）；⑤国务院国有资产监督管理委员会（国资委产权）〔2006〕274号《关于加强企业国有资产评估管理工作有关问题的通知》（2006年12月12日）；⑥财政部 国家税务总局财税〔2008〕170号《关于全国实施增值税转型改革若干问题的通知》；⑦第十届全国人民代表大会第五次会议通过的《中华人民共和国所得税法》（2007年3月16日）；⑧其他与资产评估相关的法律法规等。

（3）准则依据。其具体包括：①财政部关于印发《资产评估准则——基本准则》和《资产评估职业道德准则——基本准则》的通知（财企〔2004〕20号，2004年2月25日）；②中国注册会计师协会关于印发《注册资产评估师关注评估对象法律权属指导意见》的通知（会协〔2003〕18号，2003年1月28日）；③中国资产评估协会关于印发

《资产评估准则——企业价值》的通知（中评协〔2011〕227 号，2011 年 12 月 31 日）；④中国资产评估协会（中评协）〔2007〕189 号《关于印发'资产评估准则——评估报告'等 7 项资产评估准则的通知》（2007 年 11 月 38 日）；⑤中国注册会计师协会关于印发《企业国有资产评估报告指南》的通知（中评协〔2008〕218 号，2008 年 11 月 28 日）；⑥中国资产评估协会《关于修改评估报告等准则中有关签章条款》的通知（中评协〔2011〕230 号，2011 年 12 月 30 日）；⑦财政部颁布的国内企业会计准则体系。

（4）权属依据。其具体包括：①国有土地使用权证；②房屋所有权证；③机动车辆行驶证；④商标证书和专利证书等；⑤被评估单位提供的其他权属证明文件。

（5）取价依据。其具体包括：①中国人民银行现行贷款利率；②wind 资讯数据资料；③搜集的相关价格信息；④评估师现场查看和市场调查取得的与估价相关的资料。

（6）其他依据。其具体包括：①被评估单位提供的"资产评估申报表"；②被评估单位提供的 2014—2015 年审计报告、会计报表、会计凭证等财务资料；③被评估企业提供的盈利预测及其相关资料；④被评估单位相关人员访谈记录；⑤格力电器与中同华签订的《资产评估业务约定书》；⑥被评估单位提供的其他有关资料。

5. 评估方法

本次评估确定采用收益法和市场法进行了评估。

收益法是从未来收益的角度出发，以被评估单位现实资产未来可以产生的收益，经过风险折现后的现值作为被评估企业股权的评估价值。市场法则是根据与被评估单位相同或相似的对比上市公司近期交易的成交价格，通过分析对比上市公司与被评估单位各自特点分析确定被评估单位的股权评估价值，市场法的理论基础是同类、同经营规模并具有相同获利能力的企业其市场价值是相近的。

收益法和市场法评估结果均涵盖了诸如客户资源、人力资源、技术业务能力等无形资产的价值，但市场法对企业预期收益仅考虑了增长率等有限因素对企业未来价值的影响，并且其价值乘数受股市波动的影响较大。

经上分析，中同华认为收益法比市场法更能准确反映被评估企业的股权的市场价值，故本次评估确定采用收益法的评估结果作为最终评估结果。

6. 评估假设

（1）本次评估以本资产评估报告所列明的特定评估目的为基本假设前提；

（2）本次评估以持续经营为前提，持续经营在此是指被评估单位的生产经营可以按其现状持续经营下去，并可在预见的未来，不会发生重大改变。

（3）本次评估的价值类型是市场价值，不考虑本次评估目的所涉及的经济行为对企业经营状况的影响。

（4）本次评估基于现有的国家法律、法规、税收政策、新能源汽车补贴等政策以及金融政策，不考虑评估基准日后重大不利变化。

（5）被评估单位和委托方提供的相关基础资料和财务资料真实、准确、完整。

（6）评估人员所依据的对比公司的财务报告、交易数据等真实可靠。

第十二章　从分析到企业价值评估

（7）本次评估基于被评估单位的经营管理团队尽职，并基本保持现有的经营管理模式经营，被评估单位的经营活动和提供的服务符合国家的产业政策，各种经营活动合法，并在未来可见的时间内不会发生重大变化。

（8）本次评估，除特殊说明外，未考虑被评估单位股权或相关资产可能承担的抵押、担保事宜对评估价值的影响，也未考虑国家宏观经济政策发生变化以及遇有自然力和其他不可抗力对资产价格的影响。

（9）本次评估假设在国家有关所得税优惠政策不变的情况下，预测期内珠海广通、银龙电器、珠海银隆本部企业仍然可执行15%的所得税税率。

（10）本次评估假设股东所控制的珠海银隆的现金流于年度内均匀流入或流出。

（11）其他（限于篇幅略）。

当出现与前述假设条件不一致的事项发生时，且公司无法采取有效措施消除影响的，则会对评估结论产生不利影响。

7.评估结论

本次评估分别采用收益法和市场法两种方法对珠海银隆股东全部权益价值进行评估。珠海银隆经审计后的资产账面价值为521 158.22万元，负债为133 380.37万元，净资产为387 777.85万元。

（1）收益法评估结果

在持续经营假设条件下，珠海银隆股东全部权益评估价值为1 296 600.00万元，比审计后账面净资产增值908 822.15万元，增值率为234.37%。收益法资产评估结果见表12-11。

表12-11　　　　　　　　　　　**资产评估结果汇总表（收益法）**　　　　　　　单位：元

项　目		账面价值	评估价值	增减值	增减率%
		A	B	C=B-A	D=C/A×100
流动资产	1	388 451.61			
非流动资产	2	132 706.61			
其中：长期股权投资	3	69 345.85			
投资性房地产	4				
固定资产	5	44 505.69			
在建工程	6	1 784.91			
无形资产	7	13 533.06			
其中：土地使用权	8				
其他非流动资产	9	3 537.10			
资产总计	10	521 158.22			
流动负债	11	111 394.96			
非流动负债	12	21 985.41			
负债合计	13	133 380.37			
净资产（所有者权益）	14	387 777.85	1 296 600.00	908 822.15	234.37

（2）市场法评估结果

采用市场法确定的珠海银隆股东全部评估价值为 1 507 600.00 万元，比审计后账面净资产增值 1 119 822.15 万元，增值率为 288.78%。评估结果见表 12-12。

表12-12　　　　　　　　　　　资产评估结果汇总表（市场法）　　　　　　　　　单位：元

项　目		账面价值	评估价值	增减值	增减率%
		A	B	C=B-A	D=C/A×100
流动资产	1	388 451.61			
非流动资产	2	132 706.61			
其中：长期股权投资	3	69 345.85			
投资性房地产	4				
固定资产	5	44 505.69			
在建工程	6	1 784.91			
无形资产	7	13 533.06			
其中：土地使用权	8				
其他非流动资产	9	3 537.10			
资产总计	10	521 158.22			
流动负债	11	111 394.96			
非流动负债	12	21 985.41			
负债合计	13	133 380.37			
净资产（所有者权益）	14	387 777.85	1 507 600.00	1 119 822.15	288.78

这说明，经过上述两种方法评估后，收益法的评估值为 1 296 600.00 万元，市场法的评估值 1 507 600.00 万元，两种方法的评估结果差异 211 000.00 万元，差异率 16.27%。

中同华认为，收益法较市场法能更准确反映被评估企业的股权市场价值，故本次评估确定采用收益法的评估结果作为珠海银隆股东全部权益最终评估价值。

8.特别事项说明

本评估报告存在如下特别事项，提请报告使用者予以关注：

（1）本评估报告的评估结论是反映委托评估对象在持续经营、外部宏观环境不发生不利变化等假设前提下，于评估基准日所表现的本报告所列明的评估目的下的价值。

（2）本评估报告是在委托方及相关当事方提供基础文件数据资料的基础上做出的。提供必要的资料并保证所提供的资料的真实性、合法性、完整性是委托方及相关当事方的责任；资产评估师的责任是对评估对象基准日特定目的下的价值进行分析、估算并发表专业意见。

（3）本评估结论不应当被认为是对评估对象可实现价格的保证。

（4）本评估结论未考虑评估值增减可能产生的纳税义务变化。

第十二章 从分析到企业价值评估

（5）委托方及当事人对所提供的评估对象法律权属等资料的真实性、合法性和完整性承担责任；资产评估师的责任是对该资料及其来源进行必要的查验和披露，不代表对本次委估资产的权属提供任何保证，对评估对象法律权属进行确认或发表意见超出资产评估师执业范围，我们提请报告使用人关注本报告中披露的有关产权瑕疵事项对评估结论的影响。

（6）本次收益法评估中所涉及的未来盈利预测是建立在被评估公司管理层制定的盈利预测基础上的。被评估公司管理层对其提供的企业未来盈利预测所涉及的相关数据和资料的真实性、科学性和完整性，以及企业未来盈利预测的合理性和可实现性负责。我们对上述盈利预测进行了必要的审核，并根据评估过程中了解的信息进行了适当调整。本次收益法评估所采用的评估假设是在目前条件下，对委估对象未来经营的一个合理预测。如果未来出现可能影响假设前提实现的各种不可预测和不可避免的因素，则会影响盈利预测的实现程度。我们愿意在此提醒委托方和其他有关方面，中同华并不保证上述假设可以实现，也不承担实现或帮助实现上述假设的义务。并且，我们愿意提请有关方面注意，影响假设前提实现的各种不可预测和不可避免的因素可能会出现，因此，有关方面在使用我们的评估结论前应该明确设定的假设前提，并综合考虑其他因素做出交易决策。

（7）在本次收益法评估中，我们参考了被评估公司历史及评估基准日经审计的财务报表，以及我们在中国国内上市公司中寻找的有关对比公司的财务报告和交易数据。我们的估算工作在很大程度上依赖上述财务报表数据和交易数据，我们假定上述财务报表数据和有关交易数据的真实可靠。我们的估算依赖该等财务报表中数据的事实并不代表我们表达我们对该财务资料的正确性和完整性的任何保证，也不表达我们保证该等资料没有其他要求与我们使用该数据有冲突。

（8）本评估结论为控股权价值，且未考虑流动性对评估结论的影响。

（9）其他（略）。

（二）外界对珠海银隆资产评估报告的质疑

2016年8月18日，在格力电器披露收购珠海银隆方案后，珠海银隆的估值问题就受到众多投资者和专业人士的质疑。为此，评估当事人和责任人针对监管要求和质疑不断进行补充说明。其主要质疑如下：

1.资产评估报告信息披露欠透明

对于此次收购价，有专业人士[①]认为该资产评估报告信息披露欠透明，估值存较大不确定性。评估报告显示，本次收益法评估采用企业自由现金流折现模型，即以被评估企业未来预期收益（自由现金流）折现来评估企业的价值。使用这一方法进行评估时，预期未来自由现金流量及折现率是价值评估中重要的数据，令人遗憾的是，对于评估中折现率如何确定、最终实际使用的折现率，以及评估标的珠海银隆未来各年度的预期自

---

① 陈绍霞.格力电器百亿并购大起底：珠海银隆业绩真实性存[J].证券市场红周刊，2016（8）.

由现金流，评估报告中没有披露任何相关信息。缺失了这些评估过程中的关键数据，其评估结果显然难以令人信服，其评估结论的可信度也大打折扣。

2.在预测自由现金流量时，未考虑资本性支出和营运资金增加额

由于本次评估主要是采用收益法和市场法进行评估，因此，评估过程中自由现金流量的计算是一个重要因素。但在该资产评估报告预测自由现金流量时，未考虑资本性支出和营运资金增加额。①

资产评估报告显示，中同华分别采用收益法和市场法进行了评估，评估报告将收益法评估结果129.66亿元作为最终评估结果。本次收益法评估采用企业自由现金流折现模型。令人不可思议的是，被评估企业珠海银隆未来各年度自由现金流预测表中竟然没有考虑资本性支出和营运资金增加额，这类似于在编制企业利润表时只考虑营业收入却没有考虑成本费用支出，而大幅虚增企业的利润一样，在预测自由现金流量时，不考虑资本性支出和营运资金增加额，其结果会大幅高估企业的自由现金流量，从而高估企业的评估价值。

由于受到质疑，在格力电器2016年9月1日发布的修订后的收购报告书中，中同华大幅下调了收购标的珠海银隆未来各期预测的自由现金流，其中2016—2018年预测自由现金流分别由11.38亿元、14.37亿元和17.77亿元下调为−7.07亿元、7.76亿元和9.70亿元，调减金额分别高达18.45亿元、6.61亿元和8.07亿元。然而令人不可思议的是，虽然珠海银隆未来各期预测的自由现金流大幅下调，但并没有同步下调珠海银隆的评估价值，其评估价值仍然为129.66亿元。

在自由现金流量模型下，如果一个企业的预测自由现金流量下调了，在折现率保持不变的情况下，评估价值一定会下降。由于预测自由现金流量大幅下调，因此，珠海银隆的评估价值应该同步大幅下调。然而，珠海银隆的评估报告却令人意外地维持了其评估结果不变。

如果珠海银隆继续推进并购，其估值问题及此前资产评估报告中存在的问题显然还会继续受到市场的质疑。

（三）案例启示

1.价值评估是企业投融资活动中必不可少的一环，所以必须了解与企业价值评估相关的法律法规规定。

2.企业价值评估是从收集企业基础资料开始的评估活动，财务报告以及对同行业财务数据和交易数据的掌握是企业价值评估中不可缺少的内容。企业价值评估与公司对自身与同业的财务资料的可信度比较分析具有密切的关系。

3.真实合理的企业评估价值能够赢得市场的检验和信赖，并实现交易双方的战略目标；否则，将影响投资者的利益，最终不能实现预期目标，并付出成本代价。

---

① 孙旭东.格力电器：重组草案不足以服人[J].证券市场周刊，2016（67）.

第十二章　从分析到企业价值评估

重要概念

企业价值评估　收益法　市场法　股利折现模型　股权自由现金流量　企业自由现金流量

复习思考

1.什么是企业价值？价值评估有什么作用？

2.价值评估中需要考虑哪3个必备的要素？

3.目前我国企业价值评估中主要采用了哪些评估方法？

4.企业价值评估与财务分析是怎样的关系？

5.什么是收益法，企业价值评估采用收益法需要具备什么条件？分析时应注意哪些问题？

6.什么是市场法，企业价值评估采用市场法需要具备什么条件？分析时应注意哪些问题？

7.说明格力电器收购珠海银隆的资产评估案例给予的启示。

操作练习

目的：练习市场法的应用。

资料：E企业长期以来计划收购一家营业成本较低的服务类上市公司（以下简称"目标公司"），其当前的股价为18元/股。E企业管理层一部分人认为目标公司当前的股价较低，是收购的好时机，但也有人提出，这一股价高过目标公司的真实价值，现在收购不合适。E企业征求你对这次收购的意见。与目标公司类似的企业有甲、乙、丙、丁四家，但它们与目标公司之间尚存在某些不容忽视的重大差异。四家类比公司及目标公司的有关资料如表所示。

表1　　　　　　　　　　　**四家类比公司及目标公司的有关资料**

项　　目	甲公司	乙公司	丙公司	丁公司	目标公司
普通股数（万股）	500	700	800	700	600
每股市价（元）	18	22	16	12	18
每股销售收入（元）	22	20	16	10	17
每股收益（元）	1	1.2	0.8	0.4	0.9
每股净资产（元）	3.5	3.3	2.4	2.8	3
预期增长率	0.1	0.06	0.08	0.04	0.05

要求：（1）说明应当运用市场法中的哪种模型计算目标公司的股票价值。

（2）分析指出当前E企业应否收购目标公司。

参考文献

[1] 弗里德森，等. 财务报表分析 [M]. 刘婷，译. 4版. 北京：中国人民大学出版社，2016.

[2] 张新民，钱爱民. 财务报表分析 [M]. 3版. 北京：中国人民大学出版社，2014.

[3] 王化成，支晓强，王建英. 财务报表分析 [M]. 7版. 北京：中国人民大学出版社，2014.

[4] 曾桂华. 看懂会计报表：从价值与信用入手 [M]. 北京：机械工业出版社，2013.

[5] 袁淳，张新玲. 财务报表分析 [M]. 大连：东北财经大学出版社，2010.

[6] 朱学义. 李文美. 财务分析教程 [M]. 北京：北京大学出版社，2009.

[7] 袁淳. 财务报表分析 [M]. 北京：中国财政经济出版社.，2008.

[8] 鲁桂华. 企业财务分析：原理与应用 [M]. 2版. 上海：立信会计出版社. 2002.

[9] 黄世忠. 财务报表分析：理论 框架 方法与案例 [M]. 北京：中国财政经济出版社，2007.

[10] WATTS，ZIMMERMAN. 实证会计理论 [M]. 陈少华，黄世忠，陈光，等，译. 4版. 大连：东北财经大学出版社，2006.

[11] 鲁桂华. 股市操纵行为的成因手段与经济后果：会计视角的实证研究 [M]. 北京：北京大学出版社，2011.

[12] 张晓东. 中国上市公司财务报告人为操控的实证研究 [M]. 大连：东北财经大学出版社，2012.

[13] 张先治，陈友邦. 财务分析 [M]. 7版. 大连：东北财经大学出版社，2014.

［14］张新民，钱爱民. 财务报告解读与分析［M］. 北京：电子工业出版社，2012.

［15］DAMODARAN估值：难点、解决方案及相关案例［M］. 李必龙，李羿，郭海，译. 北京：机械工业出版社，2013.

［16］林宝忠. 深入推进对标管理，提升企业精细化管理［J］. 中国煤炭，2014（5）.

［17］李润国，李静. 对标管理在铁路运输行业的应用研究［J］. 管理现代化，2014（6）：52-54.

［18］张迪. 沃尔评分法在实践应用中的改善——基于制造业企业的实证研究［J］. 会计之友，2012（4）.

［19］王岳武. 沃尔评分法的缺陷及其改进［J］. 财会月刊，2011（3）.

［20］刘晓鑫. 煤炭企业对标管理与全面预算管理结合的探讨［J］. 中国集体经济，2014（27）：45-46.

［21］国际内部审计师协会. 国际内部审计专业实务框架［M］. 北京：中国财政经济出版社，2013（1）.

［22］周艳. 企业并购审计风险的影响因素及防范对策——以中国五矿集团并购为例［J］. 智富时代，2016（8）：94-95.

［23］证券公司监管法律法规汇编编委会. 证券公司监管法律法规汇编［M］. 北京：法律出版社，2014.

［24］MOELLER. Managing Internal Auditing in a Post-SOA World［J］. The Journal of Corporate Accounting & Finance，2004，15（4）：41-45.

［25］HOPE，FRASER.Beyond Budgeting［J］. Management Accounting，1999（11）.

［26］KAPLAN，NORTON.The Balanced Scorecard：Translating Strategy into Action［M］. Boston：Harvard Business School Press，1996.

［27］MILLER，MODIGLIANI. Dividend Policy，Growth，and the Valuation of Shares［J］. Journal of Business，34（6）：235-264.

［28］KOLLER，DOBBS，HUYETT.价值：公司金融的四大基石［M］. 金永红，倪晶晶，单丽翡，译. 北京：电子工业出版社，2016.

［29］张杰. 汽车行业选择并购及估值方法研究［D］. 上海：上海交通大学，2014.

［30］SUDARSANAM.The Essence of Mergers and Acquisition［M］. 影印版. 北京：中国人民大学出版社，1997.